已入选“十四五”职业教育国家规划教材公示名单

“十二五”职业教育国家规划教材
“十三五”江苏省高等学校重点教材
(编号：2019-1-047)

经全国职业教育
教材审定委员会审定

Hangdao Zhengzhi

# 航道整治

(第3版)

吴丽华 主 编
陶冲林 主 审

本教材第二版曾获首届全国教材建设奖
全国优秀教材二等奖

人民交通出版社股份有限公司
北 京

## 内 容 提 要

本教材为"十二五"职业教育国家规划教材,"十三五"江苏省高等学校重点教材,并已入选"十四五"职业教育国家规划教材公示名单。本教材第二版曾获首届全国教材建设奖全国优秀教材二等奖。全书共分七个模块,主要介绍航道整治的基本概念、基本方法、施工工艺等,内容涵盖河流与航道、航道整治工程、航道疏浚工程、船闸、运河工程、航道维护与管理、航标。书中每个模块后附小结、练习与思考,便于学生总结和自测。

本教材适用于职业院校港口与航道工程专业以及水利类、土建类相关专业的教学,也可供港口与航道、水利类专业工程技术人员参考。

本教材增配了视频动画资源,读者可免费扫码观看。此外,本教材有配套教学资源包,包括课件、图片、试题库等,教师可通过加入职教路桥教学研讨群(QQ:561416324)获取。

**图书在版编目(CIP)数据**

航道整治/吴丽华主编. —3 版. —北京:人民交通出版社股份有限公司,2022.12 (2024.12重印)

ISBN 978-7-114-17661-6

Ⅰ.①航… Ⅱ.①吴… Ⅲ.①航道整治—高等职业教育—教材 Ⅳ.①U617

中国版本图书馆 CIP 数据核字(2021)第 210221 号

审图号:GS(2022)5449 号

"十二五"职业教育国家规划教材

"十三五"江苏省高等学校重点教材(编号:2019-1-047)

**书　　名:**航道整治(第 3 版)

**著 作 者:**吴丽华

**责任编辑:**刘　倩

**责任校对:**孙国靖　龙　雪

**责任印制:**刘高彤

**出版发行:**人民交通出版社股份有限公司

**地　　址:**(100011)北京市朝阳区安定门外外馆斜街 3 号

**网　　址:**http://www.ccpcl.com.cn

**销售电话:**(010)85285911

**总 经 销:**人民交通出版社股份有限公司发行部

**经　　销:**各地新华书店

**印　　刷:**北京市密东印刷有限公司

**开　　本:**787 × 1092　1/16

**印　　张:**20.5

**字　　数:**468 千

**版　　次:**2011 年 6 月　第 1 版
2015 年 2 月　第 2 版
2022 年 12 月　第 3 版

**印　　次:**2024 年12月　第 3 版　第 3 次印刷　总第 6 次印刷

**书　　号:**ISBN 978-7-114-17661-6

**定　　价:**52.00 元

# 第3版 前·言

Preface

**课程特点**

航道整治是港口与航道工程技术专业必修的一门专业核心课程，主要介绍航道工程的总体概念，航道整治的基本概念、基本方法、施工工艺等。学生通过本课程学习，初步具备解决航道工程问题的能力。

**教材传承与改版**

《航道整治》由交通教育教学指导委员会交通工程机械专业分委员会组织编写，2011年6月由人民交通出版社出版发行。该版教材的问世填补了高职层次此专业教材的空白。《航道整治》(第2版)2015年出版，被评为“十二五”职业教育国家规划教材，2021年荣获首届全国教材建设奖全国优秀教材二等奖。第2版教材出版至今，被多所职业院校港口与航道工程技术专业选作教材，使用效果较好。结合当前高等职业教育发展和港口与航道工程行业发展的实际情况，本书建设团队成员在认真学习《国务院关于印发国家职业教育改革实施方案的通知》(国发〔2019〕4号)、《关于组织开展“十三五”职业教育国家规划教材建设工作的通知》(教职成司函〔2019〕94号)、《“十四五”职业教育规划教材建设实施方案》等文件精神的基础上，在总结、吸收第2版使用期间各方反馈的基础上，结合新标准、新规范、新技术、新工艺，对教材的整体结构及部分内容进行了调整，形成本书第3版。

第3版教材编写分工如下：绪论、模块五、模块六由江苏航运职业技术学院吴丽华编写，模块一由吴丽华和江苏航运职业技术学院吉顺莉共同编写，模块二由广西交通职业技术学院陆良仁和吉顺莉共同编写，模块三由长江南京航道工程局刘文耀和吉顺莉共同编写，模块四由吉顺莉编写，模块七由江苏航运职业技术学院赵苏政编写。全书由吴丽华担任主编，中交上海航道局有限公司陶冲林担任主审。

**第3版具体修订内容**

绪论：删除世界三大内河航道网、我国内河航道四大水系，补充通航水域与航道、航道工程与航道工作、航道工程的建设程序。

模块一：删除航道的概念及分类、航道工程的种类及概述，补充设计通航水位(规范中内容)、通航条件(航道水深、航道宽度、航道最小弯曲半径和弯道加宽)(规范中内容)、通航水流条件、通航净空、埋设安全距离和埋设宽度、通过能力。

模块二：增加航道整治工程质量检验、整治建筑物结构。

模块三:增加疏浚相关基础知识、疏浚工艺、清礁工程、吹填工程施工及工程量计算、疏浚与吹填工程质量检验。

模块四:增加船闸整个模块。

模块五:调整有关规范内容。

模块六:增加航道维护工作,将航标与信号的维护管理从模块七调整到本部分。

模块七:增加航标的配布基本原则和要求,调整有关规范内容。

**第3版教材特点**

1. 在内容组织上,本版教材突破了传统教科书的编写模式,本着"必须、够用、理论联系实际"的原则,按项目化导向进行内容编排,体现了"工学结合、校企合作"的理念,注重理论与实际操作相结合。

2. 为了突出实用性,教材建设团队进行了充分的行业企业调研,在仔细分析职业岗位核心技能要求的前提下进行项目设置,并邀请行业专家、学者对全书内容进行审核。全书在完成教学目标的前提下,强调以学生为中心,充分体现"教中学、学中做"的职业教育教材的特点。

3. 在重点章节的介绍上,选取了综合型、应用型的典型工程实例,详细介绍施工方法、方案设计、施工工艺、工程量计算等内容,以便学生能更直观地认知和学习。

4. 针对学生较难理解的知识点,本版教材增加了视频动画等数字资源,以便学生理解并领会相关知识。

5. 为方便教学,每个模块后进行了小结,设置了复习思考题,以便学生能自我考核,检查学习效果。

**可与本教材配套使用的数字资源**

本教材配套丰富的学习资源和教学辅助资源,包括视频、动画、课件、图片、试题库等,可帮助学生更好地理解知识点,激发学习兴趣,而且可为教师组织和实施教学提供帮助。具体资源名称及使用方法见"本教材配套资源索引"。

**致谢**

在本教材的历次修编中,教材参编及使用院校教师均给予了宝贵意见和建议,在此谨向他们表示感谢。同时,向教材引用相关文献的作者表示感谢。本书封面图片由长江航道整治中心刘宏、长江南京航道工程局毕卫明提供,在此一并表示感谢。

最后,希望有关院校师生及读者对本教材多提宝贵意见,以便及时修订完善。联系邮箱:43493225@qq.com。

**编　者**

**2022年6月**

# 本教材配套资源索引

## 一、学习资源

| 资源编号 | 资源名称 | 资源编号 | 资源名称 |
|---|---|---|---|
| 视频动画 | | | |
| 2-1 | 袋装沙筑堤施工工法 | 4-1 | BIM(闸室底板浇筑示意) |
| 2-2 | 深水联锁排施工工法 | 4-2 | 横拉闸门关门 1 |
| 2-3 | 长航深水水域网兜水下定位抛石施工工法 | 4-3 | 横拉闸门关门 2 |
| 3-1 | 海狸系列 | 4-4 | 横拉闸门开门 |
| 3-2 | 航道疏浚工程 | 4-5 | 九圩港二线闸主体航拍 |
| 3-3 | 耙吸式挖泥船工作原理 | 4-6 | 下闸首开门 |
| 3-4 | 万奥得绞吸船 | 4-7 | 一号船闸上闸首 |
| 3-5 | 扬德诺耙吸船 | 4-8 | 闸室 |
| 3-6 | 自挖自抛履带式运砂船作业 | 4-9 | 闸室检修 |
| 3-7 | 梅花形抓斗 | 4-10 | 水力现象 |
| 课　件 | | | |
| 01 | 水运在综合运输体系中的作用和地位 | 15 | 抛石坝结构设计 |
| 02 | 天然河流的主要特征 | 16 | 弯道环流原理 |
| 03 | 保持单汊通航的整治措施 | 17 | 弯曲段碍航问题及其整治措施 |
| 04 | 铲斗挖泥船 | 18 | 一般复式浅滩的碍航特点与整治措施 |
| 05 | 丁坝的防护措施 | 19 | 造床流量 |
| 06 | 丁坝的平面布置 | 20 | 整治断面设计中设计水位的确定 |
| 07 | 丁坝的形式与使用条件 | 21 | 整治线布置原则 |
| 08 | 航道尺度中的航道标准水深 | 22 | 通航建筑物的主要形式及特点 |
| 09 | 航道整治工程措施 | 23 | 船闸的组成与类型 |
| 10 | 急滩的类型、特征与成因分析 | 24 | 运河护岸工程 |
| 11 | 绞吸挖泥船 | 25 | 船闸的尺度、线数、级数 |
| 12 | 链斗挖泥船 | 26 | 引航道尺度 |
| 13 | 耙吸挖泥船 | 27 | 养护工程 |
| 14 | 抓斗挖泥船 | 28 | 航标 |

学习资源使用方法：

请先使用微信扫描封面的数字资源码进行绑定，进入“交通教育”微信公众号，点击菜单“用户服务-开始学习”，选择已绑定的教材，观看相关资源。(同时支持手机版和电脑版微信)

## 二、教学辅助资源

本教材有配套教学资源包,包括课件、图片、试题库等,教师可通过加入职教路桥教学研讨群(QQ:561416324)获取。

# 目·录

Contents

# 绪　论
INTRODUCTION

众所周知，现代交通运输业是由铁路运输、公路运输、水路运输、航空运输和管道运输五种主要运输方式组成的。每一种运输方式，有其特定的运输线路和运输工具，形成了各自的技术特点和适用范围。由于生产和消费的需要，各种运输方式都根据其本身的特点和具体条件合理分工、相互配合、扬长避短、各尽其用，形成了一个统一的综合运输体系。水运（内河运输和海洋运输）是交通运输体系中的一个重要组成部分，它对国民经济的发展、改善人民生活和促进国际贸易与文化交流都起着重要的作用。

知识点

◎现代交通运输业五种主要运输方式；
◎水运在交通运输体系中的作用；
◎水运的优缺点；
◎航道的定义；
◎航道分类；
◎航道工程；
◎航道工程的建设程序。

## 一、课题引入

作为现代交通运输业的主要运输方式之一，水运在交通运输体系中起着十分重要的作用，尤其是我国实施“一带一路”倡议和建设海洋强国后其作用更为凸显。在日常生活中水运也比较常见，我们许多生活物资、建筑材料、化工原料等都是通过水运来运输的。

## 二、课题分析

水运与其他运输方式相比有着较大的区别，具有明显的优点，也存在一些不足。航道是水运的基础，为了保持和改善航道的通航条件，需要进行多方面的努力，实施相关的航道工程。

## 三、相关知识

### （一）水运在综合运输体系中的作用与地位

水运对国民经济的发展起着重要的促进作用。一方面，水运业与其他产业不同，它本身具有的基础设施并不生产有形的产品，而是为产品在商业流通中提供运输服务，这个特殊性使水运业不仅是服务业,而且是国民经济的基础产业。如航道、堤坝、港池、锚地、港口设施等都表明了水运业是国民经济的基础产业。另一方面,经济要发展,交通必先行;贸易要发展,水运必先行。国民经济的发展,必然需要运输大量的原材料、成品和半成品,在综合效益面前,水运以量大价廉、较为便捷的特点保持着先行地位。根据国际实证分析,水上运输能力发展的先行期一般为3~5年。此外,水运业在运作过程中,不仅与造船业、建筑业、制造业及其他产业部门密切相关,更与金融业、保险业密切相连,水运业的发展创造了大量的就业机会,对国民经济积累具有重要的价值。

水运业也是促进国际贸易发展,增进人类全球性经济、文化交流的纽带。自人类通过通江达海的运输将世界各地连成了一片开始,各个国家和地区摆脱了孤立和封闭,互通有无,互相交流,促进了全球性经济的发展和人类文化的交流。

水运与其他运输方式相比,具有如下优点:

1. 内河水道的建设可以密切结合水利资源的综合利用与开发

综合利用水利资源是我国水利建设的基本原则,许多水利工程的建设都为水运的发展创造了极其有利的条件。只要注重通航建筑物和航道的建设,兴建水利工程对内河航运事业就能起到很好的促进作用。同时,内河航道的建设都是尽可能结合灌溉、防洪、供水、发电、渔业等方面综合进行的,因此,水运建设也可以取得多方面的综合效益。

2. 水运的运输能力(即航道的通过能力)比较高

通常一条单线铁路的年运量约为3000万吨,而一条通航河流的运输能力远远超过这个数量,可以说几乎是不受限制的,如德国莱茵河1970年年运量就相当于20条铁路;2003年长江三峡航道的货运量超过1亿吨,客运量突破600万人,相当于4条铁路的年运量。

3. 水运的运输成本低

据以往调查,我国铁路平均运输成本比内河航运高5%。在国外,水运的运输成本一般仅为铁路的1/3~1/2,为公路的1/10~1/5。促成水运的运输成本低的原因如下:

(1)船舶的航行阻力小,因此在一定的船速下,利用水运运输货物所消耗的动力和燃料比其他运输方式低。我国1992年统计的水运与铁路运输每千吨公里油耗比例是1∶2.65。

(2)航道建设投资和维护管理费用较铁路或公路小。建设同等运输能力的航道,其投资仅相当于铁路的1/10,公路的1/4~1/3。航道的日常维护费用也比其他运输方式节省得多。

(3)船舶的载重量大而自重所占的比例却很小。目前国外大型船舶的载重量一般为4万~5万吨,最高可达40万吨,这相当于几列火车或数千辆汽车的载重量。在整个载重量中,船舶自重仅占7.5%~28%,而铁路车辆的自重却相当于其载重量的40%~60%。

(4)在运输工具制造方面,水运也比较经济,每一载重吨船的造价一般为铁路车辆的1/6~1/5,而且每一载重吨铁路车辆所需的钢材超出船舶1倍。

4. 由于河流的分布面广,水运便于实行大、中、小结合及长短途运输的结合

船舶能装载各种类型的货物,特别是大宗散货、石油以及危险物资等。在同一条航道上,既可行驶大型船舶,为重要的工业建设生产服务,也可以行驶小型船舶,为短途运输、集散物资和农业生产服务。

5. 水运所需建设占地极少

在土地资源日益紧缺的今天,水运多以天然河流为载体,所需建设占地极少,而公路和铁路的建设往往需要占用大量的土地。

此外,水运在现代化国防建设中也起着重要作用,是“打不烂、炸不垮”的交通运输线。水运对环境的污染(噪声、振动、尘垢和散发有害物等)较公路和铁路运输少。

但应指出,目前水运业还存在一定的局限性。一是速度慢。船舶必须在水中运行,航速受多种因素制约,长期以来未能有大的突破,通常仅为汽车速度的1/10~1/5,不能适应客运与时间要求严格的货运,仅适用于运量大而运期要求不高的货物运输。二是方便程度不够。船舶必须在现有的航道中航行,受自然条件影响较大,在有些地区不像汽车、火车那样,可以长年不分昼夜不间断地运输。在建成四通八达的航道网之前,水系自成体系,互不沟通,运输的连续性差,有时需转驳倒载,这在一定程度上提高了运费甚至造成货损货差,不能像公路运输一样实现“门到门”运输。

随着科学技术的发展和现代化内河航道网的建设,水运的连续性将不断提高,运输速度将不断加快,船舶营运管理水平将越来越高,水运的缺点会逐渐被克服,其优越性会更充分地显现出来。

## (二)通航水域与航道

《航道工程基本术语标准》(JTJ/T 204—1996)中将船舶及排筏可以通达的水面范围称为通航水域,而沿海、江河、湖泊、水库、渠道和运河内可供船舶、排筏在不同水位期通航的水域即为航道。然而,在具体界定中常会遇到不少问题,需要加以讨论。

1. 关于通航水域

要明确界定通航水域,首先要明确船舶和排筏的含义。《中华人民共和国海上交通安全法》规定船舶“是指各类排水或非排水船、筏、水上飞机、潜水器和移动式平台”;《中华人民共和国内河交通安全管理条例》则规定船舶“是指各类排水或非排水的船艇和移动式平台”。前者将排筏列入船舶的范围,后者则未作这样的明文规定。下面分别将“船舶”和“排筏”与水域结合起来加以阐述。

船舶种类很多,有大有小,其作为水上运载工具的属性是相同的,但不同类别和大小的船舶则功能各异。在小沟、小溪内执行摆渡任务的小木划、小船板,在池塘、公园小湖供人游乐、捕鱼、采摘水生植物的小艇、小划等虽都可以称作“船舶”,但它们同承担水上运输任务和其他勤务的各类船舶在功能上、作用上却存在很大的差异。

排筏一般是指将竹木捆扎在一起便于集中漂运或拖运的漂浮体,它们也具有大小不同的规格,包括平面尺度和吃水深度。排筏不同于散漂的竹木,但是,由少数几根竹木扎成的小排筏,往往同散放的竹木一样,能在细小的山溪上流放。

在理解《航道工程基本术语标准》(JTJ/T 204—1996)时,一般将具有营运船舶和大中型排筏通达条件的水域定为有真正意义的通航水域,当然,这类水域同样可供小划、小艇和小排筏通行,但主要不是为它们服务的。基于这样的认识,现将界定通航水域与非通航水域的定性依据列入表0-1。

通航水域与非通航水域的基本范畴　　表 0-1

| 水域类别 | 可列作通航水域的范围 | 不宜列作通航水域的范围 |
|---|---|---|
| 河流 | 具备营运船舶和较大排筏通航条件的河段 | 完全不能通航或只能供竹木散漂和细小排筏漂流的河段或溪流 |
| 湖泊、水库 | 具有通航价值的中、大型湖泊和水库 | 只有游乐价值的小型湖库和塘堰 |
| 渠道渠系 | 运河以及具备通航条件的排灌渠道和主要支渠 | 不具备通航条件的支渠和渠系的其他部分 |
| 沿海水域 | 滩涂以外的海域,包括海峡、港湾等 | 潟湖以及只在特殊高潮时才有海水进入的小港汊 |

2. 关于航道

对于航道的理解历来就有广义和狭义之分。

广义的航道基本上与河道或枯水河槽等同。国外常用"水道"(waterway)一词来表示航道,而"水道"亦即有较大水流经过的通道,包括江、河、渠道等。《中华人民共和国航道法》规定"航道"是指中华人民共和国领域内的江河、湖泊等内陆水域中可以供船舶通航的通道,以及内海、领海中经建设、养护可以供船舶通航的通道。《中华人民共和国航道管理条例》规定"航道"是指中华人民共和国沿海、江河、湖泊、运河内船舶、排筏可以通航的水域。《中华人民共和国航道管理条例实施细则》进一步将"航道"界定为"中华人民共和国沿海、江河、湖泊、水库、渠道和运河内船舶、排筏在不同水位期可以通航的水域",这与国际上对航道一词的定义原则是一致的,因为无论是航道维护,还是航道治理,离开河岸、洲滩和河槽,一切工作都无从谈起。因此,从广义上来讲,必须把航道理解为水道或河道整体,它可以不包括堤防和整个河漫滩,但不能不包括常遇洪水位线以下的基本河槽或者是中高潮位以下的沿海水域。

航道的狭义理解等同于"航槽"(navigation channel)。之所以需要作此理解是因为航道应当有尺度标准和设标界限,航道位置可以随河床演变或水位变动而随时移动,航道尺度也可以随季节与水位变化以及治理工程的实施而有所调整。除了运河、通航渠道和某些水网地区的航道以外,航道宽度总是小于河槽的宽度。在天然河流、湖泊、水库内,航道的设定范围总是只占水面宽度的一部分而不是全部。用航标标示出可供船舶航行利用的这一部分水域,既是确保航行安全的需要,也受客观自然条件的制约。因为在天然条件下,不同水位期能供船舶安全通航的那一部分水域,不仅需要水深足够,而且水流条件也要满足要求,它不是无限宽阔的,在某些特定的航段内,还受某些过河建筑物(如桥梁、过江管道、缆线)的限制。因此,狭义的航道是一个在三维空间上既有要求又有限制的通道。保持这条通道的畅通无阻,以及在可能条件下扩大这一通道,为航运发展提供更为良好和便捷的条件,是航道工作者的光荣职责。

## (三)航道分类

航道按照不同的标准,有不同的分类。

1. 按航道的级别划分

《内河通航标准》(GB 50139—2014)将内河航道按可通航内河船舶的吨级划分为 7 级,即Ⅰ~Ⅶ级航道,航道等级由高到低,如表 0-2 所示。这 7 级航道均可称为等级航道。通航标准低于Ⅶ级的航道可称为等外级航道。在我国航运比较发达的平原地区，等外级航道的作用也不可忽视。

航道等级划分　表0-2

| 航道等级 | Ⅰ | Ⅱ | Ⅲ | Ⅳ | Ⅴ | Ⅵ | Ⅶ |
|---|---|---|---|---|---|---|---|
| 船舶吨级（t） | 3000 | 2000 | 1000 | 500 | 300 | 100 | 50 |

注：①船舶吨级按船舶设计载重吨确定；
②通航3000吨级以上船舶的航道列入Ⅰ级航道。

2. 按航道的管理属性划分

在我国，根据航道的管理属性，可以将航道划分为国家航道、地方航道和专用航道。

(1)国家航道：指构成国家航道网、可通航500吨级以上船舶的内河干线航道；跨省、自治区、直辖市可常年通航300吨级以上船舶(含300吨级)的内河干线航道；可通航3000吨级以上海船的沿海干线航道；对外开放的海港航道和国家指定的重要航道。

(2)地方航道：指可以常年通航300吨级以下船舶的内河航道；可通航3000吨级以下海船的沿海航道；地方沿海中小港口间的短程航道；非对外开放的海港航道；其他属于地方航道主管部门管理的航道。

(3)专用航道：指由军事、水利、电力、林业、水产等部门以及其他企事业单位自行建设和使用的航道。

相对于专用航道而言，国家航道、地方航道均属于公用航道。

随着经济体制改革和对外开放的发展，以及国家法律法规的完善，以上划分标准或有所调整。

3. 按航道所处地域划分

按航道的所处地域，可将航道分为内河航道和沿海航道两大类。

1)内河航道

内河航道是河流、湖泊、水库内的航道以及运河和通航渠道的总称。其中天然的内河航道又可分为山区航道、平原航道、潮汐河口航道、湖区航道和库区航道等。而湖区航道又可进一步分为湖泊航道、河湖两相航道和滨湖航道，它们各自的含义如下：

①湖泊航道：位于常年湖泊范围内的航道；

②河湖两相航道：位于高水位时为湖泊、低水位时为河流的水域内的航道；

③滨湖航道：靠近湖泊、受湖水顶托影响的河流航道。

2)沿海航道

沿海航道原则上是指位于海岸线附近，具有一定边界可供海船航行的航道。

原联邦德国将沿海航道称作“海上航道”，《联邦航道法》规定：“海上航道系指位于中高潮位时，海岸水线、或内河航道、或内河航道与海域的分界线，与领海外侧边界之间的水域。以导堤或防波堤一侧或两侧为界的进港航道，海岸护堤、排水设施、填海造地设施、海滨浴场、沙滩浴场，均不属于上述海上航道的范围。”

在我国，沿海航道的具体范围尚未见明确界定，有时把海港进港航道也划入沿海航道的范畴。对于属于内河范畴的潮汐河口,其与海域的分界线更没有统一的界定,有的甚至不按自然属性划分,而将管辖范围与江海界线混为一谈,这是不科学的。

4. 按航道形成的因素划分

按航道形成的因素,大体上可将航道分为天然航道、人工航道和渠化航道三大类。

(1)天然航道:指自然形成的江、河、湖、海等水域中的航道,包括水网地区在原有较小通道上拓宽加深的那一部分航道,如广东的东平水道、小榄水道等。

(2)人工航道:指在陆上人工开发的航道,包括人工开辟或开凿的运河和其他通航渠道,如在平原地区开挖的运河,在山区、丘陵地区开凿的沟通水系的越岭运河,可供船舶航行的排、灌渠道或其他输水渠道等。

(3)渠化航道:指介于天然航道和人工航道之间的半天然、半人工航道,渠化航道是通过修建拦河坝壅高坝上水位而形成的梯级航道,具有较天然航道更大的航道尺度,除主汛期外水流也大大减缓。坝区引航道往往由人工开凿而成,属于人工航道;坝上常年库区航道水流平缓,类似于湖泊航道;库尾与上一梯级完全衔接或基本衔接,其间的滩险已经淹没或者经过根治,航道也类似于渠道。因此,可以说渠化航道虽然是在天然河流上形成的,但它已从根本上改变了天然航道的特性,其通航条件,虽仍然受上游来水来沙的部分影响,但也在相当程度上受到枢纽的人为控制。

5. 按航道的通航条件划分

航道的通航条件包括时间的长短、限制的有无和大小,以及通航船舶的类别等。

(1)依通航时间长短,航道可分为:

①常年通航航道:可供船舶全年通航的航道,又可称为常年航道;

②季节通航航道:只能在一定季节(如非封冻季节)或水位期(如中洪水期或中枯水期)内通航的航道,又可称为季节性航道。

(2)依通航限制的有无和大小,航道可分为:

①单行航道:在同一时间内,只能供船舶沿一个方向行驶,不得追赶超越或在行进中会让的航道,又可称为单线航道;

②双行航道:在同一时间内,允许船舶对驶、并行或追赶超越的航道,又可称为双线航道或双向航道;

③限制性航道:由于水面狭窄、断面系数小等,船舶航行受到明显限制作用的航道,包括运河、通航渠道、狭窄的设闸航道、水网地区的狭窄航道,以及具有上述特征的滩险航道等。

(3)依通航船舶的类别,航道可分为:

①内河船航道:只能供内河船舶或船队通航的内河航道;

②海船进江航道:内河航道中可供进江海船航行的航道,其航线一般通过增设专门的标志辅以必要的“海船进江航行指南”之类的文件加以明确;

③主航道:供多数尺度较大的标准船舶或船队航行的航道;

④副航道:为分流部分尺度较小的船舶或船队而另行增辟的航道;

⑤缓流航道:为使上行船舶能利用缓流航行而开辟的航道,这种航道一般靠近凸岸边滩;

⑥短捷航道:分汊河道上开辟的较主航道航程短的航道,这种航道一般位于可在中洪水期

通航的支汊内。

除上述分类方法外，航道还可按所处特殊部位分别定名，如桥区航道、港区航道、坝区航道、内河进港航道、海港进港航道等。

### （四）航道工程与航道工作

航道是船舶、排筏运行的通道，是水运赖以发展的基础。为了适应水运发展的需要，必须实施相关的航道工程，包括为开辟和标示航道而进行的水道测量和航标工程，为改善原有航道的通航条件而进行的整治工程和疏浚工程，为彻底消除滩险、大幅度提高航道等级而进行的渠化工程，为延伸通航里程、形成新的水运线路而实施的运河工程，为使航道维持既定标准、防止自然和人为因素造成损坏而进行的航道维护、管理和保护工作，以及为实现上述工程而进行的各项前期工作和勘测、科研、设计工作。

#### 1. 航道勘测

航道勘测是实施航道工程的基础。若无必要的观测资料，则不仅各项航道建设工程无法开展，就连航道的正常维护管理也难以有效进行。

航道勘测主要包括水道地形测量、航道水文测验、航道工程测量和航道地质勘查等。水道地形测量和航道水文测验既服务于航道科研和航道工程，又服务于航道维护管理，包括为营运船舶提供航行图籍。航道工程测量包括为工程设计、施工、竣工验收和工程效果分析而进行的各项测量，是工程的项目管理所必不可少的。实施渠化工程、运河工程和某些航道整治工程、疏浚工程，航道地质勘查必须有计划、有步骤地进行，满足各阶段的设计、施工需要。

#### 2. 航道科研

航道工程是一项改造自然的人类活动。要改造航道必须先认识航道的客观实际及演变规律。航道科研应当紧密围绕认识航道、改造航道、提高航道工作的科技水平来努力。

（1）滩险河段自然规律的研究：包括重点浅滩的演变规律和趋势，急流滩、险滩的成滩原因和发展趋势等方面的研究，应当强调连续跟踪、不断深化的工作方法。

（2）重要河段治理措施的研究：包括重点滩险治理措施的实体模型试验和数值模拟计算，临河、跨河、拦河工程对航道通航条件的影响及其治理措施的试验研究等，要把掌握规律与试验研究紧密联系起来。

（3）提高工程技术的试验研究：包括各项航道工程新结构、新材料、新工艺的试验研究，工程施工船舶、机具改进提高的研究，有关勘测仪器设备及相关软件开发的研究等。

（4）提高管理水平的研究：包括电脑技术用于各项航道管理的开发研究以及决策科学，设计、计算、制图自动化，信息存储、传输网络化等方面的开发研究等。

#### 3. 航道整治

航道整治工程是指修筑整治建筑物，改变和调整水流结构，利用水流自身的内部能量冲深河床，增加航道水深，或改善滩险河段的水流流态，保证航行安全的航道工程措施。航道整治工程通过“冲”的方法增加航道尺度。护岸工程、切嘴工程、裁弯取直等均是航道整治工程的不同形式，可根据治理航道的不同要求合理选择，合理布置在一岸、两岸、河底、水面等部位，起束窄河道、护岸、改善流态、固滩等作用。

航道是河道中的一部分水域,在河道上修筑整治建筑物后,对河势会产生一定影响。因此,航道整治工程应纳入河道整治总体规划之中,统筹考虑交通、水利、防洪、供水等各部门的利益,协调好上、下游,左、右岸及辖区间的关系,在对河性及其演变规律充分掌握的基础上,进行详细的技术经济论证,才能付诸实施。

4. 航道疏浚

航道疏浚工程是指通过调整河床边界以改善通航条件的航道工程措施。在平原河流及其河口地区的泥质、沙质或沙卵石河床上,利用挖泥船或其他疏浚机具挖除碍航的泥沙堆积体,增加航道水深;在山区或丘陵地区的石质河床上,则多采用爆破(又称炸礁)的手段炸除碍航礁石、凸嘴、石梁、岩盘等。概括地说,航道疏浚工程是采用"挖"的办法来增加航道尺度或改善通航条件的。

航道疏浚是开发和维护航道的主要手段之一,它的特点是工期短、见效快,施工比较单纯。在冲积平原河流的下游及河口地区,由于河流尺度很大,采取其他航道工程措施,其工程量往往很大,而且会诱发其他问题。特别是在对河流特性充分掌握之前,若贸然采取航道整治工程之类措施,技术难度很大。在这种情况下,航道疏浚工程可显示出机动灵活的优势。

航道疏浚中最主要的问题是挖槽回淤。由于挖槽本身的尺度远小于河床尺度,挖槽后除可能会发生回淤外,一般不会从根本上改变河床水流条件,只要合理选择挖槽横断面形态及挖槽角度,并适时进行航道维护,挖槽回淤问题就可解决。

5. 航道渠化

航道渠化工程是在通航河流上修建一系列闸坝,抬高上游水位,增加航道水深,减小流速,使闸坝间形成互相衔接的深水缓流航道,从根本上消除自然情况下的碍航滩险,大幅度、永久性地增加航道尺度的航道工程措施。河流建造拦河闸坝后,为了使船舶通过闸坝上下游产生的水位差,需建造船闸或其他形式的过船建筑物。渠化工程是通过"壅"的办法来增加航道尺度的。

相比其他航道工程而言,渠化工程量大,而且投资多、工期长、工程技术复杂,应根据流域治理规划及交通运输远景发展规模,充分调动各方面的积极性,才能实现渠化工程的设计意图。单纯以发展航运为目的的渠化工程,枢纽布置宜采用低坝多梯级连续渠化的方案。梯级开发应注意水资源的综合利用,尽可能地兼顾防洪、发电、灌溉、水产养殖、木材流放、环境保护和发展旅游等方面的利益。

6. 运河工程

开挖或者开凿运河,在我国具有悠久的历史,京杭大运河一直享誉世界,灵渠同样让我们引以为傲。通过兴建运河,形成开敞式运河或者设闸运河,可以在原有陆地上新增某些水运线路,使不同水系之间得以沟通,有的可以缩短水运距离,有的可以实现跨流域通航,使水运成网、直达,提高效益。这类运河工程在西欧、美国、俄罗斯都有许多成功经验,苏伊士运河、巴拿马运河等通海运河更是成功的杰作。

中华人民共和国成立后,我国在拓宽、加深京杭大运河及兴建长江以北的运河船闸上,先后做过几次大规模的努力,目前工程还在往两端延伸,北端延至山东济宁,南端延至杭州。除此之外,在江苏、浙江、上海等省、市,还进行过一些线路较短的运河开挖工程或改善工程,所有这些工程,与京杭大运河江南段的工程结合在一起,已在长江三角洲地区形成了四通八达的航道网,充分显示出水运在这一地区的优势。

7. 航标工程

助航标志(简称航标)作为一项工程,无论在内河还是沿海都是需要的,特别是当一条新的水运线路要开通,航道等级或者航道维护类别要提高,新的航运梯级、水电枢纽或港口要开始投入运行等,航标工程都必须提前实施。

就属性而言,航标无论由谁具体管理,都是与航道不可分割的,因此,《中华人民共和国航道管理条例》将它列作航道设施之一。把航标工程列作一项航道工程,一方面说明它的重要性,另一方面也表明它同其他航道工程相互依存的特点。航道整治的成效离开航标的正确标示就无法充分显示,航道维护缺少航标的合理布设和及时调整,更无法达到要求。

8. 航道维护

航道维护是为保持预定的航道标准,包括航道尺度、航道维护类别、航标配布类别等标准而实施的各项工程技术措施。长江航道部门把航道维护的基本目标归纳为保深、保标、保畅通。

(1)保深:实际上代表了为保证航道尺度而进行的各种努力,包括通过测量了解和预测浅滩变化,采用调标、改泓办法充分利用自然水深,对重点浅水道及时实施维护性疏浚以防止出浅等。

(2)保标:包括按航标配布图和水位涨落、航道变化,及时布设和调整标志;对标志、标灯状况进行日常检查和定期检查,使其正常发挥作用;及时探测、报告航道实有尺度和通报航标异动信息;对标志、标灯定期进行清洗、漆饰和维修等。

(3)保畅通:最重要的是防止因航道维护失当而造成的阻航、断航。此外,发现航道内有碍航物及时组织或联系清除,采用绞滩措施帮助上行船舶、船队顺利通过急流滩,会同有关部门积极疏导临时滞留或拥阻在航道上的船舶等,也是保畅通的应尽之责。

9. 航道保护

航道的通航条件,包括航道本身状况的好坏、航道设施技术状况的完好程度,不仅取决于航道部门自身的努力,还受某些客观条件的影响,诸如特异的气候变化,自然灾害的侵袭,各种穿河、跨河、临河工程和水利、水电工程,采砂、淘金、弃渣以及其他人类活动,还有少数人为破坏事故等。对可能给航道通航条件造成负面影响的因素,航道部门要积极予以防止,这就是航道保护的任务。

实践证明,航道保护的工作既重要又艰巨,这当中既有贯彻国家制定的法律法规,加强航道行政管理的工作,也有加强技术论证研究,协调部门间关系与认识的任务,还有采取某些必要的技术措施以减少自然灾害损失的具体办法。

综上所述,航道工程不应是单一的,究竟应该采用哪一种或哪几种航道工程措施才能最有效地改善通航条件,应对不同的可行方案进行分析论证才能确定。目前,多采用综合治理措施,以获得最佳的经济效益。

(五)航道工程的建设程序

航道工程的基本建设程序按国家的有关规定,主要分为三个阶段:一是前期准备阶段,包括建设初期工作(预可行性研究、项目建议书和工程可行性研究的编报和审批)和工程勘测设计(初步设计、施工图设计);二是工程实施阶段,包括基本建设投资计划安排、项目报建、工程招投标、开工前审计、开工报告、施工;三是工程竣工验收阶段,包括工程资料的整理、工程决算与审计、工程质量评定、竣工验收。有的建设项目还应在竣工验收后在规定时间内进行项目后评估。对于工程投资额不大的建设项目经有权审批的部门批准,上述程序可以适当简化。

《航道工程建设管理规定》将航道工程建设项目分成政府投资和企业投资两大类。

(1)政府投资的航道工程建设项目,一般应当执行以下基本建设程序:

①根据相关规划,开展预可行性研究,编制项目建议书;

②根据批准的项目建议书,进行可行性研究,编制可行性研究报告;

③根据批准的可行性研究报告,编制初步设计文件;

④根据批准的初步设计文件,编制施工图设计文件;

⑤办理施工图设计审批手续;

⑥根据国家有关规定,依法办理开工前相关手续,具备开工条件后开工建设;

⑦组织工程实施;

⑧工程建成后,编制竣工资料,进行工程竣工验收的各项准备工作;

⑨组织竣工验收。

(2)企业投资的航道工程建设项目,应当执行以下基本建设程序:

①根据规划,编制项目申请书或者填写备案信息,履行核准或者备案手续;

②根据核准的项目申请书或者备案信息,编制初步设计文件;

③根据批准的初步设计文件,编制施工图设计文件;

④办理施工图设计审批手续;

⑤根据国家有关规定,依法办理开工前相关手续,具备开工条件后开工建设;

⑥组织工程实施;

⑦工程建成后,编制竣工资料,进行工程竣工验收的各项准备工作;

⑧组织竣工验收。

小结

**一、现代交通运输业五种交通运输方式**

现代交通运输业由铁路运输、公路运输、水路运输、航空运输和管道运输五种主要运输方式组成。

**二、水运在交通运输体系中的作用**

水运是交通运输体系中的一个重要组成部分,对国民经济的发展起着重要的促进作用。第一,水运业是为产品在商业流通中提供运输服务,这个特殊性使水运业不仅是服务业,而且是国民经济的基础产业。第二,经济要发展,交通必先行;贸易要发展,水运必先行。水运以量大价廉、较为便捷的特点保持着先行地位。第三,水运业的发展创造了大量的就业机会,对国民经济积累具有重要的价值。第四,水运业也是促进国际贸易发展,增进全球性经济发展、人类文化交流的纽带。

## 三、水运的特点

优点:

(1)内河水道的建设可以密切结合水利资源的综合利用与综合开发。

(2)水运的运输能力(即航道的通过能力)比较高。

(3)水运的运输成本低。

(4)河流的分布面广,使水运便于实行大、中、小结合及长短途运输的结合。

(5)水运所需建设占地极少。

局限性:

(1)速度慢。

(2)方便程度不够。

## 四、航道的概念

航道是指中华人民共和国沿海、江河、湖泊、运河内船舶、排筏可以通航的水域。

有广义和狭义之分。

## 五、航道分类

(1)按航道的级别划分。按照标准驳船的吨位及船型,将航道由高到低分为7级,用Ⅰ～Ⅶ级表示。

(2)按航道的管理属性划分。根据航道的管理属性,可以将航道划分为国家航道、地方航道和专用航道。

(3)按航道所处地域划分。按航道所处地域,可将航道分为内河航道和沿海航道两大类。

(4)按航道形成的因素划分。按航道形成的因素,可将航道分为天然航道、人工航道和渠化航道三大类。

(5)按航道的通航条件划分。根据航道的通航时间长短、限制的有无和大小以及通航船舶的类别有不同的划分。

## 六、航道工程

改善天然河道通航条件或提高其通航标准而采取的工程措施统称航道工程。常见的航道工程有航道勘测、航道科研、航道整治、航道疏浚、航道渠化、运河工程、航标工程、航道维护、航道保护等。

## 七、航道工程的建设程序

航道工程的基本建设程序分为三个阶段:一是前期准备阶段;二是工程实施阶段;三是工程竣工验收阶段。

## 练习与思考

1. 现代综合运输体系由哪几种方式组成?
2. 水运在交通运输体系中有什么作用?
3. 水运业有哪些优缺点?
4. 如何理解航道的概念以及广义和狭义的航道?
5. 航道是如何分类的?
6. 航道工程主要包括哪些?
7. 航道工程的建设程序分为哪三个阶段?
8. 政府投资的航道工程建设项目,基本建设程序是什么?
9. 企业投资的航道工程建设项目,基本建设程序是什么?

本模块自测题

# 模块一
MODULE ONE

# 河流与航道

河流是陆域地表宣泄洪水的通道，是溪、川、江、河的总称。水流、泥沙与河床边界组成了河流。河流有自己的形态特征、水力特征以及泥沙特征。

不同等级的航道有不同的通航条件与航道尺度。

**知识点**

◎河流的形态特征、水力特征、泥沙特征；

◎通航条件(航道水深、航道宽度、航道最小弯曲半径、水流条件、通航净空)；

◎通过能力。

## 课题一 河流特性与河床演变

### 一、课题引入

河流在自然界中十分常见，它是陆域地表宣泄洪水的通道，是溪、川、江、河的总称。水流、泥沙与河床边界组成了河流。同时，它还是地球上水文循环的重要路径，是对一定区域内地表水和地下水进行补给、沿着狭长凹地流动的水流。我们熟悉的长江、黄河等都是河流。

### 二、课题分析

天然河流通常还是水体、泥沙、盐类和化学元素的运输通道，因此河流往往有其形态特征、水力特征和泥沙特征。

### 三、相关知识

河流特性是指河流在河床形态、水流运动、水文泥沙以及河床冲淤规律等方面的属性。按流经地区的不同，河流一般可分为山区河流和平原河流。对于较大的河流，其上游段多为山区河流,下游段多为平原河流,中游段则往往兼有山区河流和平原河流的特性。对于较小的河流,其全河段可能均位于山区,也可能均位于平原地区,分别显现相应的特性。

### (一)河流形态特征

河流形态特征主要是指河流的横断面和纵剖面的几何特征(如横断面形状和纵剖面比降)以及河流发育过程中的地貌特征(如河流的蜿蜒形势和弯曲度,河漫滩、沙洲和三角洲的大小、形态和分布等)。

#### 1. 河流节点

由抗冲性较强的突岸形成,并对河势变化起控制作用的河岸形态。河流两岸由于组成物质不均匀,抗冲性能差别很大。在山矶、硬土角或人工护岸处,抗冲性强,河流不能自由摆动,河槽宽浅,河流呈现宽窄相间的藕节状形态。由抗冲性强的物质形成的窄深河段对于河流的河势变化具有一定的控制作用,成为河流的节点。

河流节点有两种类型,一种是两岸皆有依托,位置固定,长年靠流;另一种是只有一岸依托,另一岸则是易于冲刷的滩地,当弯道凹岸与抗冲一岸重合时,可以起到控制河势的作用,而且当上游发生流向变化、洲滩变动时,主流位置会上下变动,甚至会使节点脱溜,不起作用。河流节点不仅对其所在河段的主流摆动有控制作用,而且对节点上下游宽浅河段也有控制作用,其影响范围、程度与节点的长度、河宽等特征有密切关系。节点对上游河段有一定的壅水作用,从而会使泥落淤。节点下游水流扩散,泥沙也易堆积,因此,节点上下游宽浅河段内多有洲滩分布。

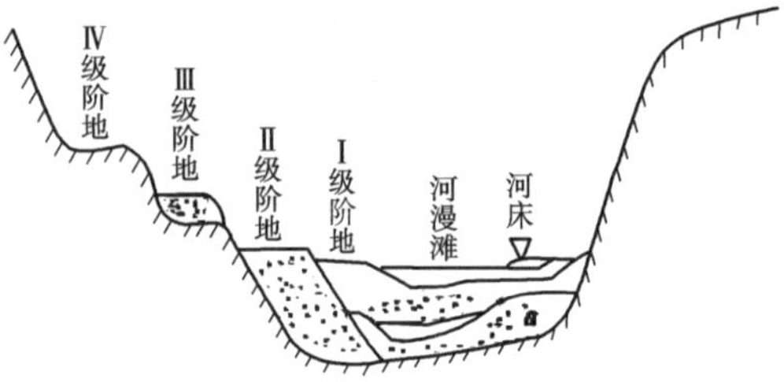

图 1-1 河流阶地结构类型示意图

#### 2. 河流阶地

河流阶地是由河流下切侵蚀和堆积作用交替进行,在河流两岸形成的台阶状地貌。如流域地区内发生过多次地壳升降,就会出现多级阶地。一般在间歇性上升地区,阶地位置越高,形成的时间越早。从与河床相连的最低一级阶地算起,自下而上、由新到老,依次为Ⅰ级阶地、Ⅱ级阶地、Ⅲ级阶地,逐次上推,如图 1-1 所示。

#### 3. 山区河流形态特征

山区河流的平面形态为沿程宽窄相间,呈藕节状。在峡谷河段,河谷横断面(垂直于水流动力轴线的河槽断面叫河流横断面)多呈 V 形,谷坡陡峭,岸线极不规则,急弯、卡口、凸嘴很多,常有孤石突出或礁石林立;在宽谷段或丘陵地段,河床横断面多呈 U 形,谷坡一般较缓,有发育的阶地,江心有洲滩;在溪沟汇入处,常有大量砂石堆积在溪口,形成扇形冲积体,将航道缩窄,甚至堵塞。山区河流纵断面形态存在很多折点,河床高程起伏很大,有的河流起伏高程差为 3 ~5m,有的达 30 ~40m,中国长江万县附近的河床高程差达 60m。山区河流由于纵断面沿程起伏变化,水面线一般也存在折点,形成水流急流段和缓流段相间,由于河床形态特征不同,形成各种碍航的滩险。

#### 4. 平原河流形态特征

平原河流流经地势平坦、土质疏松的平原地区,冲积层一般比较深厚,往往达数十米甚至数百米,平面形态多不规则。平原河流河谷宽广,在河谷中分布着广阔的河漫滩。中枯水期水流限制在主河槽中流动,洪水期水流漫滩,河面宽阔。平原河流的河床形态是水流和河床相互作用的产物,其平面形态随河床边界组成不同,形成顺直型河道、弯曲型河道、游荡型河道和分汊型河道等不同河型。不同河段将形成不同的横断面形状,顺直河段多为抛物线断面;弯曲河段多为不对称的三角形断面;分汊河段为马鞍形断面;游荡河段断面很不规则,如图1-2所示。河道的横断面尺度较大,多呈宽浅型。平原河流河床纵坡较为平缓,水面比降较小,一般均在0.3%~0.4%以下,流速不大,流态比较平稳。

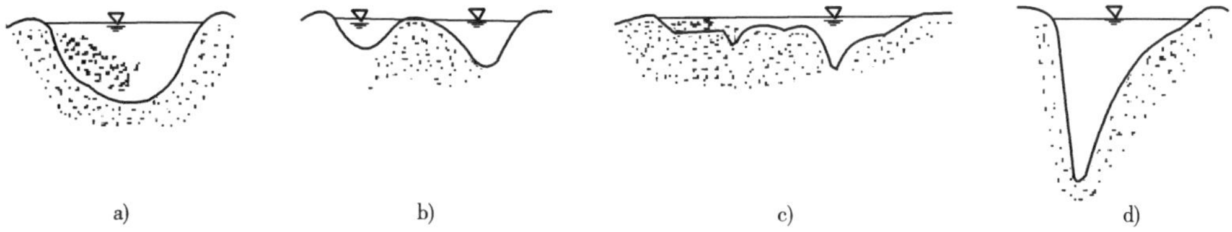


图1-2 平原河流特征横断面

a)顺直段;b)分汊段;c)游荡段;d)弯曲段

河床沿程走向由一系列的深槽和浅滩组成,深槽位于河湾部分且接近凹岸,浅滩则一般位于相邻两深槽之间的河段中。因此,河流纵剖面是深槽与浅滩交替出现的波形线,呈高低不平、波浪起伏状态,两深槽之间的浅滩处水深不足,常是船舶航行的主要障碍,如图1-3所示。

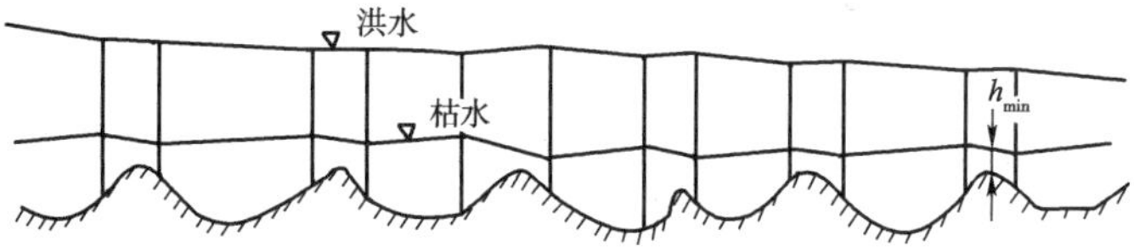


图1-3 河流的纵剖面形状

## (二)河流水力特征

河流水力特征是河流系统中最活跃、最关键的因素,是航道工程的主要依据,也是影响河床变形的主导因素。其主要包括4个方面:水位、流量特征,比降特征,流速特征,流态特征。其中流速经常是影响航行的一项重要因素。当流速过大或具有与航道轴线斜交的显著的横向流速时,船舶航行将很困难。横向流速一般产生于航道的转弯段、浅滩上的沙脊以上及支流汇入或侧向取水口所在的地方。

### 1. 山区河流

山区河流的河床质多由砾卵石或沙卵石组成,所流经的地区坡面陡峻,径流模数大,汇流时间较短。洪水暴涨暴落是山区河流重要的水文特点,在暴雨集中地区尤为显著,暴雨与山洪往往同时发生,但一般洪水持续时间不长,降雨过后,河道又恢复原来的低水细流。流量与水位变幅大是山区河流又一个重要的水文特点。最大流量与最小流量的比值可达几百。例如,中国长江支流嘉陵江的最大流量为39600m$^3$/s,最小流量为220m$^3$/s,前者是后者的180倍。但在集水面积大的山区河流,流量过程线自然调平,洪枯流量相差较小。山区河流一般河谷狭窄,调蓄能力低,随着流量急剧变化,水位大幅度升降,例如,长江三峡的巫峡段,水位变幅达55.6m。另外,受河床形态及水流条件影响,山区河流水面比降一般较大,且沿程分布极不均匀,绝大部分落差集中在局部河段。河床上存在急弯、石梁、卡口等滩险,形成很大的横比降。同时,山区河流的流态十分险恶,常有回流、泡水、漩涡、跌水、水跃、剪刀水、横流等现象出现,对航行造成很大的威胁。

2. 平原河流

由于平原河流集水面积大,所流经的地区坡度比较平缓,河槽两侧有广阔的河漫滩,降雨后汇流时间长,洪峰在传递过程中因槽蓄作用不断削平,因而一般没有洪水陡涨陡落的现象。另外,由于大面积降雨不均匀,支流入汇时间有先后,洪水起涨和回落都比较平缓,持续时间长,流量与水位的变幅一般较小。平原河流水面比降较小,一般流速在 2 ~ 3m/s 以下,没有山区河流的跌水、横流、泡水等险恶流态。但有一些平原河流,因流域内暴雨集中,降雨面积小而强度大,次数又较多,会造成洪水多峰相连,峰型尖瘦,涨落较快,持续时间较短。

### (三)河流泥沙特征

河流泥沙主要来自流域坡地及沟被侵蚀的岩土,以及河床包括河岸被冲刷的岩土。河流泥沙是河流重要水文现象之一,对河床演变起主要作用,对水情也有一定的影响。泥沙是河床冲淤变形的纽带,也是污染物的载体,对河流水质带来一定的影响。河流泥沙主要有静态特性和动态特性,静态特性包括几何特性、重力特性、级配特性;动态特性包括沉降特性、运动特性、冲淤特性,其在河流动力学中已有介绍。

1. 山区河流

山区河流的来沙量最主要集中在汛期,含有冲泻质、悬移质和推移质,悬移质含沙量视地区而异。在岩石风化不严重或植被较好的地区,含沙量较小。相反,在岩石风化严重或植被较差的地区,山洪暴发时含沙量极大,甚至形成泥石流。例如,中国黄河府谷水文站最大含沙量达 1190kg/$m^3$(1971 年 7 月 23 日)。有些山区河流处于泥石流发育地区,泥石流汇入江河以后,对泥沙运动、河流形态等有很大影响。

2. 平原河流

平原河流的泥沙以悬移质为主,因为河床组成多为细颗粒泥沙,所以悬移质中床沙质部分多处于饱和状态,但含沙量一般不大。例如,长江汉口站多年平均含沙量为 0.61kg/$m^3$;宜昌站为 1.18kg/$m^3$,泥沙中径为 0.035mm,多年平均输沙量为 5.21 亿吨,洪峰和沙峰基本同步。但有一些平原河流,洪水过程中含沙量变化大,例如,黄河花园口站平均含沙量最大达 31.3kg/$m^3$,泥沙中径为 0.025 ~ 0.028mm,年输沙量达 16 亿吨,同样的洪峰带来不同的沙峰。

### (四)河床演变特点

1. 山区河流

山区河流的河床多由原生基岩、块石或卵石组成,抗冲能力强,变形速度慢。一般具有非冲积性质。在峡谷河段,洪水期间峡谷流速大,将峡谷内的推移质输送到下游河床宽阔段;枯水期间峡谷段水流平缓,而宽阔段的滩上流速、比降均较大,将洪水时期淤积的泥沙部分或全部输移到峡谷河段,推移质运动在空间分布上有明显的不连续性。在易受强烈外界因素影响的河段,河床可能会发生突变,如地震、崩岩、滑坡等,严重时会使航道中断。另外,在某些放宽段和弯道段、宽阔段的浅滩,由于洪水、枯水流路不一致,一般呈洪淤枯冲的周期性变化。由于山区河流两岸多由抗冲能力较强的物质组成,河道横向变形甚微,主槽在原河宽范围内逐步调整。山区河流两岸多由岩质组成,一般横向变幅不大。河岸抗冲能力弱的特殊河段的主槽有较大摆动。

2. 平原河流

研究表明,平原河流的河床演变因河型而异。一般说来,平原河流的河床演变,往往在纵剖面、横断面及平面形态的变化上反映出来。平原河流的河床是挟沙水流与可动河床长期相互作用的产物。即使流域来水、来沙和边界条件不发生大的变化,但由于局部条件的影响,河床也会产生冲淤变化。因此,平原河流演变主要表现为河床的往复水流与河床的长期调整,多数已达到平衡或准平衡状态。平原河流的河床均有中、细沙等松散物变形,特别是河床的平面变迁和河床中泥沙堆积体的不断变化,这些均给航道带来很大影响。研究河流特性,掌握河流的水文、泥沙特性及河床、浅滩的变化规律,才能正确确定河道和航道的整治原则和方法 。

# 课题二 设计通航水位通航条件

## 一、课题引入

为了保证船舶(船队)在通航期内能安全、方便地航行,不发生搁浅、碰撞等事故,航道应具备一定的通航条件,而河流的通航条件是用航道尺度来表示的。

## 二、课题分析

航道必须具备必要的通航条件,主要包括:

(1)足够的航道水深、航道宽度和弯曲半径;

(2)合适的水流条件,包括流速、比降和流态;

(3)足够的水上净空,包括净空高度和宽度。

## 三、相关知识

### (一)设计通航水位

设计通航水位应包括设计最高通航水位和设计最低通航水位。

1. 天然径流航道和运河航道

设计通航水位应根据河道近期连续的水位和流量资料通过计算分析确定。当水文条件发生变化时,应根据变化情况,通过论证研究及时调整。

(1)设计最高通航水位的确定应符合下列规定:

①不受潮汐影响和潮汐影响不明显的河段,设计最高通航水位应根据表1-1规定的各级洪水重现期水位确定。

天然河流设计最高通航水位的洪水重现期　　表1-1

| 航道等级 | Ⅰ~Ⅲ | Ⅳ、Ⅴ | Ⅵ、Ⅶ |
|---|---|---|---|
| 洪水重现期(年) | 20 | 10 | 5 |

注:对出现高于设计最高通航水位历时很短的山区性河流,Ⅲ级航道洪水重现期可采用10年;Ⅳ、Ⅴ级航道可采用5~3年;Ⅵ、Ⅶ级航道可采用3~2年。

②潮汐影响明显的河段,设计最高通航水位应采用年最高潮位频率为5%的潮位,按极值Ⅰ型分布律计算确定。

(2)设计最低通航水位的确定应符合下列规定:

①不受潮汐影响和潮汐影响不明显的河段,设计最低通航水位可采用综合历时曲线法计算确定,其多年历时保证率应符合表1-2的规定;对于运输比较繁忙的航道,当枯水期年际间水文条件差异较大时,也可采用保证率频率法计算确定,其年保证率和重现期应符合表1-3的规定。

天然河流设计最低通航水位的多年历时保证率　　表1-2

| 航道等级 | Ⅰ、Ⅱ | Ⅲ、Ⅳ | Ⅴ~Ⅶ |
|---|---|---|---|
| 多年历时保证率(%) | ≥98 | 98~95 | 95~90 |

天然河流设计最低通航水位的年保证率和重现期　　表1-3

| 航道等级 | Ⅰ、Ⅱ | Ⅲ、Ⅳ | Ⅴ~Ⅶ |
|---|---|---|---|
| 年保证率(%) | 99~98 | 98~95 | 95~90 |
| 重现期(年) | 10~5 | 5~4 | 4~2 |

②潮汐影响明显的河段,设计最低通航水位应采用低潮累积频率为90%的潮位。

河网地区天然航道的设计通航水位应按照上述规定确定。运输特别繁忙的河网地区航道的设计通航水位可按Ⅰ级航道的规定确定。

封冻河流的设计通航水位按照上述规定确定,其通航期应按全年总天数减去封冻和流冰停航的天数计算。

2. 沿海及潮汐河口航道

(1)设计通航水位应根据各类船型对通航保证率的要求、航道所在地区的潮汐特征和疏浚工程量等因素分析确定。通常情况下可取设计低水位或乘潮水位,并满足下列规定:

①设计低水位应采用低潮累积频率90%的潮位或历时累积频率98%的潮位。

②乘潮水位宜采用乘潮累积频率90%以上的乘潮水位。

③对于通航液化天然气船舶及邮轮等的航道,通航水位可取理论最低潮面。

其中,乘潮水位是指船舶乘潮进出航道的某一潮位,并以该潮位作为航道和不包括码头前沿水域、锚地的港内水域的设计通航水位。

(2)乘潮水位应根据需要乘潮的船舶航行密度、航行持续时间,结合所在地区潮汐特征、航道沿程潮位过程和疏浚工程量等因素合理确定,并应符合下列规定。

①每潮次船舶乘潮进出航道所需的持续时间应为每潮次船舶通过航道的持续时间，包括船舶间追踪航行的间隔时间，且应考虑时间富裕系数，取 1.1 ~1.3。

②单一潮位站的乘潮水位应按《港口与航道水文规范》（JTS 145—2015）的有关规定统计，且应有一年以上的实测潮位资料。乘潮水位可取与每潮次船舶乘潮进出航道所需的持续时间相对应的乘潮累积频率 90% ~95% 的水位；对通行大型船舶次数较少的航道，乘潮累积频率可适当降低。

③当潮位受气象影响而出现季节性变化较大时，对所选用的乘潮水位，应核算低水位月份的航道通过能力及其对港口正常营运的影响。

（3）在水流条件变化可以预测的水域，当避开对船舶航行最不利的时段，对船舶安全明显有利且工程投资较为节省时，可选择以某一流速对应的延时作为通航时段。

3. 枢纽上下游航道

枢纽上下游设计最高通航水位和设计最低通航水位应根据枢纽运行调度规则，结合河段水文特征和航运要求，考虑河道冲淤变化的影响等因素，综合研究确定。

（1）枢纽上游航道设计通航水位的确定应符合下列规定：

①设计最高通航水位应采用表 1-1 规定的重现期洪水与相应的汛期坝前水位组合，以及坝前正常蓄水位或设计挡水位与相应的各级入库流量组合，得出多组回水曲线，取其上包线作为沿程各点的设计最高通航水位，并应考虑河床淤积对水位抬高的影响。

②设计最低通航水位应采用表 1-2 规定的多年历时保证率的入库流量与相应的坝前消落水位组合，以及坝前死水位或最低运行水位与相应的各级入库流量组合，得出多组回水曲线，取其下包线作为沿程各点的设计最低通航水位，并应计入河床冲淤可能引起的水位变化值。

（2）枢纽下游航道设计通航水位的确定应符合下列规定：

①设计最高通航水位应按表 1-1 规定的各级洪水重现期，分析选定设计流量，并考虑枢纽运行对该河段航道的影响推算确定。

②设计最低通航水位应按表 1-2 规定的多年历时保证率，分析选定设计流量，并考虑河床冲淤变化和电站日调节的影响推算确定；对近坝段应采用枢纽瞬时最小下泄流量对应的水位，并计入设计水平年内河床下切因素引起的水位变化值。

③受枢纽影响显著的下游航道设计通航水位应开展专题研究确定。

枢纽上下游航道设计通航水位应结合枢纽运行后的实测资料进行必要的验证和调整。

## （二）通航条件

航道必须具备必要的通航条件，主要包括：

（1）足够的航道水深、航道宽度和弯曲半径（航道尺度是航道水深、航道宽度和弯曲半径的总称）；

（2）合适的水流条件，包括流速、比降和流态；

（3）足够的水上净空，包括净空高度和宽度。

天然和渠化河流航道横断面见图 1-4。

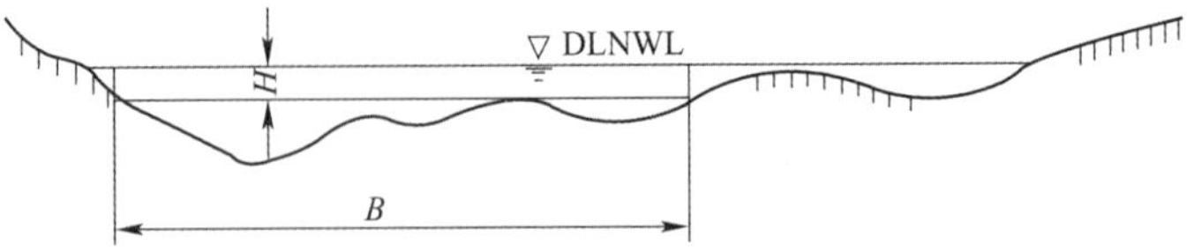


图 1-4 天然和渠化河流航道横断面图

$H$-航道水深;$B$-航道宽度;DLNWL-设计最低通航水位

1. 航道水深

航道水深是指航道范围内从水面到河床底部的垂直距离,通常指航道内最浅处水面到河底的垂直距离。航道水深是航道尺度中非常重要的指标,决定着船舶的航行速度和载重量,若水深不足,船舶只能减载航行。一般在平原河流和河口,航道水深不足是碍航的关键因素,在这些地区采取工程措施的主要目的是解决航道水深问题。

航道水深是航道建设与维护的重要指标,一般又分为航道维护水深和航道标准水深。航道维护水深是根据水位、航道变迁和维护能力确定的水深维护指标。航道标准水深是指设计最低通航水位时,代表船舶或船队[代表船型或船队相关的尺度可以参阅《内河通航标准》(GB 50139—2014)、《运河通航标准》(JTS 180-2—2011)、《海轮航道通航标准》(JTS 180-3—2018)、《长江干线通航标准》(JTS 180-4—2020)等标准]安全通航必须保证的航道最小深度,是航道工程设计的主要依据之一,也称航道设计水深。

1)天然径流航道的航道水深

根据《航道工程设计规范》(JTS 181—2016),天然径流航道的航道水深可按下式计算:

$$H = T + \Delta H \tag{1-1}$$

式中:$H$——航道水深(m);

$T$——船舶吃水(m),根据航道条件和运输要求可取代表船型(船舶、船队)设计吃水或枯水期减载时的吃水;

$\Delta H$——富裕水深(m),主要包括船舶航行下沉量和触底安全富裕量,可按表 1-4 的规定选用。

**天然径流航道的富裕水深值** 表 1-4

| 航道等级 | Ⅰ | Ⅱ | Ⅲ | Ⅳ | Ⅴ | Ⅵ | Ⅶ |
|---|---|---|---|---|---|---|---|
| 富裕水深(m) | 0.4~0.5 | 0.3~0.4 | 0.3~0.4 | 0.2~0.3 | 0.2~0.3 | 0.2 | 0.2 |

注:①流速和风浪较大的水域取大值,反之取小值;

②卵石和岩石质河床富裕水深值应另加 0.1~0.2m;

③当Ⅰ级航道设计船型为 5000 吨级及以上时,富裕水深值应另增加 0.1~0.2m;

④对于限制性航道(图 1-5),相应富裕水深值应适当加大。

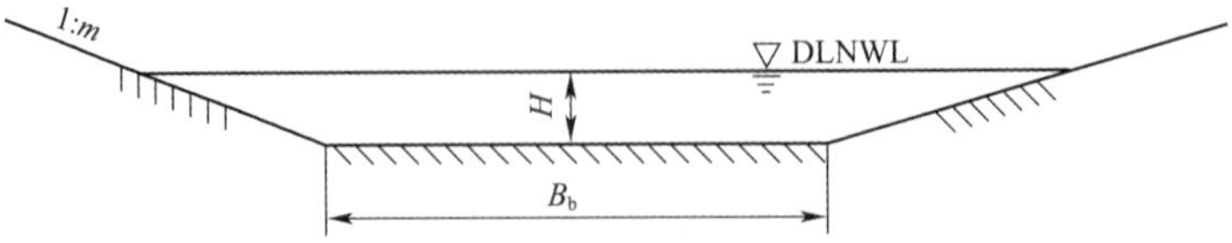


图 1-5 限制性航道横断面图

$H$-航道水深;$B_b$-航道宽度;$m$-边坡系数;DLNWL-设计最低通航水位

船舶设计吃水是船舶在设计载量时的静吃水，不一定是船舶的最大吃水，为充分发挥驳船的经济效益，有时采用变吃水概念进行设计。

船舶编队会引起吃水增减。顶推船队用钢缆连接后，船队的静吃水会发生一些变化，一般为 ±0.1m。

船舶航行下沉量的主要影响因素有船舶载重吨、船舶航速、船型、航道断面等。

为避免出现船舶触底，发生海损事故，除考虑船舶航行下沉量外，还需留一定安全富裕水深，这部分富裕水深与河床底质有关。

表 1-4 中天然径流航道的富裕水深只考虑船舶大小，没有考虑河床底质、流速、比降等因素，是不够全面的，不宜作为确定富裕水深的唯一依据。实际工作中，富裕水深应根据工程项目的性质和要求，区分不同条件，综合分析确定。对于天然河流，要根据该河段的河道特征（河床底质、形态和水流）结合通航船型、船队进行综合分析，若航道自然水深条件较好，整治工程量不大，富裕水深可定得宽松一些，以便更好地满足航行要求；若航道水深增加很困难，富裕水深应定得偏紧一些，船舶通过浅滩时用减速航行的办法来控制船舶航行下沉量，从而减少富裕水深；而对少数急流险滩，则宜根据具体情况适当增加富裕水深。这样做可将富裕水深定得合理一些，既可避免过多增加航道整治工程量，又可满足一些滩险的特殊要求。同一等级航道允许富裕水深有所差别，做到实事求是。有人提出船舶超载问题，应通过加强管理来解决，不应在富裕水深方面给予考虑。

山区河流，流急坡陡，顶推船队的推船需配备较大的功率。船队的吃水，往往受推船吃水控制，应按推船的动吃水来确定航道水深。对石质河床，富裕水深要留有余地，如川江兰家沱至宜宾段，航道标准水深为 2.7m，礁石河床的航道边水深为 3.1m，航道中部水深为 3.3m。

运河和水网地区，河道狭窄，河床断面面积较小，其富裕水深主要满足航道水深与船舶吃水比值的要求，一般要求 $H/T$ 为 1.5 左右，同时要满足断面系数 $n$ 值要求，一般要求 $n$ 值大于 6。断面设计中，航道底宽与航道水深以及 $n$ 值需统一分析确定。

2）沿海及潮汐河口航道的航道水深

海港进港航道和潮汐河口通航海轮航道横断面如图 1-6 所示。

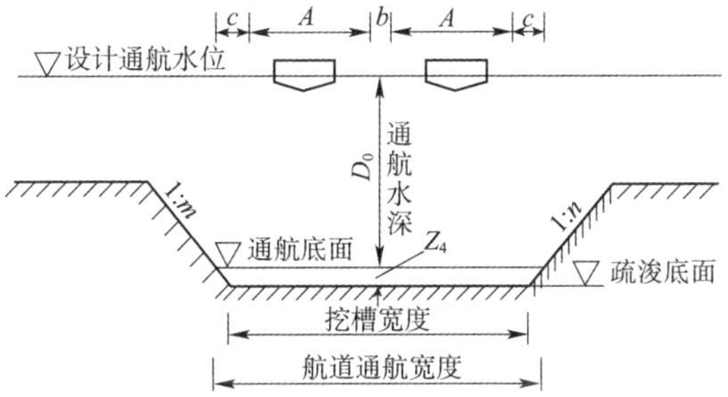


图 1-6　海港进港航道和潮汐河口通航海轮航道横断面图

$D_0$-通航水深；$Z_4$-备淤富裕深度；$m$、$n$-疏浚边坡比；$A$-航迹带宽度；$c$-船舶与航道底线边线间的富裕宽度

根据《航道工程设计规范》（JTS 181—2016），航道通航水深和设计水深应根据设计船型吃水、船舶航行下沉量、波浪产生的垂直运动、航道底质、水体密度、回淤强度、维护周期等因素确定，并符合下列规定。

航道通航水深和设计水深可按下列公式计算：

$$D_0 = T + Z_0 + Z_1 + Z_2 + Z_3 \tag{1-2}$$

$$D = D_0 + Z_4 \tag{1-3}$$

式中：$D_0$——航道通航水深(m)；

$T$——设计船型满载吃水(m)，对杂货船可根据实际情况考虑实载率对设计船型吃水的影响；

$Z_0$——船舶航行下沉量(m)，对于非限制性航道，按图1-7的规定选用；

$Z_1$——航行时龙骨下最小富裕深度(m)，按表1-5的规定选用；

$Z_2$——波浪富裕深度(m)，按表1-6的规定选用；

$Z_3$——船舶装载纵倾富裕深度(m)，杂货船和集装箱船可不计，油船和散货船取0.15m，滚装船可按表1-7的规定选用；

$D$——航道设计水深(m)，即疏浚底面对于设计通航水位的水深；

$Z_4$——备淤深度(m)，应根据两次挖泥间隔期的淤积量计算确定，对于不淤航道，可不计备淤深度，有淤积的航道，备淤深度不宜小于0.4m。

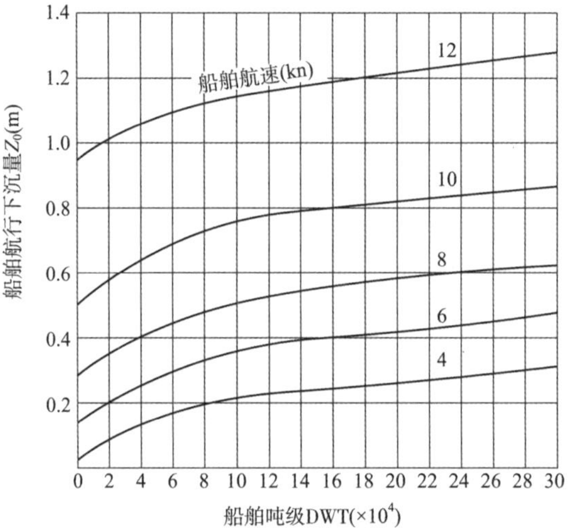


图1-7　船舶航行时船体下沉值曲线

**航行时龙骨下最小富裕深度 $Z_1$(m)**　　表1-5

| 土质特性 | 船舶吨级(t) | | | | |
|---|---|---|---|---|---|
| | DWT < 5000 | 5000 ≤ DWT < 10000 | 10000 ≤ DWT < 50000 | 50000 ≤ DWT < 100000 | 100000 ≤ DWT < 300000 |
| 淤泥土、软塑性土、可塑性土、松散沙土 | 0.20 | 0.20 | 0.30 | 0.40 | 0.50 |
| 硬塑黏性土、中密砂土 | 0.30 | 0.30 | 0.40 | 0.50 | 0.60 |
| 坚硬黏性土、密实砂土、强风化岩 | 0.40 | 0.40 | 0.50 | 0.60 | 0.70 |
| 风化岩、岩石 | 0.50 | 0.60 | 0.60 | 0.80 | 0.80 |

船、浪夹角 $\psi$ 与 $Z_2/H_{4\%}$ 的变化系数值　　表 1-6

| $\psi$(°) | 0 (180) | 10 (170) | 20 (160) | 30 (150) | 40 (140) | 50 (130) | 60 (120) | 70 (110) | 80 (100) | 90 (90) |
|---|---|---|---|---|---|---|---|---|---|---|
| $Z_2/H_{4\%}$ ($\bar{T}\leqslant 8$s) | 0.24 | 0.32 | 0.38 | 0.42 | 0.44 | 0.46 | 0.48 | 0.49 | 0.5 | 0.52 |
| $Z_2/H_{4\%}$ ($\bar{T}=10$s) | 0.55 | 0.65 | 0.75 | 0.83 | 0.90 | 0.97 | 1.02 | 1.08 | 1.10 | 1.15 |

注:①当 DWT < 10000t 时,表中数值应增加 25%;

②当波浪平均周期 8s < $\bar{T}$ < 10s 时,可用内插法确定 $Z_2/H_{4\%}$ 的取值;

③当波浪平均周期 $\bar{T}\geqslant$10s 时,应对 $Z_2$ 值进行专门论证。

滚装船装载纵倾富裕深度 $Z_3$　　表 1-7

| 船舶吨级 | | $Z_3$(m) |
|---|---|---|
| DWT(t) | GT(t) | |
| ≤1000 | ≤3000 | 0.30 |
| >1000 | >3000 | 0.20 |

注:划分船舶吨级时,货物滚装船采用 DWT,汽车滚装船和客货滚装船采用 GT。

对于以骤淤回淤为主的航道,应综合考虑骤淤发生的规律、船舶类型、通航密度及工程量等,根据港口营运需要和工程经济合理性,确定航道设计的骤淤重现期标准。当骤淤强度沿航道变化较大时,宜沿航道确定不同的骤淤备淤深度。

航道设计时,应考虑当船舶由海域进入河口水域后水的密度对船舶吃水的影响。

当自然资料不足时,航道所需通航水深也可按下式估算:

$$D = kT \tag{1-4}$$

式中:$D$——航道设计水深(m);

$k$——系数,有掩护水域可取 1.1 ~ 1.2,开敞水域可取 1.2 ~ 1.3;

$T$——设计船型满载吃水(m)。

3)运河航道水深

运河航道水深仍按式(1-1)计算,其中富裕水深按表 1-8 选用。

运河航道的富裕水深值　　表 1-8

| 航道等级 | Ⅱ | Ⅲ | Ⅳ | Ⅴ |
|---|---|---|---|---|
| 富裕水深(m) | 0.8 ~ 1.0 | 0.5 ~ 0.7 | 0.3 ~ 0.5 | 0.3 ~ 0.5 |

注:卵石和岩石等硬底质河床富裕水深值应另加 0.2m。

4)航道水深论证

航道整治工程设计中,航道水深是航道尺度的主要尺度,特别是对于天然河流,枯水期航道水深增加 0.1m 也是很不容易的。因此对航道水深要充分论证,慎重确定。一旦确定,除出现始料不及的特殊情况外,一般 10 年或 20 年不变,这样才有利于今后船舶的更新改造和航运的稳步发展,也有利于航道的维护管理。论证内容可分为两部分,一是技术可能性;二是经济合理性。

经济合理性的论证步骤:设定不同的设计水深方案和相应的船型船队和运输组织,分别计算在各水深方案条件下完成既定运量所需的船舶数量、建造费用以及相应的年营运费用,绘制年运输总成本与水深的关系曲线。按不同水深方案,分别计算整治工程量、工程投资以及年投资摊销和年维护费用,绘制年航道工程费用与水深关系曲线。将不同水深方案的两项年费用相加,得出不同方案所需的年综合费用,绘制该费用与水深的关系曲线,与该曲线最低点相应的水深即为最经济的航道水深,如图1-8所示。这种方法在理论上是成立的,但不是每个地方都能采用,需结合航道的条件,在技术可能性的基础上进行。因为天然河流航道尺度受河道自然条件制约,不可能任意加深、拓宽。一般先进行技术可能性论证,有条件时才进行不同水深方案的经济合理性论证。航道建设属公益事业,工程投资后缺乏财务效益,需结合改善投资环境、促进区域经济发展、提高水运企业的竞争能力、发展水运等方面进行综合评价。

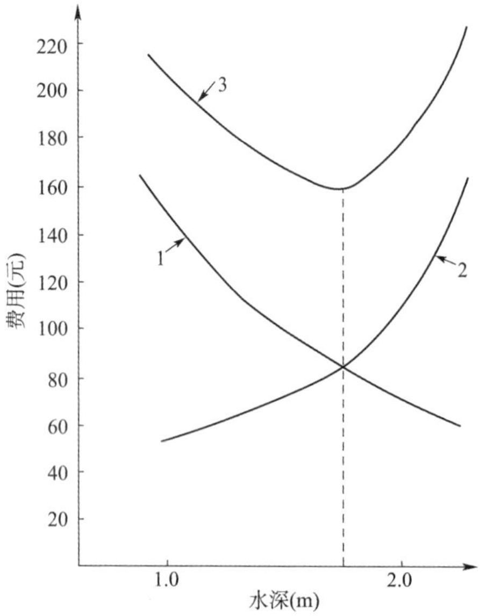

图1-8 水深与费用关系曲线示意图

2. 航道宽度

航道宽度也分为航道维护宽度和航道标准宽度。前者是根据航道实际情况结合航道维护能力制订的维护计划值;后者是设计最低通航水位时,代表船舶或船队正常通航所必须具有航道标准水深的水域宽度,如图1-4~图1-6所示。限制性航道和天然、渠化河流航道的航道标准宽度是不一样的。对于限制性航道,航道宽度是指设计最低通航水位时船舶在设计吃水时船底处的断面水平宽度,见图1-5;对于天然、渠化河流航道,航道宽度是指设计最低通航水位时,具备航道标准水深而为船舶航行所必需的宽度,见图1-4。航道宽度原则上应为船舶(队)航行占据的宽度(也称航迹带宽度)与一定的安全富裕宽度之和。为便于开展设计工作,《内河通航标准》(GB 50139—2014)取消了对限制性航道的航道宽度的规定,直接对航道底宽作了具体规定。这样的调整是合理的,但要注意到,这并不意味着"航道宽度"与"航道底宽"具有相同的意义,它们仍是两个截然不同的概念。

1)单线航道和双线航道

根据船舶航行密度和航道条件,可设计成单线航道和双线航道。一般来说,当船舶(队)航行密度较小,航道狭窄段不长,且拓宽工程量较大时,可设计成单线航道;其余均以保证两个对开船队安全错船为原则,设计成双线航道。

《内河通航标准》(GB 50139—2014)规定了单线航道宽度和双线航道宽度,在航道整治设计中,究竟是采用单线航道还是双线航道,需要认真论证。为了扩大航道的通过能力,一般航道都应满足上下水船舶交会的要求,不应设计为单线航道。在天然河流中,有以下几种情况,虽然局部滩段不能会船,但不影响整个河段的双线通航,这类航道也不算单线航道。

①有些滩险河段,有一段较短的狭窄航道,只能满足单行要求,船舶不在此交会,若通视条件好,上行船舶可在滩下稍加等候,下行船过后即可上驶。

②有些滩段航道较窄,但能满足一般船舶交会,仅不能满足极少数大型船队的交会,而这种大型船队在此段交会的机会极少。

③较长的狭窄河段，为节省工程投资，经分析论证后在中间设置会船段。

我国天然河流航道，除局部设信号台控制的河段外，基本符合上述情况，因此一般航道基本满足双线通航要求。在航道整治设计中，经过分析论证，可采用大小不同船舶（队）交会和不同交会方式来计算确定双线航道宽度，对局部困难河段，经论证可采用单线航道宽度。

2）天然径流航道的航道——直线段单线航道宽度

直线段单线航道宽度，可按下列公式计算：

$$B_1 = B_F + 2d \tag{1-5}$$

$$B_F = B_s + L\sin\beta \tag{1-6}$$

式中：$B_1$——直线段单线航道宽度（m）；

$B_F$——船舶或船队航迹带宽度（m）；

$d$——船舶或船队外舷至航道边缘的安全距离（m），船队可取 0.25～0.30 倍航迹带宽度，单船可取 0.34～0.40 倍航迹带宽度；

$B_s$——船舶或船队宽度（m）；

$L$——顶推船队长度或货船长度（m）；

$\beta$——船舶或船队航行漂角（°），Ⅰ～Ⅴ级航道可取3°，Ⅵ级和Ⅶ级航道可取2°（运河航道：顶推船队和单船对Ⅰ～Ⅴ级航道可取 2.5°，拖带船队对Ⅰ～Ⅴ级航道可取 1.2°）。

（1）航迹带宽度。

船舶（队）在设定的航道内航行，因受地形、水流、风力等因素的影响，常需操舵以保持既定航向。即使在直线航行时，也会受到侧风和斜向水流等外力作用，加上船舶（队）本身也往往存在两侧阻力不均衡的问题，因此，在航行过程中，船舶（队）的纵轴线与设定的航向线之间总是形成一定的夹角，这一角度称为航行漂角（或偏角），简称漂角，常以 $\beta$ 表示。若船舶（队）的航行轨迹的重心始终保持在既定的航向上，如图 1-9a）所示，则其航迹带宽度仅与船舶（队）平面尺度和漂角有关。当侧向风或横流流速过大时，船舶（队）将难以完全保持既定航向，而使船舶（队）向前航行时重心的连线（即实际航向线，有的称作偏航线）与设定航向线之间形成另一夹角，这一夹角称为偏航角，现以 $\alpha$ 表示，而此时船舶（队）重心与设定航向线之间的横向距离则称为漂移宽度，如图 1-9b）所示，这时计算航迹占用总宽度应考虑计入漂移宽度 $\Delta B$。

（2）安全距离。

对于水流平顺的顺直山区航道，大型船队宜选取规范推荐范围的较大值，若岸坡为泥沙、流速小、船舶（队）较小，则可选较小值。

对流速大、流态不好、岸线极不规则的河段，应在规范推荐数据的基础上适当增加安全距离，或进行试验研究。遇下列情况一般都应增大安全距离：航道底边线紧靠不规则岸线，岸坡为礁石，流速大，流态不好；航道底边线紧靠暗礁，船舶为防触礁需远离礁石航行；航道弯曲，有斜向水流冲向岸坡，船舶不能靠近航行；航道边缘有孤立墩台，船舶为防碰撞，其富裕宽度需经专题研究确定。

当不存在偏航时，采用式（1-6）计算，若存在偏航，则宜采用下式计算：

$$B'_F = B_s + L\sin\beta + tv_s\sin\alpha \tag{1-7}$$

$$\Delta B = tv_s\sin\alpha \tag{1-8}$$

$$\Delta L = tv_s \tag{1-9}$$

式中:$L$——设计船舶(队)长度(m);

$\Delta B$——漂移宽度(m);

$\Delta L$——偏航距离(m);

$v_s$——船舶航速(m/s);

$t$——由 $A$ 点到 $B$ 点的航行时间(s);

$\alpha$——偏航角(°)。

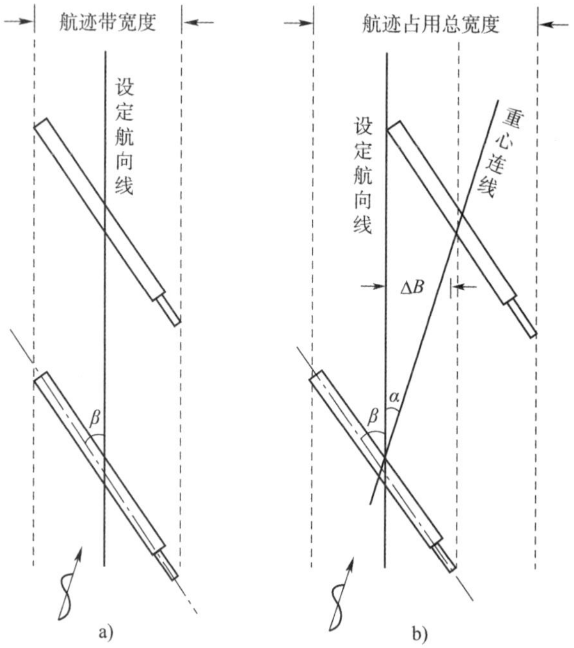


图 1-9 船舶(队)航行漂角、偏航示意图

a)仅存在航行漂角时;b)同时存在偏航时

3)天然径流航道的航道——直线段双线航道宽度

直线段双线航道宽度,可按下列公式计算:

$$B_2 = B_{Fd} + B_{Fu} + d_1 + d_2 + C \tag{1-10}$$

$$B_{Fd} = B_{sd} + L_d\sin\beta \tag{1-11}$$

$$B_{Fu} = B_{su} + L_u\sin\beta \tag{1-12}$$

式中:$B_2$——直线段双线航道宽度(m);

$B_{Fd}$——下行船舶或船队航迹带宽度(m);

$B_{Fu}$——上行船舶或船队航迹带宽度(m);

$d_1$——下行船舶或船队外舷至航道边缘的安全距离(m);

$d_2$——上行船舶或船队外舷至航道边缘的安全距离(m);

$C$——船舶或船队会船时的安全距离(m);

$B_{sd}$——下行船舶或船队宽度(m);

$L_d$——下行顶推船队长度或货船长度(m);

$\beta$——船舶或船队航行漂角(°),Ⅰ～Ⅴ级航道可取3°,Ⅵ级和Ⅶ级航道可取2°;

$B_{su}$——上行船舶或船队宽度(m);

$L_u$——上行顶推船队长度或货船长度(m);

$d_1+d_2+C$——各项安全距离之和(m),船队可取0.50～0.60倍上行和下行航迹带宽度,货船可取0.67～0.80倍上行和下行航迹带宽度(运河航道:船队可取1.0倍航迹带宽度,单船可取1.5倍航迹带宽度)。

当采用三线或三线以上航道时,其宽度应根据船舶通航要求确定。

4)沿海及潮汐河口航道——航道宽度

单向航道和双向航道通航宽度宜按式(1-13)、式(1-14)计算。当航道较长、自然条件较复杂或船舶定位较困难时,可适当加宽;当自然条件和通航条件较有利时,经论证可适当缩窄。

单向航道
$$W=A+2c \tag{1-13}$$

双向航道
$$W=2A+b+2c \tag{1-14}$$

$$A=n(L\sin\gamma+B) \tag{1-15}$$

式中:$W$——航道通航宽度(m);

$A$——航迹带宽度(m);

$c$——船舶与航道底边间的富裕宽度(m),按表1-9的规定选用;

$b$——船舶间富裕宽度(m),取设计船宽$B$,当船舶交会密度较大时,船舶间富裕宽度可适当增加;

$n$——船舶漂移倍数,按表1-10的规定选用;

$L$——设计船长(m);

$\gamma$——风、流压偏角(°),按表1-10的规定选用;

$B$——设计船宽(m)。

**船舶与航道底边间的富裕宽度 $c$** 表1-9

| 项目 | 杂货船或集装箱船 | | 散货船 | | 油船或其他危险品船 | |
|---|---|---|---|---|---|---|
| 航速(kn) | ≤6 | >6 | ≤6 | >6 | ≤6 | >6 |
| $c$(m) | $0.50B$ | $0.75B$ | $0.75B$ | $B$ | $B$ | $1.50B$ |

注:对于坚硬黏性土、密实砂土及岩石底质等硬质底质和边坡坡度大于1:2的航道,船舶与航道底边间的富裕宽度$c$应适当增大。

**船舶漂移倍数 $n$ 和风、流压偏角 $\gamma$ 值** 表1-10

| 风力 | 横风≤7级 | | | | |
|---|---|---|---|---|---|
| 横流流速$v$(m/s) | $v\le0.10$ | $0.10<v\le0.25$ | $0.25<v\le0.50$ | $0.50<v\le0.75$ | $0.75<v\le1.00$ |
| $n$ | 1.81 | 1.75 | 1.69 | 1.59 | 1.45 |
| $\gamma$(°) | 3 | 5 | 7 | 10 | 14 |

注:①当斜向风、流作用时,可近似取其横向投影值查表;

②考虑避开横风或横流较大时段航行时,经论证,航迹带宽度可进一步缩小。

航道底边线与船舶可能触碰的建筑物、岛礁等之间应有一定的安全距离。安全距离的确定可根据建筑物的结构形式、岛礁水下部分的形态及其航行安全需要综合确定。

必要时,可采用船舶操纵模拟试验分析论证船舶通过以上水域的安全性。

对液化天然气船舶通行的航道,通航宽度除满足上述规定外,尚应满足不小于5倍设计船宽的要求。当液化天然气船舶需与其他船舶交会时,航道有效宽度应通过专项论证确定。

当影响航道尺度的因素复杂时,航道通航宽度应进行船舶操纵模拟试验验证,必要时可结合实船观测等方式确定航道通航宽度。

5)运河航道——横断面底宽

运河航道横断面底宽应按下式计算:

$$B_b = B - 2m(h - T) \tag{1-16}$$

式中:$B_b$——航道底宽(m);

$B$——航道宽度(m);

$m$——边坡系数;

$h$——航道水深(m);

$T$——船舶或船队的最大吃水(m)。

不同岩土类别航道边坡坡度可参照表1-11确定。对情况复杂的航道边坡,应通过试验或按类似岩土特性和水文条件的现有航道确定。当航道开挖较长且岩土特性有明显区别时,可根据实际情况分段采用不同边坡坡度。当航道开挖较深且岩土特性有明显区别时,可采用变坡度设计。

**不同岩土类别航道边坡坡度** 表1-11

| 岩土类别 | 岩土名 | 状态 | 岩土有关指数 | | | | 边坡坡度 |
|---|---|---|---|---|---|---|---|
| | | | 标准贯入击数$N$ | 天然重度($kN/m^3$) | 天然含水率$\omega$(%) | 孔隙比$e$ | |
| 淤泥土类 | 流泥 | 流态 | — | <14.9 | $85<\omega\leq150$ | $e>2.4$ | 1:25~1:50 |
| | 淤泥 | 很软 | <2 | <16.6 | $55<\omega\leq85$ | $1.5<e\leq2.4$ | 1:8~1:25 |
| | 淤泥质土 | 软 | ≤4 | ≤17.6 | $36<\omega\leq55$ | $1.0<e\leq1.5$ | 1:3~1:8 |
| 黏性土类 | 黏土 | 中等 | ≤8 | ≤18.7 | — | — | 1:2~1:3 |
| | 粉质黏土 | 硬<br>坚硬 | ≤15<br>>15 | ≤19.5<br>>19.5 | — | — | |
| | 黏质粉土 | 软<br>中等 | ≤4<br>≤8 | ≤17.6<br>≤18.7 | — | — | 1:3~1:8 |
| | | 硬<br>坚硬 | ≤15<br>>15 | ≤19.5<br>>19.5 | — | — | 1:1.5~1:3 |

续上表

| 岩土类别 | 岩土名 | 状态 | 岩土有关指数 | | | | 边坡坡度 |
|---|---|---|---|---|---|---|---|
| | | | 标准贯入击数 $N$ | 天然重度（$kN/m^3$） | 天然含水率 $\omega$（%） | 孔隙比 $e$ | |
| 砂土类 | 砂质粉土 | 极松<br>松散 | ≤4<br>≤10 | ≤18.3<br>≤18.6 | — | — | 1∶5～1∶10 |
| | | 中密<br>密实 | ≤30<br>>30 | ≤19.6<br>>19.6 | — | — | 1∶2～1∶5 |
| | 粉砂、细砂、中砂、粗砂、砾砂 | 极松<br>松散 | ≤4<br>≤10 | ≤18.3<br>≤18.6 | — | — | 1∶5～1∶10 |
| | | 中密<br>密实 | ≤30<br>>30 | ≤19.6<br>>19.6 | — | — | 1∶2～1∶5 |
| 岩石类 | 软质岩石 | $R_c$ <30MPa | | | | | 1∶1.5～1∶2.5 |
| | 硬质岩石 | $R_c$ ≥30MPa | | | | | 1∶0.75～1∶1.0 |

注：①$R_c$——单轴饱和抗压强度（MPa）；

②对黏质粉土和砂质粉土，当航道开挖深度超过5m时，可采用相对较陡的航道边坡数值；

③通常情况下有掩护航道和开敞航道边坡坡度可不考虑波浪和水流作用的影响，但对有强浪和强流作用的开敞航道边坡坡度宜适当放缓。

6）弯曲段航道宽度

弯曲段航道宽度应根据弯曲半径、流速、流向、流态、船舶或船队长度及操纵性能等因素确定。

通过研究可以发现，弯曲航道的航行漂角具有如下规律：船队下行时的航行漂角一般大于上行时的航行漂角；弯道曲度和中心角越大，航行漂角也越大；船队下行时航行漂角随当地流速增大而增大；上行时虽有类似规律，但在静水条件下的航行漂角往往还略大于缓流段的漂角；就下行的小型船队而言，以 $R/L=6$ 或 8 为界限，大于此值时漂角增加较为明显，小于此值时漂角减少趋于平缓，这在30°弯道上表现尤为明显。其中，$R$ 表示航道最小弯曲半径（m），$L$ 表示设计船舶（队）长度（m）。这大体说明，在水流流速较小的情况下，微弯河段的航行漂角与直线段的漂角相近；而当流速增高、弯道中心角增大时，即令 $R/L \geq 6 \sim 8$ 乃至 $R/L=10$ 时，其航行漂角也将达到5°～10°，明显超过直线段2°～3°的漂角。因此，从计算的角度来看，弯曲航道的宽度要比直线段宽度宽。

当弯曲半径小于或等于3倍设计船队长度时，应在直线段航道宽度的基础上加宽；当弯曲半径大于3倍设计船队长度，但小于或等于6倍设计船队长度时，应根据水流等具体条件确定是否加宽；当弯曲半径大于6倍设计船队长度时，弯曲段航道宽度可不加宽。

3.航道最小弯曲半径

航道最小弯曲半径是指航道中心线上的曲率半径，弯曲半径越大，航行越便利。但因受河道地形限制，弯曲半径难以扩大。为了保障航行安全，需规定一个弯曲半径的最小限值。

1）天然径流航道的航道的最小弯曲半径

《内河通航标准》（GB 50139—2014）规定，内河航道的最小弯曲半径，应采用顶推船队长度的3倍、货船长度的4倍、拖带船队最大单船长度的4倍中的最大值。在条件受限河段,航道最小弯曲半径不能达到上述要求时,航道宽度应加大,加大值应经专题研究确定。流速达3m/s以上、水势汹乱的山区性河流航道,其最小弯曲半径应采用顶推船队长度的5倍和货船长度的5倍中的较大值。条件复杂时,宜通过船舶操纵模拟试验确定。

《航道工程设计规范》(JTS 181—2016)规定,天然径流航道最小弯曲半径,宜采用设计顶推船队长度的3倍、货船长度的4倍、拖带船队最大单船长度的4倍中的最大值[与《内河通航标准》(GB 50139—2014)一致]。在特殊困难河段,航道最小弯曲半径不能达到上述要求时,在宽度加大和驾驶通视均能满足需要的前提下,弯曲半径可适当减小,但不得小于顶推船队长度的2倍、货船长度的3倍、拖带船队最大单船长度的3倍中的最大值。流速达3m/s以上、水势汹乱的山区性河流航道,其最小弯曲半径宜采用顶推船队长度的5倍和货船长度的5倍中的较大值。条件复杂时,宜通过船舶操纵模拟试验确定。

2)天然径流航道的航道加宽

弯曲段航道加宽值宜通过实船试验或船舶操纵模拟试验确定。当无实船试验资料时,设计船队弯曲段航道宽度增加值可按下式估算:

$$\Delta B = \frac{L^2}{2R + B} \tag{1-17}$$

式中:$\Delta B$——弯曲段航道宽度增加值(m);

$L$——设计船队长度(m);

$R$——弯曲半径(m);

$B$——直线段航道设计宽度(m)。

国外航道宽度增加值也有类似的经验公式。但实践经验表明,国内外的这些经验公式适用于有良好航行条件的渠化河段,如人工运河或渠化河流,这些河段船舶操纵性能良好;对于天然河流有较大流速和船舶操纵性能一般的情况,这些经验公式的计算值往往偏小。

近年来,对于弯曲段航道宽度增加值开展了一些相关研究,取得了一定的研究成果。其中,通过弯道船模试验,提出了弯曲段航道宽度增加值的计算公式。该计算公式为:

$$\Delta B = 9.81P - 35.1 \tag{1-18}$$

式中:$\Delta B$——航道宽度增加值(m);

$P$——偏航距(m),可按下式计算:

$$P = (A_1 v_x + A_2)\frac{S}{v_c \cos\phi + v_s} \tag{1-19}$$

式中:$A_1$、$A_2$——与船型有关的系数,可按表1-12取值;

$v_x$——横向流速(m/s),其计算公式为 $v_x = v_c \sin\phi$;

$S$——船队航行距离,为一个船长 $L$ 时的漂移量(m);

$v_c$——水流流速(m/s);

$v_s$——船队航速(m/s);

$\phi$——流向与弯道中心线法线夹角(°)。

不同船舶(队)的 $A_1$、$A_2$ 值表 表 1-12

| 船型 | 船(队)长(m) | 船(队)宽(m) | $A_1$ | $A_2$ |
|---|---|---|---|---|
| 十二驳船队 | 346.87 | 32.25 | 0.2984 | 0.0437 |
| 六驳船队 | 196.67 | 31.84 | 0.3537 | 0.049 |
| 800t 三驳船队 | 147 | 22.3 | 0.4171 | 0.0547 |
| 140TEU 集装箱船 | 87.6 | 13.6 | 0.4895 | 0.0614 |
| 500t 两驳船队 | 115.8 | 10.8 | 0.4546 | 0.0777 |
| 300t 两驳船队 | 91.9 | 7.6 | 0.4993 | 0.0824 |

弯曲段航道加宽宜设置在弯道内侧。当内侧加宽较困难时,可采用内、外侧同时加宽的方式,但内侧加宽值宜比外侧加宽值稍大;当内侧加宽特别困难时,可采用外侧加宽的方式;当内、外侧加宽均特别困难时,经论证后,加宽值可适当减小,同时采取改善水流条件或限制性通航等措施。加宽方式如图 1-10 所示。

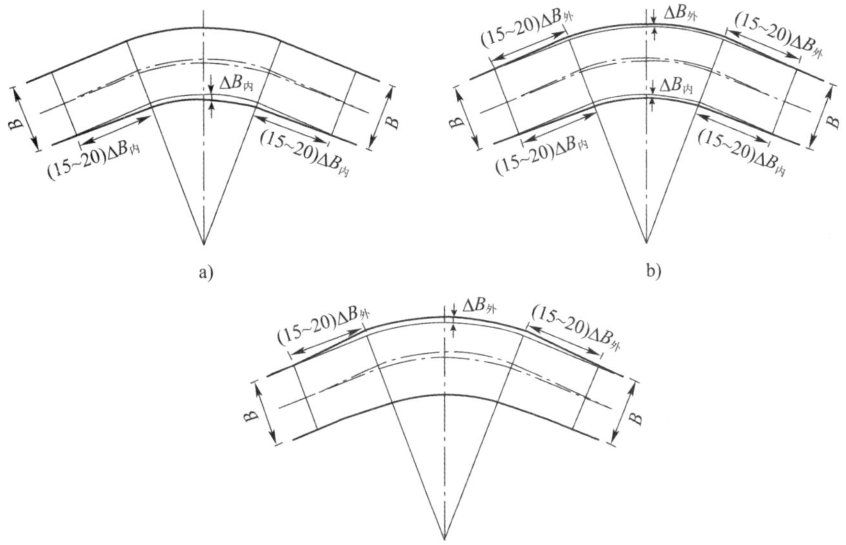


图 1-10 弯曲段航道加宽示意图

a)内侧加宽方式;b)内、外侧同时加宽方式;c)外侧加宽方式

3)运河航道的最小弯曲半径

运河航道弯曲段的尺度应根据航道等级和代表船型、船队尺度等确定,并应符合下列规定:运河航道弯曲段的最小弯曲半径应符合《运河通航标准》(JTS 180-2—2011)中航道尺度的规定,也可采用顶推船队长度的 3 倍、货船长度的 4 倍、拖带船队最大单船长度的 4 倍中的最大值。对特殊困难河段,在宽度加大和驾驶通视均能满足需要的前提下,弯曲半径可适当减小,但不应小于顶推船队长度的 2 倍、货船长度的 3 倍、拖带船队最大单船长度的 3 倍中的最大值。

4)运河航道——弯道加宽

当弯道半径不满足《运河通航标准》(JTS 180-2—2011)规定要求时,弯道宽度应在直线段宽度的基础上加宽,加宽方式可参照天然径流航道的航道加宽方式执行,渐变线斜率不宜大于1∶5。

5)沿海及潮汐河口航道的航道加宽

航道转弯段弯曲半径 $R$ 和加宽方式应根据转向角 $\varphi$ 和设计船长 $L$ 确定,复杂情况宜通过船舶操纵模拟试验确定,并应符合下列规定。

当 $\varphi \leq 10°$ 时,可不考虑转弯段圆弧过渡,航道内外边线可直接相交。

当 $10° < \varphi \leq 30°$ 时,$R = (3 \sim 5)L$,宜采用切角法[图1-11a)]加宽;当水域狭窄,切角困难时,经论证可采用折线切割法[图1-11b)]加宽。

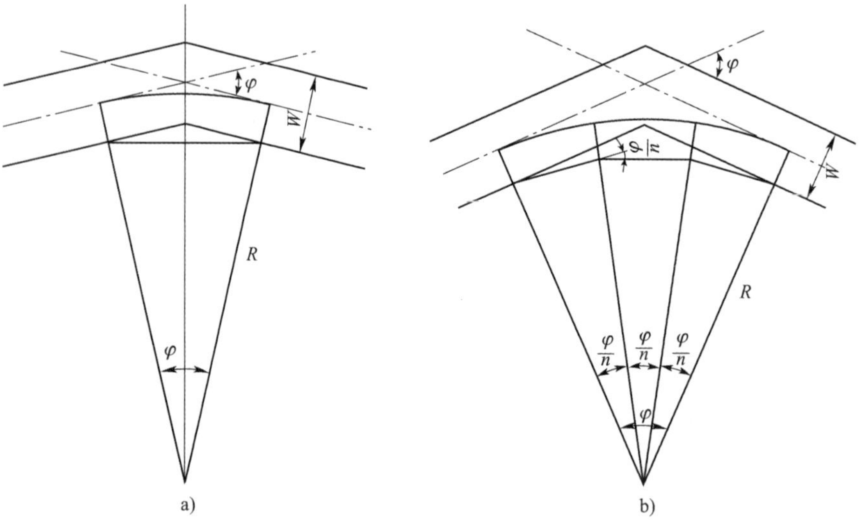


图1-11 航道转弯加宽示意图

a)切角法;b)切割法

$n$-航道转弯处采用折线切割法加宽的等分析线段数

当 $30° < \varphi \leq 60°$ 时,$R = (5 \sim 10)L$,可采用折线切割法加宽。

当 $\varphi > 60°$ 时,$R > 10L$,可采用折线切割法加宽。有条件时,航道弯曲半径和转弯段加宽方案可采用船舶操纵模拟试验验证。

4.通航水流条件

水流条件是航道通航条件的一个重要方面,因为即使航道尺度符合要求,若没有良好的水流条件,船舶安全航行也是无法得到保证的。通常从流向、流速、比降、流态四个方面分析通航水流条件。

1)流向

流向是指水流流动的方向。一般而言,河流总是从上游流向下游;通常航道的左岸、右岸,就是根据航道水流的总体流向来确定的:面向下游,右手一侧就是航道的右岸,左手一侧就是航道的左岸。在潮流河口、湖区、河网地带,另有具体规定,可参见航道图标示。对水流流向不明显或各河段流向不同的河流,《内河助航标志》(GB 5863—1993)规定:

①通往海口的一端为下游;

②通往主要干流的一端为下游;

③河流偏南或偏东的一端为下游；

④以航线两端主要港埠间的主要水流方向确定上下游。

从航道分析的角度，流向并不仅仅指整条河流的水流总趋向，也包括局部水流流向，因为局部水流流向对船舶航行和航道维护的影响更为直接。三峡大坝截流时，大坝上游出现了表层江水向上逆流的情况。

2）流速

流速是指水质点在单位时间内沿某一特定的方向移动的距离，常用单位是 m/s。根据水流流动的方向，流速可分为纵向流速、横向流速；根据测量范围，流速可分为测点流速、垂线平均流速、断面平均流速、近底流速、表面流速等。流速对船舶航行速度影响很大。船舶在水中航行要克服水流对船舶的阻力，水流阻力与船体形态、船舶对水航速有关，阻力与速度的平方成正比。当船舶顺流而下时，流速可显著提高航速；当船舶逆流而上时，流速则有明显阻碍作用，在急流滩处有时需要绞滩等设施才能通过。

当航道内存在横向水流或斜向水流，水流流向与船舶航行方向不一致时，船舶受侧向水流力影响而偏离正常航线，极易造成海事。因此，船舶遇斜流必须及时调整船的航向，尽可能与水流流向一致。若横向水流较强，则船舶将发生漂移，应尽力避免。在船闸上下游引航道和连接段对横向水流流速有严格限制。

《内河通航标准》（GB 50139—2014）要求：航道内的最大纵向表面流速和局部比降宜满足设计船舶或船队自航上滩的要求。取水工程的进口和排水工程的出口处，航道横向流速不宜超过 0.3m/s，回流流速不宜超过 0.4m/s。

《运河通航标准》（JTS 180-2—2011）要求：运河航道中的纵向流速不宜大于 1.0m/s。运河中的取、泄水口和其他汇流口的水域，航道横向流速不应超过 0.3m/s，回流流速不应超过 0.4m/s。运河通航建筑物引航道口门区表面最大流速限值，应符合表 1-13 的规定。

**运河通航建筑物引航道口门区表面最大流速限值** 表 1-13

| 运河航道级别 | 平行航线的纵向流速（m/s） | 垂直航线的横向流速（m/s） | 回流速度（m/s） |
|---|---|---|---|
| Ⅰ～Ⅳ | ≤2.0 | ≤0.3 | ≤0.4 |
| Ⅴ | ≤1.5 | ≤0.25 | ≤0.4 |

3）比降

船舶逆水航行，除要克服水流阻力外，还要克服由水面比降引起的坡降阻力。坡降阻力取决于船舶排水量和水面比降，当船舶排水量一定时，水面比降越大，阻力越大。川江有些急流滩，水面局部比降（一个船队长）达到 6‰～10‰，在此情况下，水面坡降阻力一般大于水流阻力。

船舶上驶通过急流河段，必须克服水流阻力和坡降阻力，并且还需有一定对岸航速。按规定，在桥区河段，最小对岸航速为 4km/h；过急流滩，最小对岸航速为 3.6km/h 左右；在最困难的很短的局部河段，最小对岸航速应大于 1.8km/h 船舶才能得以控制。

4）流态

流态是指局部水流呈现的状态。

流态对船舶航行的影响很大，某些恶劣的流态甚至危及船舶的航行安全。不正常流态是河床局部形态与水流相互作用的结果。

内河航道中有如下几种主要流态:回流、泡水、漩水、剪刀水、扫弯水、往复流、滑梁水、横流、复杂的水流流场等。

①回流是指位于主流区外侧,在平面上做回转运动的水流。强烈的回流对船舶会产生很强的推力,使船舶失去控制。如:船舶通过急流滩,若不慎进入回流,则将被回流推向滩口,船首进入主流,船尾仍在回流,产生"打张",极易发生海事。

②泡水是指河道内有较强的上升水流涌向水面,导致流动中的水体局部隆起和翻滚的水流流态。泡水越高,强度越大。大型船舶一般希望泡水高度小于0.4~0.5m。驾驶中必须迎泡、压泡,不宜随泡漂移。

③漩水是指河道内有较强的竖轴环流,导致流动中水体局部旋转、漩心凹陷的水流流态。船舶若驶入大的漩涡,会被漩水旋转下沉,必须及时冲出漩区。

④剪刀水是指急流滩段以下,滩舌处中泓水面隆起、前锋在平面上呈剪刀状的水流流态。

⑤扫弯水是指弯曲河道内斜向顶冲凹岸的面层水流。下驶船舶,通过急弯时船舶受扫弯水的作用,随水流紧贴凹岸而下,船尾极易触岸或岸边暗礁。

⑥往复流是指周期性地由一个方向变为相反方向的水流。

⑦滑梁水是指在山区河道内,漫过河心石梁并具有较大横向流速和比降的碍航水流。船舶航行中,易被横向水流吸引而发生横向滑移,造成触礁事故。

⑧横流是指流向与航道纵轴线垂直或角度较大的水流。

⑨复杂的水流流场。在天然山区河流,因河床地形不规则,当断面平均流速达到3.0m/s以上时,各种不良水流流态露出狰狞面貌,使航行困难。驾驶人员需熟悉船舶性能和水流特性,谨慎操作。

《内河通航标准》(GB 50139—2014)要求航道内的滑梁水、剪刀水、泡水、漩水和扫弯水等不良流态不得影响船舶安全航行。

5.通航净空、埋设安全距离和埋设宽度

在很多航道上,都会有跨越航道建筑物、构筑物和穿越航道的水下电缆、管道、涵管和隧道等水下过河建筑物,与其相关的通航净空、埋设安全距离和埋设宽度介绍如下。

1)跨越航道建筑物、构筑物通航净空

水上过河建筑物的布置不得影响和限制航道的通过能力。

通航孔的布置应满足过河建筑物所在河段双向通航的要求。在水运繁忙的宽阔河流上,通航孔的布置应满足多线通航的要求;在限制性航道上,应采取一孔跨过通航水域。

水上过河建筑物的墩柱不应过于缩小河道的过水面积,墩柱纵轴线宜与水流流向平行,墩柱承台不得影响通航安全,不得造成危害船舶航行的不良水流。

通航净空主要包括水上净空高度和净空宽度,如图1-12所示。通航净空高度是指跨越航道建筑物、构筑物的通航孔通航范围内从满足通航要求的建筑物最低点至设计最高通航水位间的垂直距离。通航净空宽度是指跨越航道建筑物、构筑物的通航孔通航范围内垂直于航道轴线方向的可供船舶安全航行的有效宽度,不包括建筑物墩柱引起的紊乱水流对船舶安全航行产生影响的宽度。

各航道等级的水上净空尺度可按《内河通航标准》(GB 50139—2014)的规定来选取。

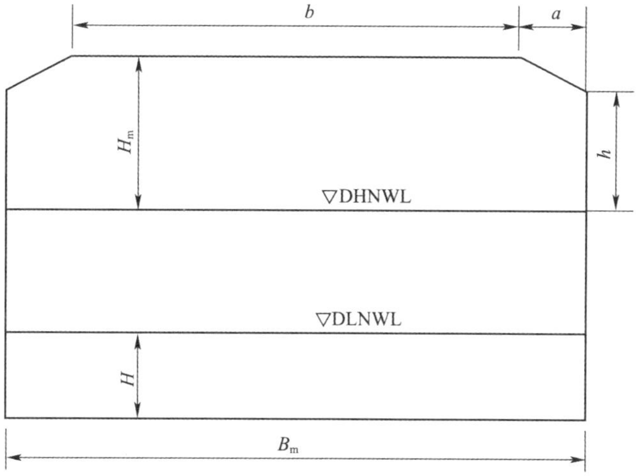


图 1-12　通航净空示意图

$B_m$-水上过河建筑物通航净宽；$H_m$-水上过河建筑物通航净高；$H$-航道水深；$b$-上底宽；$a$-斜边水平距离；$h$-侧高；DHNWL-设计最高通航水位；DLNWL-设计最低通航水位

水上过河建筑物轴线的法线方向与水流流向的交角不宜超过5°。

当水上过河建筑物轴线的法线方向与水流流向的交角不大于5°时，其通航净空尺度应符合《内河通航标准》(GB 50139—2014)的相关规定。

在平原河网地区航道上建桥遇特殊困难时，经充分论证通航净高可适当减小。

湖泊和水库水上过河建筑物通航净空尺度不应小于《内河通航标准》(GB 50139—2014)中所规定的数值。受风浪影响较大的航道，经论证应适当加大通航净空尺度。

当水上过河建筑物轴线的法线方向与水流流向的交角大于5°，且水流横向流速大于0.3m/s时，通航净宽必须在《内河通航标准》(GB 50139—2014)规定的通航净宽基础上加大，增加值应符合该标准附录C的规定。当水流横向流速大于0.8m/s时，应一跨过河或在通航水域中不得设置墩柱。必要时，应通过模拟试验研究确定。

当水上过河建筑物的墩柱附近可能出现碍航紊流时，其通航孔的净宽可在该标准规定的通航净宽基础上加大，增加值宜通过模拟试验研究确定。

《海轮航道通航标准》(JTS 180-3—2018)提出：

(1)净空高度。

净空高度是指跨河建筑物底部至设计最高通航水位的垂直距离(如为高压电线，还应加上电力场影响的范围)，应满足设计船舶空载的水上高度加富裕高度。

富裕高度是为保障跨越航道建筑物、构筑物下船舶行驶安全而设置的富裕量，应满足下列要求：在通航海轮的内河水域或有掩护的海域，取2m；在波浪较大的开敞海域，且建在重要航道上的跨越航道建筑物、构筑物，取4m。

当跨越航道建筑物、构筑物所在地区的平均海面有上升趋势时，其上升的量应另计入富裕高度。平均海面上升的预测年限不应少于50年。

富裕高度中不应包括由跨越航道建筑物、构筑物结构挠度变化和基础沉降引起的通航净空高度减少量。

复式航道主航道和辅航道的通航净空高度应分别根据各自的代表船型确定。

当通航水域上方建设跨越航道缆线时,其跨越航道的通航净空高度应为航道通航净空范围内缆线垂弧最低点至设计最高通航水位的距离,其净空高度值不应小于代表船型船舶水线以上高度、船舶航行安全富裕高度和电力等缆线安全距离之和,具体参数取值应符合国家现行标准的有关规定。与架空输电线的净空高度相关的规范包括《110~750kV 架空输电线设计规范》(GB 50545)、《1000kV 架空输电线路设计规范》(GB 50665)、《±800kV 直流架空输电线路设计规范》(GB 50790)等。

(2)净空宽度。

通航净空宽度的确定应综合考虑航道类型,通航密度和跨越航道建筑物、构筑物所在水域的自然条件等因素。

通航净空宽度应按下式计算确定:

$$B = KW \tag{1-20}$$

式中:$B$——跨越航道建筑物、构筑物通航净空宽度(m);

$K$——扩大系数,非限制性和限制性航道可取1.5~1.8,10万吨级以上大型船舶取大值,掩护条件良好的水域取小值,风浪较大的开敞水域取大值,运河航道应考虑一孔跨过可通航水域;

$W$——单向或双向航道通航宽度(m)。

遇下列情况时,扩大系数 $K$ 经专题论证可适当加大:船舶通航密度较大或船舶通过跨越航道建筑物、构筑物时正常航速较大;跨越航道建筑物、构筑物区域的航道垂直于航道轴线方向的横向流速大于0.5m/s或顺航道轴线方向的纵向流速大于2m/s;通航船舶中运输油品和液体化工品等危险货物的船舶数量比例较大。

跨越复式航道或多线航道建筑物、构筑物的通航净空宽度应经专题论证确定。

当海床、河床的深槽有一定摆动范围时,通航净空宽度应覆盖预测的深槽摆动幅度。

2)穿越航道建筑物、构筑物的埋设安全距离和安全宽度

穿越航道的水下电缆、管道、涵管和隧道等水下过河建筑物必须布设在远离滩险、港口和锚地的稳定河段。

(1)穿越航道建筑物、构筑物的埋设安全距离(图1-13)。

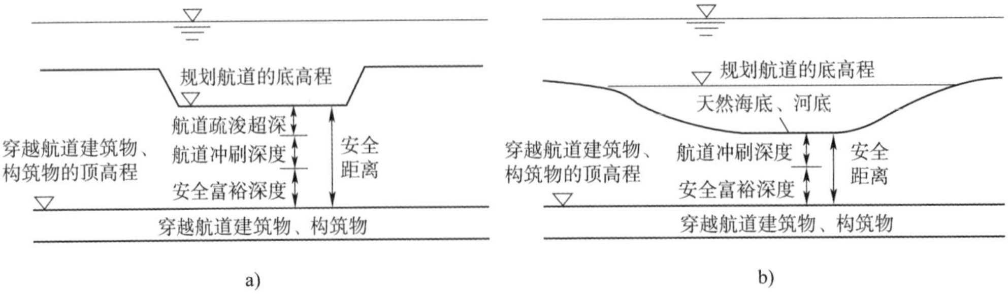


图1-13 穿越航道建筑物、构筑物的埋设安全距离示意图

a)限制性航道;b)天然、渠化河流航道

在航道和可能通航的水域内的水下过河建筑物,应埋置于河床内。穿越航道建筑物、构筑

物的埋设顶高程应与所穿航道按近、远期规划的底高程保持安全距离。安全距离应考虑疏浚超深、冲刷和天然水深等。在考虑航道疏浚超深、冲刷和天然水深等要素的基础上,其安全富裕深度不应小于 2m;危险品管道安全富裕深度不应小于 3m,必要时经专题论证确定。安全富裕深度不应小于锚击深度,锚击深度应通过专题研究论证确定。

(2)穿越航道建筑物、构筑物满足埋设安全距离要求的宽度(图 1-14)。

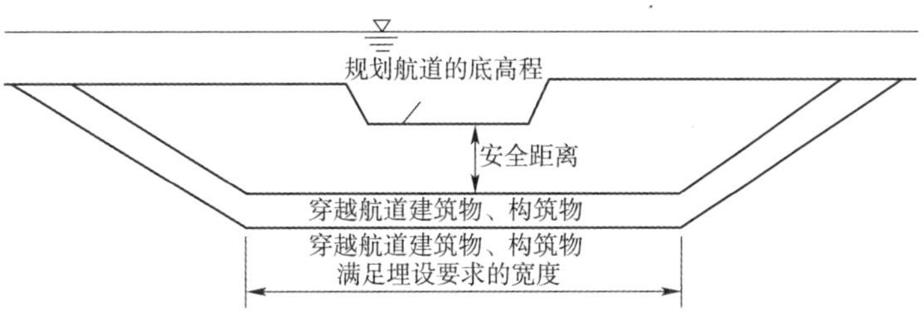


图 1-14 穿越航道建筑物、构筑物满足埋设安全距离要求的宽度示意图

轴线不变的限制性航道,其宽度可取规划航道宽度的 1.2 ~ 1.4 倍。

在海床或河床稳定、航道轴线基本不变的水域,其宽度不应小于规划航道通航宽度的 2 ~ 3 倍,或不小于自然河宽。

在海床或河床欠稳定、航道轴线摆动频繁的水域,其宽度应通过模型试验研究确定,并应覆盖航道轴线可能变化的范围。

在通航水域宽阔的水域,其宽度应覆盖全部通航水域的范围。

设置沉管隧道、尺度较大的管道时,应避免造成不利的河床变化和碍航水流。必要时应通过模拟试验研究,确定改善措施。

6. 航道断面系数

航道断面系数是指设计最低通航水位时,航道过水断面面积与标准船舶(队)标准吃水时的船中浸水横断面面积之比,即

$$\eta_\varphi = \frac{A}{A_\varphi} \tag{1-21}$$

式中:$\eta_\varphi$——航道断面系数;

$A$——设计最低通航水位时,航道过水断面面积($m^2$);

$A_\varphi$——标准吃水时的船中浸水横断面面积($m^2$)。

航道断面系数的大小,直接影响航行阻力的大小,$\eta_\varphi$ 值越小,船舶航行阻力越大。$\eta_\varphi$ 值还随船速的提高而增大。航道流速增大时,应增加 $\eta_\varphi$ 值。

国内外的研究成果认为,$\eta_\varphi = 7$ 是最经济、合理的。当 $\eta_\varphi > 10$ 时,断面形状对航道阻力的影响可以忽略不计。结合我国实际情况,一般情况下,$\eta_\varphi \geqslant 6$;对流速较大的河流,$\eta_\varphi \geqslant 7$。《运河通航标准》(JTS 180-2—2011)要求:运河航道断面系数不应小于 6,流速较大的航段不应小于 7。

# 课题三 航道通过能力

## 一、课题引入

航道建设规模及标准与航道通过能力有着很大的关系。

## 二、课题分析

一条天然河流或运河,其航道通过能力的内容应包括该航道的等级和标准、所通航船舶的规模和尺度、全年可通航天数、通过船舶数量、载重吨及货运量等。通过能力应是上述各因素在一定时空条件下的综合反映。目前国内尚无公认的公式。虽然船舶试验更为客观,且与真实情况比较接近,但实船及船模试验的实行都需要以前期的大量理论测算作为基础。

## 三、相关知识

### (一)航道通过能力定义

国外学者和专家大多数认为,航道通过能力就是单位时间或特定时段内,能通过航道某区段(或某一地点)的船舶数量或船舶载重吨的最大能力。当然,这里所指的航道虽是泛指,但都是具有一定等级和通航标准的航道;这里所指的船舶及其载重吨虽也是泛指,但基本上是标准船舶(队)和相应的载重吨位。

在我国,一般实际工作者都习惯于把航道通过能力界定为一年内某一区段的航道能通过的最大货运量,即以万吨每年为计量(客运量也折算成货运量),敞流河段如此,设闸河段也如此。

相对于铁路、公路而言,航道的潜在通过能力是比较大的,之所以要研究航道通过能力,是因为有以下几种情况:

第一,对已有的天然航道,有时需要研究其利用率。因为它可以在进行国土规划、综合运输网规划时,为生产力分布、运输平衡提供依据。

第二,研究并克服已有航道的薄弱环节,包括狭窄、急弯、滩险河段等的消除或改善,借以提高整个航段的通过能力,以适应内河运输中船舶运输、港口扩大生产的需要。

第三,当在河流中兴建水利、水电枢纽时,为了使枢纽形成后的航道通过能力不低于工程前的航道通过能力,并满足规划发展的需要,有必要对工程前后的航道通过能力进行研究。

航道通过能力不同于在某区段内已经实现的实际过货量和过客量,它反映的是过货和过客的潜在能力。这种能力只能通过计算获得。因此,它可以有三种含义,分别是理论通过能力、设计通过能力和实际通过能力。

(1)理论通过能力是指在理想条件下的航道通过能力。其计算假定是:

①通航期内的水文、气象条件稳定,通航尺度达到或超过等级标准,能保持船舶通航畅通。

②货物来源充分,保证上、下水船舶满载。

③港口具有较强的集、疏运能力,并能及时发船,船舶到达均衡。

④通航建筑物工作始终正常。

⑤具有足够的港口泊位、锚地。

⑥运行的船舶、船队全都符合航道等级标准,技术状态好,数量充足,而且能保持在一定间距、正常航速、运行中互无干扰等。

理论通过能力只是在极短的时段内有可能实现的能力,而实际上大部分时段是不可能实现的。因为在现实生活中上述各因素无论哪一方面都不可能是平衡的。

(2)设计通过能力是针对理论通过能力中所假定的各因素,考虑了自然条件的变化影响及运输生产中的不均衡性后,进行计算的航道通过能力。这些考虑因素包括:

①通航期内应扣除因特大洪水、冰凌、雾障、特大风浪等耽误的时间。

②对于货流,应考虑上、下水的不均衡,或重向与非重向货流在货源上存在着的差别;当轻泡货比重大及船舶调度欠协调时,会降低船舶装载率;某些货种由于生产的季节性将导致运量的不平衡。

③运行的船舶及船队的构成不规范。

④由于港口吞吐量各月不均衡,因此到、发船舶也会不均衡,在港口有压船现象,在通航建筑物前有可能产生船舶候闸(高峰期)或开闸候船(低谷期)现象。

⑤当进行航道整治、维护或船闸检修时,船舶有可能不能正常通过。有时航标失常、桥梁维修也影响船舶运行。

⑥当港口能力不足或船舶运力不足时,不可能保证航道中有足够的船舶航行,也就不可能在航道中形成源源不断的船舶"链"。

⑦一些公务船、客船、游艇等非货运船舶在航行中的影响。

如果对以上各因素加以考虑,即在理论通过能力的基础上加以修正,其计算值即为设计通过能力,也就是在相对合理的条件下所预期的航道通过能力,这是研究的重点。

(3)实际通过能力是指通过某一区段航道的实际货运船舶数量或载重量,是结合船舶调度部门及航道管理部门的资料进行加工整理得出的。

航道理论通过能力大于设计通过能力大于实际通过能力,原则上应着重对设计通过能力进行研究,也就是对影响通过能力的因素进行调查分析。

### (二)船舶(队)运行模式

船舶(队)基本运行模式,是分析航道通过能力的基础。众所周知,船舶(队)在航道中航行时,对于不同的航道条件有不同的运行模式,如哪一段航道可双向航行,哪一段航道只能单向航行,哪一段航道必须白天通过,哪一段航道可容许超越前船航行,哪一段航道有桥梁、船闸,哪一段航道有急弯、险滩,哪一段航道有避让段、锚泊地等。运输调度部门就要根据这些情况指挥船舶(队)进行航行作业。

俄罗斯、德国的运输调度部门采用船舶运行图的方法进行船舶运行管理,我国较大的运输公司也采用此法。美国采用的所谓船舶时空图也就是船舶运行图。下面拟采用船舶运行图方法对各种船舶(队)运行模式进行说明。

1.船舶运行图的基本概念

船舶运行图是一种有坐标的框图,如图1-15所示。横坐标代表时间,单位为h或min;纵坐标反映河段中不同的地点及航道里程数(如果需考虑的航段较长,时间要求精确至小时,也可将纵、横坐标互换)。图的上端为上游方向,下端为下游方向。实用的船舶运行图图幅很大,调度员在图上进行研究和作业,标出船位、航线、超越或交会地点等。

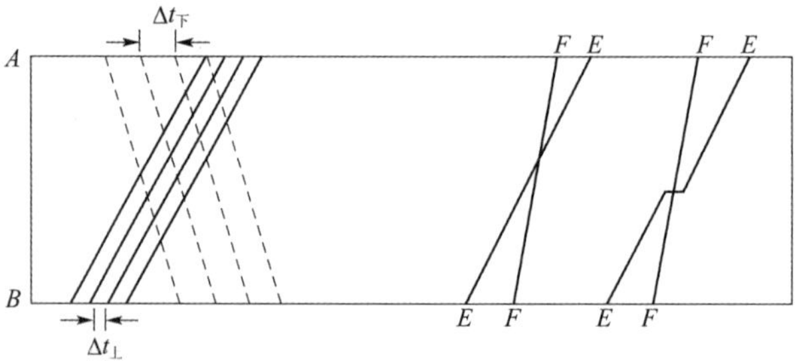


图1-15 船舶运行图

在图1-15中,$A$和$B$代表航道上的两座港口,斜线代表船舶(队)的运行线,其中实线代表上行,虚线代表下行。线条的斜率反映船舶(队)上、下行的航速。斜线与横坐标的交点表示船舶(队)到港或离港的时间。图中$\Delta t_{上}$、$\Delta t_{下}$分别代表上、下行船舶(队)先后发船的时间间隔,按航行规章和流态,$\Delta t_{上} < \Delta t_{下}$。

据了解,发船的时间间隔因河而异,因时(枯、中、洪水期)而异。某河曾采用上水5~10min、下水10~15min的时间间隔定点成批发船的调度方式。确定时间间隔的关键是保持前后船舶(队)之间有足够的安全距离,避免在控制河段交会和追赶超越。

2.运行模式

《航道工程手册》总结了双向航道船舶(队)运行模式、单向航道船舶(队)运行模式、桥梁河段船舶(队)运行模式、通航建筑物河段船舶(队)运行模式。

(三)通过能力确定

1.理论计算方法

1)经验方法

(1)德国公式。

$$W_w = P \times M \times N \times t \times a_1 \times a_2 \times a_3 \times a_4 \tag{1-22}$$

式中:$W_w$——航道通过能力($\times 10^4$t);

$P$——标准船队载重吨;

$M$——单位时间内通过的船队数量;

$N$——上、下行载量系数之和;

$t$——全年可通航时间(h);

$a_1$——船舶密度增大使运行阻力增加而产生的折减系数,一般上游河段取0.7,中下游河段取0.9;

$a_2$——港口工作不平衡而产生的折减系数；

$a_3$——船舶变吃水而产生的折减系数，可同 $a_2$ 都取 0.6；

$a_4$——船舶交会、避让使船舶减速而产生的影响系数，一般可取 0.8。

(2)长江公式。

$$W_w = C \times 31.536 \times 10^6 \times W \times F_1 \times F_2 \times F_3 \times F_4 \div T \tag{1-23}$$

式中：$C$——上、下行货运不平衡系数；

$W$——标准船队载重吨；

$F_1$——年通航系数；

$F_2$——实际运行船队吨级不统一对通过能力的影响系数；

$F_3$——港口、航道、运行调度的运输不平衡影响系数，一般可取 0.6；

$F_4$——非货运船队占用航道的影响系数，有时可取 0.5；

$T$——一个标准船队安全通过控制河段的时间(h/队)。

长江公式在一定程度上借鉴了德国公式，并根据天然河流的实际情况作了某些改进。

(3)航道通过能力综合公式。

$$W_B = \left(24 \times 3600 F_4 \frac{t_1}{T_0}\right) \frac{tF_1}{24 \times 3600 t_1} WMTCF_2F_3 \tag{1-24}$$

其中，$M$ 和 $C$ 的值根据船舶的具体情况计算；$t_1$、$T_0$ 含义参考《航道工程设计规范》(JTS 181—2016)。

(4)基于船舶交通流的航道通过能力公式。

$$Q = MCF_1F_3t \tag{1-25}$$

式中：$Q$——标准船舶的航道通过能力；

$M$——单位时间内通过航道的标准船的数量。

(5)利用乘潮水位航道的通过能力公式。

此公式是由交通运输部天津水运工程科学研究院提出的：

$$P = \sum_{i=1}^{n} P_i N_i m_i a k_1 k_2 k_3 k_4 k_5 k_6 \tag{1-26}$$

式中：$P$——通过能力；

$P_i$——船舶载重吨位数；

$N_i$——船舶数；

$m_i$——一年的有效潮汐个数；

$a$——航道系数，单航道时 $a=1$，双航道时 $a=2$；

$k_1$——船形阻力系数；

$k_2$——港口影响系数；

$k_3$——不满载系数；

$k_4$——船舶交会系数；

$k_5$——客运船影响系数；

$k_6$——非标准船影响系数；

$n$——船型数。

(6)川江航道通过能力的计算公式。

在20世纪80年代中期,为满足三峡工程论证的需要,由重庆长江轮船公司和长江航道局所属单位等组成的课题组提出了川江航道通过能力的计算公式:

$$Q=\frac{N\sum_{i=1}^{4}P_i(n_i\alpha_iW_i)}{\beta} \tag{1-27}$$

式中:$Q$——航道通过能力,以t/年或万吨/年计算;

$N$——全年通航天数;

$P_i$——船舶载重吨位数;

$n_i$——不同船舶或船队的日均可发船密度;

$\alpha_i$——不同船舶或船队的装载系数;

$W_i$——不同船舶或船队的可能载货的总吨位;

$\beta$——因货源、港口或其他延误所形成的运输上的不均衡系数;

$i$——$i$为1、2、3分别代表大、中、小船队,4代表客货船。

在应用此公式时必须注意,由于川江航道存在某些卡口河段,每天能通过的船舶或船队数量是有限制的。

(7)苏南运河公式。

江苏省交通规划设计院股份有限公司和交通部原水运规划设计院在苏南运河整治工程可行性研究阶段结合苏南运河的具体情况,提出了下列公式:

$$W=W_i\beta Vt\alpha_1\alpha_2\alpha_3\alpha_4\alpha_5\alpha_6 \tag{1-28}$$

式中:$\alpha_i$——各系数。

(8)《船闸总体设计规范》(JTJ 305—2017)规定的船闸通过能力计算公式。

《船闸总体设计规范》(JTJ 305—2017)对船闸通过能力的计算公式和有关参数的确定作了进一步的规定,现摘引如下:

①单级船闸年通过能力可按式(1-29)和式(1-30)计算。

a.单向年过闸船舶总载重吨位。

$$P_1=\frac{n}{2}NG \tag{1-29}$$

式中:$P_1$——单向年过闸船舶总载重吨位(t);

$n$——日平均过闸次数;

$N$——年通航天数(d);

$G$——一次过闸平均载重吨位(t)。

b.单向年过闸客、货运量:

$$P_2=\frac{1}{2}\left(n-n_0\right)\frac{NG\alpha}{\beta} \tag{1-30}$$

式中:$P_2$——单向年过闸客、货运量(t);

$n_0$——日非运客、货船过闸次数;

$\alpha$——船舶装载系数;

$\beta$——运量不均衡系数。

②对受潮汐影响的船闸及承受双向水头的船闸,当具备开通闸条件时,可设开通闸,开通闸

的运行时间可根据实际情况确定，开通闸通过能力的计算应考虑开通闸运行通过能力的提高。

③单线连续多级船闸或双线连续多级船闸应按其运行方式计算通过能力。

④设中间渠道的多级船闸的通过能力可按单级船闸计算。

除了以上各经验公式外，还有王宏达公式、中交水运规划设计院闵朝斌提出的一整套计算方法等。从以上公式可以看出，这些公式都存在大量的经验系数，而系数的取值因人而异，导致航道通过能力计算的不规范，使计算值与实际值产生很大的偏差，且不能直观地反应航道的使用率，还没有把港口通过能力和潮汐条件等随机因素动态、系统地考虑进去。

2）最大偏差法

在航道方面的有关研究中，一些进港航道的设计方案采用直接计算的方法，例如法国的勒阿费尔附近昂蒂弗为了让超级油轮进入新港口，应用这种方法来选择进港航道的宽度和助航设施。他们采用了英国 EASAMS 有限公司研制的"最大偏差"（maximum variation）法。该方法估算因航行人员不能确定其所处的位置而引起船舶离开其指定航迹的最大偏差，通过书面分析，估算出船舶重新被发现并返回航道周线时的最终越轨运动路线。

3）船舶操纵数学模型

船舶操纵数学模型主要是指根据作用在船舶上的水动力建立船舶运动的微分方程来描述船舶的操纵运动，其研究始于 20 世纪 60 年代。目前主要有两类模型，一类是以 Abkowitz 为代表的整体性模型，另一类是以日本操纵性数学模型小组为代表的 MMG 分离型数学模型。前者将船体、螺旋桨、舵作为一个整体进行研究，需要通过大量的船模试验确定水动力参数，而且某一确定船型的试验结果难以应用到其他船型中去。而 MMG 分离型数学模型中各项有明确的物理意义，可以比较简单地表达出作用在船体上的流体动力和螺旋桨、舵的作用以及船体、螺旋桨、舵之间的相互干扰。经过多年的研究，MMG 分离型数学模型在计算船体上的流体动力和螺旋桨、舵的作用方面已经提出了不少经验公式，在我国也得到了广泛应用。

2. 船舶试验方法

1）物理模型试验

物理模型试验，即船模、水工模型相结合的技术手段，其优点在于它可以直接观测船模在复杂地形和水力条件（如横流、不规则岸坡等）下的运动。但物理模型试验也存在一些不便于广泛应用的地方，比如耗工、耗时、费用高、因子变更不易，需要耗费较大的人力、物力，研究不同方案时耗长，存在比尺效应等问题。

2）实船试验

实船试验结果客观真实，但试验条件要求高、风险大、成本高。

这一领域比较典型的研究有"兰叙段航道千吨级船队通航实船试验方法及成果分析"，该项目的研究对象是由四川 802 拖轮帮拖川甲 1004 号千驳组成的船队，途经兰叙段航道整治滩险 30 处，包括船舶过滩试验、航标通信适航试验及试验船队拖轮主机转速和舵效测试等几方面试验内容。

3. 计算机模拟

1）船舶操纵模拟器

航海操纵模拟器应用于航道通航安全方面的研究，通过计算机仿真，模拟航道中航行的船舶操纵性能、航道条件及交通流特性,可以直接观测船模在复杂地形和水力条件(如横流、不规则岸坡等)下的运动或描述出各种水动力因素和船体基本的水动力特性,同时其还考虑了驾驶人员的视觉映象、仪器操纵、响应速率等引起的心理学效应,经济实用,因此这种方法日益广泛地被应用于各种航道通过能力及通航安全的论证当中。

2)离线模拟

离线模拟(off line simulation),即用自动舵来代替人工操纵,根据一定的规则使程序自动根据外界环境的变化改变舵角或船速,来模拟实际船舶操纵过程。离线模拟没有人机对话过程,不能模拟操舵人员对外界影响做出反应的过程。但如果自动舵模型建立合理,离线模拟也能给出较为客观的结果,尤其是对不熟悉船舶操纵者而言。这方面典型的软件有荷兰代尔夫特理工(Delft)大学的 SHIPM 软件。

3)船舶交通系统计算机模拟

船舶交通系统计算机模拟实质上是一种宏观模拟,它的研究对象是交通流,包括水上交通网络模拟、水上交通流模拟和港内交通流模拟三大部分。

在规划设计一个船舶交通系统或筹建船舶交通管理系统(vessel traffic system,VTS)之前需要进行研究、开发、测试与评价(research,development,test&evaluation,RDTE),例如:对这种大系统中的船舶交通管理方案评价与设计一个船舶交通系统或对某个系统运行的安全与效益进行深入的研究时,仅仅用某种数学工具定量求解的难度较大,而应用计算机模拟技术可以评价、研究系统的变化过程,结合定量与定性分析,往往能取得较为理想的效果。

## (四)提高通过能力的措施

从前面的分析中可以看出,决定航道通过能力的因素诸多,包括航道及过船建筑物的通航条件、年通航天数、船舶每天运行小时数、平均航速、单船载重量和平均船队载重量、船舶和船队装载系数和到达不均衡系数以及运输组织管理状况,等等。要想提高航道的通过能力,一是要综合考虑,不能只采取某种单一的技术措施;二是要因时、因地制宜,因为各条河流或运河的具体条件不同,应在当时、当地采取的措施也各不相同。

以下从几个大的方面作某些简要阐述,以供参考。

### 1. 改善基础条件的工程措施

应当说,要求提高航道通过能力的动力来自水运需求的增长,随着运量的增长,营运船舶的数量和吨位会逐步提高,航道的实际通过量也就跟着增加,先是挖掘航道潜力,使之充分发挥其通过能力,直至接近乃至达到饱和,这时就必然会提出通过采取工程措施来改善航道或过船建筑物的通航条件的要求,从而在新的基础上满足和促进水运的发展。这种采用工程措施来提高航道通过能力的举措大致有以下几种:

1)航道的工程治理

主要包括以下内容:

①通过航道疏浚、整治、渠化,运河改建、扩建,航道尺度提高,航道等级提升,为船舶(队)大型化创造条件;

②通过工程措施消除急流滩、险滩和单行控制河段,改善通航水流条件,拓宽卡口段航道宽度,为船舶加速运行创造条件;

③通过改小船闸的大船闸，或者增建复线船闸，提高船闸等级，扩大船闸规模，为便利更多、更大的船舶通行创造条件。

2）航道设施的改善

主要包括以下内容：

①通过实施航标工程或增设航标，提升航标配布类别，延伸夜航里程，为船舶实现夜航、提高周转率创造条件；

②通过在急流段设置助绞助拖设施及其工作机构（如绞滩站、助拖站），方便船舶顺利通过急流滩，避免等候和壅塞；

③在船闸上下游航道内或口门附近增设靠泊设施或候闸锚泊基地，尽可能减少闸等船的时间，为提高闸次利用率创造条件；

④为船例增配计算机辅助决策系统，实施船舶过闸人机配合排序、排档作业，提高闸室利用率。

2. 改善运行条件的维护管理措施

在航道、船闸等基础设施保持原定标准不予提高，通航仍有潜力的情况下，要想适应运量不断增长的客观需求，可采取措施来达到提高航道通过能力的目的。

1）加强航道养护管理

包括航道观测分析、航标维护管理、浅滩疏浚、急险滩设绞与维护、整治建筑物检查维修和过船建筑物保养维修等，这方面的工作内容和要求详见模块六“航道维护与管理”。

2）改善运输组织管理

主要包括以下内容：

①通过适当的机构和组织形式，加强船公司、港口、航道、海事部门乃至货主单位间的协调，尽可能实现有序和均衡的客货运输；

②采取适当方式，加强船舶调度管理，特别是关键河段、关键时刻的现场调度，有效疏导，防止堵塞；

③采取有效措施，加强重点区段的港航监督与安全管理，制止违章航行，防止船舶枯季超载搁浅堵航；

④引用先进的通信手段，建立能够顺利沟通船舶、港口、航道、海事等部门的信息网，为实现实时运行管理和调度指挥提供便利条件。

3. 促进船舶向简化、统一和大型化方向发展的措施

目前某些航段存在着高等级航道、小吨位船舶，或者大船闸过太多的小型船的状况，船舶密度虽大，甚至造成航道堵塞，但运量却上不去，或者未达到设计通过能力，船闸就得增建第二线、第三线，这是既不经济也不合理的。面对目前已经出现的这种情况，要想真正发挥航道和船闸的潜在能力，就得采取一些有效措施来改变这些航段船型杂乱、吨位偏小的局面，促使通航船舶逐步走向简化、统一和大型化。

1）技术导向

在这方面可以而且应该采取的措施主要包括以下内容：

①贯彻执行有关船型系列标准，新造船舶的吨级和尺度应与航区的航道等级基本相对应。

例如京杭运河苏北段航道等级为Ⅱ级,就应鼓励多发展1000吨级以上的船舶,少建造200吨级以下船舶;葛洲坝和三峡是按通过3000吨级船舶设计的,就应鼓励逐步发展1500~2000吨级以上的船舶,少建造不足500吨级的船舶。

②鼓励运输企业在设计建造新船时采用变吃水,使其能与较高标准的航道维护工作相互结合,既能在中洪水期按结构吃水,增加实际装载量,又能在特枯水期适当减载航行,延长实际通航时间(不能把设计最低通航水位的保证率等同于通航时间的保证率)。

2)行政管理

在这方面,可以考虑采取的措施主要包括以下内容:

①在较高等级的航道、船闸范围内,通过船舶检验、营运发证等环节,逐步淘汰老旧的小型船舶,使该航区的小船比例逐年减少。

②在特殊繁忙的运输季节,或船闸检修时段,通过港监签证、港口配载等环节,临时限制较小船舶在可能造成壅阻的地段通行。

小结

**一、天然河流的主要特征**

1. 河流形态特征

河流形态特征主要是指河流的横断面和纵剖面的几何特征以及河流发育过程中的地貌特征。

2. 河流水力特征

河流水力特征是指水位、流量特征,比降特征,流速特征,流态特征。

3. 河流泥沙特征

河流泥沙特征主要有静态特性和动态特性,静态特性包括几何特性、重力特性、级配特性;动态特性包括沉降特性、运动特性、冲淤特性。

**二、通航条件**

航道必须具备必要的通航条件,主要包括:①足够的航道水深、航道宽度和弯曲半径;②合适的水流条件,包括流速、比降和流态;③足够的水上净空,包括净空高度和宽度。

(1)设计通航水位应包括设计最高通航水位和设计最低通航水位。

(2)航道水深是指航道范围内从水面到河床底部的垂直距离,通常指航道内最浅处水面到河底的垂直距离。

(3)航道标准宽度是指在设计最低通航水位时具有航道标准水深的水域宽度。

(4)航道最小弯曲半径是指航道中心线上的曲率半径。在某些弯曲航道,设计船队弯曲段航道宽度需要增加。

(5)通常从流向、流速、比降、流态四个方面分析通航水流条件。

(6)跨越航道建筑物、构筑物需要考虑通航净空。通航净空主要包括水上净空高度和净空宽度。

(7)穿越航道建筑物、构筑物需要考虑埋设安全距离和安全宽度。

(8)航道断面系数是指设计最低通航水位时,航道过水断面面积与标准船舶(队)标准吃水时的船中浸水横断面面积之比,即

$$\eta_{\varphi}=\frac{A}{A_{\varphi}}$$

国内外的研究成果认为,$\eta_{\varphi}=7$ 是最经济、合理的。

### 三、航道通过能力

航道通过能力就是单位时间或特定时段内,能通过航道某区段(或某一地点)的船舶数量或船舶载重吨的最大能力。当然,这里的航道虽是泛指,但都是具有一定等级和通航标准的航道;这里的船舶及其载重吨虽也是泛指,但基本上是标准船舶或船队和相应的载重吨位。

通过能力确定有理论计算方法、船舶试验方法和计算机模拟。

要想提高航道的通过能力,一是要综合考虑,不能只采取某种单一的技术措施;二是要因时、因地制宜,因为各条河流或运河的具体条件不同,应在当时、当地采取的措施也各不相同。

**练习与思考**

1. 天然河流的主要特征有哪些?
2. 什么是河流形态特征?
3. 什么是河流的横断面、纵剖面?
4. 什么叫河流阶地?
5. 什么是河流节点? 节点对河段有何影响?
6. 河流的水力特征包括哪些方面?
7. 什么是河流的泥沙特征?
8. 航道必须具备必要的通航条件有哪些?
9. 不同类型的航道设计通航水位如何选取?
10. 什么是航道尺度? 如何合理选择航道尺度?
11. 什么是航道标准水深? 如何取值?
12. 什么是航道宽度? 如何取值?
13. 什么是航行漂角? 漂角大小与哪些因素有关?
14. 什么是航道最小弯曲半径? 最小弯曲半径主要与哪些因素有关?
15. 什么是通航净空?
16. 什么是航道断面系数? 一般来说,航道断面系数 $\eta_{\varphi}$ 取值为多少时航行最经济、合理?
17. 什么是航道通过能力? 如何确定? 如何提高?

本模块自测题

# 模块二
MODULE TWO

# 航道整治工程

航道整治工程是在河流上建造整治建筑物来调整水流,稳定河槽,以改善航道航行条件的工程措施。广义的航道整治工程也包括炸礁、疏竣和裁弯取直等。

**知识点**

◎航道整治工程与河床演变的概念及特征;
◎整治线设计参数;
◎平原河流的航道整治及工程实例;
◎山区河流的航道整治及工程实例;
◎常用整治建筑物的形式、结构与作用;
◎航道整治工程质量检验。

## 课题一 了解航道整治工程

### 一、课题引入

航道是连接港口的纽带,是船舶安全航行的水域。只有满足一定条件的水域才能供船舶安全航行,这就是模块一中讲述的航道尺度。在内河河流中,有部分河段天然就能满足船舶的安全航行要求,这些河段可以称为优良河段;但也有部分河段不能满足或不能完全满足船舶安全航行所需要的航道尺度要求,这部分不符合航道尺度要求的河段,即为河道需要整治的对象。

### 二、课题分析

天然河流中满足航道尺度要求的稳定河段是航道整治的期望目标,因此有必要首先讨论天然河流中优良河道的形成机制。航道整治工程的目标是使河流成为优良河道,这也是航道整治工程的原则、任务及措施之根本。

## 三、相关知识

### (一)航道整治工程与河床演变

水流、泥沙与河床边界组成河流。河流输送泥沙的多少,是随水流的大小而变化的,一定的水流条件只能输送一定数量的泥沙。如果进入某河段的泥沙数量与该河段的水流输沙能力相适应,则输出泥沙数量必然和输入泥沙数量相等,在这种情况下,可认为该河段河床不产生变形,即处于不冲不淤的平衡状态。否则,不是冲刷,就是淤积。因此,河床冲淤变化的根本原因在于水流输沙能力与来沙量的不平衡。

河流中的流量时刻都在变化,流量的变化就引起流速、水深、流向等各种水力因素的变化;同时,各种类型河段的河床泥沙和形态又各不相同,有的地方还有支流的汇入,这些都会引起水流输沙能力和来沙量的改变,使两者不相适应。可见,河床时冲时淤的情况是必然的,而处于不冲不淤的平衡状态只能是暂时的、相对的,绝对的平衡不可能存在。因此,在天然河流中常出现河床形态比较规顺,来水和来沙适应情况的变化差别不大,河段出现动态平衡、经过历年冲淤后河床的变化不很显著的情况。这种河段称为“优良河段”,是进行整治工程时参考的“样板”。整治后的河床能达到相对的动态平衡即为整治成功。优良河段应当是在相当长一段时间内船舶航行没有障碍的河段,其主要特征如下:

(1)枯水期水流集中于一个河槽而不分流;

(2)河岸曲度均匀而不过大,两个相邻弯曲河段之间的直线过渡段不太长,主流没有急弯;

(3)深槽与过渡段的河床高程相差不大,无急流或跌水;

(4)水面的比降沿程较为均匀;

(5)枯水期过渡段的过水断面基本对称;

(6)边滩发育完整、成熟,高程较高且相对稳定;

(7)枯水期深槽的宽度稍大于过渡段的宽度。

因此,滩险整治后达到上述状态,不仅可满足航行要求,而且呈相对稳定状态。

根据河床演变和输沙平衡的概念,不难理解,航道整治并不是、也不可能是停止河床的冲刷或淤积,而是根据河床演变的趋势,把冲淤导向河床演变有利于稳定的方向,使河床冲刷和淤积达到基本平衡,使河床趋于或维持稳定。对航道整治来说,就是利用整治建筑物调整水流结构或形态,增强河段的输沙能力,将多余的泥沙输送出去或改变泥沙的输移方向(如变纵向运动为横向运动,反之亦然),使多余的泥沙淤至航道以外,或使泥沙淤积到深槽中,不至影响航道水深,从而获得稳定的航道。

在水流与河床的相互作用中,尽管河床也对水流发生反作用,但引起河床变形的最活跃的因素是水流。抓住水流特性,才容易分析河床演变的趋势。在航道整治中,对于可变性越大的河床,越应更多地着眼于调整水流。例如,对于沙质河床的滩险整治,大多数是着眼于利用水流能量,采用各种促使河床向有利的方向发展的方法。

水流虽是一个活跃的因素,但不等于河床总是处于被动地位;相反,河床对水流情况及其变化也是经常作用的,尤其是当河床底质坚硬时,河床反而起着控制作用。例如,流经山区石质河床的水流形态极为特殊,就是由于地貌对水流起着决定性的支配作用,因此,对于山区石质河床的滩险整治,往往着眼于炸礁、开挖航槽等调整河床的方法。虽然也采用整治建筑物,但着眼点往往在于壅高水位、增加水深和调整比降、减缓流速。

天然河流中的水流与泥沙随季节而变化,各段河床组成物质错综复杂,有岩石、卵石和沙质等区别,在水流与河床长期相互作用下,河床的形态千差万别,这就使得天然状态下河流的任意河段不都能满足航行要求。例如:有的蜿蜒曲折,有的深而窄,有的宽而浅,有的水流汹涌。概括起来不外是水深不足,宽度不够,河流形态过于弯曲,水流湍急和流态紊乱等。这些现象就形成了碍航滩险——浅滩、急流滩和险滩。

### (二)航道整治工程的原则

航道整治工程的一般原则是:

(1)航道整治工程应符合河床演变规律及河流动力学原理,统筹兼顾,科学规划。

(2)应根据不同河势及特性,采取相应的整治原则及措施,主要有:

①山区河流航道整治,应修整不利于航行的河槽形态,改善水流条件。岩石河床宜以炸礁为主;沙卵石河床宜采用修筑整治建筑物与疏浚相结合的措施。

②平原河流航道整治,宜采用修筑整治建筑物的措施,控制中、低河势,稳定航槽,形成有利于冲深航槽的水流;必要时亦可以疏浚为主,或修筑整治建筑物与疏浚相结合。

(3)应根据不同的滩势(浅、急、险)及碍航性质,分清主次,抓住症结所在,有针对性地制定整治措施,优化工程方案。

(4)长河段的整治工程可根据经济发展的轻重缓急,按设计标准一次建成或分期分段实施。对于碍航严重、影响较大的河段,条件许可时应优先安排实施整治。

(5)对于年际冲淤变化较大的浅滩,宜抓住浅滩演变过程中的有利时机进行整治。

(6)航道整治工程应对已建、在建或将建的同河段的水利枢纽工程可能造成的水流条件变化、河床冲淤变形以及枢纽工程运用调度对航道造成的影响作出认真的分析研究,对其发展趋势作出充分的估计,然后采取相应的整治措施。

### (三)航道整治工程的任务及措施

航道整治工程就是针对碍航滩险,采用修筑整治建筑物或其他工程措施,调整河槽形态,增加水深,改善通航水流条件,提高和稳定航道尺度,提高船舶通过能力,保证船舶与船队顺利、安全通航。从航道整治的概念中可以清楚地看到整治的任务。

航道整治工程措施有两种基本考虑,一是统筹兼顾国民经济各部门的利益,通过整治稳定河势,有利于满足防洪、工农业用水、航运等各方面的需要,即所谓综合治理。在平原河流中,一般依照河床演变的发展规律,将治理碍航浅滩与治河相结合。在中、洪水期决定河势变化的关键时期,采取裁弯取直、拓宽河道卡口、修建堤坝工程及防护工程等措施,控制中洪水位时的流向,为保证枯水河槽的稳定创造条件。因此,综合治理措施通常以中、洪水治理为主,但工程投资较大,建设周期较长。如美国密西西比河经过100年的综合治理才取得明显成效。

二是从航运要求出发,主要针对枯水位以下的碍航浅滩进行治理,以改善航行条件,即着眼于枯水整治。我国在很多河流上均采用这种办法进行整治,其工程投资相对较小,且取得了良好的成效。

1. 中、洪水综合整治

冲积性平原河流中,洪水期流量大,容易造成河岸坍塌或漫决河堤成灾。一旦河岸冲坍,将引起水流动力轴线的摆动,导致浅滩恶化和河道变迁,使枯水河床抬高。因此控制河势变化,防止崩退、游荡,保持洪、中、枯水的主流相对一致,才能稳定航道,刷深航槽。整治工程措施主要有稳定河势、固定岸线、束水工程等。

1)稳定河势

根据统筹兼顾、综合利用的原则,规划出有利于河势稳定的治导线,采取裁弯取直、拓宽河道卡口、堵汊等措施,促使各级水位下的水流动力轴线趋于一致。如密西西比河下游进行了16处裁弯取直,洪水流量时水位下降了1.5~4.5m,既有利于防洪,又保证了航道水深要求。

2)固定岸线

将防洪与航道治理相结合,在险工段、河弯弯顶处进行护岸,防止河岸冲蚀后退。如密西西比河采用连续式平抛护岸,下游护岸总长已达两岸岸线长度的40%左右。我国长江南京段历年来的重点河段护岸,均取得了明显的成效。

3)束水工程

在宽浅河段和过渡等处,采用丁坝束窄河宽,达到固定航槽和增加航道水深的目的。

4)上游渠化、下游河口建造导堤及疏浚

在上游河段建造拦河坝,壅高水位,增加航道水深;下游河口段建造导堤并辅以疏浚等,实现全线综合治理,以满足航行条件的要求。

2. 枯水航道整治

最低通航时,出浅碍航的河段是整治的主要对象。采用丁坝、顺坝束水整治措施时,坝顶高程一般均在中水位与最低通航水位之间,实质是中低水位时的整治,要求在洪水降落的最后阶段,通过丁坝等整治工程,提高冲刷能力,达到最低通航水位时的保证航道水深。这种整治针对性强,投资较小,见效快。

# 课题二 航道整治设计

## 一、课题引入

航道整治的目标是使不满足航道尺度要求的河道成为优良河段,因此应从优良河道的各种相关条件去考虑航道整治设计的内容。如水流动力轴线与河流岸线之间的关系,航道边线与岸线之间的关系,水流和泥沙特性等是航道整治设计必须考虑的问题,这些均可归纳为航道整治设计参数。

## 二、课题分析

航道整治设计即为形成优良河段而进行的一些整治措施的数据确定,由于航道尺度是一个多参数的综合指标,因此航道整治设计也是多方面的参数确定过程。航道整治设计参数的确定一般包括整治线规划布置设计和整治断面参数设计。

## 三、相关知识

### (一)整治线规划布置设计

#### 1. 整治线的设计

不论是出于何目的而进行航道整治,其设计工作都是从拟定整治线开始的。整治线是指在整治工程设计流量下,在水面处所设计的稳定河槽的外形,即被设计的两条新岸线所限定的河槽区域,如图2-1所示。整治线的设计可以归结为解决以下三个问题:

(1)确定整治线的位置与岸线之间的关系。

(2)了解整治线范围内及边缘的水流和泥沙特性。

(3)确定整治线的水位与整治线宽度。

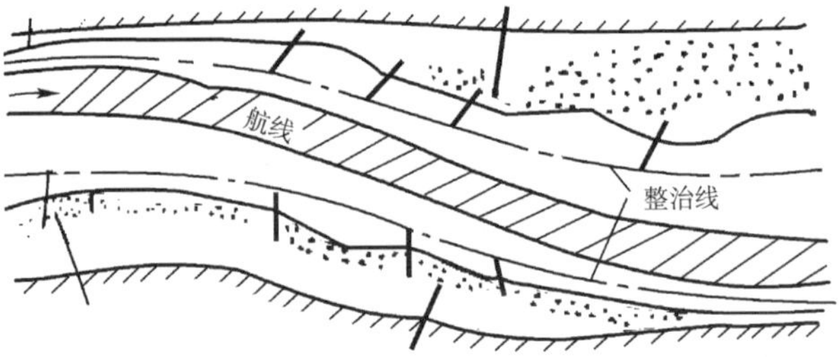


图2-1 整治线与航道

#### 2. 整治线布置原则

(1)整治线布置方向和位置依靠主导河岸,其起点和终点应以稳定深槽的主导河岸为依托。

稳定深槽通常是指符合航行要求和历年来变化不大的深槽,一般靠近凹岸。整治线应与稳定的上下深槽的主导河岸相吻合,利用主导河岸在各种水位下的导流作用,才能有效地控制浅滩航道的稳定。

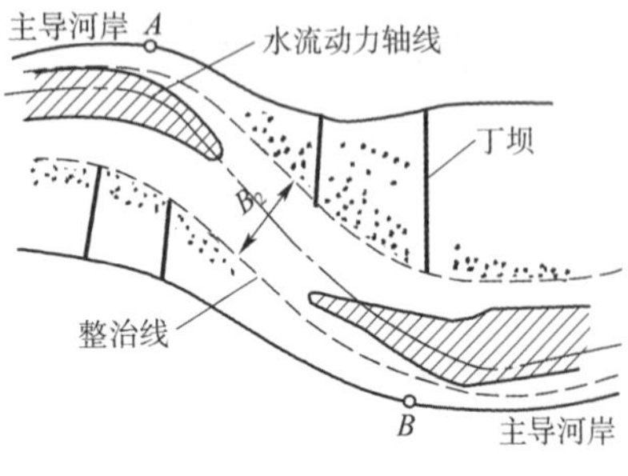


图2-2 整治线过渡位置

注:$B_2$-整治线宽度。

整治线自上深槽过渡到下深槽,其上游过渡起点应在枯水期水流动力轴线开始偏向河的位置,以此为整治线的过渡点,如图2-2中$A$点所示,其下游过渡终点应位于下深槽稍下,如图2-2中$B$点所示,再与上下深槽平顺连接,但$B$点的位置也不要太靠下游,以免过渡段太长。

(2)整治线一般应与枯水河槽相适应。

洪水流向往往与枯水流向不一致,对浅滩影响很大,因而应尽量使洪、枯水流向相适应。如图 2-3 所示,洪水取直,基本上平顺两岸大堤下泄,与枯水河床的交角将会形成以下情况。

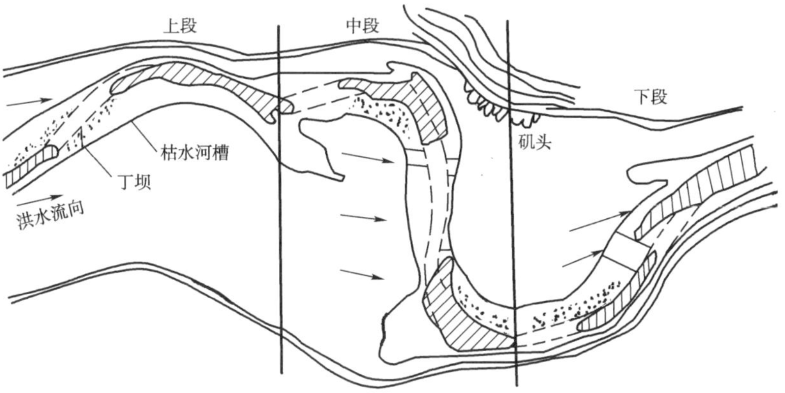


图 2-3　整治线与流向关系

①洪、枯水流向基本一致,如图 2-3 中上段所示,在这种情况下整治线的位置容易满足洪、枯水流向要求,浅滩也易于整治。

②洪、枯水流向交角较大,如图 2-3 中下段所示,洪水自滩地注入枯水河槽,且对岸岸壁较高,在其下游河槽转向,致使洪、枯水河槽趋向一致。在过渡段上,因洪水注入,携带大量泥沙,容易发生淤积,洪、枯水流向不一致,往往会形成交错浅滩,整治线应靠右岸位置,在左岸布置整治建筑物。

③洪、枯水流向交角相当大,如图 2-3 中中段所示。这种情况下浅滩比较恶劣,整治线布置宜从上游深槽伸向凸岸(右岸)后再与下游深槽凹岸连接,将整治线设计成反弯,增加环流。

(3)整治线宜通过浅滩上的最大流速区。

整治线通过浅滩上的最大流速区,能使整治建筑物发挥最大作用,在水位较高时,浅滩脊仍能被冲刷。但有的河段流速大的区域,因通过的泥沙量大,反而会把自己的路堵死,而流速小、输沙少的位置往往比较稳定,故整治线的位置确定应建立在对浅滩进行分析的基础上。

(4)有支流或溪沟汇入的口门不宜布置整治线。

(5)全面考虑两岸工农业需要和防洪要求。

被整治河段两岸有工农业取水口、排水口、港口码头等建筑物时,要权衡整治线布置对它们的影响,若将整治线布置在取水口对岸,则取水口前就要形成边滩,如湘江下摄司浅滩,要求在下边滩处留 60m 宽的水道,将整治线宽度分为两汊,下边滩形成江心洲,保证岸边取水和停泊要求。若河流两岸的大堤位置不可调整,而凹岸又往往靠近堤脚,成为险工地段,为了堤防的安全,则整治线可适当移向凸岸布置,在凹岸修筑丁坝。

### 3. 整治线轮廓的确定

确定整治线时主要从确定整治线的轴线着手。冲积性河道总是弯曲的,当河道的弯曲半径及上下两个反弯河道中的直线段长度适中时,河道的平面形态与来水来沙条件和地质条件相适应,形成稳定的河型,可满足航行方面的要求。因此,进行整治线平面设计时,其平面形态应遵循这一规律,使整治线构成缓和而均匀的连续曲线。再根据整治浅滩的具体情况,参照优良河段的曲线形态,确定是单一圆弧还是复合圆弧曲线,选择合理的弯曲半径、直线段长度、两反弯之间的距离等。

当浅滩河段的来沙量较多,枯水比降较大时,可采用弯曲半径 $R=4B_2$,反之采用 $R=6B_2$,一般用 $R=5B_2$。若需切除凸角,改善航行条件时可采用 $R=(2\sim3)B_2$,其中 $B_2$ 为整治线宽度。

上下两反弯河道中的连接直线段的长度,一般取 $L=(1\sim3)B_2$。

两反向弯道顶点间的距离,一般取 $L_m=(6\sim7)B_2$。整治线平面形态中心轴线的复合圆弧曲线见图 2-4。

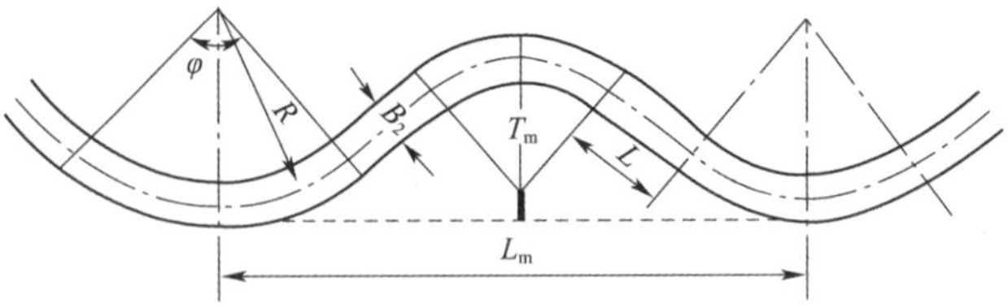


图 2-4 河弯平面形态特征

$R$-弯曲半径;$L$-直线段长度;$L_m$-两反向弯道顶点间的距离;$\varphi$-航道中心角;$T_m$-中间弯道弯曲半径

在中小河流的工程设计中,整治线平面布置往往受河道地形的限制,此时一般选稳定航槽的轴线为规划依据,顺其河势确定整治线在河槽中的控制点,然后用自由曲线绘制成平顺的河弯形式,要求将过渡段的长度及河弯曲率半径控制在许可的范围内。

## (二)整治断面参数设计

航道整治工程最基本也最重要的设计内容是整治断面设计,它包括设计水位、整治水位和整治线宽度等参数的确定。

### 1. 设计水位

设计水位包括最低通航水位和最高通航水位。设计水位需要根据多年观测的水位和流量资料推求,一般要求资料为不少于 20 年的连续观测资料。但在需要进行整治的滩险上往往不可能有这么多的观测资料,因此推求浅滩上的设计水位,首先需要推求出与该浅滩有直接关系的相邻水文站的设计水位,其也称为基本站的设计水位,再用相关分析的方法相关到需要进行整治的浅滩上,求出该浅滩上的设计水位。

浅滩上一般没有长期的水位、流量观测资料,为了找到基本站与浅滩的相互关系,在开始整治该浅滩时就要在浅滩尾下深槽附近设置临时水尺,该水尺的水位读数将不受后期浅滩整治的影响,记录逐日水位读数,尤其注意观测中、枯水时段的水位值,取得一个时段的资料后,就能将基本站设计水位相关到浅滩的临时水尺上来。

(1)浅滩临时水尺设计最低通航水位的推求。

最低通航水位推求方法有水位相关法、比降插入法(有比降均匀和不均匀之分)、瞬时水位法。

(2)浅滩临时水尺设计最高通航水位的推求。

最高通航水位推求方法与最低通航水位推求方法相同,应注意的是最高通航水位推求必须收集和观测洪水期的水位资料,以便得到相应的浅滩水尺位置处的设计最高通航水位。

(3)浅滩上各断面设计水位的推求

浅滩上各断面(包括滩脊断面和其他特征断面)设计水位的推求,以浅滩临时水尺的设计水位为准,同样可用相关方法确定各断面设计水位,也可用浅滩相应的瞬时水面线来确定。

2. 整治水位

整治水位是指整治工程能显著改善滩险的航行条件的水位。对平原河流而言,一般是指与整治建筑物头部高程相齐平的水位。当水位降到整治水位时,将水流束窄至整治线宽度范围内,建筑物即起到束水导流作用,使浅滩冲刷加深;水位继续下降到设计水位时,航道尺度仍能满足船舶航行要求。山区河流与平原河流不同,其滩险类型较多,整治水位的含义也各不相同。山区河流急流滩险整治水位一般取成滩水位:对中、洪水急流滩,取成滩最凶水位;对枯水急流滩,取该滩的设计水位。

一方面,通过整治水位可以确定整治建筑物的高程,整治建筑物的高程直接影响整治工程数量和工程投资。另一方面,从某种意义上说,整治水位决定整治后浅滩的冲刷历时,整治水位高,冲刷历时长,反之则短。整治后浅滩的冲刷历时直接影响工程整治效果。因此,整治水位直接关系到工程量和工程效果,是航道整治工程总体设计的重要参数之一。确定平原或山区河流浅滩整治水位的方法较多,但概括起来可分为两类:经验方法和造床流量法。

1)经验方法

在浅滩资料不足时,宜采用经验方法求得整治水位。经验方法有超高设计水位法、平边滩水位法和采用多年平均水位或多年平均流量所对应时的水位等。

2)造床流量法

天然河流的流量是不断变化的,每级流量都可能参与河床的造床作用,在一个水文年内对河流造床作用最大时的那几级流量,称为造床流量。因此,造床作用的因素主要包括流量和相应的比降及持续时间,它们的乘积最大时,即可认为该级流量是造床流量。采用造床流量作为整治流量的方法,就称为造床流量法。

确定造床流量的方法较多,主要有按流量比降频率乘积方法推求、按输沙能力公式推求这两种常用计算方法。

确定整治水位的目的,是要求在该水位时相应的整治流量在整治建筑物束窄的范围内流动,起到束水冲刷的作用。但实践发现,由于缩窄了断面,在原整治流量时相应的天然水位将壅高,形成丁坝群的上游几条丁坝或顺坝的上段出现淹没溢流,束水归槽的效果减弱,尤其在比降较大的河流中更为明显。为此,在整治建筑物控制的河段内,其顶面高程应能满足河床过水断面容纳整治流量的最小高度,所以以流量作为标准,各断面处的水面高于设计水位的超高值就不一定是常数,它随河床断面形态和所在位置不同而不同,一般是上游河段超高值大于下游河段。在按常规方法求得整治水位和整治线宽度时,可进一步用整治流量进行水面线计算,调整各处坝顶高程与水面线齐平,增强束水归槽的效果。

3. 整治线宽度

整治线是指为改善和稳定航道,在整治水位时由主导河岸和整治建筑物控制的新的河道平面轮廓线。整治线宽度则是指整治水位时设计的新河槽的河面宽度,即河道两侧整治线之间的宽度。通常整治线是由整治建筑物控制构成的,因而整治线宽度对整治工程的成效影响极大。整治线过宽,集中的水流不足以冲刷浅滩,达不到预期的整治效果;整治线过窄,水流收缩过甚,流速过大,造成河床强烈冲刷,可能导致下游航道淤积,引起河槽不稳定。因此,正确确定整治线宽度是设计中的一个重要问题。图2-5所示为湘江某浅滩整治线宽度与航行宽度平面位置图。

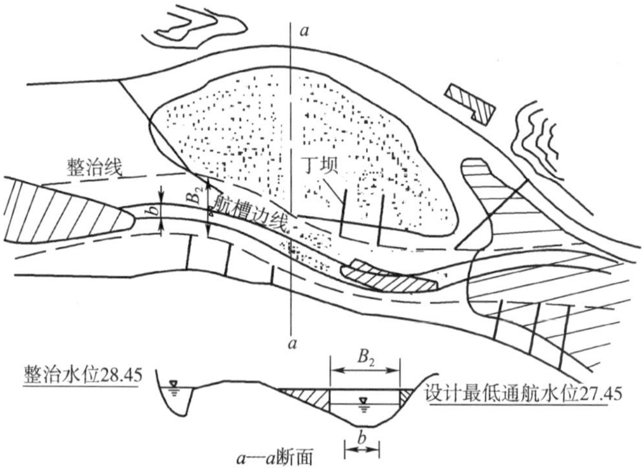


图2-5　湘江某浅滩整治线宽度与航行宽度平面位置图(高程单位:m)

$B_2$-整治线宽度;$b$-航道标准宽度

整治线宽度的确定,主要有经验方法和理论计算方法(水力学计算方法和输沙平衡的方法)。

最优的整治水位与整治线宽度的组合不清楚时,若整治水位定得高些,可以算出一个满足冲深要求的整治线宽度,若整治水位定得低些,也可以算出一个整治线宽度,到底哪种组合最为合理,目前尚缺乏论证。如果要更好地求得整治线宽度与整治水位,还需通过实践进一步总结、完善。

# 课题三　平原河流航道的整治及案例

## 一、课题引入

平原河流的特点:河面宽、纵坡小、水位变幅小、流态平稳、流速小、水流含沙量大、河床演变剧烈。由于这些特点使得平原河流的河道形态复杂,碍航河段较多且原因复杂,在航道整治工程设计和施工过程中往往需要综合考虑其水流特性及整治建筑物对河岸与水流的影响。因此,在航道整治之前必须了解各种平原河流河段的形态,以及碍航河段的成因,才能较有效地进行航道整治。

## 二、课题分析

由于平原河流河道形态不同，其碍航河段的形成原因也不同，在平原河流的航道整治工程设计和施工时应充分利用发育成熟的边滩，使整治后的航道两侧有成熟的边滩。因此，整治措施既要考虑水流动力轴线的改变，使之增大水流输沙能力，又要使河道边滩尽可能地发育成熟，形成稳定的通航河道。

## 三、相关知识

在冲积平原河流上，河床总是起伏不平的，一般河床凸起之处为浅滩，凹低之处为深槽。但从通航观点来看，虽然沿河流纵向有一系列的河床凸起处，但也仅是将水深不足、碍航的地方称为浅滩，或称为碍航浅滩。

浅滩按其岩石土质组成分为石质浅滩、卵石浅滩、砂卵石浅滩、砂质浅滩及泥滩等；按滩形特征和碍航情况分为正常浅滩、交错浅滩、复式浅滩和散乱浅滩等；按浅滩成因和所在地区分为弯道浅滩、分汊河道浅滩、支流河口浅滩、回水变动区段浅滩、湖泊水网区浅滩及潮汐河口浅滩等。上中游山区和丘陵区河流多为石质浅滩和砂卵石浅滩，平原河流则主要是泥沙浅滩。

图2-6为常见的典型平原河流浅滩的组成情况。浅滩的上、下边滩分立于河岸两侧，与边滩相对应的部分称为深槽，位于浅滩上游的深槽为上深槽，位于浅滩下游的深槽为下深槽；若上、下深槽相互交错，则上深槽下部的尖端部分称为尖潭，下深槽上部的尖端部分称为倒套或沱口。从河道平面方向看，上、下边滩相对伸向河中比较狭长的部分称为上、下沙嘴，顺上、下边滩最高处的连线为滩脊线，沿滩脊线位于河心最低处的部分则称沙埂或浅滩，若水深不足则是碍航浅滩。沿水流方向沙埂迎水面的斜坡称为迎水坡或上坡，背水面的斜坡称为背水坡或下坡。

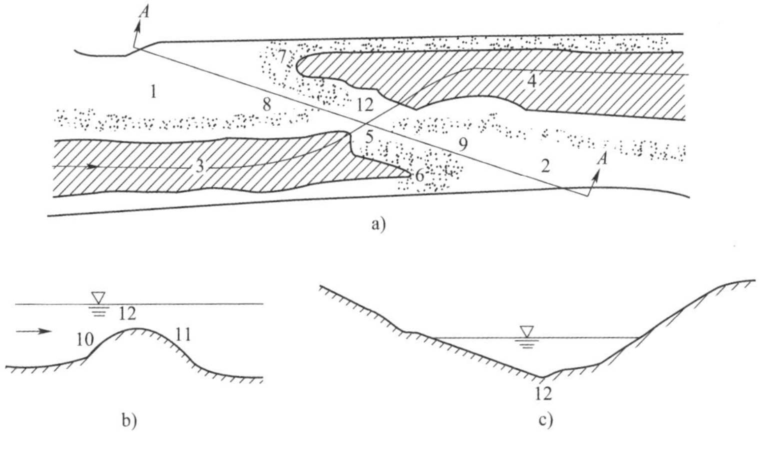


图2-6　浅滩的组成

a）平面图；b）沿深泓线纵断面；c）A—A断面

1-上边滩；2-下边滩；3-上深槽；4-下深槽；5-沙埂；6-上深槽尖潭；7-下深槽倒套；8-上沙嘴；9-下沙嘴；10-上坡；11-下坡；12-鞍凹

### （一）顺直河道的浅滩整治

按浅滩的外形和碍航情况，常将顺直河道的浅滩分为正常浅滩、交错浅滩、复式浅滩和散乱浅滩四类。

1. 正常浅滩

正常浅滩多出现在曲率平缓的弯曲过渡段和河身较窄的顺直河段上。一般情况下,这类浅滩不碍航,只有在洪水期到来、泥沙量特别多的年份才会出现水深不足,但稍加整治即可通航,可以算是好浅滩。从发展上来看,随着浅滩上游弯道凹岸的逐渐冲退和弯顶的下移,过渡段的位置可能上提,河段曲度逐渐增加,妨碍航行。整治正常浅滩,一般采用丁坝固定边滩,加高上、下游边滩高程,延长水流对浅滩的冲刷时间,如果边滩已较高,可采用护面固滩,见图 2-7。

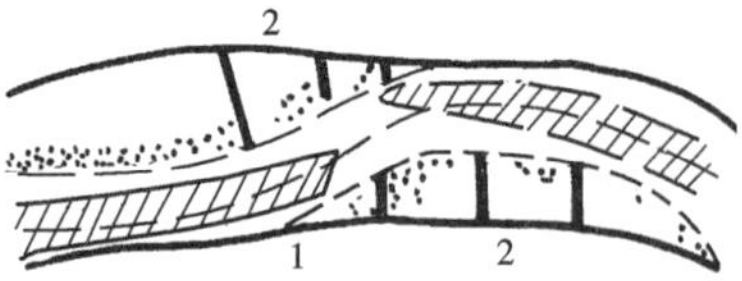

图 2-7 顺直段上正常浅滩的整治
1-导流坝; 2-丁坝

2. 交错浅滩

交错浅滩常出现在河宽较大,边滩比较发育的顺直河段上或曲率大、过渡段很短的弯曲河段上。这种浅滩的特点:上、下深槽在平面上相互交错,下深槽的上端窄而深,称为倒套(也称沱口),边滩较低,横向漫滩水流比较强烈,浅滩脊宽浅,鞍凹斜窄或无明显鞍凹,浅滩冲淤变化较大,航道极不稳定,航行条件不好。

交错浅滩也称坏滩,是整治的主要对象。与正常浅滩相比,交错浅滩的弊病主要是由上、下深槽交错造成的,或者说主要是由倒套的存在造成的,因而整治交错浅滩的关键是消除倒套对水流的不利影响。整治措施可集中为消除漫向倒套的横向水流,并固定和加高下边滩。

消除漫向倒套的横向主流,常采用堵塞倒套的措施。堵塞倒套后,由于消除了吸水流的条件,就可以消除漫向倒套的横向水流,从而可使水流集中于浅滩槽,显著地改善浅滩水深和航行条件,一般在倒套内设置上挑丁坝,将泥沙引入倒套,如图 2-8a)所示,丁坝位于上沙嘴尾部岸之下,坝头高程不低于上沙嘴顶部高程。在上边滩距倒套较远的特殊情况下,产生的横向漫流对航行影响小,上深潭处又有溪流汇入带来泥沙淤积,下边滩很低,水流不能由尖潭过渡,此时可利用倒套通航,见图 2-8b)。

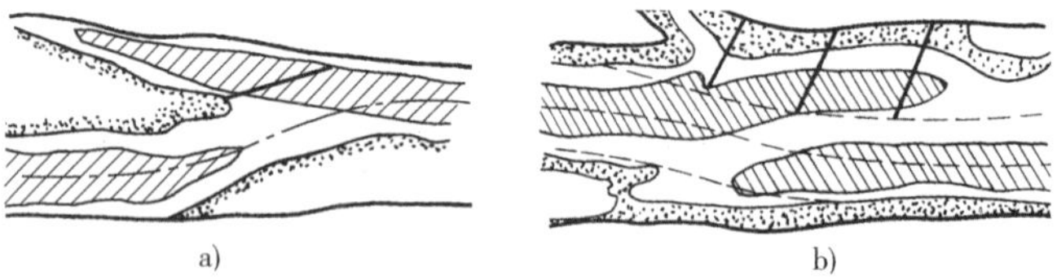
a) b)

图 2-8 交错浅滩整治

3. 复式浅滩

复式浅滩是由两个或两个以上的浅滩组成的。它冲淤变化大,航槽不稳定且存在横流,严重碍航。

整治这种浅滩,应将上下浅滩作为一个整体来考虑,防止只改善下浅滩水深,引起上游水位过分降低,以致上游浅滩水深更浅的现象。若只加强上浅滩的水流输沙力,则冲刷下来的泥沙就可能淤在下浅滩,使下浅滩水深变小,通常采取的措施是固定和加高上、中、下边滩并堵塞倒套。一般采取布置几组丁坝的措施,为了稳定中间深槽,并促使其发展,应特别注意提高中间边滩高程，如图2-9所示。为了防止由上浅滩冲下来的泥沙在下浅滩淤积，下浅滩的整治宽度可略小于浅滩河槽的整治线宽度。

当中间边滩位于凹形的主导河岸，且上深槽尖潭和下深槽倒套正发展，在中间边滩上已有被水流切割的趋势时，可因势利导，切割中间边滩，沿主导河岸在边滩腰部布置基建性挖槽。挖槽的进出口应与上、下深槽的水流动力轴线相吻合，同时应用一组丁坝封闭中间深槽，堵塞老航道，如图2-10所示。切割中间边滩后，同时消除两个浅滩，并使航道取顺直，从根本上改变航行状况。

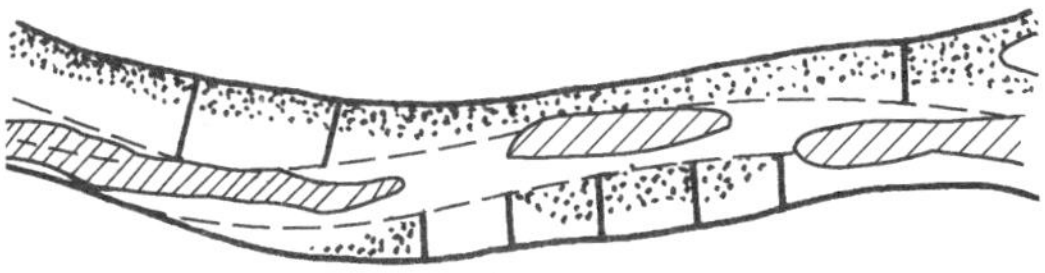

图2-9　固定和提高边滩高程图

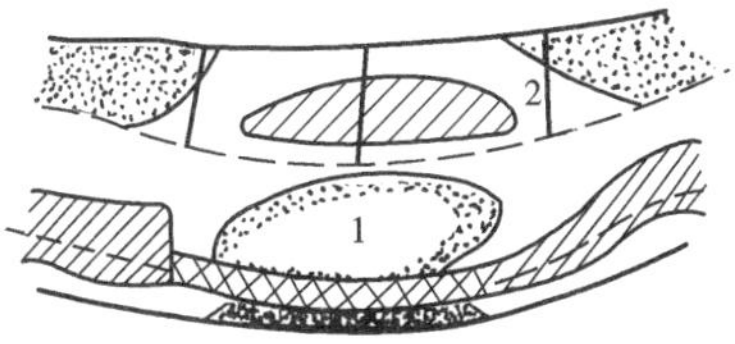


图2-10　切割中间边滩
1-挖槽；2-丁坝

4. 散乱浅滩

散乱浅滩又称散滩。其主要特点是河床宽浅，沙体散乱，没有明显的边滩和深槽，沙体位置随水位变化而频繁变动，很不稳定，航道弯曲，水深小且航槽位置经常摆动，因而航行条件极差。

整治这类浅滩，一般是根据上、下游河段的河势，规划出一条正常弯曲形的整治线，然后通过丁坝等整治建筑物，将散乱的沙体联结和促淤成边滩，以固定河势，导引水流集中冲刷航槽，如图2-11所示。

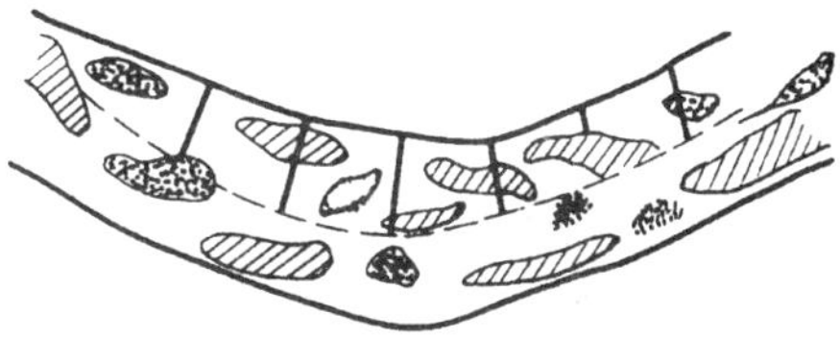

图2-11　散乱浅滩的整治

（二）弯曲航道的整治

1. 对航运的影响

弯曲航道是平原航道中最为常见的平面形态。弯道不断向弯曲方向发展，给航运带来不利的影响，主要有：

1）弯曲半径太小或航道宽度不足

环流愈强，河弯向弯曲方向发展的速度愈快。在后期中、枯水位时往往弯曲半径达不到航行要求，有时航道宽度也不足，在中、小河流中更为显著。

2）在弯道上游枯水期可能出浅碍航

由于环流的作用，河弯处的横断面呈不对称的三角形，河床窄而深；但弯道上游的横断面一般呈对称抛物线形，河床宽而浅。在中洪水时由于河湾的阻力，河湾上游水位升高，比降减小，流速降低，水流挟沙力降低，大量泥沙在此落淤，当水位下降时，若不能将淤积物全部冲走，枯水期则易出浅碍航。若河流的比降较平缓，流速较小，河床中心角较大（河湾转角较大），在此情况下，中、洪水期的淤积更为严重，水位下降期间，往往不能将淤积物全部冲走，枯水期更易出浅碍航。

3)河湾的发展使航程加长

冲积平原上的河湾,若让其自由发展,不仅对航运不利,而且给工农业及防洪都带来不良影响,凹岸受冲坍塌,大片土地倒塌河中,无法耕种,沿岸的港口码头、工矿企业、水利设施等都报废或受到严重威胁,并直接影响堤防的安全,因此必须整治。

2. 碍航弯曲航道的整治措施

1)保护凹岸,防止弯道恶化

(1)平顺护岸。

河弯航道条件已满足航行要求,为了防止凹岸后退,恶化航道条件,可采取平顺护岸。确定护岸的范围,首先需知道凹岸崩塌地区,而凹岸崩塌地区在一年内随水流动力轴线的变化而转移,如图 2-12 所示。枯水期动力轴线在弯道上游进口处靠凸岸,进入弯道后,向凹岸移动。至弯顶稍上部位,靠近凹岸,然后紧靠凹岸流动一段后,离开凹岸向下一个弯道过渡。因而水流动力轴线有"枯水走弯,洪水走直"的现象,顶冲点有"枯水上提,洪水下挫"的现象。顶冲变异区的下段为常年贴流区,以下为出口区。顶冲变异区和常年贴流区崩塌最多,应重点保护,进口区和出口区也应保护。护岸的范围,应从河岸不崩塌处开始,经过坍塌区到下一个不坍塌处为止,并根据可能变化范围适当向上、下游延长。

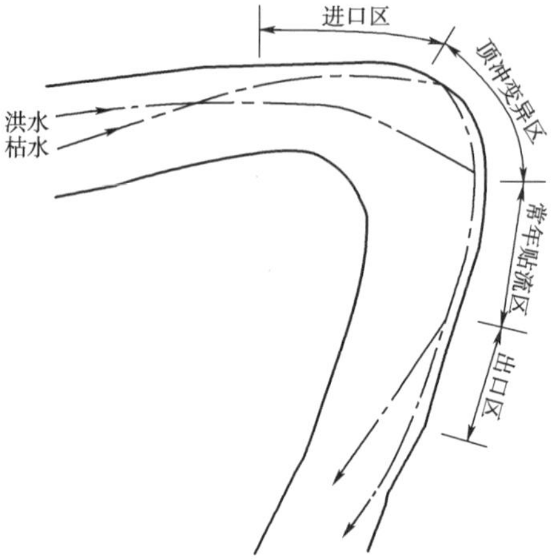

图 2-12 弯道河段分区示意图

(2)短丁坝护岸。

当弯道凹岸线不平顺,水流比较紊乱,局部地区河岸坍塌严重时,可采用短丁坝护岸,控制局部坍塌。若凹岸土质松软,容易冲刷,则在采取短丁坝护岸的同时,还应对局部严重坍塌地区采取平顺护岸保护,不改变弯道的水流状态,水流比较平顺。短丁坝护岸对水流状态有不同程度的改变,水流稍乱,若对岸有堤防或不允许冲刷的地段,应注意水流对这些地段的影响。

2)筑坝导流,调整岸线

弯道过分宽阔,不仅水流分散,枯水期航道水深不足,且随着水位变化航槽左右摆动,对航运不利。特别是当弯道断面宽阔,出口断面狭窄,洪水期弯道的壅水作用更大,使弯道内流速减小,水流挟沙力降低,大量泥沙淤积于此,当水位下降不能将淤积物全部带走时,则增加了枯水碍航程度。当弯道内的流速较小时,可考虑在弯道一侧或两侧筑丁坝,束窄河床使水流归槽,增加航道水深,稳定航槽。

图 2-13a)为广西某河弯滩整治前地形,该滩长 500m,枯水最大流速 1.50m/s,最小弯曲半径 300m,滩段河宽 250m,弯道下段河宽 120m,河岸土质较松,抗冲性不强,河流左岸因冲刷不断后退。中、洪水时期,由于弯道的阻水作用,滩段水面比降减缓,流速降低,大量泥沙在此淤积,又由于滩段河流宽阔,为弯道出口宽度的 2 倍,退水时滩段流速较小,难以将淤积物全部冲走,因此枯水出浅,最小航道水深仅为 0.6m,严重阻碍航行。整治时在凹岸筑了 7 条丁坝,如图 2-13b)所示,综合束窄河床,加大冲刷力,同时用挖泥船疏浚航槽,经整治后航道平顺,水深增至 1.0m 以上,满足航行要求。

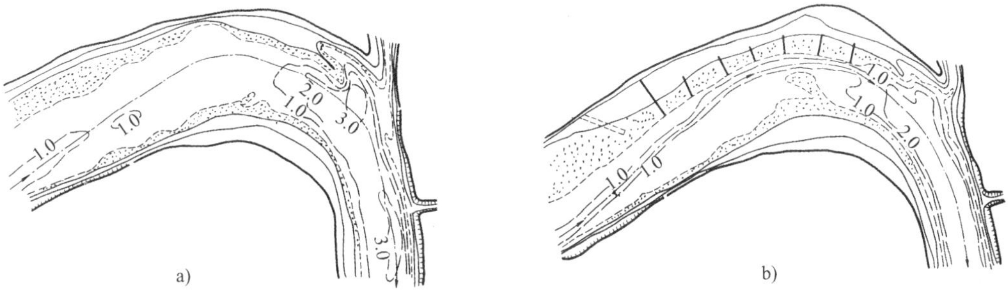


图 2-13 广西某河弯滩整治前后变化图(等高线单位:m)

a)整治前河道;b)整治后河道

在弯道凹岸筑丁坝,当中、枯水期流速较小时,可以全部做正挑丁坝,若流速较大,上游第一座正挑丁坝附近流态较乱,且该丁坝容易被冲毁。在此情况下,可以将第一座正挑丁坝改成下挑丁坝,或在其上游修建一下挑丁坝[图 2-13b)中的虚线],这样既可改善丁坝前的流态,又不易遭到水毁。

利用筑坝导流,调整岸线,以治理河弯滩。当水流速度较大、弯道半径较小时,若在凹岸筑丁坝调整岸线,整治后往往流态很乱,航槽流速很大,难以达到航行要求,此时在凹岸筑顺坝容易取得成功。

3)裁弯取直,新开航槽

当弯道演变成很长的河环,不仅航道弯曲,半径太小,出现浅滩,同时延长了航道里程,排洪不畅,加大洪水威胁。在此情况下,为了彻底改善河弯的航运和排洪条件,可考虑在狭颈处开挖新河,裁弯取直。裁弯后可以缩减航道里程,裁除位于河环上的河段,增强排洪能力,减小洪水的威胁。裁弯工程耗资巨大,裁弯后上、下游河段会发生演变,对沿岸影响很大,必须全面规划,统筹兼顾,认真做好设计工作,其主要内容有方案比较、引河定线、引河断面设计、引河整治设计、河道演变及其工程投资估算等。

### (三)分汊航道的整治

#### 1. 通航汊道的选择

(1)利用近年的实测地形、水文以及现场调查资料,作全面的分析比较,确定发生冲刷或较稳定的汊道为发展的汊道,发生淤积的汊道为衰退的汊道。

(2)汊道的来沙量小于输沙能力的汊道为发展的汊道,反之则为衰退的汊道。

(3)汊道口门处,底沙进入较少的汊道为发展的汊道,反之则为衰退的汊道。

(4)进口分流比大于分沙比的汊道为发展的汊道,反之则为衰退的汊道。

(5)新生的汊道往往为发展的汊道。

(6)选择的通航汊道其水流应是顺畅的,特别是进口段水流更应顺畅。

(7)选择中、洪水主流通过的汊道,通常效果较好。

#### 2. 汊道整治方法

1)稳定汊道

(1)保护节点附近河床。

分汊河床呈宽窄相间的莲藕状,窄段对汊道往往起着控制性的节点作用,若节点发生变化,则汊道将相应发生变化。因此,当节点有可能发生变化时,应保护节点河床。保护节点通常多采用平顺护岸,如图2-14所示。在节点上游附近河床若有崩塌趋势以至威胁节点的稳定时,上游河床也应加以保护。

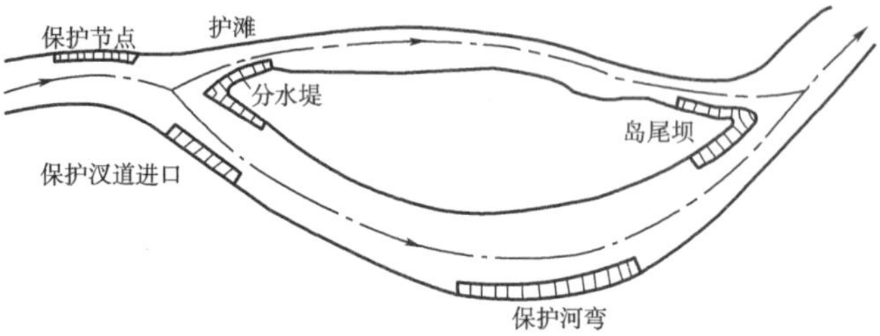


图2-14 稳定汊道示意图

(2)稳定汊道进口段边界。

汊道进口段边界若发生变化,则汊道的分流、分沙条件将发生变化,从而使汊道的兴衰发生变化,要稳定良好的河势,必须对汊道进口段边界进行保护。

汊道进口段边界的改变主要是河岸的崩塌和边滩的增长,实践表明,边滩的增长速度与河岸的崩塌速度相近,因此对进口段崩塌河岸加以保护,既稳定了河岸,又削弱了边滩的变化。保护进口段河岸可用平顺护岸,需要保护边滩时,则可采取固滩措施。

(3)控制江心洲的头部与尾部。

江心洲的头部形态及其变化,直接影响各汊道的分流比与分沙比,为了保持各汊道在各级水位时都有一个比较稳定的分流比与分沙比,通常在江心洲的头部修建分水堤。分水堤的外形,上游部分窄矮,向前岸伸入水中,而向下游逐渐加宽,与江心洲的头部连在一起,其形如鱼嘴,故又称"鱼嘴",如图2-14所示。上分水堤的方向、平面尺寸及其各部分的高程,直接影响着各汊道、沙量分配和进口处的水流条件,在进行规划设计时应慎重考虑,目前还缺乏确切的理论计算,最好通过模型试验确定。

在江心洲的尾部两股水流相汇,相互挤压、撞碰,能量有较大的损失。同时两汊水面高度往往有差异,引起横向水流及复杂的环流结构,不仅妨碍航行,还使泥沙易于淤积,使江心洲的尾部向下延伸或向一侧移动,使航道变迁。为了稳定汊道,可在江心洲的尾部建筑下分水堤(或称岛尾坝)。

(4)保护河弯。

当通航汊道为弯曲汊道,且弯道凹岸一侧为大片冲积平原时,由于弯道凹岸受冲刷后退,凸岸向外延伸,该汊道变得越来越弯曲,汊道长度增加,比降减小,来水量逐渐减小,汊道走向衰退。因此,若通航汊道处于大片冲积平原的弯曲汊道上,应对易于崩塌的河弯凹岸加以保护,保护河弯通常采用平顺护岸。

2)改善汊道

(1)汊道进口处浅滩。

在分汊进口处,由于江心洲顶水而形成环流,流速减小,泥沙堆积,或者由于汊道阻力,洪水期大量泥沙沉积,退水时没全部冲走,枯水期出浅碍航,如图2-15所示。图中右汊为通航航道,其进口处出浅碍航,通常可在左汊进口上游附近筑挑流坝,在右汊右岸筑短丁坝保护河岸,同时也可适当缩窄河床，增加水流冲刷能力以利于刷深航槽，若还不能完全满足航道水深要求，再辅以疏浚措施，通常能达到要求。

(2)汊道中部浅滩。

当汊道较长时，汊道中部的阻水作用或汊道出口不畅，容易引起泥沙在汊道中部沉积，枯水期形成浅滩碍航。汊道中部浅滩，通常采用单一河道中的浅滩治理方法，利用丁坝、顺坝缩窄河床(图2-15)，增加流速以利于刷深航槽，还可辅以疏浚措施。此外，如果非通航汊道的枯水可以减小，为了增加通航汊道的枯水流量以增加航道水深，可在非通航汊道的进口处修建导流坝。

(3)汊道出口处浅滩。

整治江心洲尾部浅滩通常在洲尾筑顺坝(或称岛尾坝)，减小水流交角，使水流平顺相汇，以减少洲尾的淤积。在筑洲尾顺坝后，往往浅滩下移，在顺坝末尾出现“关门洲”，若将顺坝延长，“关门洲”向下移动，也难以消除“关门洲”，顺坝要一直延到深潭，才能消除顺坝末端的出浅区，这既不经济也不合理，此时可在顺坝的对岸(或河道的两岸)筑丁坝，一方面束水归槽，增加水深，另一方面可以让泥沙淤积在丁坝的坝田中。此外，应减少汊道的来沙量，如保护洲头和易冲刷的河岸，治理汊道中部浅滩不要过分冲刷，以减少泥沙来源，从而减少洲尾淤积。

3)堵塞支汊

河流分汊，流量分散，枯水期通航汊道内往往水深不足，影响航运，在中、小河流内更为明显，因此需要集中全部流量以增加航道水深。当支汊可以堵塞，或支汊有发展趋势，若不加以控制将影响主汊通航，此时可以考虑堵塞支汊。此外，为了使江心滩或江心洲转化为边滩，工业用地也可以堵塞支汊。通常堵塞的支汊都是流量较小、沙量较多、处于衰退状态的，若支汊处于发展状态，而且对国民经济比较有利，此时应堵塞哪一条汊道，应多方考虑后才能作出决定。

堵塞汊道的方法，可采用丁坝、顺坝或锁坝。如湘江多用丁坝，汉江多用顺坝，松花江、东江、北江多用锁坝。用丁坝或顺坝堵塞汊道，不但能封闭汊道的进口，起到锁坝的作用，而且具有束窄河床和导引水流的作用，但被堵塞汊道的淤积效果不如锁坝好。另外，可根据不同的整治要求选择锁坝布置在汊道的入口段或中段或尾段，如图2-16所示。不同位置的锁坝有不同的效果，需要具体分析后选择最合理的布置位置。

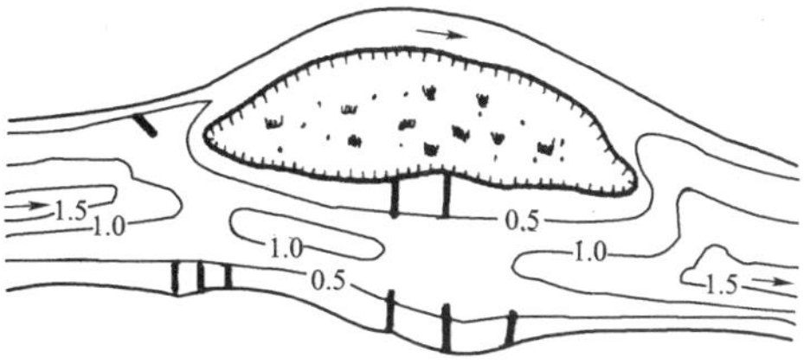


图2-15 汊道进口和中部出浅(等高线单位:m)

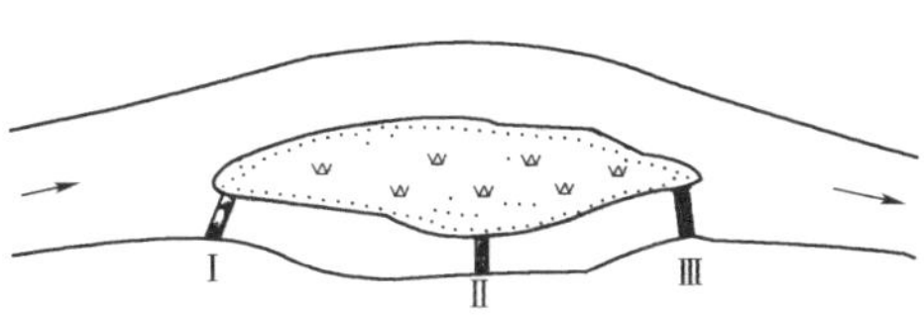


图2-16 锁坝布置

Ⅰ-洲头锁坝;Ⅱ-中段锁坝;Ⅲ-洲尾锁坝

4)弃劣图优，另辟新槽

个别分汊河段，有时由于左右两汊都有些弯曲，在环流作用下，江心洲不断扩大，河床两侧侵蚀严重，航道日益弯曲，曲率半径逐步减小，不能满足航行要求，或两个汊道不理想。在此情况下，可以选择优良线路开挖新航槽。新航槽开挖后，为了稳定新航槽和保证新航槽有足够的流量，应将旧航槽用建筑物封闭。为了保证中水期新航槽不被淤积和平顺中水期新、旧航槽水流交汇的流态，应在江心洲尾修筑导流堤。

## (四)整治工程案例

### 1. 河段概况及航道演变特性

汉江是长江的支流,全长1567km,其中湖北省境内858km。襄阳(旧称襄樊)至浰河口河段位于汉江中游下段,自西北向东南,流经荆钟丘陵区。河谷开阔,局部山岩逼近河床形成多处不对称节点,使全河段形成宽窄相间的莲藕状。洪水期河宽一般为2~4km,最大达5~6km,枯水期河面宽仅300~600m。由于汉江长期缺乏整治,河道呈自然状态,河段维护航道水深1.2m,维护航道宽度40~50m,可通航200吨级船舶,但通航保证率较低。由于主泓线摆动频繁,浅滩位置随主泓线变化而变化,浅滩碍航严重。

### 2. 整治工程总体设计

1)设计标准与规模

汉江襄阳至浰河口航道建设规模为四级,通航500吨级船舶。

2)设计水位与设计流量

(1)设计最高通航水位和流量。

根据规范采用频率法计算基本水文站的设计最高通航水位,重现期取10年一遇,并依据洪水实测比降推算各浅滩最高通航水位。

(2)设计最低通航水位和流量。

求得航道设计最小通航流量,即襄阳465$m^3/s$、宜城470$m^3/s$、皇庄472$m^3/s$,相应上述三个基本站的设计水位分别是58.86m、50.37m、39.16m。考虑河段还处在河床下切且受丹江口水库调节的影响,将计算的设计水位减去0.2m作为工程设计水位,并根据设计水位时的比降推求出各浅滩的设计水位。

(3)整治水位与整治流量。

根据第二造床流量$Q=U^4P$计算,确定襄阳和皇庄基本站的整治流量分别为1400$m^3/s$和1250$m^3/s$。由水位流量相关分析,确定整治水位高于设计水位1.45m。

(4)整治线宽度。

①优良河段模拟法。

取余家湖、龙门滩等10个断面绘制$B$-$H$关系曲线($B$表示优良河段整治水位时的水面宽度,$H$表示平均水深),求得整治水位下的平均水深$H_2=\eta \cdot H'=0.85\times(1.8+1.45)=2.8$(m),其中,$\eta$表示水深修正系数,$H'$表示整治水位下的航道边缘设计水深。由此查得整治线宽度为480m。

②理论与经验公式计算。

由水力学公式、河流动力学公式和汉江宽浅型河道经验公式计算各滩整治线宽度平均为440~500m。

③模型试验论证。

在水佛庙、牛确滩、三滩等模型试验时,分别对整治线宽度480m、600m进行了试验。试验结果表明,整治线宽度为480m时,设计的通航尺度能得到保证;整治线宽度为600m时,整治线范围内有时出现零星心滩,设计航道尺度不能全程贯通。根据以上分析,选用整治线宽度为480m。

3. 整治工程方案及整治建筑物结构

1）整治工程方案

根据河床演变规律和浅滩碍航的特点，并充分注意本河段游荡性河流整治的难度，适当调整整治工程与疏浚工程的比例，确定以下三种不同类型的整治方案。

第一种类型，对变化复杂、碍航程度较严重的滩群采取重点整治工程措施，主要利用丁坝坝群控制河势，稳定航道，增加水深。

第二种类型，对河势条件较好或浅滩向有利条件转化的滩群采取整治与维护相结合的工程措施，以局部整治建筑物稳定现有河势，并配合疏浚和保持常年维护措施。

第三种类型，对河势稳定的卵石型过渡浅滩采取以基建挖槽为主的疏浚工程措施。

各滩群整治工程的布置方案如图 2-17 所示。

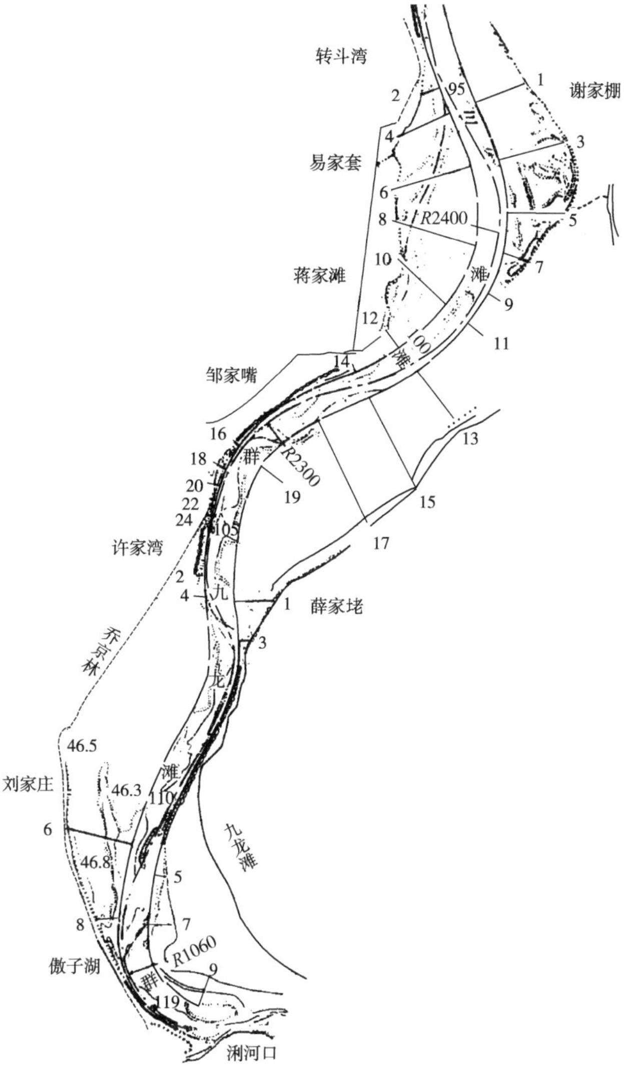


图 2-17　汉江中游河段滩群整治工程布置方案图

注：图中数字为丁坝的编号。

2)整治建筑物结构及材料

(1)整治建筑物结构。

汉江襄阳至浉河口航道整治,工程量巨大,根据国内外整治工程结构材料的发展趋势,在部分工程中采用了丙纶编织布砂垫软体排护底、丙纶编织袋充砂填筑体和护岸的砂枕护脚等新结构及新材料,与抛石坝和柴排比较,可节约投资40% ~50%。

(2)丁坝尺度。

丁坝尺度因丁坝布置的区域而异,位于迎流顶冲部位及其他冲刷区的丁坝顶宽3m,位于缓流区和淤积区的丁坝顶宽2m。丁坝迎水坡坡度1:1,背水坡1:1.5,向河坡1:4。丁坝坝顶纵坡一般为1:300 ~1:100(较长的丁坝靠近坝头部分1:300,中部1:1000 ~1:500),坝根部分加大到1:50 ~1:25。

在卵石型河床,仅在丁坝坝头部位进行护底。砂质河床坝身应全部进行护底,护底范围根据砂质覆盖层厚度和计算的冲刷坑深度确定,一般为坝头部位上游伸出5m,下游伸出8m,河心伸出10m。

在丁坝与河岸连接处,进行坝根护岸,护岸长度坝上游10m,坝下游15m。

(3)砂袋坝结构及材料。

砂袋坝采用聚丙烯编织布缝制成袋后用砂泵充填而成,采用16×16或14×16(每平方英寸经线数×纬线数)编织条宽1.5mm的丙纶布。编织袋直径一般取0.7 ~1.0m,长度一般为3 ~5m,有的甚至为8 ~12m。

为防止丙纶编织袋老化或损坏,在砂袋坝表层采用干砌块石覆盖(最低水位以上的部位),块石覆盖厚度均为0.6m,表层块石粒径应大于0.4m。

(4)坝体护底结构及材料。

坝体护底有柴排护底和砂垫排护底两种。柴排用梢料编织(柳枝为优),排厚取0.4m,单块排尺寸为10m×10m或10m×15m,压载为0.395 $t/m^2$。

砂垫排冲砂后厚度为0.25 ~0.4m,砂垫排宽度一般为10 ~20m。砂垫排由河岸向河心连续沉放,靠自重下沉,不需压载。但为了防止老化,在设计水位以上部位应铺0.2m厚石块,并用砂覆盖。

(5)护岸结构及材料。

护岸工程均采用透水性的干砌块石护坡,坡度一般取1:3 ~1:2.5。平整坡面后,先铺垫0.1 ~0.2m厚碎石垫层,再铺垫0.3 ~0.4m厚块石。为防止滑坡,在设计水位以上1m处设置护脚。护脚采用抛石棱体或钢筋网石笼,抛石棱体坡度大于1:4,钢筋网孔径为0.7 ~1.0m,长度以便于施工而定。

# 课题四 山区河流航道的整治及案例

## 一、课题引入

山区河流的平面形态复杂,河床底质和两岸岸坡多为石质,河道纵坡大,河面狭窄,水流流速快,水流清澈,含沙量较少。河谷平面形态受地质构造和岩石性质影响较大,常呈现狭谷段和宽谷段相间的外形,狭谷段河谷窄深,岸坡陡峻,基岩裸露,两岸及河心常有巨石突出;宽谷段河面开阔,岸坡平缓,阶地发育,河中常有滩地。两岸溪沟汇入处常形成冲积扇,挤压流路。河谷纵剖面多折点,间有跌水和瀑布,纵坡在宏观上多呈上凸曲线。河谷横断面呈 V 形或 U 形,谷底与谷坡无明显界线。山区河流的特点决定了其碍航的主要原因是水流流态紊乱,常有急流滩、险滩和浅滩等碍航的主要河段,因此山区河流的航道整治应将改善水流流态作为考虑的主要因素。

## 二、课题分析

山区河流中各种类型的碍航滩险整治重点都是改善水流流态,碍航滩险的水流流态多种多样,整治的措施就是针对其特点采用不同的办法。常用的措施是开挖河槽使航道水流动力轴线流畅行进,同时配套一些其他整治措施以改善水流流速和流态,本课题将主要讨论这些内容。

## 三、相关知识

### (一)概述

#### 1. 分类

山区河流的水流和泥沙特性已在河流动力学中学过,本节主要介绍常见的石质滩整治方法。山区河流石质滩分类见图 2-18。

- 石质滩
  - 急流滩
    - 卡口急流滩
      - 独嘴型
      - 对口型
      - 错口型
      - (每类又分为: 基岩急流滩、崩岩急流滩、溪沟急流滩)
    - 陡坡急流滩 —— 石梁滩
  - 险滩
    - 航道尺度不够滩
      - 窄槽险滩
      - 急弯险滩
      - (每类又分为: 基岩险滩、崩岩险滩)
    - 水流恶劣滩
      - 礁石险滩
      - 石梁险滩
  - 浅滩
    - 礁石浅滩
    - 基岩浅滩

图 2-18　山区河流石质滩分类

#### 2. 特征水位

山区河流滩险特征水位除设计水位外主要有 3 种:

1)成滩水位

开始形成滩势时的临界水位高程称为成滩水位。

2)最凶水位

滩势形成后,水位继续上涨或继续下降,滩情则由缓变凶,即碍航最严重,这个临界水位称为最凶水位。

3)消滩水位

最凶水位后,滩情随水位的继续升高或继续下降而逐渐减弱,至某一水位时滩情消失,这个临界水位称为消滩水位。枯水滩的消滩水位又称漂滩水位。枯水急流滩的最凶水位显然等于该滩的设计水位,漂滩水位略高于它的成滩水位。

由于退水过程中的流量略小于同一水位时涨水过程中的流量,所以各种急流滩、险滩退水过程中的成滩水位、最凶水位和消滩水位均略高于涨水过程中的消滩水位、最凶水位和成滩水位,且滩势也弱一些,石质滩险的特征水位如图 2-19 所示。

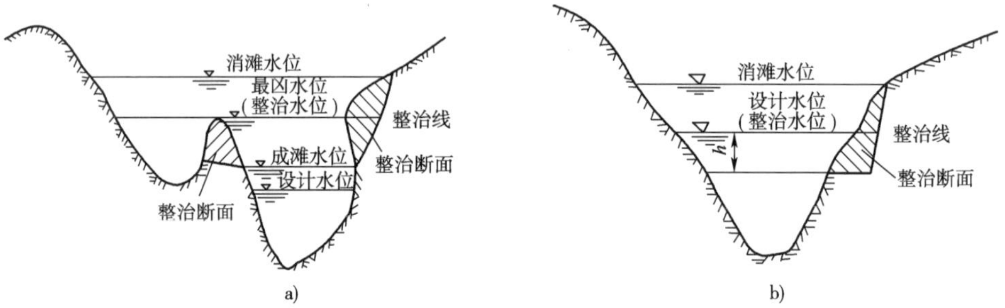


图 2-19 石质滩险的特征水位

a)洪、中水滩险;b)枯水滩险

## (二)山区河流石质滩险的整治

### 1. 石质急流滩的整治

石质急流滩主要是由于河床的泄水断面受两岸地形地物的影响,从该滩的成滩水位开始,泄水面积增加率不适应流量增加率,逐渐至最凶水位时达到高峰,然后逐渐放松,这种约束水流现象,造成滩口段产生陡比降和急流,妨碍航行。

通过整治,船舶能自航过滩和消除危险。当整治难以达到这一要求时,才采取绞滩助航。急流滩的碍航因素是急流和局部陡比降,而后者较前者更为重要。根据该种滩的不同类型,采用不同的具体整治措施。

1)第一种整治方法:扩大泄水断面法

对于侧向收缩造成的卡口急流滩中的独嘴型滩或对口型滩,可将滩段束狭部分的地形地物切除或开挖扩大,令泄水断面在最凶水位、成滩水位和消滩水位时,均能适应通过流量,改善滩口水流条件来达到调整局部陡比降、缓解滩口急流、扩大缓流范围和改善流态的目的,从而使船只上下航行均能方便和消除危险。这种措施,从水力学观点分析,整治前滩段水面宽度较其上下游为小,通过水流除受泄水面积收缩影响外,还受侧向收缩影响,使泄水面积更加缩小,造成急流和陡比降。当整治时,采用扩大断面和加大河宽,则可增加汇水面积,同时相应减小侧向收束影响,故滩口流速降低和局部陡比降变缓。从滩段水流形态分析,整治前滩口下游"剪刀水"的形状窄而短,表明陡比降和急流现象严重,如图 2-20 所示。滩段开挖后,"剪刀水"向下游延长和加宽,则水流散开,局部陡比降平缓,流速降低,滩势缓和,便于航行。其具体步骤如下:

(1)开挖整治线的确定。

切除岸边凸嘴的开挖线,叫作开挖整治线,它与导治建筑物的整治线名同而义别。设计的开挖整治线是否合理,与整治后的效果好坏和工程量大小有密切关系。因此对不同类型的急流滩应有不同的选择。

整治线的布置,按具体条件参照因地制宜的原则和顺着滩势而定。主要有:

①应结合被整治河岸上下游河势进行布置,并用较平顺的开挖曲线连接,使滩口最小泄水断面获得最大的有效宽度与泄水面积。

②使开挖后的滩段水流能平顺通过,并有所改善,达到便利航行的目的。

③以加大泄水为主时,开挖整治线应布置在主流所偏靠的岸边。

④以开辟缓流航槽为主时,开挖整治线应布置在缓流所偏靠的岸边,这样才能消除或改善对航行不利的水流,以保证航行安全。

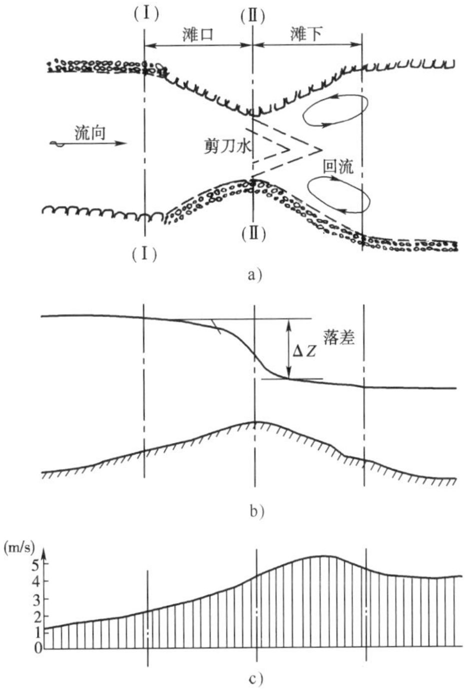


图 2-20 石质急流滩示意图

a)平面示意图;b)纵断面图;c)主流沿程表面流速图

⑤在对口型滩改为错口型滩时,则布置上口凸嘴的开挖线应多切其凸嘴的下游部分,而下口凸嘴的开挖线应多切其凸嘴的上游部分,这样才能构成有利于航行的错口。

⑥对于枯水急流滩,应按枯水位的河势和流向来布置开挖整治线。

⑦对于中、洪水急流滩,应按最凶水位的河势和流向来布置开挖整治线。

(2)开挖整治线线型的确定。

以适合需要整治岸的岸线为准。整治线的布置,应按滩段上、下游在整治线高程的岸线形态和已确定整治线的宽度而定。

①凸线型。弯曲河段中,若整治区在凸岸,则开挖整治线为凸线型,如图 2-21a)所示。

②凹线型。弯曲河段中,若整治区在凹岸,则开挖整治线为凹线型,如图 2-21b)所示。

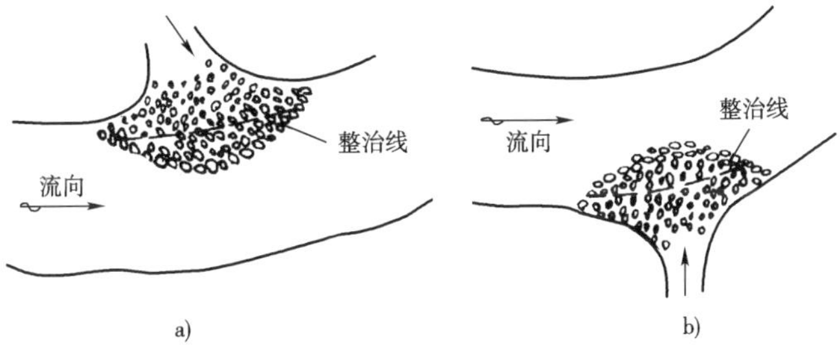


图 2-21 凸线型和凹线型开挖整治线示意图

③直线型。若顺直河段、曲率半径较大河段或开挖整治线较短,则开挖整治线可采用直线型,如图 2-22 所示。

(3)开挖整治线高程的确定。

在中洪水急流滩,可取滩的最凶水位为其整治线高程;在枯水急流滩,可取滩的设计水位为整治线高程。这样整治断面能发挥其最大的泄水作用。

(4)开挖整治线纵坡的确定。

按该滩经过整治后,在整治线高程时的水面比降(预计的)而定。若开挖整治线较短,可考虑为水平线。

(5)开挖横断面的确定。

必须使开挖后泄水面积能适应其通过流量,以达到降低流速和减缓陡比降的目的,从而缓和滩势,便利航行。开挖断面既要解决流速问题,也必须使其面积最小,尽量减少工程量以节约工程投资。断面形式应便于施工,一般采用单式梯形断面,在复杂急流滩中,也可采用复式梯形断面。

①中洪水急流滩开挖断面设计。从整治线平面布置图中,取滩口最大开挖断面绘制其横断面,如图 2-23 所示。将调查所得的最凶水位作为整治线高程 $B$ 点,成滩水位 $C$ 为下口开挖点,消滩水位 $A$ 为上口开挖点,投影于横断面上。连接 $BC$ 为底坡线,其坡度可取 1∶5 ~ 1∶3,以利航行。连接 $BA$ 为边坡线,其坡度应小于边坡土质自然稳定坡,一般采用 1∶4 ~ 1∶2。

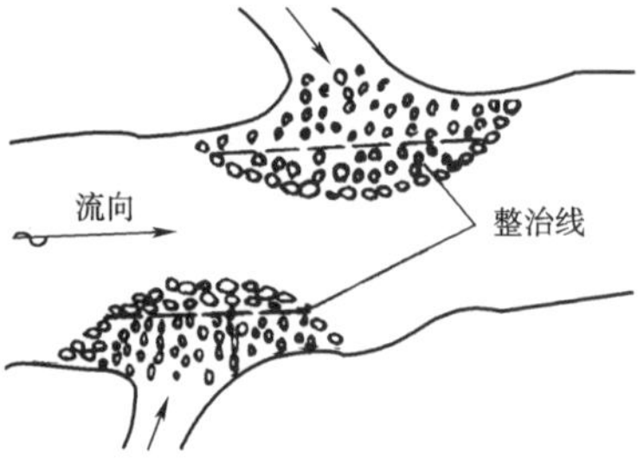


图 2-22　直线型开挖整治线示意图

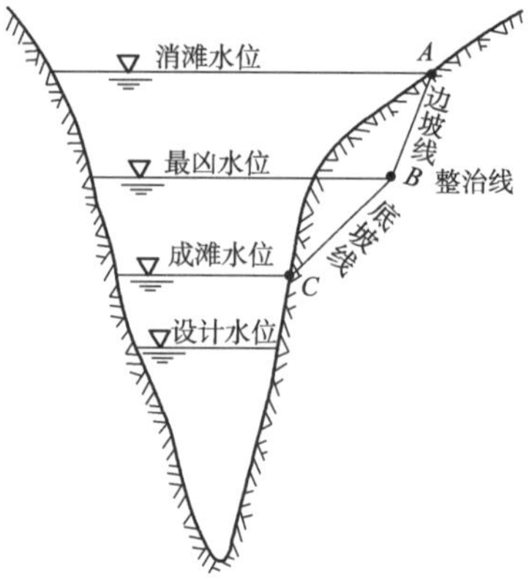


图 2-23　中洪水急流滩开挖横断面示意图

②枯水急流滩开挖断面设计。此类滩当水位下降至成滩水位时,开始有滩势,水越枯,则滩势越凶。若水位上涨至漂滩水位,则滩势消失。取设计水位为开挖整治线高程 $B$ 点,取漂滩水位为上口开挖点 $A$,取设计通航水深 $h$ 的高程为下口开挖点 $C$,连接 $BA$ 为上边坡线,其坡度按土壤自然稳定坡确定。连接 $BC$ 为下边坡线,其坡度取土壤自然稳定坡坡度或稍陡。在设计水位向下航道水深 $h$ 位置作水平线交横断面地面线于 $C'$,则 $CC'$ 为水平底坡线,如图 2-24 所示。

③U 形河谷洪水急流滩开挖断面设计。因这类滩没有消滩水位,水越涨则滩越凶。一般情况下,在洪水期间,当水涨到一定水位后,航槽内水流异常混乱,流态非常恶劣,任何船只都不敢航行,必须停航等待,这种现象叫作“扎水”。“扎水”的水位高程称为停航水位 $A$,取为上口开挖点。取滩的较凶水位 $B$ 作为开挖整治线高程;取成滩水位 $C$ 作为下口开挖点。连接 $BC$ 为底坡线,其坡度取 1∶8 ~ 1∶3,如图 2-25 所示。

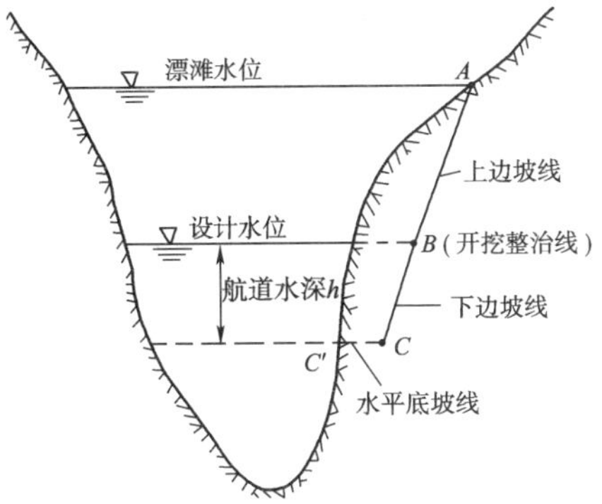


图 2-24　枯水急流滩开挖横断面示意图

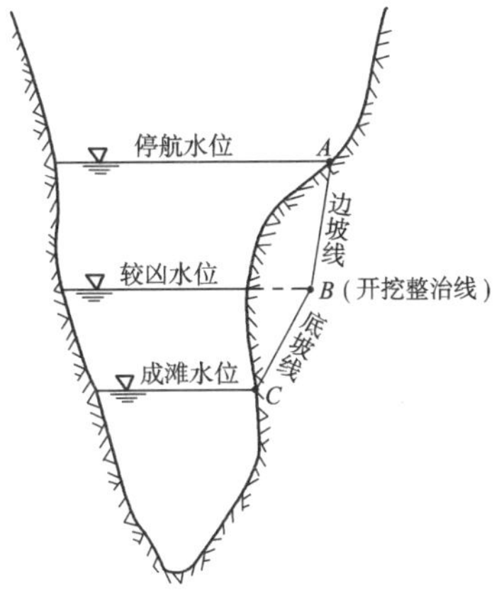


图 2-25　U 形河谷洪水急流滩开挖横断面示意图

（6）开挖整治线的上、下口开挖线的确定。

将各个横断面的上口开挖点与下口开挖点投影到整治线的平面布置图中，连接各上口开挖点为上口开挖线，连接各下口开挖点为下口开挖线。这两条线表明各断面上、下开挖布置，以便施工放样时使用。

2）第二种整治方法：对口滩改为错口滩

如图 2-26 所示，左凸嘴 $adc$ 与右凸嘴相对成对口滩。通过整治将左凸嘴消除 $abd$ 部分成为 $bdc$，改为错口滩。计算错口长度时，必须收集通过航道的船型、队型、船速、航向和河面宽度等资料。要求计算出的数值是最小值，供设计参考。

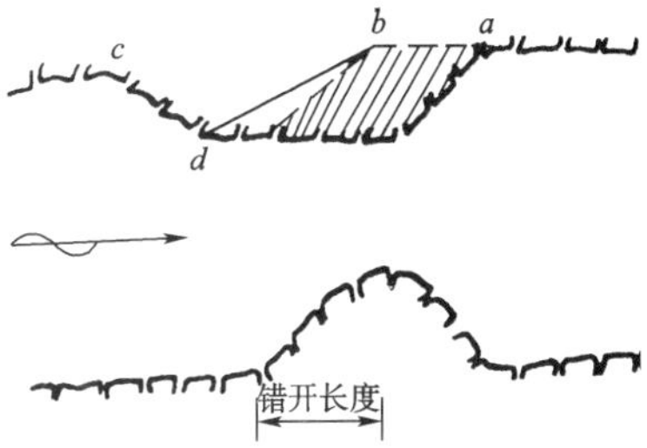


图 2-26　对口滩改错口滩示意图

设水流流速为 $v_0$，船以静水航速 $v$ 与水流流向成 $\theta$ 角上行（$\theta < 30°$）。将 $v$ 分解为横向航速 $v_x$ 与纵向航速 $v_y$，由图 2-27 可知，$v_x = v\sin\theta$，$v_y = v\cos\theta$。

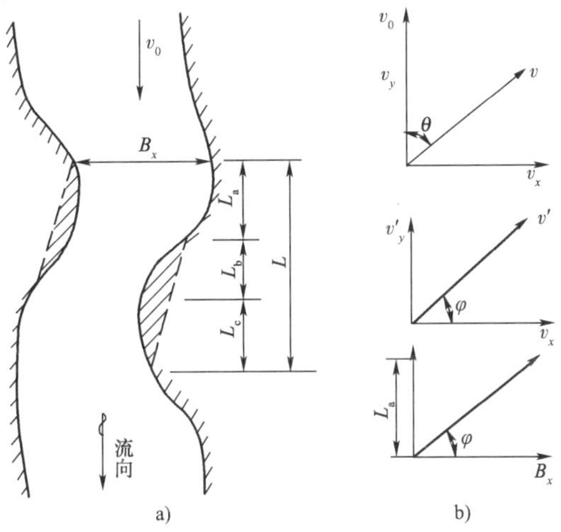


图 2-27　错口滩长度计算示意图

实际对岸纵向航速为 $v'_y = v_y - v_0$，则

$$\tan\varphi = \frac{v'_y}{v_x} = \frac{v_y - v_0}{v_x}$$

以横向航速摆渡过河面宽 $B_x$，则其相应垂直距离 $L_a = B_x\tan\varphi$。若安全距离为 $L_c$（一般情况下，$L_c = L_b$），船队长度为 $L_b$，则错口滩最小错开长度：

$$L = L_a + L_b + L_c \tag{2-1}$$

3)第三种整治方法：潜坝壅水减缓急流

修建横跨河床的潜坝（在设计水位时，其顶上的水深能满足航道水深要求，成为潜没状态），用以束窄河床泄水面积，壅高坝上游水位，减缓坝上游比降，从而降低坝上游流速。采取此种措施的主要目的是减缓陡坡急流滩坝上游的急流，增加坝上游水深这种措施效果有限。

对山区中小型航道的急流滩采用此种办法颇有成效，可解决急流，而不需要绞滩。根据一些滩险整治后的观测，当设计流量为40～300$m^3/s$、流速为2～4$m^3/s$、航道水深为1.2～1.7m且要求坝顶上水深为1.5～2.0m时，建筑潜坝后，坝上游流速可以降低，水深可以增加，一般小机动船可以自航上滩。

2. 石质险滩的整治

1)石质险滩成因

(1)外来物侵入河床。

有时两岸崩岩坠入河中，成为明暗礁石，有时溪沟冲出大量卵石，这些星罗棋布的礁石阻水、束流或挑流，使水流混乱和湍急，产生泡水、漩水和大浪。上述急流和流态均有碍航行。

(2)航槽形态不良。

由于航槽过分曲折，曲率半径较小或航槽狭窄或产生横向水流、泡水、漩水、波浪和回流等，迫使船只难行和易于碰撞河岸。

(3)河底有石梁。

石梁横伸入河中或顺沿岸边，当水流刚漫过石梁顶部，产生横向“滑梁水”，这种横流对船舶航行危害极大。

2)整治措施

(1)清除礁石，扩宽航槽。

用水下爆破方法清除碍航礁石与崩岸，使航槽顺直，且有足够航道宽度与航道水深，又消减了由礁石造成的险恶流态，减缓急流，使得航行安全。对于窄槽险滩、急弯险滩和流态恶劣险滩，采用这种措施能取得较好的效果。

(2)固定航槽位置，改善流态。

采用顺坝固定航槽位置和清炸礁石，以消减横流与大浪，增加水深和改善流态，解除下行危险又便利上行。这种措施对于群礁险滩行之有效。

(3)扩大曲率半径，减弱“扫弯水”。

在急弯的凹岸，采用顺坝封弯以导顺水流；采用丁坝挑流将水流挑向河心，能消除或减弱“扫弯水”，避免船舶下行“垮弯”危险。

(4)开辟新槽，放弃老槽。

对窄槽险滩及反复曲折与曲率半径很小的急弯险滩，若地形条件允许，可另辟新槽而放弃老槽，但须考虑开槽后是否影响其上游水深或使流速变急。

(5)调整岸线。

用整治建筑物或爆破方法对不整齐的岸线加以调整;对狭窄航槽加以扩宽和顺直;可以切除曲率半径过小的凸岸,也可在凹岸修筑顺坝或下挑丁坝,挑偏主流引向河心。这些措施可以起到减缓急流和消除或减弱险恶流态的作用,以解决窄槽险滩、急弯险滩和水流恶劣险滩问题。

(6)避开"滑梁水"。

这种水流对航行危害很大,应考虑如何调整其滑梁水位高程,使航行可以避开有"滑梁水"的岸边。"滑梁水"仅发生在水流刚刚漫过梁顶的短时期内,当水位再上升形成漫滩水时,则无危害或危害大大减轻。因此利用这种情况,采取如下不同措施:

①若石梁窄而低,炸除工程量不大,可将石梁炸至最低水位以下一定深度,彻底消除"滑梁水"。

②若滩段有两个航槽,同时间均发生"滑梁水",则可采用筑坝抬高一槽"滑梁水"的水位高程,这样船只可沿着无"滑梁水"的航槽航行。

③当航槽两岸有相等高程顺向石梁,且同时发生"滑梁水",但其河面较宽时,可采取将一岸顺向石梁炸低,对岸石梁筑顺坝抬高,造成高低不等的新岸线的整治措施。当水位漫过已炸低的岸线,发生"滑梁水",而其对岸水尚未越过顺坝顶时,则可拦住水流。当水位再上升,水流漫过其对岸,也发生"滑梁水",而炸低岸已成漫滩水时,则可无害航行。因此船只总可沿着一岸交替航行。

### (三)山区航道整治工程案例

#### 1. 概述

1)工程概况

西南水运出海通道中线起步工程红水河七寸南蛇滩至桥梁角滩段位于红水河下游,地处广西柳州来宾市境内,全长48.35km。20世纪70年代初期曾对该航道段主要碍航段滩险按1.7m×20m×150m的航道尺度标准进行过整治,取得了一定的效果,但部分滩段目前在枯水期碍航现象仍较严重,远没有达到上述航道尺度标准。

2)主要设计内容

(1)通航标准。

航道等级按Ⅴ级航道标准。

(2)设计船型。

250t机动驳船,主要尺度为37m×9m×1.27m(总长×型宽×设计吃水),船舶设计载重为250t。

(3)航道尺度。

按Ⅴ级航道标准,通航250t机动驳船,天然河道通航保证率为90%。重现期2年一遇,设计航道尺度为1.3m×22m×140m。航道实际开挖尺度根据滩险情况和整治技术要求而定。弯道段航道宽度按《航道工程设计规范》(JTS 181—2016)的有关规定进行加宽处理。

(4)滩险整治措施。

根据本河段的水文地质条件、河床演变特性以及航道整治的历史经验,本段航道的基本整治措施是炸礁疏浚、降低流速、减缓坡降、加大弯曲半径、增加水深、改善流态、保证航道尺度,并辅以通航设施、布设航标等。

3)设计中存在的主要问题

(1)河流所处地段地下水发达,设计时没有考虑地下水的问题。

(2)各滩水尺设计水位和水力计算断面设计水位因岸线曲折复杂而有误差。

(3)地形图的比例应用1∶500,有部分图纸采用了1∶1000的地形图,工程量计算有误差。建议一定要用1∶500地形图,以提高工程量的精度。

2. 自然条件

1)河流概况

本河段位于红水河下游,枯水水位落差10.992m,平均比降0.0227%。本河段地形地貌为石灰岩峰林残蚀低丘平原,地势平坦,河谷呈低矮U形,谷宽为300~400m。

2)水文地质

本河段具有较明显的山区河流的水文特征,水位暴涨暴落,水位变化幅度大,枯、中、洪水期流量相差悬殊,滩上水流坡地陡、水流急,泡水、漩水、横流显著。河段中有迁江水文站,该站水文特征值见表2-1。

**迁江水文站水文特征值** 表2-1

| 特征 | 建站年月 | 集水面积($km^2$) | 距石龙三江口(m) | 历年最高水位(m) | 历年最大流量($m^3/s$) |
|---|---|---|---|---|---|
| 特征值 | 1936年4月 | 128165 | 97.6 | 87.820(1979—1998年) | 18400(1979—1998年) |
| 特征 | 历年最枯水位(m) | 历年最小流量($m^3/s$) | 多年平均流量($m^3/s$) | 历史特大洪水水位(m) | 历史特大洪水流量($m^3/s$) |
| 特征值 | 57.660(1979—1998年) | 179(1979—1998年) | 2042 | 89.560(1926年) | 2330(1926年) |

3)工程地质

本河段河床漫滩出露基岩,局部低洼处覆盖有少量的粗砂,河床稳定。在需要整治的滩险中,均为岩石质河床滩险,不存在泥沙淤积问题。

3. 总体设计及工程量汇总

1)设计标准

根据《内河通航标准》(GB 50139—2014)设计航道尺度(见前文)。航道断面系数不宜小于7。设计流速应控制在3m/s以内,局部困难地段不宜超过3.5m/s。

2)设计水位与设计流量

本河段枯水流量变化主要受上游电站发电放水的控制,迁江水文站设计最低通航水位及流量,根据上游电站最小下汇流量加区间流量分析确定,迁江水文站设计最小通航流量为395$m^3/s$,相应水位为59.267m。各滩险设计水位,根据基本水尺与迁江水文站资料进行相关分析计算和实测沿程瞬时水面线推算,各滩险设计最低通航水位及流量计算分析成果见表2-2。

**水位及流量计算分析成果** 表 2-2

| 序号 | 滩名 | 水尺号 | 上行里程（km） | 瞬时水位（m） | 设计最低通航水位（m） | 设计流量（$m^3/s$） |
|---|---|---|---|---|---|---|
| 1 | 七寸南蛇滩 | 450 | — | 62.336 | 61.961 | 395 |
| 2 | | 1-2 | 105.42 | — | — | 395 |
| 3 | | 3-1 | 104.96 | 61.718 | 61.314 | 395 |
| 4 | | 3-1 | 104.36 | 61.333 | 60.912 | 395 |
| 5 | 步豆滩 | 1 | 102.47 | 61.177 | 60.749 | 395 |
| 6 | | 2 | 101.88 | 60.240 | 59.769 | 395 |
| 7 | | 3 | 101.30 | 59.923 | 59.437 | 395 |
| 8 | 迁江水文站 | | 97.40 | 59.760 | 59.267 | 395 |
| 9 | 王滩 | 1 | 95.91 | 59.638 | 59.143 | 416 |
| 10 | | 2 | 95.49 | 59.078 | 58.579 | 416 |
| 11 | | 3 | 95.22 | 58.953 | 58.446 | 416 |
| 12 | 大石柜滩 | 1 | 92.30 | 58.906 | 58.397 | 416 |
| 13 | | 2 | 91.60 | 58.386 | 57.869 | 416 |
| 14 | | 3 | 91.01 | 58.279 | 57.760 | 416 |
| 15 | 小石柜滩 | 1 | 90.72 | 58.191 | 57.670 | 416 |
| 16 | | 2 | 90.45 | 57.925 | 57.400 | 416 |

3）整治水位与整治线宽度

本段河床主要是石质滩险，碍航问题主要是水流急、流态差，整治工程在于降低流速，消除不良流态。因此，不同水位滩险的整治水位各不相同，中、洪水成滩的滩险的整治水位取决于最凶水位，枯水石质滩险的整治水位取设计水位。

4）工程量汇总

工程量汇总见表 2-3。

**工程量汇总表** 表 2-3

| 序号 | 滩名 | 陆上炸石（$m^3$） | | | 水下炸礁（$m^3$） | | |
|---|---|---|---|---|---|---|---|
| | | 开挖 | 超挖 | 小计 | 开挖 | 超挖 | 小计 |
| 1 | 七寸南蛇滩 | 372 | 34 | 406 | 1689 | 1727 | 3416 |
| 2 | 步豆滩 | 1550 | 146 | 1696 | 3840 | 2118 | 5958 |
| 3 | 王滩 | 540 | 29 | 569 | 1499 | 606 | 2105 |
| 4 | 大石柜滩 | 9 | 3 | 12 | 1673 | 947 | 2620 |
| 5 | 小石柜滩 | 2765 | 59 | 2824 | 3809 | 957 | 4766 |
| 6 | 合计 | 5236 | 271 | 5507 | 12510 | 6355 | 18865 |

4. 王滩整治实例

1)滩险概况及历年整治情况

滩险概况及历年整治情况见表2-4。

**滩险概况及历年整治情况表** 表2-4

| | | | | |
|---|---|---|---|---|
| 基本情况 | 位置 | 位于来宾上游33km | 河床底质 | 岩石 |
| | 滩长 | 940m | 枯水最窄河宽 | 41m |
| | 落差 | 0.697m | 最大流速 | 3$m^3$/s |
| | 平均比降 | 0.074% | 最大坡降 | 0.14% |
| | 航道尺度 | 1.6m×22m×200m | 最浅水深 | 1.6m |
| 设计依据 | 图纸 | ××交通规划勘察设计研究院1997年12月所测1:1000滩图和2000年5月所测1:500滩图 | | |
| | 设计水位 | 王尺1:59.143m<br>王尺2:58.573m<br>王尺3:58.446m | 设计流量 | 395$m^3$/s |
| | 整治水位 | | 整治流量 | 395$m^3$/s |
| 历年整治情况 | | 1957年和1970年曾进行过两次整治,整治尺度为1.7m×20m×150m | | |
| 存在问题 | | 枯水期横基角处流速较大,船舶载重上行困难;与王尺1相对的莲子石处水深不足;与上游左岸控制点△278相对的右岸较高的凸嘴,影响航行视线 | | |
| 整治措施 | | 1.将横基角处航道边线外11.50m范围内炸至1.6m水深;<br>2.将上游左岸控制点△278相对的右岸凸嘴约13m长范围内炸至1.6m水深;<br>3.将莲子石处航道边线外11.50m范围内炸至1.6m水深 | | |

2)整治工程平面布置

可按前述内容进行本滩段的整治工程平面布置(王滩地形图请见本教材教学资料包)。

3)水力计算

王滩各计算断面设计水位根据实测坡降采用落差内插法计算,计算结果见表2-5。

**王滩各计算断面设计水位计算结果** 表2-5

| 第一段 | | 第二段 | | 第三段 | |
|---|---|---|---|---|---|
| 桩号 | 水位(m) | 桩号 | 水位(m) | 桩号 | 水位(m) |
| K1-001 | 59.163 | K2+000 | 59.112 | K3+010.21 | 58.567 |
| K1+000 | | K2+005 | 59.121 | K3+015 | 58.577 |
| K1+005 | | K2+010 | 59.126 | K3+020 | 58.588 |

续上表

| 第一段 | | 第二段 | | 第三段 | |
|---|---|---|---|---|---|
| 桩号 | 水位(m) | 桩号 | 水位(m) | 桩号 | 水位(m) |
| K1 +010 | 59.163 | K2 +015 | 59.131 | K3 +025 | 58.598 |
| K1 +015 | | K2 +020 | 59.137 | K3 +030 | 58.605 |
| K1 +020 | | K2 +025 | 59.142 | K3 +035 | 58.610 |
| K1 +025 | | K2 +030 | 59.145 | K3 +040 | 58.615 |
| K1 +025.65 | | K2 +035 | 59.146 | K3 +045 | 58.621 |
| | | K2 +040 | 59.148 | K3 +049.33 | 58.625 |
| | | K2 +045.6 | 59.151 | K3 +054.19 | 58.630 |
| | | | | K3 +060 | 58.636 |
| | | | | K3 +065 | 58.667 |
| | | | | K3 +067.4 | 58.682 |

4)王滩工程量计算表

王滩工程量计算表见表2-6。

**王滩工程量计算表** 表2-6

| 编号 | 断面号 | 水上开挖 $S_a$ ($m^3$) | 水上超挖 $S_c$ ($m^3$) | 水下开挖 $S_b$ ($m^3$) | 水下超挖 $S_d$ ($m^3$) |
|---|---|---|---|---|---|
| 右岸第一块 | K1-001 | 0.00 | | | |
| | K1 +000 | 0.00 | 0.00 | 0.07 | 1.21 |
| | K1 +005 | 25.58 | 1.84 | 19.76 | 6.82 |
| | K1 +010 | 39.69 | 1.69 | 34.68 | 7.96 |
| | K1 +015 | 23.11 | 1.15 | 34.01 | 9.12 |
| | K1 +020 | 19.66 | 1.12 | 25.83 | 7.10 |
| | K1 +025 | 0.00 | 0.00 | 0.59 | 3.50 |
| | K1 +025.65 | 0.00 | 0.00 | 0.00 | 0.00 |
| | 小计 | 108.04 | 5.8 | 114.94 | 35.71 |
| 左岸第二块 | K2 +000 | | | 0.00 | 0.00 |
| | K2 +005 | | | 5.18 | 5.71 |
| | K2 +010 | | | 35.71 | 8.58 |

续上表

| 编号 | 断面号 | 水上开挖 $S_a$ ($m^3$) | 水上超挖 $S_c$ ($m^3$) | 水下开挖 $S_b$ ($m^3$) | 水下超挖 $S_d$ ($m^3$) |
|---|---|---|---|---|---|
| 左岸第二块 | K2 +015 | | | 8.10 | 5.78 |
| | K2 +020 | | | 4.05 | 2.98 |
| | K2 +025 | | | 2.32 | 3.06 |
| | K2 +030 | | | 2.28 | 3.13 |
| | K2 +035 | | | 7.71 | 4.98 |
| | K2 +040 | | | 2.39 | 3.21 |
| | K2 +045.6 | | | 0.00 | 0.00 |
| | 小计 | | | 67.74 | 37.43 |
| 左岸第三块 | K3 +010.21 | | | 0.00 | 0.00 |
| | K3 +015 | | | 6.57 | 3.64 |
| | K3 +020 | | | 9.68 | 5.41 |
| | K3 +025 | | | 18.95 | 5.83 |
| | K3 +030 | | | 12.77 | 6.71 |
| | K3 +035 | | | 23.15 | 8.94 |
| | K3 +040 | | | 3.25 | 3.08 |
| | K3 +045 | | | 7.02 | 4.16 |
| | K3 +049.33 | | | 0.00 | 0.00 |
| | K3 +054.19 | | | 0.00 | 0.00 |
| | K3 +060 | | | 30.51 | 8.73 |
| | K3 +065 | | | 4.68 | 4.20 |
| | K3 +067.4 | | | 0.00 | 0.00 |
| | 小计 | | | 116.58 | 50.70 |
| | 合计 | 108.04 | 5.8 | 299.26 | 123.84 |

5)地形设计图和横断面设计图

(1)地形设计图(平面设计图)。

王滩地形设计图见本教材教学资料包。

(2)横断面设计图。

王滩地形图见图2-28~图2-30。

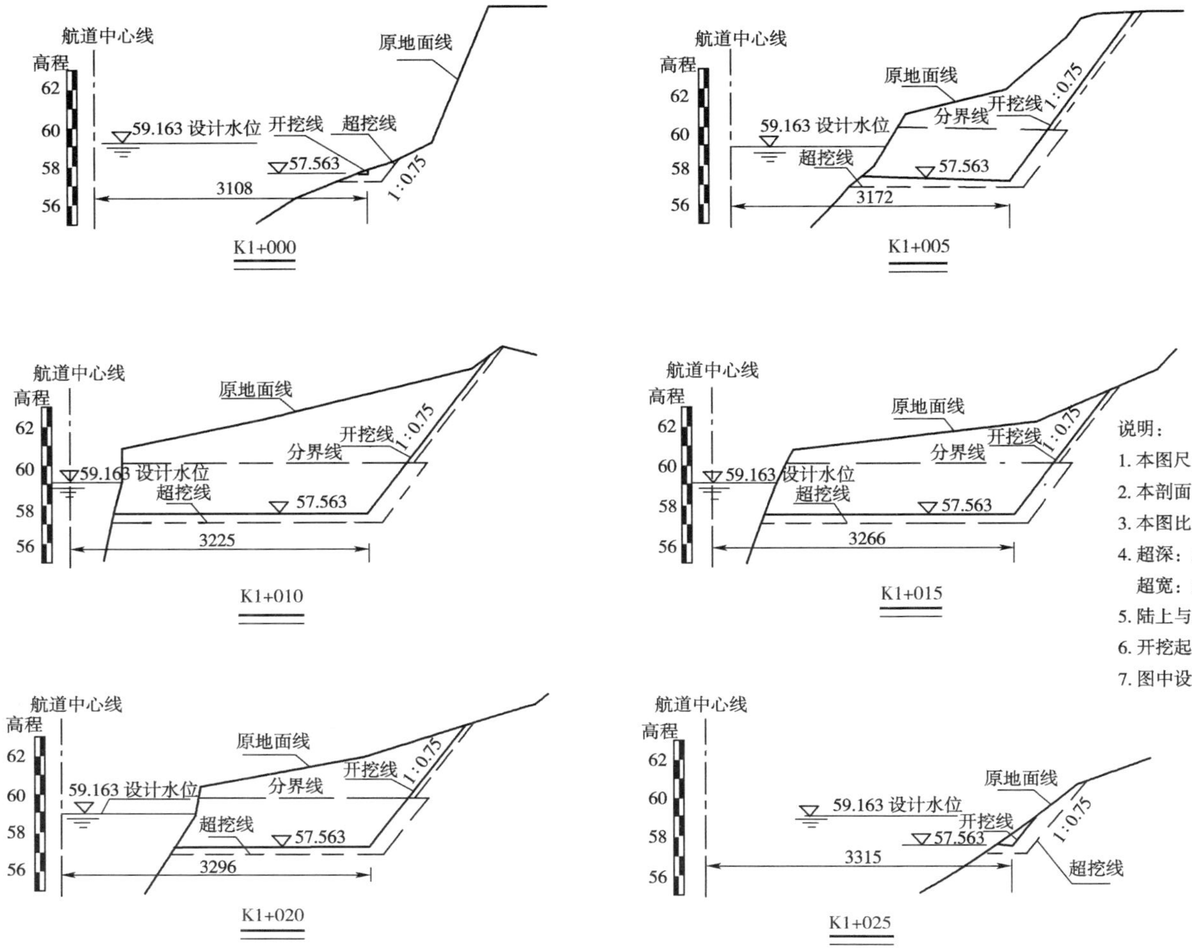


说明：

1. 本图尺寸单位除高程为m外，其余均以cm为单位。
2. 本剖面图的具体平面位置见图 SQQ–WT–04–01。
3. 本图比例为 1 ：200。
4. 超深：水下超深按 0.4m 计；
   超宽：水下按 1.0m计，水上按 0.3m计。
5. 陆上与水下工程量计算分界线为设计水位上 1.0m。
6. 开挖起坡点到中心线的距离未按比例绘制。
7. 图中设计水位为整治后的水位。

图 2-28 王滩地形图一

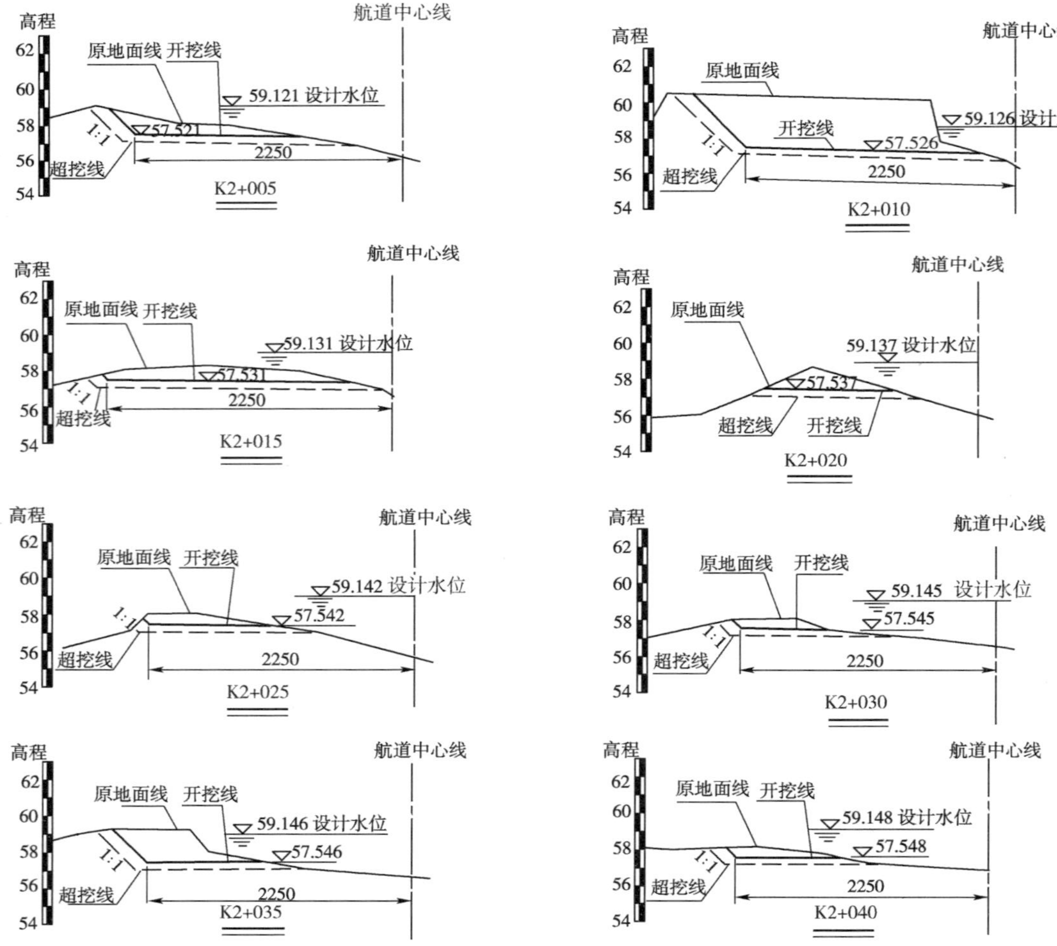


说明：

1. 本图尺寸单位除高程为m外，其余均以cm为单位。
2. 本剖面图的具体平面位置见图 SQQ-WT-04-02。
3. 本图比例为 1∶200。
4. 超深：水下超深按 0.4m 计；
   超宽：水下按 1.0m 计，水上按 0.3m 计。
5. 开挖起坡点到中心线的距离未按比例绘制。
6. 图中设计水位为整治后的水位。

图 2-29　王滩地形图二

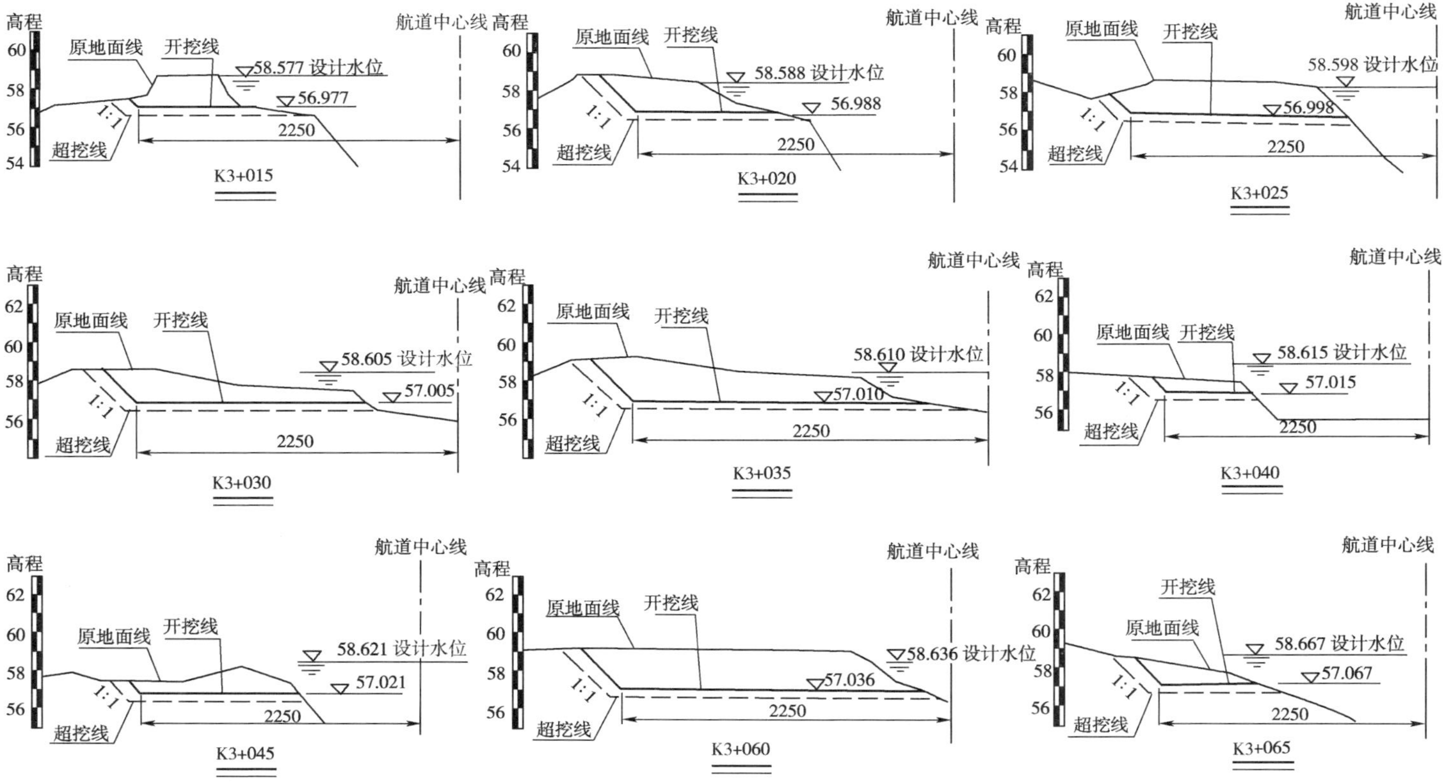


说明：

1. 本图尺寸单位除高程为m外，其余均以cm为单位。
2. 本剖面图的具体平面位置见图 SQQ–WT–04–03。
3. 本图比例为 1∶200。
4. 超深：水下超深按 0.4m 计；超宽：水下按 1.0m 计。
5. 开挖起坡点到中心线的距离未按比例绘制。
6. 图中设计水位为整治后的水位。

图 2-30　王滩地形图三

# 课题五 整治建筑物

## 一、课题引入

航道整治的目的是使碍航河段具有天然河流的特性,而要达到这个目的,必须有相应的整治措施,模块三所介绍的航道疏浚工程是其中一项措施,而在碍航河段设置能改变水流动力轴线和流态的整治建筑物,是实现整治目标的常用措施。

## 二、课题分析

整治建筑物一般是指能改变水流形态的人工构筑物,最常见的是各种类型的坝体。本课题的目的是分析各种坝体的结构形式、作用和布置方式以及其对水流和泥沙运动的影响。

## 三、相关知识

### (一)整治建筑物概述

#### 1.整治建筑物的类型

整治建筑物的类型有不同的划分方法。

1)按整治建筑物的牢固程度划分

按整治建筑物的牢固程度,航道整治建筑物可分为轻型与重型两种。

(1)轻型整治建筑物:一般由竹、木、草、梢料、橡胶等材料建成,如单排和双排编篱及各种屏式建筑物等。它的结构简单,施工期短,工程费用少,但防腐和抗冲性差,使用期短,因此亦称临时整治建筑物。

(2)重型整治建筑物:一般由土、石料、混凝土和土工织物等材料建成,如抛石坝及充填袋填芯坝等。它的防腐和抗冲性强,使用年限长,因此亦称永久性整治建筑物。

2)按整治建筑物的形式划分

按整治建筑物的形式,航道整治建筑物可分为丁坝、顺坝、锁坝、平顺护岸、潮汐河口导堤、鱼嘴、溪口导石、拦石建筑物等。

(1)丁坝。

坝根与河岸(或洲滩)相接,坝头伸至整治线上,坝体与水流方向的交角在45°~135°之间的整治建筑物称为丁坝。坝顶高程低于设计最低通航水位的丁坝称潜丁坝。丁坝一般用于调整流速、流向,冲深航槽;固定边滩,提高归槽水位;壅高水位,增大航槽水深或调整水面比降;保护河岸;等等。

(2)顺坝。

坝根与河岸(或洲滩)相接,坝身与整治线基本重合或平行的整治建筑物称为顺坝。顺坝的作用、在山区一般用于修正枯水岸线,调整航道弯曲半径,并使水流状况获得预期改善;在平原多用于缩窄河床,增大航槽流速,或引导水流使其按预定方向流动,以利于保持航槽稳定等。

(3)锁坝。

坝的两端分别与两侧岸坡或江心洲相连接的整治建筑物称为锁坝。坝顶高程低于设计最低通航水位的锁坝称为潜锁坝。锁坝的作用为堵塞汊道、串沟,以增加通航汊道的流量或阻止非通航汊道的发展。

在顺坝与河岸(或洲滩)之间加筑的类似锁坝的建筑物称为格坝,可起到加强顺坝和保护河岸的作用。

(4)平顺护岸。

在受水流或波浪冲击的岸坡上,构筑的连续或间隔覆盖岸坡的整治建筑物称为平顺护岸。平顺护岸的作用是保持岸坡稳定,防止水流淘刷和波浪冲蚀。除运河和水网航道外,天然河流的平顺护岸基本上都采用斜坡式。

(5)潮汐河口导堤。

在潮汐河口沿整治线修筑的用来控制和归顺涨落潮流路,防止泥沙淤积,保持航槽稳定的纵向整治建筑物称为导堤。有的河口导堤与丁坝群相配合布置,可起到集中水流、加速航槽冲刷的作用。

(6)鱼嘴。

在江心洲滩头建分水堤,分水堤前端伸入水下,后部逐渐升高,与洲滩首部的平顺护岸或固滩工程连成一体的整治建筑物称为鱼嘴。在江心洲首部及其两侧的延伸部位构筑的圆弧形导堤式的建筑物或平顺护岸建筑物亦称鱼嘴。鱼嘴的作用在于稳定江心洲滩,控制或调整分流比和分沙比。

(7)溪口导石、拦石建筑物。

构筑在溪沟内或溪沟口,用于拦截块石或将泥沙、块石导向下游深潭,减小溪沟口堆积的建筑物称为溪口拦石、导石建筑物。构筑在溪沟内的为拦石坝,构筑在溪沟口的为导石坝。

### 2. 整治建筑物的组成

1)丁坝、顺坝及锁坝的组成

丁坝、顺坝由护底、坝体、坝面、坝头、坝根组成;锁坝两端接岸或江心洲,没有坝头,有两处坝根。

护底是坝的基础,一般采用柴排或土工织物软体排结构,要求能紧贴河床底部,防止基础冲刷。在不易冲刷的河床上筑丁坝或顺坝,也可以不护底。

坝体是坝的主要结构,除了采用抛填块石外,近年来土工织物充填袋、模袋混凝土及混凝土构件也得到不同程度的推广应用。

坝面在整治水位上、下最容易受流木、流冰及其他漂浮物的撞击而损坏。因此,在流速较大的河流及有流木、流冰的河流,坝面都应采取特别的防护措施。

坝头是丁坝、顺坝伸入江中的最前沿,受水流冲击力最大的部位。特别是丁坝坝头,根据《航道工程设计规范》(JTS 181—2016)的规定,在坝头一定范围内,坝体应加宽,并且在坝头部位不宜采用沙袋填芯坝。

坝根是指坝体与河岸或洲滩的连接部位,当水位淹过坝顶以后,在坝根的上、下游会形成回流及螺旋流。如果河岸或洲滩不具备很强的抗冲刷性,在连接处容易被水流淘刷,使得坝体与岸坡分离,不仅使整治建筑物失去作用,而且可能使岸坡大面积垮塌,农田冲毁,造成严重后果。因此,对坝根的处理要特别重视。

2)平顺护岸的组成

平顺护岸由护底、镇脚和护坡三部分组成。护底是指岸坡坡脚以外直至深槽处的河床保护设施。镇脚是指岸坡坡脚直至枯水平台(或脚槽)处的抛填、砌筑体,这两部分基本上都长年淹没于水下,易受水流冲刷。护坡是指枯水平台(或脚槽)以上的砌筑部分,它受中、洪水流的直接冲刷和波浪的冲击,枯水期又受岸坡渗透水的浸蚀。因此,除了保持建筑物自身的稳定外,还应有可靠的排水措施。

3)潮汐河口导堤的组成

潮汐河口导堤的组成与顺坝相似,由护底、坝体、坝面、坝头、坝根和坝体两侧坡脚的抛石棱体组成。有的导堤两端不接岸,没有坝根,而有两处坝头;有的导堤一端接岸;有的导堤两端接岸,没有坝头而有两处坝根。为了防止沿堤流的冲刷,在导堤两侧建有抛石棱体。

4)鱼嘴的组成

用于航道整治工程的鱼嘴,可分为护洲鱼嘴、固滩鱼嘴和分流鱼嘴。护洲鱼嘴建在较高江心洲头,其结构形式与斜坡式平顺护岸类似。

固滩鱼嘴建在心滩头部或其附近,在平面上呈半圆形或半椭圆形,结构类似于顺坝。

分流鱼嘴可与心滩连接,也可与潜洲(暗沙)连接,在平面上呈尖嘴朝上游的V形或Y形,如为后者,其前端部分应逐步倾斜直至贴近河底。分流鱼嘴的结构类似于顺坝或导堤。

3. 整治建筑物的材料与构件

1)整治建筑物的材料

根据整治建筑的特点,整治建筑物的材料应具有较好的防腐、抗冲性能,有的则应有一定的柔韧性,以抵御水流冲刷,适应河床变形。由于整治工程所需材料的数量较大,而整治工程又往往建在交通不便、施工条件较差的地区,因此,应尽可能就地取材,减少运输费用,降低工程造价。

整治建筑物常用的材料有土料、石料、竹料、木料、梢料、混凝土和土工织物等。

(1)土料。

土料主要用于充填建筑物内部。目前使用比较广泛的是用沙充填土工织物袋,抛筑整治建筑物。

(2)石料。

石料包括块石、碎石、卵石等。块石主要用于筑坝、压排及护坡、护脚工程。碎石及卵石主要用于充填坝身、石笼、石枕和护坡垫层等。

(3)竹料、木料。

竹料主要用来编织竹笼,里面填充卵石或小块石,用来抛筑坝体。木料主要用来做木桩及透水建筑物的构件。

(4)梢料。

梢料是指小树枝、芦柴和2～5年生的灌木。凡结实耐用,长度在2m以上,直径不超过4～5cm的树枝,均可用作梢料。梢料常用作柴排、沉枕和轻型建筑物的构件。

(5)混凝土。

在重要工程中或特殊情况下,整治建筑物的材料可使用混凝土,通常采用混凝土或钢筋混凝土预制构件;在护坡工程及坝体的防冲撞部位,也采用现浇混凝土。

(6)土工织物。

土工织物主要是指由聚丙烯(PP)纤维、聚乙烯(PE)纤维、聚酯(PET)纤维和聚酰胺(PA)纤维等原料制造的土工编织材料和无纺材料。随着材料工业的迅速发展,土工织物越来越广泛地应用于整治建筑物中。

2)整治建筑物的构件

上述整治建筑物材料,有时直接用于修建整治建筑物,有时可预先制作成建筑物的构件,然后用来修建整治建筑物。整治建筑物构件有如下几种:

(1)梢龙和梢捆。

梢龙和梢捆是将梢、秸、苇、毛竹等材料捆扎起来形成,细而长的称为梢龙,短而粗的称为梢捆。梢龙主要用来扎制沉枕或沉排,梢捆主要用于护底和修坝。

(2)石笼。

石笼是用铁丝、钢筋、竹篾、荆条、PVC等材料制成各种网格的笼状物,内装块石、砾石或卵石。网格的大小应根据石料的粒径而定,以不漏失石料为度。铁丝、钢筋石笼可做成具有较大体积和质量、使用年限较长的构件。竹石笼、PVC石笼韧性好,但强度较差。

石笼多用于抛石坝的坝心、堤岸护脚等,在水深流急而又缺乏足够大的块石时可用以代替抛石工程。为加强石笼的整体性和防止石料因笼破损而散失,可用少量水泥砂浆将石料胶结。

(3)沉排。

沉排是将梢料或土工织物制成大面积的排状物,用块石、沙袋或混凝土联锁块压沉于河底,以保护河床免受冲刷。用梢料制成的排称柴排,用土工织物制成的排称土工织物软体排。土工织物软体排主要有散抛压载软体排和系结压载软体排两大类,后者又可分为系袋软体排、砂肋软体排、混凝土联锁块软体排、混合式软体排等多种类型。无论何种软体排,其排体均由土工织物和加筋条缝制而成,区别主要在于压载方式和压载物的不同。除以上常用的两类软体排外,还有一种沙被式软体排,目前使用较少。

沉排的整体性强,排体具有柔韧性,能够较好地紧贴河底,抗冲性能较好,使用年限也较长。沉排作为构件,常用于丁坝、顺坝、锁坝、鱼嘴及护岸等工程的护底。

(4)混凝土和钢筋混凝土构件。

①人工块体。用混凝土或钢筋混凝土预制的四角锥体、钩联块体、削角王字块等构件统称为人工块体,主要用于潮汐河口整治建筑物的护面。人工块体坚固耐久,但需要大量的水泥、钢材,投资较大。

②钢筋混凝土半圆体。在长江口整治工程中,有部分导堤利用预制的半圆体构件,卧放在堤轴线上,形成导堤。半圆体构件质量大,抗风浪能力强,稳定性好。但需要专门的大型预制场和专用的起吊设备。

半圆体有带趾和不带趾两种,为减小水流和波浪的浮托力,在底部和半圆体一侧开有减压孔。考虑整治建筑物要尽量不透水,在两块半圆体接头部位设置橡胶带止水。

4. 坝体的结构形式

1)抛石、砌石结构

抛石坝是航道整治工程中最常见的建筑物。选择有一定级配的坚硬、未风化且不溶于水的块石,用以抛筑丁坝、顺坝、锁坝、潜坝等。水下部分采用人工或专用机械抛筑,水上部分的边坡和坝面采用人工砌筑。

有的地区抛石坝水下部分用块石抛筑,水上部分采用浆砌条石或混凝土挡板,以减小块石用量,加强坝的整体性,防止坝面水毁。

抛石坝施工比较简单,经久耐用,维修方便,容易就地取材,所以是当前国内外应用最普遍的一种形式。

砌石结构主要用石料干砌或浆砌而成。干砌石是不用胶结材料的块石砌体。它依靠石块自身重量及石块接触面间的摩擦力在外力作用下保持稳定。浆砌石是采用水泥砂浆或一、二级混凝土作胶结材料的块石砌体。石块依靠胶结材料的黏结力、摩擦力和石块本身重量,以保持建筑物稳定。浆砌石的使用范围进一步扩大,如为提高砌体抗拉和抗剪强度,在胶结材料层上铺设钢筋网或钢筋。加筋的或不加筋的浆砌块石建筑物设计的基本原理与混凝土或钢筋混凝土相似。

2)石笼、充填袋填芯混合结构

用铁丝、钢筋、竹篾、荆条或PVC等材料编成各种网络笼状物,内装块石、砾石或卵石制成石笼,为防止笼子腐烂,一般将石笼作为坝心,外面抛块石防护,称为石笼填芯混合结构。

充填袋填芯混合结构建筑物则是利用水力机械将泥沙充填在土工织物编织袋内,待灌满泥沙、扎紧袋口后抛入河中形成坝体填芯部分,然后进行抛石护面的整治建筑物。当袋布和充填料粒径选择适当时,可以防止袋内泥沙流失,用于填筑坝心,在石料短缺地区可大大降低工程造价。其在我国汉江襄阳至皇庄河段整治、长江界牌河段整治和长江口深水航道整治等重大工程实践中,均得到了不同程度的应用。充填袋填芯混合结构建筑物断面形状见图2-31。

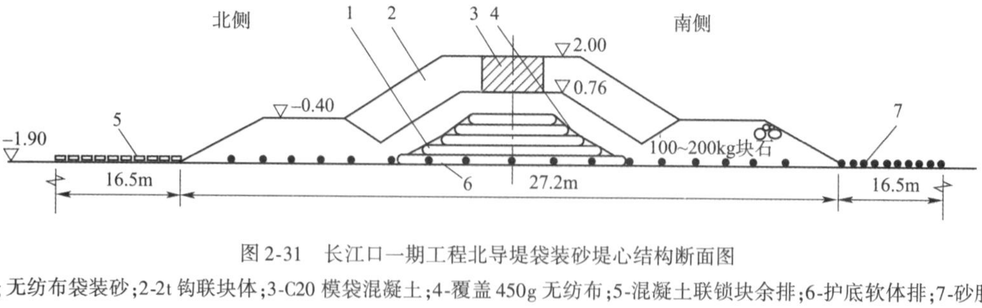


图2-31 长江口一期工程北导堤袋装砂堤心结构断面图

1-450g无纺布袋装砂;2-2t钩联块体;3-C20模袋混凝土;4-覆盖450g无纺布;5-混凝土联锁块余排;6-护底软体排;7-砂肋余排

3)桩板式结构

将预制的混凝土桩沿坝轴线每隔2m左右打入土中,在桩与桩之间的预留孔栓上钢筋混凝土板,组成的坝体为桩板式结构,图2-32为上海川沙海塘的护岸丁坝,对淤滩保海塘效果较好。曾在桩上做成企口槽,欲将混凝土板插入,但打入的桩位不准,或桩面扭曲,板无法插入,后改成螺栓固定,且在板上留成长孔以便调整。

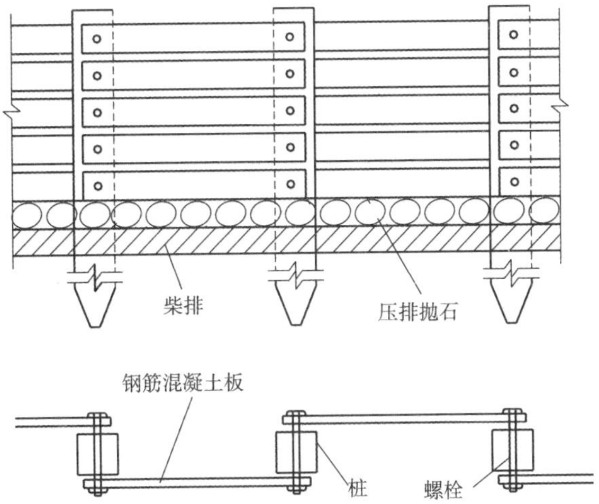


图 2-32 混凝土桩板式结构

法国河流整治也曾采用过桩板式结构，如在小罗纳河 20km 的整治河段上，使用了 187 组板桩坝，采用钢桩挂混凝土板，相当于底墙建筑物，起转流导沙作用，取得了成功。

桩式实体建筑物与桩板式建筑物基本相同，仅是建筑物中桩与桩紧密相连，形成堵墙式的结构物。为了防止桩式建筑物从底部被淘刷，沿着坝轴线设置宽为 3 ~ 4m 的梢排带。也可利用浮梢，将它布置成两行并垂直于建筑物，顺水流方向与桩紧密相靠。将梢捆用石块压载，之后再用附加桩及横梁把梢捆压沉至河底。在桩式实体丁坝和导流坝的头部，除了沿建筑物设置梢料带以外，还要沉入垫底梢排。这些垫底梢排在迎水面要伸长 5m，在背水面要伸长 8m，在向河面要伸长 5m，有时在建筑物头部将梢排的伸长部分抛上石料。

4）桩土混合式结构

桩土混合式结构是由直径为 16 ~ 22cm、打入土中 2 ~ 3m 的桩组成的实体墙，为了避免水流冲刷桩基，可用碎石增强基床或用充填法、堆筑法在墙体两侧填筑土料棱体，上铺碎石护面形成实体建筑物，断面见图 2-33。桩土混合式结构可作丁坝、锁坝和顺坝。坝顶高程由计算确定，通常采用高出设计水位 1 ~ 2m。从坝根至坝头，桩与桩之间要紧密打入，桩墙在河床部分自坝顶到岸边的纵坡取 1∶100 ~ 1∶300，在坝根附近的纵坡取 1∶25。在有卵、砾石的河床上修建桩式建筑物，为防止底部冲刷，桩墙需穿透卵、砾石覆盖层。

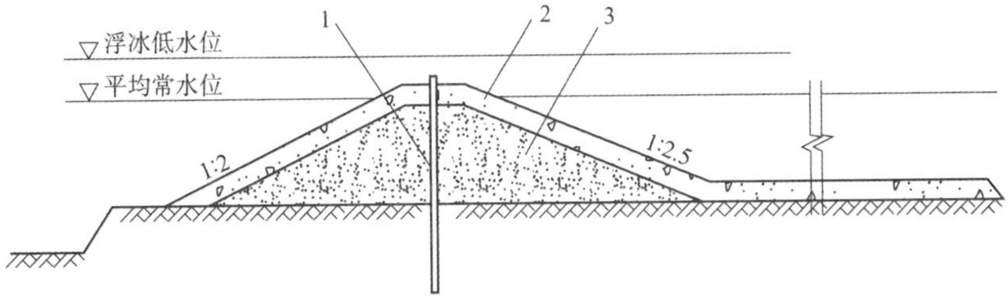


图 2-33 桩土混合式结构

1-桩；2-碎石护面；3-土料坝体

5）沉箱式结构

先预制数米长的钢筋混凝土沉箱，如图 2-34 所示，趁高潮位或高水位时，将沉箱浮运到施工地点,在箱内填土使其下沉,形成丁坎、顺坝等。我国的长江口川沙县(现已撤销)护岸工程曾采用此形式,施工方便,还可以重复利用。若该处边滩已淤成,则可将箱内泥土挖出,涨水后浮起拖运至他处再用,虽一次性投资较大,但在无石料的地区,还是可以考虑采用的一种形式。

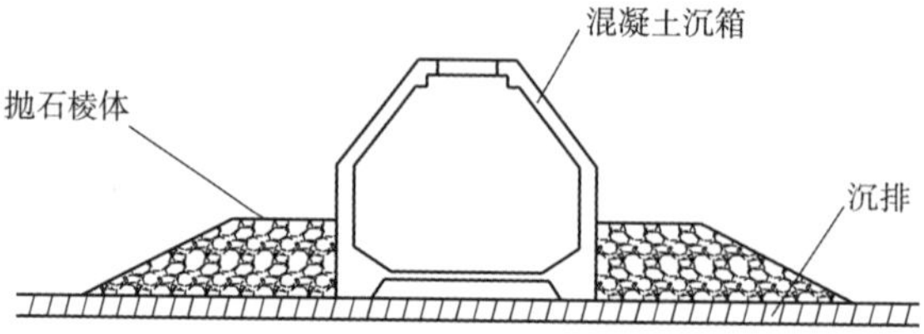


图 2-34 混凝土沉箱式坝

6)人工块体混合结构

在河口开散水域,受径流、潮汐、风浪动力条件影响,建筑物受力条件异常复杂,而且河口基础条件差,施工难度大。为了适应河口地区的水动力条件,河口整治工程中常采用人工块体混合结构。

(1)四角锥体坝。

四角锥体坝基最底层为碎石,碎石层上铺一层 15 ~ 50kg 重的块石,然后铺一层 0.7m × 0.7m × 0.7m 的混凝土块体。坝基上抛放四角锥体,组成四角锥体坝,见图 2-35。

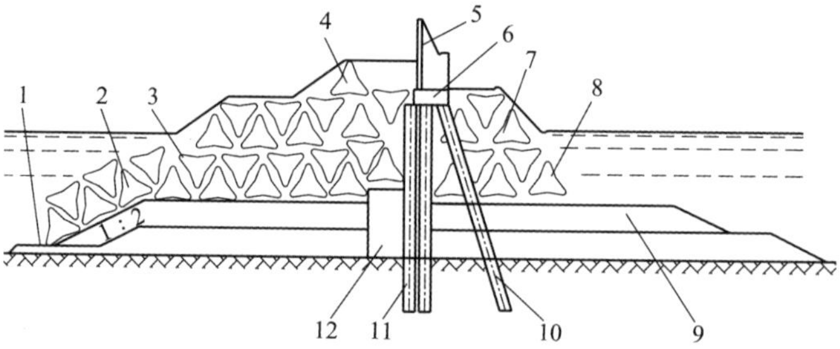


图 2-35 四角锥体坝

1-碎石垫层;2-5t 重的防护用四角锥体;3-13t 重的成双大形四角锥体;4,7-5t 重的四角锥体;5-钢筋混凝土墙;6-钢筋混凝土圈梁;8-13t 重的支撑用四角锥体;9-混凝土抛块;10-槽形钢板桩;11-钢板桩墙;12-混凝土块体

四角锥体坝建筑物的重要问题是正确安放与压载下层的锥体,以及锥体在抛放时的布置。最优的布置方案为最底层四角锥体的中央角锥朝上,而第二层的中央角锥朝下。四角锥体坝的心墙则由钢板桩或钢筋混凝土板桩、槽形支撑钢桩组成。

这类建筑物坚固、耐久,类似建筑物还有抛筑其他不同形式的人工混凝土异形块体,但是需要大量投资。

(2)钩联块体混合坝。

钩联块体混合坝是长江口整治设计的一种断面形式。堤芯用 10 ~ 100kg 小块石充填,外包 100 ~ 150kg 块石垫层,然后用 4t 重的钩联块体护面,两侧堤脚用 150 ~ 300kg 大块石镇脚。该种形式使用石料较多,要求较高,在石料货源充足的条件下可以优先选用,具体形式见图 2-36。长江口深水航道整治二期工程采用的钩联块体质量为 6t、10t。

7)半圆体混合结构

半圆体混合堤是长江口整治工程的推荐形式,是将预制半圆体构件,卧放在堤轴线上。该形式利用半圆体构件上设置的圆形小孔,可以减小潮流、风浪的浮托力,利于坝体稳定,其基本结构形式见图2-37。

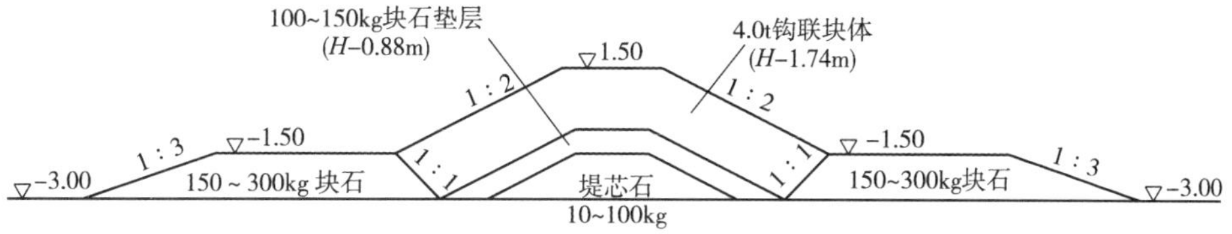


图2-36 钩联块体混合坝

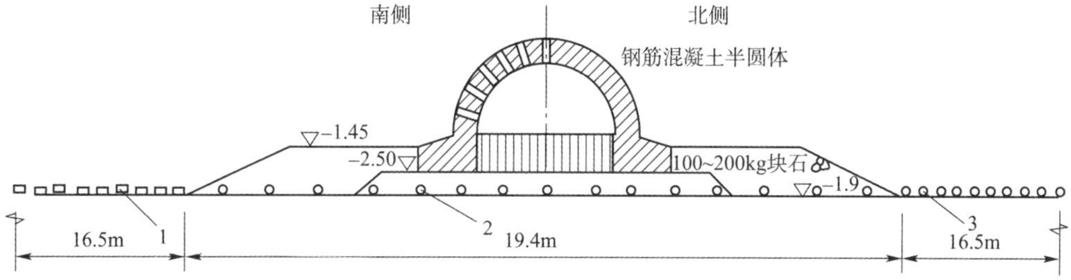


图2-37 长江口一期工程半圆体混合结构断面图

1-混凝土联锁块余排;2-砂肋软体排;3-砂肋余排

(二)护底及护滩软体排设计

根据材料的不同,软体排可分为柴排和土工织物软体排两大类。

柴排是用梢龙、梢料、铁丝等材料捆扎成方形或长方形的大面积排状块体,用块石压沉于近岸河床上,以保护河床岸坡免受水流淘刷。柴排不仅可用于护岸、护脚,也可用于整治建筑物的护底。

土工织物软体排是指用聚丙烯(PP)纤维、聚乙烯(PE)纤维、聚酯(PET)纤维和聚酰胺(PA)纤维等原料制造的土工材料做成的软体排。根据其压载的形式和材料,土工织物软体排可分为散抛压载软体排、系结压载软体排、沙被式软体排和护滩软体排。

1. 柴排

柴排的整体性、柔韧性和抗冲性都比较好,能适应河床的冲刷变形。柴排适用于在河床岸坡较缓的地方使用,一般坡度应缓于1∶2.5。岸坡太陡的地方容易产生滑排。

柴排需要大量梢料,只有在梢料来源丰富的地区才有可能使用柴排。随着人们环保意识的加强,柴排的使用受到限制,逐渐被土工织物软体排取代。

护岸柴排铺设的要求较高,一般用船拖至指定地点,自岸边至江中、自上游至下游抛石,使柴排浅水部分先沉,这样容易控制位置。相邻柴排的搭接可根据柴排的厚度而定。较薄的柴排搭接长度一般为1.5~2.0m;较厚的柴排,如排与排相互搭接,势必出现架空现象,故只要求相互拼接,尽量使拼接紧凑,拼接处可用石块填补。

筑坝护底柴排应从坝根向坝头铺设,相邻柴排的搭接与护岸柴排基本相同。坝体两侧的余排宽度,可根据整治建筑物的不同形式选取不同的宽度。

压载物的质量要使柴排能沉入河底并保证在水流和风浪的作用下不发生移动,压载物的厚度可根据块石的容重、柴排的浮力、水深、流速、风浪等因素计算确定,也可根据经验选用,一般压载物的厚度为0.4~0.6m。

2. 散抛压载软体排

1)适用条件

散抛压载软体排是用单层或多层土工织物组成的排布,一般采用编织布或针刺无纺布,国外也有采用机织布上加针刺无纺布的复合土工布的散抛压载软体排。在排体沉放后再散抛块石、沙枕、石笼等压载。根据软体排的受力情况以及土工织物基布抗拉强度的不同,软体排有加筋软体排和不加筋软体排。散抛压载软体排结构简单、加工方便,主要用于水深较小(一般小于3m)、流速不大(一般小于1.5m/s)、河床变形较缓慢的河段。变形不大的露水洲滩,经过论证也可以使用散抛压载软体排。

2)排体制作要求

散抛压载软体排的尺寸主要根据施工条件确定。由于土工织物软体排基布幅宽有限,应根据排体的尺寸加工缝制。两块土工织物之间的接缝用工业缝纫机搭接,其搭接宽度一般为4~5cm,接缝形式可选用包缝、丁缝和蝴蝶缝等。接缝方向一般与软体排的铺设方向相同,不应与最大荷载方向垂直,缝制后接缝处强度不应低于原织物强度的80%。

3)铺设与压载要求

散抛压载软体排排布与排布之间的搭接要严密,不能出现空隙,以防止泥沙被淘刷,引起整个工程被破坏。在陆上,排布与排布之间的搭接宽度可取0.5~1.0m。在水下,一般取2.0~3.0m。

在单向流的河段上,搭接处上游排布应压在下游排布上。

铺设在陆地上的软体排,可先在排布上铺一层沙或碎石,然后在上面铺设块石或预制混凝土块。块石厚度一般为30~40cm,预制混凝土块厚度为8~15cm。铺设在水下的软体排一般可直接用块石压载,厚度为30~40cm。在抛块石时,应尽量低位轻抛,以免砸坏土工布。

3. 系结压载软体排

系结压载软体排是在土工织物上缝制加筋条,以提高排布的强度,然后按一定间距布设系结条,排上压载物通过系结条与排体连接成整体,用专用的沉排船沉放在预定位置。系结压载软体排依据压载物的不同,可分为系袋压载软体排、砂肋压载软体排、混凝土块压载软体排、混合式软体排等形式。

1)系袋压载软体排

系袋压载软体排简称系袋软体排或系袋排,它是在土工布排体上预先缝制好系结条,将装满沙的小沙袋放在排布上用系结条固定,使之成为整体,然后用沉排船将其沉入河底。系袋压载软体排的基布可采用编织布或机织布。

(1)适用条件。

系袋压载软体排柔性好,能适应河床的起伏变化。但压载用的沙袋体积小、质量轻、整体性较差,适用于流速在2.0m/s以内、水深不大于5m的河段。在水深流急的地方,沉排时排体容易卷曲甚至拉翻,难以平顺沉放在河床上。

(2)排体制作要求。

①系袋压载软体排的压载小沙袋的间距一般为1m,加筋条的间距为50cm,系结条的长度

为 90cm，要保证每个小沙袋有两根系结条绑扎，见图 2-38。

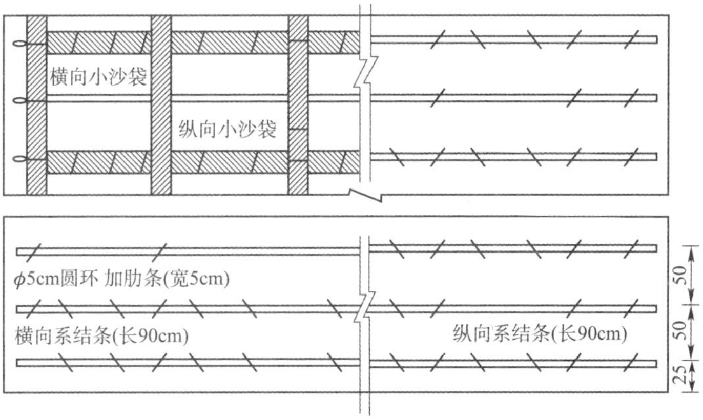


图 2-38　系袋压载软体排示意图(尺寸单位:cm)

土工织物软体排的宽度理论上是越宽越好，这样可减少接头，节约材料，减少投资，保证施工质量，在设计时则应根据施工条件来确定。根据长江界牌的经验值，宽度一般为 15m。要保证软体排最后下沉的排尾部分都平整地紧贴河底是很困难的，因此，软体排的长度应该为护底宽度加上 5 ~ 10m 的富余量。

②软体排的强度及等效孔径：土工织物软体排的强度，应根据沉放时压载物的质量及水深、流速等条件确定，以确保施工中排布不发生撕裂、拉断的情况。土工织物软体排的等效孔径 $O_{85}$ 应小于或等于河床质泥沙 $d_{95}$ 粒径。

(3)铺设与压载要求。

①软体排的搭接。排布与排布之间的搭接要严密，不能出现空隙，以防止泥沙被淘刷，引起整个工程被破坏。搭接宽度应根据水深、流速、工程的重要性而定，一般取 2.0 ~ 5.0m。在水深大、流速急、工程重要时取偏大值，反之，取偏小值，但搭接宽度不应小于 2.0m。

在单向流的河段上，搭接处上游排布应压在下游排布上。

②压载要求。用于平顺护岸工程中护底部分的系袋排和筑坝护底受水流冲刷较剧烈的部分余排，宜增设部分压载物，压载物一般采用块石，也可以用沙枕压载。块石压载厚度视水深、流速及所处的位置而定，一般为 30 ~ 50cm，在重点部位和流速较大的地方取较大值。沙枕压载厚度一般为 40 ~ 60cm。

2)砂肋压载软体排

砂肋压载软体排简称砂肋软体排或砂肋排。它是在排布上预先缝制好固定砂肋的环，在沉排船上将空的长沙袋穿入环中，用水力将沙充灌在沙袋中，形成砂肋，再沉入河底。砂肋排可采用编织布或机织布，也可采用机织加针刺无纺复合布。

(1)适用条件。

砂肋压载软体排与系袋压载软体排相比，由于砂肋横向贯穿整个排体，整体性较好，适合在水深、流速较大的水域使用。砂肋排一般用于护底工程。

(2)排体制作要求。

砂肋压载软体排的砂肋间距在排尾 10m 左右范围内较密，一般为 50cm，其余部分间距一般为 1.0m。

砂肋压载软体排的长度、宽度及对排布的要求与系袋压载软体排基本相同。如果条件许可,也可制成更长、更宽的砂肋排,在长江口深水航道治理中,砂肋排的宽度已达35~40m。

(3)铺设与压载要求。

排布与排布之间的搭接要严密,不能出现空隙,以防止泥沙被淘刷,引起整个工程被破坏。砂肋压载软体排一般用于水下,搭接宽度应根据水深、流速、工程的重要性而定,一般取2.0~5.0m。在水深大、流速急、工程重要时取偏大值,反之,取偏小值,但搭接宽度不应小于2.0m。

在单向流的河段上,搭接处上游排布应压在下游排布上。

砂肋软体排在重要部位也可设补充压载物,压载物一般采用块石。块石压载厚度视水深、流速及所处的位置而定,一般为30~50cm,在重点部位和流速较大的地方取较大值。

3)混凝土块压载软体排

混凝土块压载软体排目前有两种形式。一种是在长江口深水航道治理中使用的混凝土联锁块软体排,将预制好的混凝土联锁块固定在土工织物软体排上,形成土工织物与混凝土块的混合排,然后用专用的沉排船沉入河底,见图2-39。另一种是在长江中、下游航道整治工程中使用的系结混凝土块压载软体排,将预制好的混凝土块系结在软体排上,代替压载用的小沙袋,又称系结块软体排。

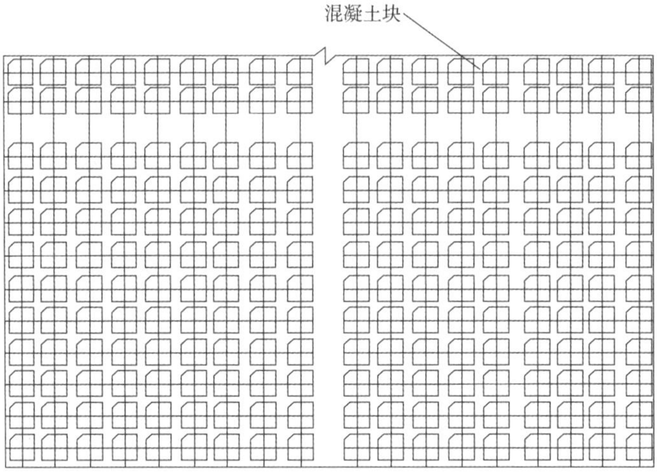


图2-39 混凝土联锁块软体排示意图

(1)适用条件。

混凝土联锁块软体排具有整体性强、抗冲刷、施工进度快、护底和压载一次完成的优点,但造价较高,对施工机具有一定要求。混凝土联锁块软体排适用于水深、流急、风浪较大的地方。

在长江口整治工程中,大量采用这种混凝土块压载软体排,效果较好。

(2)排体制作要求。

混凝土联锁块软体排由于压载物较重,因此作为基布的土工布要求有足够的强度,一般采用机织布或机织与针刺复合土工布。

混凝土联锁块软体排的长度、宽度主要根据施工机具的能力而定。由于混凝土联锁块软体排多用在水深、流急、风浪大的地方,其长度、宽度一般比系袋压载软体排要大。

(3)铺设与压载要求。

混凝土联锁块软体排的铺设要求与砂肋压载软体排基本相同。混凝土联锁块软体排一般不需要补充压载,在特殊重点部位如要压载,也可采用加抛块石的方式。

4)混合式软体排

在长江口深水航道整治中,广泛采用了砂肋软体排和混凝土联锁块软体排组成的混合式软体排,取得了良好的效果,见图2-40。

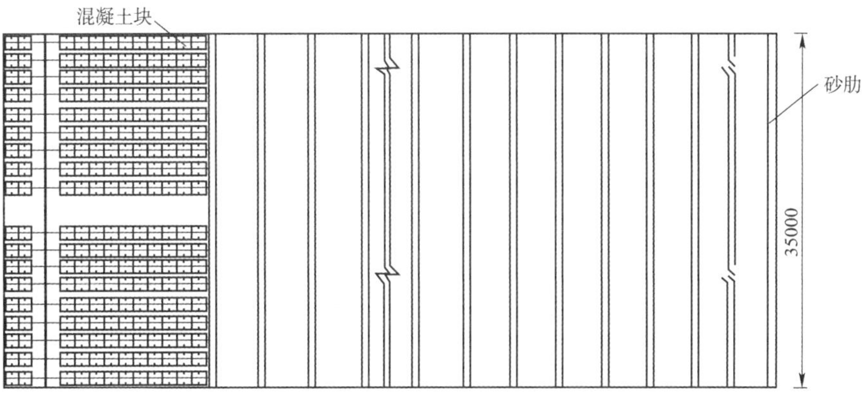


图2-40 混合式软体排示意图(尺寸单位:mm)

混合式软体排在整治建筑物坝体的基础部分用疏排的砂肋作为压载物,砂肋间距为1.0m左右;两侧余排采用混凝土联锁块软体排;在排头、排尾采用密排的砂肋排,砂肋间距为40~50cm。

混合式软体排既有混凝土联锁块软体排的优点,又因为坝体部分采用砂肋压载,减少了混凝土块的用量,从而节省了工程投资。

4.沙被式软体排

沙被式软体排是用土工织物缝制成双层排布,将沙用水力充填到双层排布中而形成巨大的沙被,用于护底工程。

1)适用条件

沙被式软体排的压载物是双层排布中的沙,质量小于块石和混凝土块,可用于水流较缓、风浪较小的潮汐河口。广东省航道部门曾在横门采用过一部分沙被式软体排,造价相对较低,施工进度较快。

2)排体制作要求

沙被式软体排的排布一般选用编织布或机织布,沿排布纵向布置加筋条,加筋条的间距在1.0m左右;沿加筋条将上、下两层排布缝合在一起,使排布形成多个连在一起的长条形沙袋。上、下两层排布的接缝一定要牢固,以防漏沙。

3)铺设与压载要求

排布与排布之间要搭接严密,不能出现空隙,以防止泥沙被淘刷,破坏整个工程。沙被式软体排一般用于水下护底,搭接宽度应根据水深、流速、工程的重要性而定,一般取2.0~3.0m。

在单向流的河段上,搭接处上游排布应压在下游排布上。

5. 护滩软体排

1)基本条件和要求

用于护岸和防护洲滩免受冲刷的软体排称为护滩软体排。护滩软体排处于水位变动地区,洪水期淹没水下,受水流冲刷;枯水期露出水面,受日晒雨淋。其环境条件较护底软体排恶劣。

护滩软体排不仅要求有良好的柔韧性、抗冲性,而且要求能抵御紫外线照射。

2)可供采用的软体排

(1)混凝土联锁块软体排。混凝土联锁块软体排具有整体性强、抗冲刷、施工进度快、能抵御紫外线照射、经久耐用的优点,作为护滩软体排是比较合适的。用混凝土联锁块软体排护滩时,混凝土块之间的间距应适当减小,缝隙要用碎石紧密填塞,防止缝隙间的土工布受紫外线照射而老化、变质。

(2)铰接混凝土块排。铰接混凝土块排类似于混凝土联锁块软体排,其混凝土块是单块预制的,可以在混凝土块的四周预留钢筋圆环,在施工现场用螺栓将单个混凝土块连起来,下垫土工布使之与铰接混凝土块组合成混合排,混凝土块之间的缝隙用碎石紧密填塞,防止土工布老化。如果混凝土块之间的间隙较小,也可以不垫土工布。

## (三)丁坝

丁坝是最常用的整治建筑物。丁坝坝根与河岸连接,坝头伸向河心,坝轴线与水流方向正交或斜交,在平面上与河岸构成丁字形,形成横向阻水的整治建筑物。它的主要作用:未淹没时能束窄河槽,提高流速,冲刷浅滩;淹没后能形成环流,横向导沙;调整分汊河道的分流比,控制分流;淤高河滩,保护河岸或海塘;挑出主流以防顶冲河岸和堤防等。

1. 丁坝的不同形式

1)按丁坝的长度划分

丁坝长度与其占用枯水河床的宽度之比有大有小,据此可将丁坝分为长丁坝和短丁坝。

丁坝长度大于1/3河宽的为长丁坝,丁坝长度小于或等于1/3河宽的则为短丁坝。丁坝愈长,束窄河床宽度愈甚,挑流作用愈强;反之亦然。短丁坝一般用于河道迎流顶冲处,起护岸、护滩或外移岸线的作用。

2)按丁坝的外形划分

丁坝的平面线形有的为一直线,有的有转折,据此可将丁坝分为普通丁坝、勾头丁坝和丁顺坝。普通丁坝为直线形,勾头丁坝在平面上坝头呈钩形(图2-41),若勾头部分较长则为丁顺坝。图2-41中,$L_1$为坝身在水流垂直方向的投影长度;$L_2$为勾头长度。当$L_2$小于或等于$0.4L_1$时称为勾头丁坝;当$L_2$大于$0.4L_1$时称为丁顺坝。勾头丁坝主要起丁坝作用,其勾头部分的作用是改善坝头流态,减缓坝头流速,使水流比较平顺。另外,丁坝加筑勾头,可切断绕流使坝田转向正常淤积。丁顺坝则同时起丁坝和顺坝的作用,可用于取代坝根与河岸连接段工程量太大的顺坝。

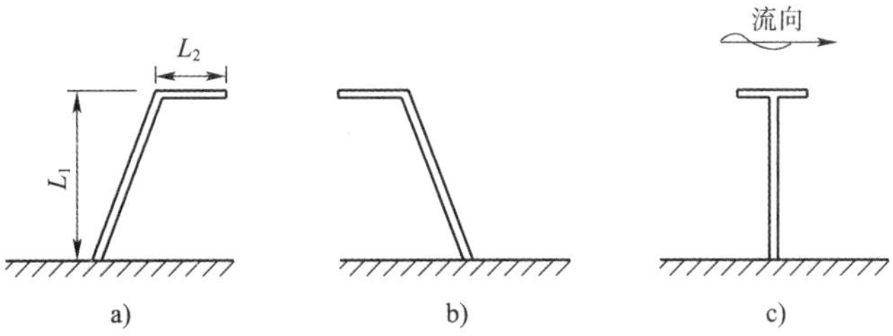


图 2-41 勾头丁坝

a)下伸勾头坝;b)上伸勾头坝;c)T 形勾头坝

勾头丁坝又分为下伸勾头坝、上伸勾头坝和 T 形勾头坝,分别如图 2-41a)、b)和 c)所示。下伸勾头坝在以改善流态为主时采用;上伸勾头坝可兼顾兜拦上方坝田内的泥沙,或削弱支汊经坝田而来的横流;T 形勾头坝可用于凹岸控制主导岸形。在勾头丁坝中,以下伸勾头坝使用较为广泛。增建勾头后,丁坝间距可相应加长;如已建的丁坝间距过大,可增建勾头加以弥补。

3)按丁坝的挑流角划分

根据丁坝轴线与水流的交角大小,即挑流角大小,可将丁坝分为上挑丁坝、下挑丁坝和正挑丁坝三种。设丁坝轴线与水流流向交角为 $\alpha$,若 $\alpha < 90°$,则为上挑丁坝;若 $\alpha > 90°$,则为下挑丁坝;若 $\alpha = 90°$,则为正挑丁坝(图 2-42)。

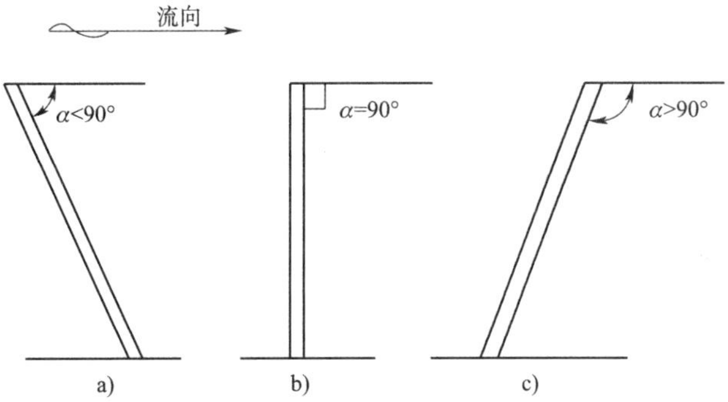


图 2-42 丁坝轴线与水流交角

a)上挑丁坝;b)正挑丁坝;c)下挑丁坝

(1)非淹没丁坝和水流现象。

如图 2-43 所示,水流流向丁坝时受丁坝壅阻,比降逐渐减小,流速降低,接近丁坝时出现反比降,迫使水流流向河心,绕过坝头下泄。当水流接近本坝断面(Ⅰ—Ⅰ断面)时,流速加大,比降加大。水流绕过丁坝后在惯性力的作用下,发生流线分离和水流进一步收缩的现象,在距丁坝 $l_c$ 处,形成一个收缩断面(Ⅱ—Ⅱ断面),此时流线彼此平行,动能最大,流速最大。在收缩断面下游,水流又逐渐扩散,动能减小而位能增大,故称 $A$ 点处的断面为扩散断面(Ⅲ—Ⅲ断面)。

在丁坝上下游形成几个回流区,如图 2-43 所示,丁坝下游大回流区 1、小回流区 2 及丁坝上游小回流区 3,在这些回流区内流速滞缓,泥沙容易落淤。

(2)淹没丁坝的水流和泥沙现象。

如图 2-44 所示,水位淹没丁坝后,丁坝束水作用大大降低,坝下回流区逐步消失,丁坝相当于堰流,水流漫过坝顶,形成跌水,在坝后产生横轴螺旋流。这时丁坝主要起导沙作用,而导沙的部位又与丁坝的方向密切相关。

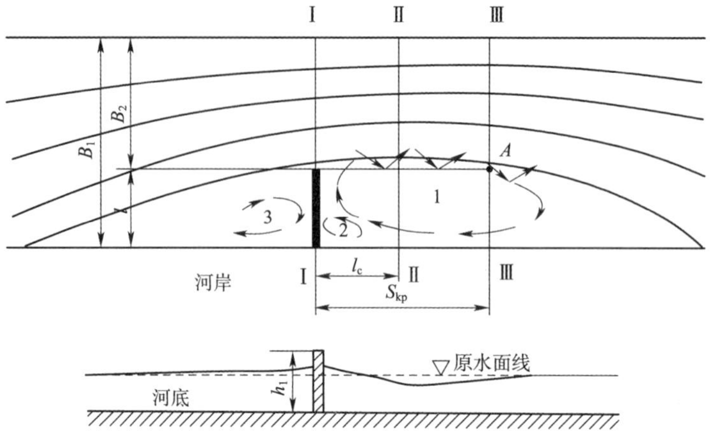


图 2-43　非淹没丁坝前后水流现象

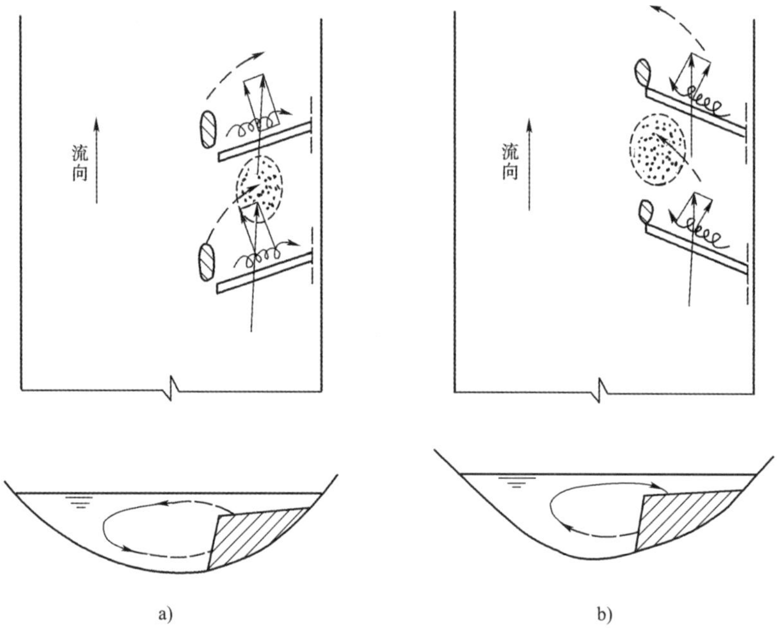


图 2-44　淹没丁坝的水流和泥沙运动情况

①上挑丁坝：丁坝轴线与水流交角 $\alpha < 90°$，丁坝方向指向上游，该形式坝头水流较紊乱，坝头冲刷坑较大。漫坝水流垂直漫过坝顶后偏向河心，以一定角度与航道中的水流汇合形成挤压水流，冲刷航道，而含沙量较多的底层水流，自河心向岸边运动，将泥沙导入坝田。同时坝后的螺旋流也自坝头向坝根运动，所以，上挑丁坝的坝田的淤积效果较好。实践证明，在顺直河段上，以 $\alpha = 60° \sim 90°$ 为宜。在一些特殊要求下，如堵塞倒套等，则可取 $\alpha = 40° \sim 50°$。

②下挑丁坝：丁坝轴线与水流交角 $\alpha > 90°$，丁坝方向指向下游，这种形式坝头水流较平顺，坝头冲刷坑小而浅。漫坝水流漫过丁坝后偏向河岸，则底层水流趋向坝田外缘，这种情况下坝田岸边部位淤积较慢。布置在凸岸的丁坝或弯道浅滩上口的丁坝宜采用下挑丁坝，一般下挑角度 $\alpha = 120° \sim 135°$。布置在边滩上的丁坝则多采用正挑丁坝或下挑丁坝，$\alpha$ 一般取

90°~120°。丁坝群的首座丁坝应采用下挑丁坝,以减小坝体受力,平顺坝头水流。

③正挑丁坝:丁坝轴线与水流垂直,坝轴线最短,坝头冲刷坑和坝田淤积体介于上述两者之间。布置在深槽内的丁坝通常采用正挑丁坝。在潮汐河段或流向顺逆不定的河段上,宜采用正挑丁坝。

在流速较大、来沙量小,以维持航槽稳定为主的浅滩,宜采用下挑丁坝。在来沙量大、流速较小,要求冲刷航槽,以淤积坝田为主的浅滩,可采用正挑丁坝或上挑丁坝。用于壅高水位、调整比降、减缓流速的丁坝和护岸短丁坝,宜采用正挑丁坝。用于调整流向或把航线挑离危险区的丁坝,常用下挑丁坝。

实际上,丁坝的效果与河床地形、水流、泥沙、河床质的组成有密切关系。如湖南湘江、沅水大部分采用正挑丁坝,在川江则基本上采用下挑丁坝。总之,丁坝的挑流角应结合滩险河段的自然条件和丁坝的具体任务来考虑。

4)丁坝群的布置

在浅滩范围内,根据整治布置,每条丁坝只能控制一段河长,故一般需布置数条丁坝,形成丁坝群。若束流的范围不大,仅用一条丁坝也不易奏效,主流往往会绕过坝头按原来方向流动,故也应考虑布置多条丁坝,组成较长范围的束水区域。

(1)错(对)口丁坝。

丁坝可在河流一岸布置或两岸同时布置,当两岸同时布置时,根据河岸地形可排列成对口丁坝及错口丁坝,如图2-45所示。

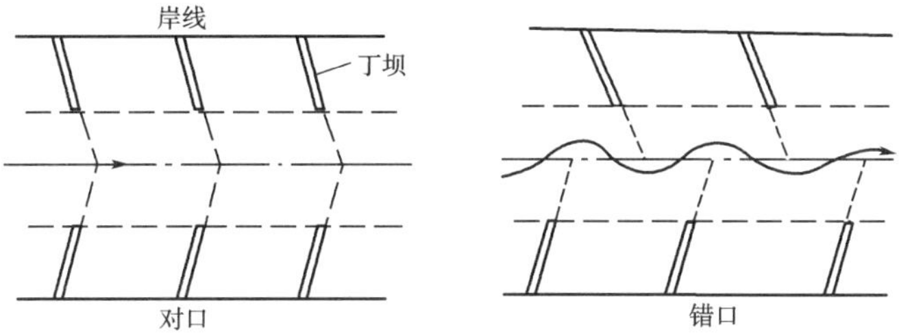


图2-45　两岸丁坝的位置对水流影响

对口丁坝即两岸丁坝坝头相对布置。水流绕过坝间比较平顺,流态良好,在流速较小的河流上比较适用。

错口丁坝即两岸丁坝坝头错开布置。水流绕过坝头比较迂回曲折,在流速较大的山区河流上宜采用错口丁坝,小功率的船舶为克服急流,可利用坝头下游回流区上行。

(2)阶梯式丁坝。

在平原河流上,天然水面比降很小,在一个浅滩段上总落差往往不到0.1m,故在同一浅滩上丁坝群的坝头高程都根据同一个整治水位确定,称为等高式丁坝系统,即在整治水位时丁坝头同时出水。各丁坝高程也可不同,呈阶梯式,自上游向下游各坝顶高程逐次降低的,称为阶梯降低式丁坝系统;坝顶高程逐次升高的,称为阶梯升高式丁坝系统,如图2-46所示。

①阶梯降低式丁坝是指相邻两个丁坝,其下游坝总比上游坝低,下游坝开始淹没时,上游坝还露出水面,由于上游坝拦水,水流必然绕过坝头转入该坝背后,再漫过下游坝,较快的表流仍持续走外缘直线方向,而较慢的挟沙底流则趋向坝田,如图2-47所示,由下一条丁坝漫顶到上一条丁坝漫顶,要经过一段时间,这就易使底流更多地推移质导入坝田,所以这种丁坝系统

坝田的淤积效果好,也有利于航道的冲刷和稳定。

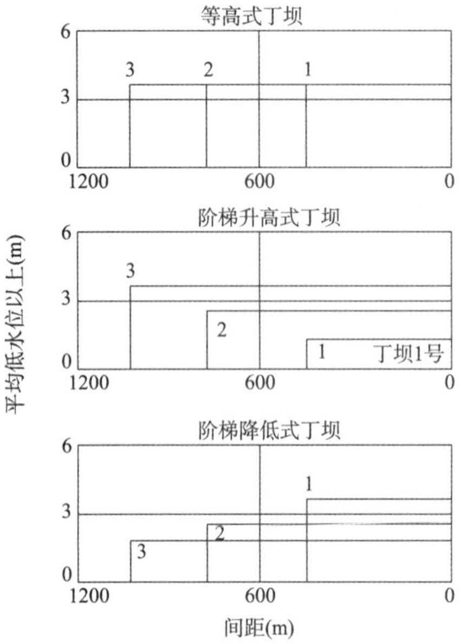


图2-46 等高式丁坝与阶梯式丁坝正面图

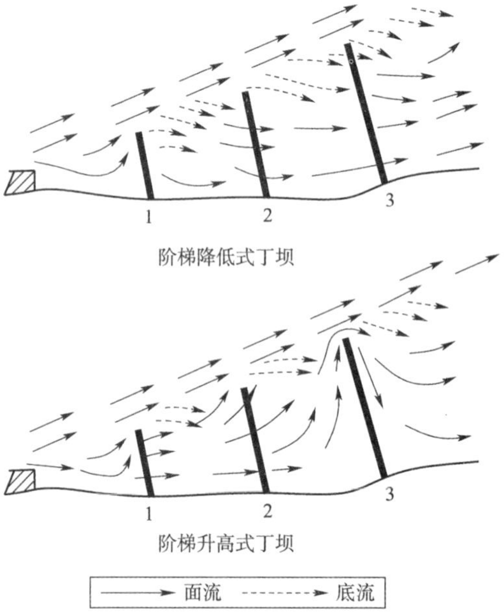


图2-47 阶梯式丁坝系统附近的水流运动

②阶梯升高式丁坝是指相邻的下一条丁坝总比上一条高,当上游丁坝漫水时,下游丁坝仍露出水面,这样漫越上游丁坝的水流受下游较高丁坝阻挡,必然有一部分转向航道方向,不仅因流向产生扰动,而且水流也会阻止挟沙底流流入坝田,故这种形式有较多不利之处。

2. 丁坝的使用条件

丁坝的挑流作用强,对航槽的冲刷有利;丁坝的长度如果不恰当,比较容易纠正和调整;丁坝坝身通过的地点水深一般较浅,工程量较省。因此,在航道整治工程中,丁坝的使用比较广泛。

另外,丁坝的挑流作用对水流结构改变较大,由于坝头水流被压缩,过坝头后立即扩散,这样就导致坝头附近水流紊乱。丁坝束窄了河床过水面积,使得流速增大,特别是在坝头附近,导致河床冲刷,在坝头下游形成冲刷坑。采用丁坝整治后,枯水新岸线发展较缓慢,要待坝田淤满后,才能最后形成。

由于丁坝具有上述特点,在山区河流的急险滩航道整治中,丁坝多用于调整流向,改善流态,或壅高滩上水位,以增加水深或调整比降、减缓局部地区流速,以便船舶利用缓流上滩。在浅滩航道整治中也常用于束窄河床,集中水流冲深航槽,或与疏浚相结合,束水归槽,维护航道尺度等。

在平原河流航道整治中,丁坝多用于加高或固定边滩,延长水流对浅滩的冲刷时间,或与疏浚相结合,减小挖槽回淤量,保持航道稳定性;有时也可用短丁坝群护岸,防止岸坡崩塌。

(1)用丁坝调整流向,改善流态。

山区河流受江床地形的影响,在局部河段形成扫弯水、泡漩水等碍航流态,影响船舶安全。有的地方可采用炸除岸边及水下突出礁石的措施,以调整河床平面形态、改善不良流态。有的滩险则需要抛筑丁坝以调整水流流向,或改变河床横断面形态,以达到改善流态的目的。

川江钓鱼嘴滩为一泡漩水险滩，河床右侧由于受水下突出部位的影响，底流较强，在江面形成强烈的泡漩水，在左侧则产生较大范围的回流，形成浅碛。这样，左侧水深不足，右侧有强烈的泡漩水，成为流态险恶、碍航严重的枯水险滩。整治时，在右侧筑一潜丁坝，调整河床断面形态，对左侧浅区进行疏浚。整治后效果显著，泡漩水和回流基本消失，主流扩展，疏浚区得以冲刷，水深保持在 3m 以上。

(2)用丁坝壅高滩上水位，以增加浅滩水深或调整急流滩比降和流速，在浅滩河段较长、水深与设计要求相差不大的情况下，可以采用这种方法，如松花江的三姓浅滩。当用于整治急流滩时，应注意以下问题：

①坝型选择。一般多采用正挑丁坝，只有在水流挟带泥沙较多的情况下，才考虑用上挑丁坝。

②坝址选取。筑坝位置应选择在被整治险滩的下游、河床顺直、水深较小的地段。若附近找不到合适的坝址，也可以在下深潭末端，选择符合上述条件的坝址。若坝址选择在水较深处，为了增加壅水效果，可在对口丁坝的孔口处加做门槛，门槛顶高程应低于设计断面底高程。

③孔口流速校核。孔口流速应限制在航行允许流速之内，并小于床沙的起动流速，若孔口流速大于床沙的起动流速，必须采取铺砌块石护底措施以防冲刷。

如右江思林滩的整治，在滩尾布置两座对口丁坝来壅高水位、减缓比降和降低流速。该壅水丁坝仅比设计水位高 0.2m，不影响中、洪水期的泄流，仅在枯水期起作用。整治后该滩的水面落差由 0.84m 降为 0.5m，水面纵比降由 0.8‰降至 0.4‰，流速也大为降低。

(3)用丁坝形成错口，使船舶利用坝下回流区“搭跳”上滩。两错口丁坝间距要求与错口滩的错口长度要求相似。影响两错口长度的因素较复杂，除用公式计算外，还应参照当地具体条件和经验而定，如福建普遍采用 2 倍船长(单船上滩)。

(4)用短丁坝护岸。

通常用于弯道顶冲点附近，起护岸、护滩、外移岸线的作用。右江横滩即在滩段左岸抛筑 23 条短丁坝护岸。短丁坝之间的岸坡，设计水位以下抛片石护脚，设计水位以上干砌片石护坡，护坡高度高于设计水位 3m，等于边滩高度。整治后，左岸农田和公路获得有效保护，岸线得到固定，岸坡由陡变缓且长草，弯道右岸边滩也停止向左扩大，滩尾过渡段淤积大为减少，整治后效果良好。

(5)用丁坝束窄枯水河槽。

在江面放宽的河段，由于水流分散，往往导致水深不足。这种情况下，常采用丁坝缩狭河床，束水归槽，以增加航道水深。丁坝可布置于一岸，也可两岸同时布置。由于山区河流水流较急，故多布置于一岸；当两岸同时布置时，则多采用错口丁坝，以免航道内流速过大，影响航行。当一岸布置丁坝时，在山区或丘陵地区，坝位多数选择在水较深、流速较大的一岸(即凹岸)。这样布置，比在凸岸增加航槽中流速更为有效，从而对提高航槽内水流输沙能力更为有利。

(6)用丁坝堵塞尖潭、倒套。

在有尖潭、倒套的浅滩上，用丁坝堵塞尖潭、倒套以束水归槽，并消除有碍航行的横流，是行之有效的措施。此种措施在平原河流航道整治中较为常用，而在山区航道整治中则较少采用,仅在丘陵河段上偶尔用到。

(7)用丁坝固定和加高或加大上、下边滩。

此种整治措施在平原河流航道整治中应用较多,因为在平原河流上,不少浅滩的恶化都与边滩受冲后被切割,因而变小、变低或下移有关,采用一系列的丁坝固定和加高或加大边滩,对于控制航道整治线,增加浅区航道水深都是必不可少的。

(8)用丁坝堵塞支汊,稳定主汊。

塞支强干常用的整治建筑物为锁坝,有时也可采用丁坝限流的方式。例如,在整治黄河罗裕碛沙质浅滩时,经过方案比较决定建一道与水流夹角为50°、长度为180m的丁坝,既堵塞左汊起锁坝作用,又有导流作用。后施工中考虑在细沙河床上建180m丁坝有可能被冲毁,后改为两条短丁坝,1号坝长95m,2号坝长110m。事实证明,短丁坝可避免由于逼流过甚引起局部严重冲刷而导致工程失事,还可根据实际效果逐步增加坝长,从而逐步改善整治效果。

3. 丁坝布置的一般原则

1)用于整治山区沙卵石浅滩

在枯水流量较大、浅区较短的沙卵石浅滩,丁坝布置宜少而精,有时布置一道丁坝也可获得良好的整治效果,通常采用带勾头的下挑丁坝。据川江整治经验,勾头长度为20~30m,挑流角为100°~130°。对于浅区较长的沙卵石浅滩,应根据滩险的具体情况布置2~3道丁坝。对于河床较复杂、浅区较长、流态较差的浅滩,需采用丁坝群进行整治。坝位应布置在上深槽主导河岸一侧,以封堵尖潭。上丁坝的下挑流角宜稍大,一般取120°~150°,以利于引导水流;下丁坝的挑流角可稍小(90°~120°),以便集中水流冲刷浅脊。

2)用于整治平原沙质浅滩

在过渡段浅滩,一般用丁坝固定边滩,加高上、下边滩高程,延长浅滩冲刷时间。丁坝的数量应根据浅区的长度和边滩的大小而定,通常采用正挑丁坝或下挑丁坝,丁坝群的最上游一道丁坝应做成下挑丁坝,以避免坝头水流过于紊乱。

在交错浅滩,常用丁坝堵塞倒套,消除溢向倒套的漫滩水流。为了加快倒套的淤积,一般在倒套内布置上挑丁坝或正挑丁坝;如果下边滩高程很低,过渡段河槽宽阔,还应布置丁坝抬高和固定下边滩。

在散乱浅滩,丁坝应按规划的微弯形整治线布置,控制整治线的关键部位及丁坝的数量和间距应根据计算或模型试验确定,一般采用正挑丁坝或下挑丁坝。

3)用于整治山区弯道浅滩

在山区河流弯道浅滩,丁坝可布置在凹岸弯顶略上游,以调整水流,加强对凸岸破嘴的冲刷。如果凸岸浅碛较长,可采用丁顺坝,其顺坝部分基本沿设计整治线延伸;如果凹岸下游有凸嘴,则顺坝部分可位于丁坝头部至下游凸嘴顶点的连线,顺坝的长度应达到下深槽足够航道水深处。

4)用于整治山区急流滩

对于某些山区急流滩(包括滩段较短的窄槽型急流滩),可在滩口下的一岸布置丁坝或两岸同时布置丁坝,以壅高水位,减缓滩口流速、比降。当两岸都布置丁坝时,可采用对称形式的正挑丁坝;当急流滩有可能通过筑坝变对口为错口时,则可在一岸布置丁坝,或在两岸交错布置丁坝,以利于船舶利用“搭跳”方式迂回上驶。

5）用于整治山区或平原汊道浅滩

整治汊道进口处浅滩，丁坝应布置在非通航汊道一侧的上口；整治汊道中部浅滩，通常采用单一河道中的浅滩治理方法，在一岸或两岸布置丁坝；整治汊道出口处浅滩，如采用洲尾顺坝不能解决问题或洲尾顺坝过长，则可在顺坝的对岸（或河道两岸）布置丁坝。此外，还可利用交错布置的丁坝堵塞支汊。

4. 丁坝间距的确定

丁坝间距直接关系到工程效果和工程量。若间距过大，则丁坝之间不能互相掩护，达不到控制整治线的目的；若间距太小，则丁坝数目增多，工程量增大，造成浪费。因此必须合理确定丁坝间距。

确定丁坝间距的原则如下：

（1）为防止坝头、坝根受到冲刷，应使下一条丁坝的壅水影响能避免上一条丁坝的坝头发生较大的跌水现象。同时应使水流绕过坝头后形成的扩散水流边线能处于下一条丁坝有效长度范围内，以免坝根受到冲刷。

（2）能控制整治线的各个部位，特别是关键部位，使各条丁坝后的回流区边线的连线组成趋近整治线的平滑曲线，不致因丁坝间距过大而影响束水攻沙效果。

（3）应防止坝田内产生较大的流速，影响坝田淤积。

基于防止坝田产生较急水流和促进坝田淤积的要求，一般认为，坝间距 $D$ 取为上游坝长 $L$ 的 1～4 倍较适宜。据了解，日本取用：顺直河段 $D=(1.7\sim2.3)L$，凹岸 $D=(1.4\sim1.8)L$，凸岸 $D=(2.8\sim3.6)L$；英国认为 $D=(1\sim1.5)L$ 较适宜；美国常用 $D=1.5L$；而德国则认为 $D=(2\sim4)L$ 较好。

确定丁坝间距时，涉及因素较多，尚难用理论计算。国内目前按上一座丁坝的有效投影长度的某一倍率，结合具体情况确定。《航道工程设计规范》（JTS 181—2016）根据各地实践经验，作了表 2-7 所示的规定。表 2-7 中所列丁坝间距选用范围是将实践经验加以综合而得。

**丁坝间距** 表 2-7

| 所处位置 | 凸岸 | 凹岸 | 顺直段 |
|---|---|---|---|
| 一般丁坝 | $(1.5\sim3.0)L'$ | $(1.0\sim2.0)L'$ | $(1.2\sim2.5)L'$ |
| 护岸丁坝 | — | $(0.8\sim2.0)L'$ | — |

注：$L'$为上一座丁坝在过水断面上的有效投影长度。

当整治线方向与洪水主流向夹角较大或有流冰时，丁坝间距可适当缩小。

当局部岸线不规则时，可采用短丁坝护岸，丁坝间距以主流不冲刷河岸为原则确定。

5. 丁坝结构设计

1）抛石丁坝结构设计

抛石丁坝用块石抛筑而成，经久耐用，使用范围最为广泛，可在任何水力条件的河流中使用；抛石丁坝施工较简单，维护方便，是国内外采用最普遍的一种形式。在山区河流中，两岸多有岩石，容易就地取材，整治建筑物基本上都采用抛石丁坝。其结构形式如图 2-48 所示。沿坝轴线可分成坝根、坝身、坝头三部分。

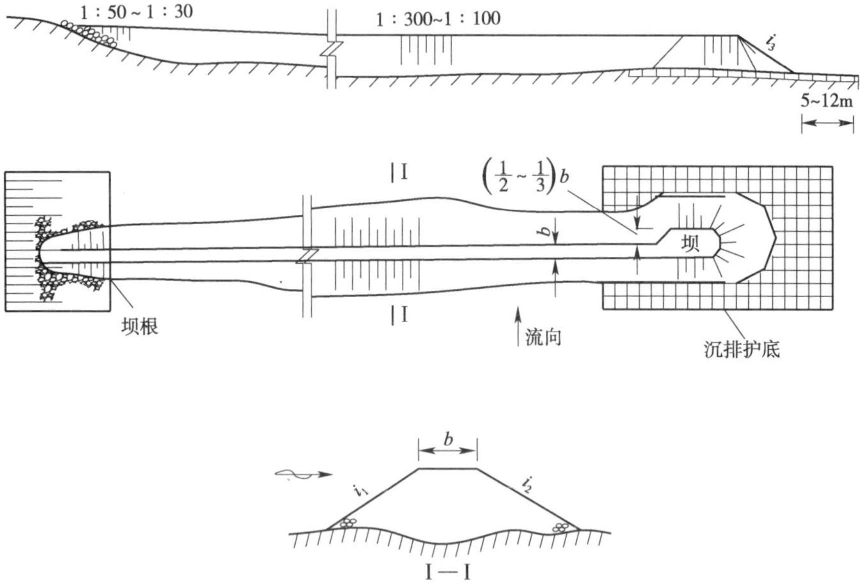


图 2-48 抛石丁坝结构示意图

(1)材料选用及粒径确定。

抛石丁坝的石质,要选未风化的不溶于水的岩石,忌用页岩和疏松的砾岩等。一般多用花岗岩、砂岩、玄武岩和石灰岩。块石应具有合理的级配,坝身不宜采用片状石,坝体应按设计要求嵌砌牢固。

块石粒径主要根据经验确定。《航道工程设计规范》(JTS 181—2016)推荐抛石丁坝的块石粒径可按下列方法确定。

水流作用下块石粒径宜根据经验或模型试验确定,当流速大于3m/s时,也可按下式估算:

$$d = 0.04v_f^2 \tag{2-2}$$

式中:$d$——块石等容粒径(m);

$v_f$——建筑物处的最大表面流速(m/s)。

波浪大的水域,建筑物块石的稳定重量可按《防波堤与护岸设计规范》(JTS 154—2018)的有关规定确定。

受流冰和船行波等因素影响的河段,块石粒径应经综合分析确定。

坝体抛石应级配合理,并进行理坡和坝面平整。

(2)丁坝的断面尺寸。

抛石丁坝横断面多呈梯形,迎水坡坡度 $i_1$ 为1∶2.0~1∶1.0,背水坡坡度 $i_2$ 为1∶3.0~1∶1.5。根据不同情况,坝顶宽可取2.0~5.0m,在流速急或有流木、流冰的地区,可取偏大值。施工机具是确定顶宽的重要因素,用驳船抛筑石料时,坝顶宽可取1.5~2.0m;当用翻斗车抛筑时,为行车需要,坝顶宽取4.0~6.0m。

潜丁坝坝顶常年淹没在水下,受水的冲蚀作用大,加之潜丁坝全部为水下施工,坝的顶宽和高程的精度控制难度大,且对坝顶无法采取防护措施。因此,潜丁坝的断面尺寸,考虑施工、维修难度和通航要求，顶宽不宜小于3m，迎水坡坡度可取1∶2.5～1∶1.0，背水坡坡度可取1∶3.0～1∶2.0。在流速大的部位，坡度应放缓。如川江钓鱼嘴滩潜丁坝坝顶呈阶梯状，坝根段顶高为设计水位上1.0m，顶宽5m；设计水位下4m坝高的顶宽为10m；设计水位下8m坝高的顶宽为15m。迎水坡坡度为1∶2，背水坡坡度1∶3。

(3)丁坝的纵坡。

为保证坝身稳定，被整治河段的横断面面积随水位涨落逐渐变化，防止丁坝全部骤然同时过水而引起河床急剧变化，应将丁坝设计成斜向河心的纵坡，一般可取1∶300～1∶100。但当丁坝很长时，纵坡对工程量的影响较大，为此可设成变坡，根据坝长取不同的纵坡。坝长300m以下，纵坡取1∶100；坝长300～800m，纵坡取1∶500；坝长超过800m时，可先确定坝根的高程，从坝头按1∶500起坡，达到坝根高程后改为平坡与河岸相接。但目前也有一种观点认为下挑丁坝以平顶为宜，如川江油榨破滩、小米滩、铜鼓滩等即如此。

丁坝的纵坡由坝头向河坡、坝身纵坡以及坝根纵坡三部分组成。向河坡一般为1∶3；坝身纵坡的大小，决定于坝长和与丁坝相接的河岸高度，一般为1∶300～1∶100，也可取坝根高出坝头0.5m，坝根与坝头直接相连定出纵坡；为了保护坝根，靠近河岸1/10～1/5坝长内，纵坡加大至1∶20～1∶10。当丁坝长度较短时，也可将坝根和坝身设计成一个纵坡。广西右江丁坝纵坡为1∶200～1∶100，湖南湘江取1∶300～1∶100，川江取平坡至1∶300。一般情况下，丁坝纵坡可按各江的不同情况在1∶300～1∶100范围内选用。特长丁坝的坝身纵坡宜小或做成平坡。当丁坝需要在不同水位下发挥作用，而又不使河床过分束窄时，坝顶可分段采用不同的高程和不同的纵坡。

潜丁坝全部为水下施工，坝顶纵坡难以控制，通常做成平顶。

(4)丁坝坝根的处理。

为避免因坝根处河岸被冲蚀而影响坝体的稳定，需要对坝根处的岸坡进行保护。通常用干(浆)砌块石结构进行保护，保护范围可视河岸地质及水流情况而定。若坝根处河岸由岩石、硬黏土或其他抗冲物质组成，则可不保护；河岸抗冲性不强、近岸流速较大时，为防止坝根受到冲刷，需进行护岸；抗冲性差的河岸、大中型河流下挑丁坝的下游等特殊地段，护岸长度应适当延长。丁坝坝根宜采用喇叭形接岸。当河岸易冲蚀且水流作用较强时，坝根应嵌入岸坡内，并应适当护坡，防止根部被淘刷。坝根护坡长度应根据河岸地质和水流情况确定，上游护坡长度可取5～50m，下游护坡长度可取10～100m，特殊情况可适当增减。坝根护坡高度应根据地质和地形情况确定，护坡高出坝根顶部不宜小于1.5m。坝根接岸处的岸坡坡度不宜陡于1∶2.5。

坝根处为抗冲性较差的滩岸，如沙壤土或二元结构的河岸或洲滩，在嵌入河岸坝根的基槽底部应铺设一层无纺土工布，再抛筑块石。岸坡坡度不宜陡于1∶2.5，若陡于此值，应进行削坡处理，处理后的河岸应先铺设一层土工织物做反滤层，防止沙土流失，然后铺设2～3cm厚的碎石垫层，护坡可采用干砌块石或干砌混凝土块，干砌块石厚度不宜小于40cm。护坡高出坝根顶部不宜小于1.0m，上游护坡长度可取10～20m，下游护坡长度可取20～30m。如岸坡地质条件较差，则护坡长度可适当延长。

(5)丁坝坝头的处理。

坝头处水流湍急，承受的动水压力大，并产生绕过坝头的螺旋流，在坝头稍下地方易形成冲刷坑，筑坝时必须加固，坝头加固一般采取如下措施：

坝头在平面上宜做成圆滑曲线,坝头向河坡坡度 $i_3$ 适当放缓,宜取 1∶10 ~ 1∶5。

根据水流对坝头的作用情况,距坝头 5 ~ 15m 范围的坝体顶宽可加宽 1 ~ 3m,充填袋填芯坝坝头加宽段应全部采用块石。坝头可采用人工块体护面。

加大坝头处的护底面积,护底宜伸出 5 ~ 12m,一般用沉排护底,如图 2-51 所示。

根据具体情况可在坝头下游一侧加设一段与水流方向平行的顺坝,使坝轴线呈勾头状。

2)充填袋填芯坝结构设计

近年来,随着土工织物的迅速发展,在平原和缺乏石料来源的其他地区,已开始较大数量地采用土工织物来修筑整治建筑物。如采用土工织物充填袋填筑坝心、用模袋混凝土压盖坝顶等。

(1)材料的选用。

土工织物充填袋的材料一般选用编织土工布或机织土工布,大型充填袋也可选用复合土工布。土工织物的选用应综合考虑丁坝的位置、受力情况、填充物的粒径等多方面因素。选用的土工织物应满足抗拉强度、顶破强度、撕裂强度等强度要求,并且满足等效孔径、渗透系数等保土透水性要求。

填充沙尽可能就地取材,中粗沙和细沙均可,要求含泥量小。

(2)充填袋填芯坝的断面尺寸及纵坡。

充填袋填芯坝的断面尺寸可略大于抛石丁坝,横断面一般为梯形,顶宽可取 2.0 ~ 4.0m,迎水坡坡度为 1∶2.0 ~ 1∶1.5,背水坡坡度为 1∶2.5 ~ 1∶2.0。

充填袋填芯坝的纵坡可参照抛石丁坝的纵坡确定。

(3)充填袋填芯坝的结构要求。

根据施工工艺的不同,充填袋可分为水上充填袋和水下充填袋。水上充填袋体积较小,抛筑时袋子的长轴方向应与坝轴线垂直,袋与袋之间应平行排列,上下层充填袋应错缝。水下充填袋均为大型充填袋,袋子的长度应略小于丁坝横断面宽度,袋子的宽度应根据具体情况而定,大型充填袋的宽度可达 10m 以上(图 2-49)。

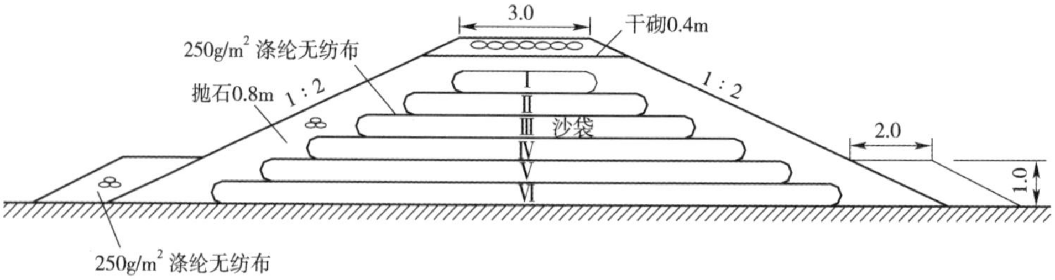


图 2-49　水下充填袋断面图(尺寸单位:m)

充填袋抛筑后,坝的边坡及坝顶,应先用无纺土工布覆盖,然后抛块石覆盖,覆盖块石厚度为 0.7 ~ 1.0m。沙袋填芯坝坡脚应用块石抛筑镇压棱体,抛石棱体高出原河床 1m 左右,迎水面抛石棱体顶宽 1.0 ~ 1.5m,背水面抛石棱体顶宽 1.5 ~ 2.0m。丁坝坝头 10m 范围内不宜采用充填袋,应抛筑块石,块石大小可由抛石坝确定。在坝体高度小于 2m 的浅区,也不宜用充填袋。

6. 丁坝的防护措施

在山区河流流速较大或有流木、流冰的情况下,丁坝的坝面、坝头等部位容易发生破坏;在平原河流及松散的沙、沙卵石河床上筑丁坝，基础容易被淘刷，导致坝体沉陷乃至崩滑，在坝根与天然岸坡连接处，上、下游均会产生回流，岸坡容易被冲刷，使得坝体接岸处被冲开，形成缺口，导致岸坡垮塌。因此，在修筑丁坝时，一定要采取可靠的防护措施。

1）丁坝坝基的处理

山区河流的河床多为基岩和卵石覆盖，坝基一般不需要处理，在卵石粒径较小且松散的地方，可先沿坝轴线平抛一层块石护底，再筑坝。

在平原河流和河床易被冲刷的河段，应采取可靠的护底措施。护底采用柴排或土工织物软体排。由于缺乏梢料来源，目前一般用土工织物软体排。

（1）土工织物软体排的选型。

土工织物软体排可分为散抛压载软体排和系结压载软体排两大形式。散抛压载软体排包括块石压载软体排、石笼压载软体排等。系结压载软体排包括系袋软体排、砂肋软体排、混凝土联锁块软体排等形式，应根据河床地质、水流条件、施工机具及工程的重要性合理选择。

（2）护底软体排余排宽度的取用。

在河床易冲刷变形的河段，丁坝应采取护底措施。丁坝护底范围可按表 2-8 选取，必要时，通过计算或模型试验确定。

**丁坝护底范围** 表 2-8

| 河段土质 | 护底外缘线范围 | | |
|---|---|---|---|
| | 距迎水坡脚（m） | 距背水坡脚（m） | 距坝头向河坡脚（m） |
| 容易冲刷 | 5 ~ 10 | 10 ~ 15 | 15 ~ 30 |
| 特别容易冲刷 | 20 ~ 30 | 30 ~ 40 | 40 ~ 70 |

2）丁坝坝面的防护措施

山区河流丁坝坝面的破坏一方面是由于水流的冲蚀，另一方面是由于流木的撞击力以及堆积增大的作用力。平原河流由于流速较小，丁坝坝面一般不容易被破坏。在潮汐河口，受风浪和潮流的影响，坝面需要采取特别的防护措施。

坝面应根据地质、水流和波浪条件采用大块石、浆砌条石、浆砌块石或整体性较好的刚性结构护面。要保持坝面稳定，主要应发挥整体作用。因此，在施工水位以上，一般选用较大的石块嵌紧或用条石浆砌。川江整治时，在坝体 1m 左右面层和坝头用水泥浆砌，其下用块石抛筑；对流木多的河段，在施工水位以上将坝顶迎水面用混凝土做成弧形，效果较好（图 2-50）。黄河整治工程中，将坝面镶嵌好以后，在坝面上罩铁丝笼，然后添加絮凝剂搅拌制浆，再把浆灌注于坝面，以增加坝面稳定性，经处理后的坝面稳定性较好。贵州南、北盘江整治中，为保证坝体稳定，先用大块石抛筑，其上用水泥浇卵石或小块石，坝面面层 50cm 内用条石浆砌，该方法处理的坝面稳定性好，且可缩短工期、节约投资。

在潮汐河口，丁坝坝面一般采用大型混凝土人工块体或模袋混凝土压顶，两边边坡应设置 25 ~ 40cm 的干砌块石或浆砌块石护面，或采用混凝土人工块体护面。

流冰河段坝面的防冰措施，可采用灌注速凝混凝土或钢丝笼装块石将坝面块石联结成整体。

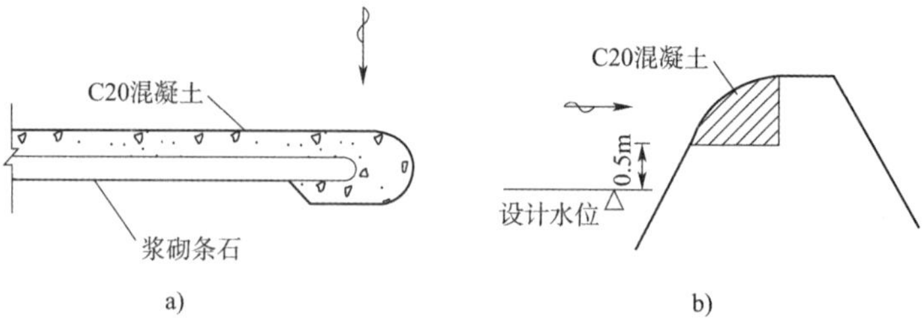


图 2-50 坝面混凝土加固示意图

a)平面图;b)断面图

(四)顺坝

顺坝是一种坝轴线沿水流方向或与水流交角很小的建筑物,起引导水流、束狭河床的作用,故又称导流坝。顺坝的整治效果,取决于顺坝的位置、坝高、轴线形态及其与水流的交角,其中位置和线形尤为关键。顺坝一般沿整治线布置,一旦施工后,如果遇到整治线宽度需要调整那就很难更改,所以在确定顺坝的位置时需谨慎。

1. 顺坝的作用

(1)调整急弯,规顺岸线,促使航槽稳定。对于一些不规顺的河岸引起的乱流,也可用顺坝构成新的河岸,平顺水流,改善流态。

(2)堵塞倒套、尖潭。

(3)堵塞支汊,调整汇流处的交汇角。

(4)沿整治线束窄河宽。

2. 顺坝布置的一般原则

(1)顺坝坝身一般靠近整治线,布置在凹岸或主导河岸一侧。

(2)顺坝坝轴线与水流交角不宜过大,当洪、中、枯水期流向不一致时,顺坝应与中水期流向一致,以免中水位时漫顶产生"滑梁水",导致航行事故。

(3)浅滩两岸不宜同时布置顺坝,否则施工后,若发现整治线宽度不合适,则无法改动。

(4)顺坝平面形态应由平缓的曲线构成,坝根应与河岸平缓连接,顺坝起点的位置应在水流转向以上。当顺坝与河岸岸线间距较大时,若用顺坝与岸线平缓连接,顺坝就需要很长,为节省工程量,可用丁坝与河岸连接。

(5)顺坝坝头要求伸入下深槽,避免坝头附近出浅;坝头不宜只建到水面比降最大、弯曲水势尚在继续的河段上,应伸至水流已经平顺的地方;坝头或坝头的延长线,必须绕过危及船舶安全的石嘴、石梁、冲积堆和取水口等处;坝头以下自然河宽不宜过多加宽,以免水流突然扩散,泥沙淤积成拦门沙;坝头轴线不能向航道内、外挑出,若向航道内挑出会造成不良流态,威胁航行安全。

(6)为加速顺坝坝田淤积,可在顺坝与原河岸之间建格坝,格坝坝根与原河岸连接,其高程比顺坝顶稍低,格坝间距以两格坝中不产生纵向水流为原则,一般为其长度的1~3倍,如图2-51所示。实际应用中多吹填浅滩上挖出的砂卵石,起格坝的作用,如大渡河整治时即用此法。

3. 顺坝结构

洲头顺坝的纵坡宜采用与建坝后整治水位时的水面比降反向的坡度；洲尾顺坝纵坡坡度宜与建坝后整治水位时的水面比降一致；护滩顺坝的纵坡可由滩面地形确定；丁顺坝可采用平坡。必要时纵坡坡度根据模型试验确定。

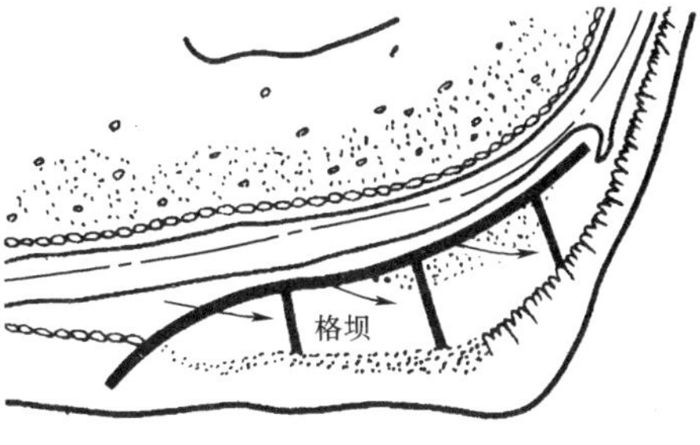


图 2-51 顺格坝组合应用

坝体结构应符合下列规定：顺坝坝顶宽宜取 2 ~ 5m，边坡坡度宜取 1∶3.0 ~ 1∶1.5。顺坝坝头可适当加宽，顺坝坝头平面宜布置成圆滑曲线，沿坝轴线向河坡坡度为 1∶10 ~ 1∶3，两侧逐渐变坡与坝身段平顺相接。充填袋填芯坝坝头部分应全部采用块石结构。坝体坡脚需设置抛石棱体时，棱体宽宜取 5 ~ 10m，特殊条件不小于 10m，棱体厚度应不小于 0.5m。

（五）锁坝

锁坝是从一岸到河对岸横跨河槽及串沟的建筑物，又名堵坝。在分汊河道上为了集中水流冲刷通航汊道，或在有串沟的河汊上不使串沟发展，可在非通航汊道上或串沟上修建锁坝，这种整治工程措施又称“塞支强干”。

在非通航汊道上是否建锁坝，以及坝顶高程的确定，均取决于在设计水位下通航汊道的通航流量。设计通航流量必须保证通航汊道的断面平均流速满足不淤流速的要求，通航汊道缺少的水量由非通航汊道中建筑锁坝，将其流量强制导流到通航汊道中。锁坝不同于下面要介绍的潜坝，锁坝坝顶在枯水期时可能露出水面。

锁坝设计应进行坝面块石尺度、整体稳定、坝下冲刷变形和渗流量等计算。

锁坝坝体结构应符合下列规定：锁坝迎水坡坡度可取 1∶2.0 ~ 1∶1.5，背水坡坡度可取 1∶3.0 ~ 1∶2.0。锁坝顶宽可取 3 ~ 6m，在流速大或有流冰的地区，宜取较大值。

锁坝坝顶可设为平坡，必要时可设为不陡于 1∶10 的纵坡。

锁坝坝根结构设计应符合下列规定：锁坝上下游河岸应设护坡，上游护坡长度可取 10 ~ 15m，下游护坡长度应通过水力计算确定，但不应小于 15m。护坡高出坝根顶部不宜小于 1m。当坝根与砂卵石江心滩相连接时，应在心滩上开槽，将坝根嵌入一定长度，必要时应进行防渗处理。坝根护岸范围应适当延长。

锁坝坝下应采用柔性防护结构形式，必要时需进行护底设计。护底外缘线至坝脚的距离，上游面可取坝高的 1.5 倍，下游面可取坝高的 3 ~ 5 倍，也可进行计算，必要时通过模型试验确定。距坝脚 0.5 倍坝高的范围内应重点加强防护。

位于大流速区的锁坝下游可参照丁坝设置抛石棱体。

（六）潜坝

潜坝是指在最枯水位时均潜没在水下而不碍航的建筑物，有潜丁坝、潜锁坝等，它的主要作用是壅高上游水位，调整比降，增加水深；促淤赶沙，减小过水断面和消除不良流态等。

当河底深坑造成跌坎使水流紊乱，并使上段浅滩恶化时，可直接用泥沙将深槽填到一定高程,再用砾石覆盖,使底坡纵断面成平缓曲线,如此便可有效地改善水流状态。图2-52所示为莱茵河上采用填坑措施,相当于潜锁坝。填筑的高程不同,效果也不一样,填到设计水位以下7m时效果明显,内侧河岸沙洲冲开,航道变宽,上游水位抬高,减小了流速。

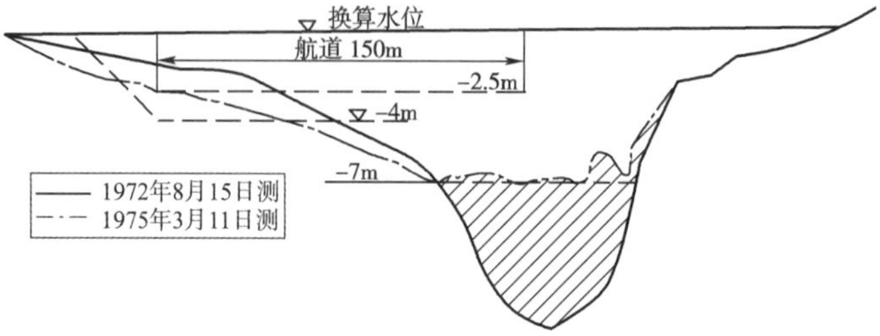


图2-52 莱茵河下游潜坝的应用

（七）平顺护岸

1. 平顺护岸的类型

平顺护岸一般可分为斜坡式和直立(岸壁)式两大类。

1)斜坡式平顺护岸

斜坡式平顺护岸是指对原有河岸进行适当削坡、修整,形成连续的平缓岸坡后,采用柴排、柴枕、土工织物软体排、沙枕、铰接混凝土块、块石等材料,将其深泓线近岸部位的岸坡防护起来,避免水流淘刷的一种做法。这种平顺护岸对水流流速、流态无明显影响,因此,广泛用于天然河流的护岸工程中。

斜坡式平顺护岸分为连续护岸和间断护岸。在需要护岸的河段,用工程将河岸连续地防护起来称为连续护岸,长度可达几千米甚至更长。在需要护岸的河段,每间隔一定距离防护一段称为间断护岸。

斜坡式平顺护岸在天然河流的河道治理中应用广泛,航道整治中较多采用。

2)直立(岸壁)式平顺护岸

流经城区的河道,两岸占地受限制,多做成直立式平顺护岸。在长江下游平原水网地区,两岸耕地十分宝贵,采用了较多的直立式平顺护岸。

冲积性河流两岸岸坡多由泥沙组成,地质条件差,抗冲刷能力弱。在航道整治工程中往往需对主流顶冲及近岸流速较大的河岸进行防护,以保护主导河岸,稳定河势,巩固整治效果。

直立式平顺护岸适用于岸坡变形较小的河段或河流,但造价一般较高,除天然河流的城区、码头区以及运河、水网航道外,天然河流的航道整治以至河道治理均较少采用。

2. 护岸设计

(1)潮汐河口航道护岸设计应符合《防波堤与护岸设计规范》(JTS 154—2018)的有关规定。

(2)内河航道护岸设计除参照《防波堤与护岸设计规范》(JTS 154—2018)的有关规定外,尚应执行下列规定:

①平顺护岸宜采用斜坡式断面结构,主要应由护底、水下护坡及护脚和水上护坡等组成,水上护坡宜由枯水平台、盲沟、反滤层、护面和护肩等组成,如图2-53所示。

②护底宜采用系结压载软体排,河床冲刷较小的护岸段也可采用抛石或充填袋结构。

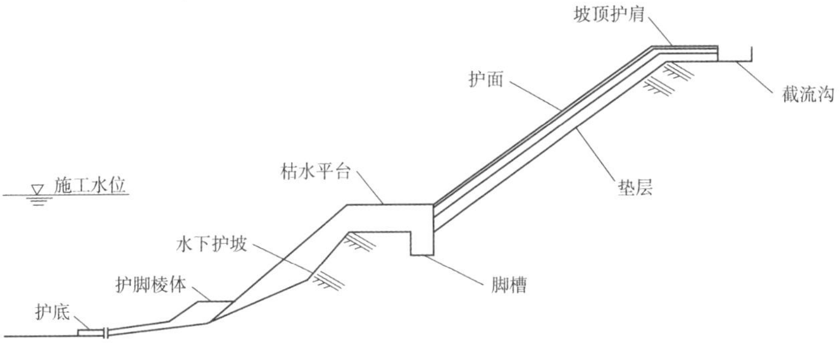


图 2-53 护岸断面示意图

③当采用抛石或充填袋结构时，应满足下列要求：

a. 抛石护底范围，受水流顶冲、河床有局部冲刷坑且深泓线贴岸的护岸河段，抛石护底内侧与护脚衔接，外侧抛至深泓线；非迎流顶冲的护岸河段，枯水位以下坡度较陡时，抛至河床横向坡度为1∶4～1∶3或深槽的一定高程处，在近岸护底段加抛防冲填料，防止冲刷加剧；当采用充填袋结构时，采取抛石盖面。

b. 抛石厚度不小于抛筑块石粒径的2倍，水深流急处适当加大。

④当采用软体排结构时，护底应满足下列要求：

a. 护底排体的排头与多年平均最低水位以下的护脚部分搭接，或直接埋入脚槽；在岸坡较缓、深泓线离岸较远的水流平顺段，可护至坡度为1∶4～1∶3的缓坡河床处；在深泓线贴岸段，排尾位置达到或接近深槽最深处。

b. 护底排体按垂直于护岸轴线逐条布置，每条排体的宽度不小于15m，顺水流方向上游排体压下游排体。

c. 排尾处用块石或充填袋压载，块石粒径取0.2～0.5m，或由抛石抗冲粒径计算确定。

⑤水下护坡的护坡体和护脚棱体宜采用块石、混凝土块、石笼或块石与充填袋混合的结构，护坡体的抛石粒径应根据水深和流速等因素确定，水下护坡和护脚棱体的尺度宜通过稳定计算确定。水下护坡的向河外边线位置宜通过稳定计算确定，护坡的坡度宜为1∶3.5～1∶2.5。护脚棱体的外侧坡度不应陡于1∶2，棱体厚度可取块石粒径的2倍，水深流急处厚度宜增大至3～4倍。水下护坡上端宜抛至枯水平台。间断式平顺护岸的间断部分应进行削坡和护脚。

⑥水上护坡的枯水平台宜采用块石结构，枯水平台宽度可取1～3m，平台顶高程不宜低于施工水位。平台内侧可设断面面积为0.6～1.0$m^2$的矩形脚槽。

⑦水上护坡应在平整坡面和回填凹坑的基础上设置，对于较陡的河岸尚应削坡至设计坡度，坡度可采取1∶3.0～1∶1.5。护坡与土体之间宜铺设无纺布或砂石反滤层，当采用砂石反滤层时，层厚不宜小于0.15m；对含水率较大的软土岸坡，反滤层宜采用回填砂与无纺布相结合的形式。有地下水渗出的岸坡，宜设置Y形或T形排水盲沟，盲沟断面及数量应根据地下水溢出点位置、渗流量和岸坡土质条件等确定。

⑧水上护坡的坡面和坡顶护肩宜采用干砌块石、钢丝网护垫、干砌混凝土块或浆砌块石。块体尺度和质量可通过水流、风浪、船行波和流冰等作用下的稳定计算综合确定。采用浆砌块石时应设置排水孔和变形缝，排水孔孔径可取0.05～0.10m，孔距可取2～3m，并宜按梅花形布置。护肩的宽度宜取0.5～1.0m。

⑨护岸顶高程宜根据工程需要、河岸土质和植被情况确定,不宜低于整治水位时波浪最大爬高以上1.0m,必要时护至河漫滩滩顶。砂土地区护坡坡度宜取1∶3.0~1∶2.5,抗冲性较好的坡岸宜取1∶2.5~1∶1.5,在满足稳定要求的条件下,可选取偏陡的数值。

(3)平顺护岸的起止点应通过论证确定,宜设在岸坡较平缓、稳定处,护岸两端应与河岸平顺衔接过渡,过渡段长度宜为10~50m。过渡段应进行削坡,水上和水下边坡应抛石护坡。

#### (八)鱼嘴

鱼嘴工程是在江心洲头修建的整治建筑物,其堤头前端伸入水下,顶部向后逐渐升高与江心洲首部连在一起,形同鱼嘴,故而得名。鱼嘴工程的主要作用:保护江心洲洲头,维持分汊河型及河势的稳定;调节汊道的分流量,控制汊道分流比,改善汊道的通航和灌溉条件。在汊道洲头部建筑的分流坝,通常也作为鱼嘴工程处理。

鱼嘴工程一般由圆弧段、两侧导流段和堤后格坝组成。鱼嘴圆弧段的护底常采用系结压载软体排,垂直于坝轴线布置,并相互搭接。迎流面余排的宽度宜通过冲刷计算或模型试验确定,背水面余排的宽度取堤高的3~5倍。堤身可采用块石或充填袋填芯混合结构。鱼嘴两侧导流段存在沿堤流,护底可采用系结压载软体排,迎流面余排的宽度取15~20m,背水面余排的宽度取10~15m。鱼嘴内侧格坝布置在靠近圆弧段末端的适当部位,鱼嘴尾部与江心洲平顺衔接,防止连接处被水流淘刷。堤身宜采用块石或充填袋填芯混合结构,断面尺寸宜按顺坝的有关规定确定。堤顶纵坡可采用逆坡,坡度可取1∶800~1∶300。

护洲鱼嘴一般采用斜坡式断面结构,主要包括护底、水下护坡及护脚和水上护坡等。护底排体的排头与多年平均最低水位以下的护脚部位搭接,或直接埋入脚槽,排尾位置达到或接近深槽最深处。

#### (九)栅栏坝

栅栏坝宜建在岩石地基上,嵌入基岩的深度不应小于0.5m。非岩石地基时,应加强地基处理。

栅栏坝墩宜采用质地坚硬的浆砌条石或钢筋混凝土结构。

栅栏宜采用钢梁,栅栏间距根据拦挡块石的大小确定,一般可采用0.2~0.5m。

在栅栏坝的设计中,应对坝体进行抗倾和抗滑稳定性验算、对坝墩和栅栏进行强度验算;对地基应进行地基承载力和整体稳定性验算;设计流量可通过溪沟流域暴雨洪水计算确定。

# 课题六 航道整治工程质量检验

## 一、课题引入

工程质量是指反映工程施工过程或实体满足相关标准规定或合同约定要求的程度,是其在安全、使用功能及耐久性能、环境保护等方面所有明显和隐含能力的特性总和。

## 二、课题分析

验收是在施工单位自行进行质量检查的基础上，参与建设活动的有关单位共同对检验批、分项、分部、单位工程的质量进行抽样复验，根据相关标准以书面形式对工程质量合格与否做出确认的活动。

## 三、相关知识

### （一）基本规定

航道整治工程的单位工程、分部工程和分项工程可按表2-9和表2-10的规定划分，当工程内容与表列项目不一致时，可根据工程内容调整。

航道整治单位工程和分部工程划分　表2-9

| 序号 | 单位工程 | 分部工程 |
|---|---|---|
| 1 | 堤坝 | 基础、护底、堤体或坝体、坝面、护坡、附属工程 |
| 2 | 护岸 | 基础、护底、护脚、护坡、岸壁、附属工程 |
| 3 | 固滩 | 护底、护滩、护坡、附属工程 |
| 4 | 炸礁 | 爆破及清渣、弃渣 |

航道整治分部工程和分项工程划分　表2-10

| 序号 | 分部工程 | 分项工程 |
|---|---|---|
| 1 | 基础 | 基槽开挖、抛石挤淤、填砂挤淤、现浇混凝土基础、浆砌石基础、砂石垫层、土工织物垫层、换砂基础、抛石基础、袋装砂井、塑料排水板、水下基床抛石、水下基床整平等 |
| 2 | 护底 | 基槽开挖、散抛石压载软体排护底、系结压载软体排护底、散抛物护底、砂石垫层、土工织物垫层等 |
| 3 | 坝体 | 混凝土预制构件制作、混凝土预制构件安装、充填袋坝体、块石抛筑坝体、石笼抛筑坝体等 |
| 4 | 坝面 | 土工织物垫层、抛石护面、铺石护面、砌石护面、干砌条石护面、预制混凝土铺砌块铺砌、现浇混凝土护面、模袋混凝土护面、钢丝网格护面、混凝土预制块体制作、混凝土块体安装、预制混凝土铺砌块制作、铰链排制作与铺设等 |
| 5 | 护脚 | 水下抛充填袋护脚、水下抛石护脚、水下抛石笼护脚、抛石面层等 |
| 6 | 护坡 | 岸坡开挖、土石方回填、削坡及整平、基槽开挖、砂石垫层、土工织物垫层、砂石倒滤层、土工织物倒滤层、盲沟、明沟、抛石护面、铺石护面、砌石护面、干砌条石护面、模袋混凝土护面、现浇混凝土护面、预制混凝土铺砌块制作、预制混凝土铺砌块铺砌、预制混凝土块体制作、混凝土块体护面、钢丝网格护面、砌石拱圈、砌石齿墙等 |
| 7 | 岸壁 | 岸坡开挖、基槽开挖、砂石垫层、土工织物垫层、砂石倒滤层、土工织物倒滤层、土石方回填、现浇混凝土挡墙、加筋土挡墙、砌石挡墙等 |
| 8 | 护滩 | 铺石压载软体排护滩、系结压载软体排护滩、铰链排制作与铺设等 |
| 9 | 爆破及清渣 | 陆上爆破及开挖、水下爆破、清渣等 |
| 10 | 弃渣 | 弃渣 |
| 11 | 附属工程 | 基槽开挖、现浇混凝土基础、浆砌石基础、灯柱制作与安装、栏杆制作与安装、踏步等 |

(二)航道整治工程总体

(1)航道整治建筑物完工后应进行竣工测量,其整体尺度的允许偏差、检验数量和方法应符合表2-11的规定。

**航道整治建筑物整体尺度允许偏差、检验数量和方法** 表2-11

<table>
<tr><th>序号</th><th colspan="3">项目</th><th>允许偏差</th><th>检验数量</th><th>单元测点</th><th>检验方法</th></tr>
<tr><td rowspan="4">1</td><td rowspan="4">丁坝</td><td colspan="2">坝头位置</td><td>1000mm</td><td>每座</td><td rowspan="4">1</td><td rowspan="2">用经纬仪或 GPS 等测量</td></tr>
<tr><td colspan="2">轴线位置</td><td>1000mm</td><td>每座不少于两处</td></tr>
<tr><td colspan="2">总长度</td><td>±1000mm</td><td>每座</td><td>用测距仪或 GPS 等测量</td></tr>
<tr><td colspan="2">顶面高程</td><td>+200mm<br>-100mm</td><td rowspan="4">每 50m 一处</td><td>用水准仪等测量</td></tr>
<tr><td rowspan="2">2</td><td rowspan="2">锁坝</td><td colspan="2">轴线位置</td><td>1000mm</td><td rowspan="2">1</td><td>用经纬仪或 GPS 等测量</td></tr>
<tr><td colspan="2">顶面高程</td><td>+300mm<br>-100mm</td><td>用水准仪等测量</td></tr>
<tr><td rowspan="3">3</td><td rowspan="3">顺坝</td><td colspan="2">轴线位置</td><td>1000mm</td><td rowspan="3">1</td><td>用经纬仪或 GPS 等测量</td></tr>
<tr><td colspan="2">总长度</td><td>±1000mm</td><td>每座</td><td>用测距仪或 GPS 等测量</td></tr>
<tr><td colspan="2">顶面高程</td><td>+200mm<br>-100mm</td><td rowspan="2">每 50m 一处</td><td>用水准仪等测量</td></tr>
<tr><td rowspan="4">4</td><td rowspan="4">潜坝</td><td colspan="2">轴线位置</td><td>2000mm</td><td rowspan="4">1</td><td rowspan="4">用测深仪、经纬仪或 GPS 等测量</td></tr>
<tr><td colspan="2">总长度</td><td>±2000mm</td><td>每座</td></tr>
<tr><td rowspan="2">顶面高程</td><td>砂袋坝</td><td>+500mm<br>-200mm</td><td rowspan="2">每 20m 一断面</td></tr>
<tr><td>抛石坝</td><td>±300mm</td></tr>
<tr><td rowspan="4">5</td><td rowspan="4">护岸和护洲鱼嘴</td><td colspan="2">坡顶线位置</td><td>±100mm</td><td>每 100m 一处</td><td rowspan="3">1</td><td>用经纬仪或 GPS 等测量</td></tr>
<tr><td colspan="2">总长度</td><td>+5000mm<br>-1000mm</td><td>每座</td><td>用测距仪或 GPS 等测量</td></tr>
<tr><td colspan="2">高程</td><td>±50mm</td><td rowspan="2">每 100m 一处</td><td>用水准仪等测量</td></tr>
<tr><td colspan="2">坡度</td><td>±10%</td><td>2</td><td>用经纬仪或全站仪等测量</td></tr>
<tr><td rowspan="3">6</td><td rowspan="3">人工鱼嘴</td><td colspan="2">总长度</td><td>±1000mm</td><td>每座</td><td rowspan="2">1</td><td>用测距仪或 GPS 等测量</td></tr>
<tr><td colspan="2">高程</td><td>±50mm</td><td rowspan="2">每 100m 一处</td><td>用水准仪等测量</td></tr>
<tr><td colspan="2">坡度</td><td>±10%</td><td>2</td><td>用经纬仪或全站仪等测量</td></tr>
</table>

(2)航道整治工程项目完工后,建设单位应组织观测整治河段的水流流态和航道尺度等参数,并提交观测报告。同时应根据设计要求组织实船适航试验并应按《水运工程质量检验标准》(JTS 257—2008)附录H的要求提交实船试验报告。

(3)航道整治工程建筑物的观感质量应按表2-12的规定进行检查,综合得分率不应低于80%。

航道整治工程建筑物观感质量评价项目和质量要求 表 2-12

| 序号 | 评价项目 | | 质量要求 | 标准分（分） | 评价等级 | | |
|---|---|---|---|---|---|---|---|
| | | | | | 一级 95% | 二级 85% | 三级 70% |
| 1 | 面层 | 混凝土 | 表面平整，坡向正确 | 10 | | | |
| | | | 分格缝顺直，灌缝饱满，周边无污染 | 8 | | | |
| | | | 无明显严重龟裂和裂缝 | 8 | | | |
| | | | 无起砂、起壳和露石等现象 | 7 | | | |
| | | | 无建筑污染 | 7 | | | |
| | | 铺砌 | 表面平整，坡向符合要求 | 10 | | | |
| | | | 铺砌线条顺直，宽度一致，灌缝密实 | 8 | | | |
| | | | 与构筑物接茬紧密、平顺 | 8 | | | |
| | | | 砌块表面完整，无破损 | 7 | | | |
| | | | 无建筑污染 | 7 | | | |
| 2 | 建筑物细部 | | 边沿线顺直 | 10 | | | |
| | | | 接缝平直，无明显色差 | 8 | | | |
| | | | 构件无明显碰损 | 8 | | | |
| | | | 构件表面无明显缺陷 | 7 | | | |
| | | | 接缝处无明显错台和水泥浆流坠 | 7 | | | |
| 3 | 其他 | | 钢结构防腐，油漆涂刷均匀、无漏涂，漆膜完整，无流挂、皱皮、脱皮 | 5 | | | |
| | | | 栏杆安装顺直、无折线 | 5 | | | |
| | | | 泄水孔高程、方向控制和顺直 | 5 | | | |
| | | | 预埋件周围接茬平顺 | 5 | | | |

小结

## 一、航道整治工程与和河床演变

水流、泥沙与河床边界组成河流。一定的水流条件只能输送一定数量的泥沙。若水流输沙能力与来沙量不平衡，则河床产生冲淤。

航道整治就是利用整治建筑物调节水流结构与形态，增强河段的输沙能力，将多余的泥沙输送出去或改变泥沙的输移方向，不致影响航道水深，从而获得稳定的航道。

## 二、航道整治工程的任务及措施

任务：调整河槽形态，改善水流条件，增加航道水深。

措施:

(1)统筹兼顾国民经济各部门利益,综合治理;

(2)从航运要求出发,着眼于枯水整治。

## 三、整治线规划布置

整治线是指在整治工程设计流量下,在水面处所设计的稳定河槽的外形。

整治线布置原则:

(1)整治线布置方向和位置依靠主导河岸,其起点和终点应以稳定深槽的主导河岸为依托;

(2)整治线一般应与枯水河槽相适应;

(3)整治线宜通过浅滩上的最大流速区;

(4)有支流或溪沟汇入的口门不宜布置整治线;

(5)全面考虑两岸工农业需要和防洪要求。

整治线轮廓的确定:确定整治线时主要从确定整治线的轴线着手,将整治线构成缓和而均匀的连续曲线。根据整治浅滩的具体情况,参照优良河段的曲线形态,确定是单一圆弧还是复合圆弧曲线,选择合理的弯曲半径、直线段长度、两反弯之间的距离等。

## 四、整治断面参数设计

整治断面参数设计包括设计水位、整治水位和整治线宽度等参数的确定。

(一)设计水位

前文已介绍,此处不再赘述。

(二)整治水位

一方面,通过整治水位可以确定整治建筑物的高程,这直接影响整治工程数量和工程投资;另一方面,从某种意义上说,整治水位决定了整治后浅滩的冲刷历时。

确定整治水位的方法概括起来主要有:

(1)经验方法;

(2)造床流量法。

(三)整治线宽度

整治线宽度是指整治水位时设计的新河槽的河面宽度。确定整治线宽度的方法,主要有经验方法和理论计算方法两种。

(四)整治水位和整治线宽度的调整

## 五、平原河流的航道整治

(一)顺直河道的浅滩整治

1. 正常浅滩

整治正常浅滩,一般是采用丁坝固定边滩,加高上、下游边滩高程,延长水流对浅滩的冲刷时间,如果边滩已较高,可采用护面固滩。

2. 交错浅滩

整治交错浅滩,一般可消除漫向倒套的横向水流,并固定、加高下边滩。

3. 复式浅滩

整治复式浅滩，一般采取的措施是固定和加高上、中、下边滩并堵塞倒套。一般采取布置几组丁坝的措施。

4. 散乱浅滩

整治散乱浅滩，首先应规划出一条正常弯曲形的整治线，然后通过布置丁坝等整治建筑物，将散乱的沙体联结和促淤成边滩，以固定河势，导引水流集中冲刷航槽。

(二)弯曲航道的整治

(1)保护凹岸，防止弯道恶化；

(2)筑坝导流，调整岸线；

(3)裁弯取直，新开航槽。

(三)分汊航道的整治

(1)稳定汊道；

(2)改善汊道；

(3)堵塞支汊；

(4)弃劣图优，另辟新槽。

## 六、山区河流的航道整治

1. 石质急流滩的整治

整治方法：扩大泄水断面法；对口滩改为错口滩；潜坝壅水减缓急流。

2. 石质险滩的整治

整治方法：清除礁石，扩宽航槽；固定航槽位置，改善流态；扩大曲率半径，减弱"扫弯水"；开辟新槽，放弃老槽；调整岸线；避开"滑梁水"。

## 七、常用整治建筑物

整治建筑物是指用于整治航道的起到束水、导流、导沙、固滩和护岸等作用的建筑物。最常用的整治建筑物有丁坝、顺坝、锁坝、平顺护岸、潮汐河口、鱼嘴、导堤、溪口导石、拦石建筑物等。

1. 丁坝

主要作用：未淹没时能束窄河槽，提高流速，冲刷浅滩；淹没后能形成环流，横向导沙；调整分汊河道的分流比，控制分流；淤高河滩，保护河岸或海塘；挑出主流以防顶冲河岸和堤防等。

布置方式：错(对)口丁坝、阶梯式丁坝。

2. 顺坝

主要作用：调整急弯，规顺岸线，促使航槽稳定；堵塞倒套、尖潭；堵塞支汊，调整汇流处的交汇角；沿整治线束窄河宽。

3. 锁坝

主要作用：塞支强干。

4. 潜坝

主要作用：壅高上游水位，调整比降，增加水深；促淤赶沙，减小过水断面和消除不良流态等。

## 八、航道整治工程质量检验

航道整治工程的单位工程、分部工程和分项工程划分。

航道整治建筑物整体尺度允许偏差、检验数量和方法。

## 练习与思考

1. 什么是“优良河段”？其主要特点有哪些？
2. 简述航道整治工程的基本概念。
3. 航道整治工程的一般原则是什么？
4. 航道整治工程的主要措施有哪些？
5. 整治线设计应解决哪几个主要问题？整治线的布置原则有哪些？
6. 整治断面设计参数有哪几个？
7. 简述设计水位的确定方法。
8. 什么是整治水位？如何确定？
9. 什么是整治线宽度？有哪些确定整治线宽度的办法？
10. 丁坝的作用是什么？平面上有哪几种布置形式(请绘图)？
11. 顺坝的作用是什么？其布置的一般原则是什么？
12. 绘图说明抛石丁坝的结构形式及其各部分的数值如何确定。
13. 轻型整治建筑物有哪些类型？其特点是什么？
14. 绘出顺直河段中的四种常见浅滩的平面图。
15. 弯曲航道的碍航因素主要有哪些？简述其主要的整治措施。
16. 如何确定分汊航道的主汊道？汊道的主要整治措施有哪些？
17. 山区河流石质滩险的分类有哪些？(列出树状分类表)
18. 什么是成滩水位、最凶水位、消滩水位？
19. 山区河流石质急流滩的整治措施有哪些？整治措施应根据哪些因素确定？
20. 石质险滩的成因是什么？其整治措施有哪些？

本模块自测题

# 模块三
MODULE THREE

# 航道疏浚工程

航道疏浚工程是通过调整河床边界来改善通航条件的工程措施。疏浚是开发和维护航道的主要手段之一,它的特点是工期短、见效快,施工比较单一。疏浚中最主要的问题是挖槽回淤。由于挖槽本身的尺度远小于河床尺度,挖槽后除可能发生回淤外,一般不会从根本上改变河床水流条件,只要合理选择挖槽横断面形态及挖槽角度,并适时进行航道维护,挖槽回淤问题也可得到解决。

知识点

◎疏浚工程的特点,疏浚工程的分类;
◎疏浚挖槽设计及挖槽尺度的计算,土石方的估算;
◎疏浚机械的分类、性能及施工方法,挖泥船的选择;
◎疏浚爆破工程、吹填工程、疏浚工程对环境的影响;
◎疏浚工程的施工组织设计;
◎疏浚与吹填工程质量检验。

## 课题一 了解航道疏浚工程

### 一、课题引入

疏浚是开发和维护航道的主要手段之一。疏浚工程是指采用水力或机械的方法为拓宽、加深水域而进行的水下土石方开挖工程。航道疏浚工程就是通过调整河床边界来改善通航条件的工程措施。对于沙质和沙卵石河床,采用挖泥船挖除碍航的泥沙堆积物来增加航道水深。对于石质河床,采用爆破的方法(常称炸礁)炸除碍航的石嘴、石梁、孤石、岩盘等。

### 二、课题分析

航道疏浚工程与其他航道工程相比有其独特之处,施工也比较方便,因此运用广泛。

## 三、相关知识

### (一)航道疏浚工程的任务和特点

航道疏浚工程是指采用挖泥船或其他机具以及人工进行水下挖掘土石方以改善航道条件的主要措施,在航道和港口工程中,疏浚工程的主要任务有:

(1)开辟新的航道、港池和运河。

(2)浚深、加宽和清理现有航道和港池。

(3)疏通河道、渠道,水库清淤。

(4)开挖码头、船坞、船闸及其他水工建筑物的基槽。

(5)与开挖相结合的扩大港口、工业、农业及道路等用地面积以及海滩养护等吹填工程。

(6)在港口建筑工程中,挖去不适宜支承基础的水下底基,并代之以适宜的物料(替换物料)。

(7)在水利工程中,获取混凝土或其他用途的骨料、砾石和砂子以及从海底、河底挖取砂石料,以修整岸坡,筑堤防洪和改良土壤。

疏浚是开发和维护航道的主要手段之一,其特点是通过疏浚,航道尺度得以增加,通航条件得以改善,不需要大量的工程材料和人力。随着挖泥船的生产能力日益加大,疏浚在航道工程上的应用越来越多。在较大的平原河流下游和河口地区,由于河流尺度大,采用其他工程措施,工程量常常很大,还可能引起一系列其他问题。此时,疏浚常有它的独特之处,特别是在充分掌握河流演变性能之前,贸然采取整治等强制性工程措施,可能弄巧成拙,引起不良后果,疏浚就不会产生这些问题。

疏浚工程作为航道工程中一项不可缺少的工程措施,与整治工程、渠化工程、径流调节比较具有下列优点:

(1)施工简单,施工期较短,收效快。疏浚工程只需将碍航的土石方挖除,并处理好废弃土石方便告完成,不需建造复杂的水工建筑物。施工工序简单,施工期较短,且可以分段分期施工。航道一经开挖,航道尺度即可增加。

(2)投资较少,不需耗大量工程材料。由于疏浚工程不需建造建筑物,施工时一般也无施工导流问题,不需大量的辅助设施,耗费的人力和物力不多,基本上不需使用水泥钢筋、木材等。

(3)施工期间仍可维持通航。疏浚工程施工时一般不需使航道断航,可以采取在半边航道施工,另半边航道通航或每天定时断航的方式,这对已通航的航道治理具有特别重要的意义。

(4)适应性强,机动灵活。疏浚工程适用于各种不同土质和岩石的河床,开挖机具的功率有大有小,既可进行大面积的疏浚,也可以进行小区域的疏浚,施工时间可根据航运的情况灵活安排。

(5)对河流形态、自然环境、生态平衡影响较小。

同样,疏浚工程也存在一些不足:

(1)挖槽易于回淤。

疏浚方法促使河道水流几何边界改变显著且突然,往往引起水流内部结构的巨大变化。如果新形成的水流运动,不但不致使泥沙在航道内落淤,而且能够把进入挖槽内的泥沙输送出去,这便是挖槽所希望的最大收获,挖槽设计和进行疏浚时,都要千方百计地使疏浚的航道维持稳定,从而满足通航要求和减少以后的大量维护工作。但是,很多浅滩疏浚以后,挖槽常遭回淤,每年不得不进行恢复工作,这不但是由于没有很好地认识河床演变规律,缺乏经验和施工不当,而且反映了疏浚的运用会受到一些条件的限制。例如:在非常不稳定的河床上疏浚,挖槽会很快消失。在稳定的河流上进行疏浚是很有效的方法。平原河流都能利用整治建筑物和疏浚改善航道。除大河外,中小河流往往采用综合措施。例如,用挖槽的泥土就近填筑成为整治建筑物,引导水流,封闭汊口,使弃土有用,建坝有材。两种方法各抒所长,互补所短,可收事半功倍之效。

(2)当水面较窄时,航运会受到挖泥船施工的影响。

在很小的河流上挖泥,由于枯水时水面很窄,不仅过往船队会受到挖泥船的阻碍,而且挖泥船自身的工作场地和排泥管线的布置也会受到很大限制。但是,在小河上挖槽,过水断面的相对变化很大,更有可能发挥显著的作用,因而制造适合于在小河上工作的挖泥机械,对于小河众多的我国具有重要的意义。

疏浚方法不但常常被单独使用,而且能与利用整治建筑物改善航道的方法相结合,两者相辅相成。有时,利用整治建筑物改善通航条件会受到一些限制,如当整治由砾石或黏土等难冲土质组成的河床时,必须在航道上形成很大的流速才能使河床变形。这样往往超出船舶航行容许的最大流速,使船舶上行时功率不够,下行时舵效失灵,这都会增加运输的费用和危险。又如,在大型河流上,要想有效地调整河床断面的几何形态,除非采用巨大的整治建筑物,否则便难见效,但是这样会造成人力、物力和时间的巨大浪费,且目前技术上也有困难。如果具有疏浚力量,上述问题就可以方便地得到解决。

### (二)航道疏浚工程的分类及原则

疏浚工程按其性质和任务不同可分为基建性疏浚工程和维护性疏浚工程。

基建性疏浚工程是为了新辟航道、港口等或为增加它们的尺度、改善航运条件而实施的工程,是具有新建、改建、扩建性质的疏浚工程。基建性疏浚的首要任务是在较长期内从根本上改善航行条件。它包括以下工作:①改变河道的平面轮廓和航道尺度以建立新航槽,例如:裁弯取直、扩大航槽、切除岸滩等;②裁掉河岸凸出部分的硬土角,消除或缩小河槽的汊口及其他有害的深水部分;③堵塞分流以及进行与整治相结合的挖泥工作;④消除新航道上的障碍物和预先疏松航道上河床土壤,炸除石滩及硬土角等。

维护性疏浚工程是为了维护或恢复某一指定水域原定的尺度而清除水底淤积物的疏浚。维护性疏浚的首要任务是保持通航期内航道的规定尺度,以保证船舶的安全运行。如为恢复航道而进行的挖槽疏浚工作,在尺度不足的浅滩上进行的挖泥或爆破工作等。进行此类疏浚工作,关键是适应天然河流的演变规律,维持航道的尺度,并不引起演变规律的太大改变。不仅如此,在维修性疏浚工程中,必须力求增加航道的稳定性,并降低年挖泥量。

基建性疏浚往往和整治建筑物结合,用来改善维修性疏浚效果不好的航道,并且充分利用维修性疏浚多年积累的经验教训,认清河段的演变规律和碍航特点,作为设计、施工的依据。可见,基建性疏浚和维修性疏浚有着密切的联系,由于基建性疏浚对河床的改变较大,会引起水流条件的剧烈改变,为了消除对河床演变可能产生的不良影响,以及避免大量工作付诸东流,必须根据航道总体规划仔细分析河流水文条件和河床演变规律,对整治线的轮廓形状和工程措施进行多方面研究。维修性疏浚工程要比基建性疏浚工程常用得多,如为了恢复上一个航期航道原有的尺度,消除本航期内前一时期在挖槽上的回淤,以及小规模的炸滩、取石、清槽所进行的疏浚都属维修性的。扩大航槽深度、宽度,裁除急弯土角,开辟新航道,规顺河岸和大规模地取石、清槽等则都是基建性的。

疏浚施工和河段的水位变化规律有密切联系。当洪水上涨的时候,浅滩上大多落淤,进行挖槽受到边挖边淤的威胁,除非情况特殊,一般不应当进行;当洪水降落到挖泥船的挖泥刀能够触及河底时,施工便要紧张进行,这时河底受冲和挖槽的需要一致,并且一般应该在枯水期完成疏浚,及时提交使用。洪水降落的速度越快,挖泥的强度也就越大,如果需要挖泥的浅滩较多,挖泥的数量较大,这时疏浚施工的组织工作就是极为重要的。随着水位的降落,各浅滩先后出浅,需要根据疏浚力量和各处浅滩的水深变化情况,分期、分批、分层地浚深,使各浅滩在出现碍航以前得到改善,逐期保障航行的需要,并在这个条件下尽量减少挖泥机具的调动,提高效率。拟制这种疏浚计划,必须深入水文站、各个浅滩现场、航运船队,充分掌握水位水深变化规律和浅滩变化及其与碍航特点之间的关系,从而决定挖槽时期、挖泥次序和挖泥厚度,用以指导和组织挖泥工作有条不紊地进行。

在进行疏浚工作时,应遵守下列基本原则:

(1)根据本年度航道工程设计及远景航道发展规划的总方案,有系统地改善河流航行条件。考虑逐步贯彻远景航道计划,减少每年河段上的挖泥工作量,改善航行条件,使每年施工都能获得有利的效果。

(2)根据河流动力学和河床演变理论以及河床演变实际过程的研究,积极促进造床过程和最大限度地利用水流本身来改善航行条件。

(3)当河床向有利于形成所需的稳定航道方向演变时,应当促进这种演变趋势的发展。反之,当河床向不利方向发展时,则应当防止或限制这种发展趋势。

(4)疏浚的技术工具的组成和类型的选择等,应当根据该河段的水文地质条件(例如河流水量的大小和土质的软硬程度等)确定。

# 课题二 疏浚相关基础知识

## 一、课题引入

为了更好地实施疏浚和吹填工程,需要选择合适的施工船舶和机械。在选型过程中有很多影响因素，其中最重要的是土、风和水深。

## 二、课题分析

疏浚施工机具的选择与疏浚岩土的工程特性、风、水深等因素密切相关。

## 三、相关知识

### (一)疏浚岩土

#### 1. 疏浚岩土分类

疏浚岩土应分为岩石类和土类。

疏浚岩石应按强度进行分类，并考虑其风化程度、成因、软化系数等因素。

疏浚土类应根据颗粒组成及其特征、天然含水量、塑性指数及有机物含量分为有机质土及泥炭、淤泥类、淤泥质土类、黏性土类、粉土类、砂土类和碎石土类。

疏浚岩土的分类指标应符合表3-1的规定。

疏浚岩土分类表　　表3-1

| 岩土类别 | 岩土名称 | 分类标准 |
| --- | --- | --- |
| 有机质土及泥炭 | 有机质土及泥炭 | $Q \geqslant 5\%$ |
| 淤泥类 | 浮泥 | $w > 150\%$ |
| | 流泥 | $85\% < w \leqslant 150\%$ |
| | 淤泥 | $55\% < w \leqslant 85\%$, $1.5 < e \leqslant 2.4$ |
| 淤泥质土类 | 淤泥质黏土 | $36\% < w \leqslant 55\%$, $1.0 < e \leqslant 1.5$, $I_p > 17$ |
| | 淤泥质粉质黏土 | $36\% < w \leqslant 55\%$, $1.0 < e \leqslant 1.5$, $10 < I_p \leqslant 17$ |
| 黏性土类 | 黏土 | $I_p > 17$ |
| | 粉质黏土 | $10 < I_p \leqslant 17$ |
| 粉土类 | 黏质粉土 | $d > 0.075$mm 的颗粒含量小于总质量50%<br>$I_p \leqslant 10$, $10\% \leqslant M_C < 15\%$ |
| | 砂质粉土 | $d > 0.075$mm 的颗粒含量小于总质量50%<br>$I_p \leqslant 10$, $3\% \leqslant M_C < 10\%$ |
| 砂土类 | 粉砂 | $d > 0.075$mm 的颗粒含量大于总质量50% |
| | 细砂 | $d > 0.075$mm 的颗粒含量大于总质量85% |
| | 中砂 | $d > 0.25$mm 的颗粒含量大于总质量50% |

续上表

| 岩土类别 | 岩土名称 | | 分类标准 |
|---|---|---|---|
| 砂土类 | 粗砂 | | $d>0.5$mm 的颗粒含量大于总质量 50% |
| | 砾砂 | | $d>2.0$mm 的颗粒含量占总质量 25% ~50% |
| 碎石土类 | 角砾、圆砾 | | $d>2.0$mm 的颗粒含量大于总质量 50% |
| | 碎石、卵石 | | $d>20$mm 的颗粒含量大于总质量 50% |
| | 块石、漂石 | | $d>200$mm 的颗粒含量大于总质量 50% |
| 岩石类 | 软质岩石 | 极软岩 | $R_C\leq 5$MPa |
| | | 软岩 | 5MPa $<R_C\leq$ 15MPa |
| | | 较软岩 | 15MPa $<R_C\leq$ 30MPa |
| | 硬质岩石 | 较坚硬岩 | 30MPa $<R_C\leq$ 60MPa |
| | | 坚硬岩 | $R_C>$ 60MPa |

注:$Q$ 为有机质含量(%);$w$ 为天然含水率(%);$e$ 为孔隙比;$I_p$ 为塑性指数;$d$ 为粒径(mm);$M_C$ 为黏粒含量($d<0.005$mm);$R_C$ 为单轴饱和抗压强度(MPa)。

混合土、层状土、残积土的分类及评价应符合《港口岩土工程勘察规范》(JTS 133-1—2010)的有关规定。

2. 疏浚岩土的工程特性和分级

(1)疏浚岩土应根据疏浚机具对其挖掘、提升、输送等的难易程度进行分级。

疏浚岩土工程特性指标应包括判别指标和辅助指标。疏浚岩土应以判别指标为主、辅助指标为辅进行分级。

疏浚岩土的分级应符合下列规定:

①疏浚岩土的工程特性应根据岩石的强度与结构对疏浚设备可挖性的影响予以确定。

②疏浚岩土的工程特性指标应以岩块的单轴饱和抗压强度为判别指标。部分软质岩石、全风化和强风化岩石及珊瑚礁等相对较松软的岩石,可以标准贯入击数为判别指标。

③对单轴饱和抗压强度小于或等于 30MPa 的岩石应分为弱、中等、稍强 3 级;对单轴饱和抗压强度大于 30MPa 的岩石可先进行爆破、击碎等预处理。

(2)疏浚淤泥类的工程特性应以土的流变性、稠度对疏浚管道输送性能的影响为主确定。有机质土、泥炭与淤泥应划分为同一级土。

(3)疏浚淤泥质土类的分级应符合下列规定:

①疏浚淤泥质土类的工程特性应以土的流变性、稠度对疏浚管道输送性能的影响为主确定。

②疏浚淤泥质土类应以天然重度和液性指数为判别指标,以标准贯入击数、抗剪强度为辅助指标。

表 3-2

## 疏浚岩土的工程特性和分级

| 岩土类型 | 级别 | 状态 | 强度及结构特征 | 判别指标 | | | | 辅助指标 | | | | | |
|---|---|---|---|---|---|---|---|---|---|---|---|---|---|
| | | | | 标贯击数 $N$ | 抗剪强度 $\tau$ (kPa) | 天然重度 $\gamma$ (kN/m³) | 液性指数 $I_L$ | 标贯击数 $N$ | 液性指数 $I_L$ | 抗剪强度 $\tau$ (kPa) | 附着力 $F$ (g/cm²) | 相对密度 $D_r$ | 烧灼减量 $Q_1$ (%) |
| 有机质土、泥炭、淤泥类 | 1 | 流动 ~ 极软 | 可能是密实的或松软的，强度和结构在水平或垂直方向上可能相差很大，并存在气体 | — | — | $\gamma<16.6$ | $I_L>1.0$ | — | — | — | 弱 50 ~ 150，中等 150 ~ 250，强 > 250，附着力越大越难开挖 | — | $Q_1\geqslant 5$ |
| 淤泥质土类 | 2 | 软 | 极易用手指捏成形 | — | — | $\gamma\leqslant 17.6$ | $I_L>0.75$ | $N\leqslant 4$ | — | $\tau\leqslant 25$ | | | — |
| 黏性土类 | 3 | 中等 | 稍用力捏可成形 | — | $\tau\leqslant 50$ | $\gamma\leqslant 18.7$ | — | $N\leqslant 8$ | $I_L\leqslant 0.75$ | — | | | |
| | 4 | 硬 | 手指需用力捏才成形 | — | $50<\tau\leqslant 100$ | $\gamma\leqslant 19.5$ | — | $N\leqslant 15$ | $I_L\leqslant 0.50$ | — | | | |
| | 5 | 坚硬 | 不能用手指捏成形，可用大拇指压出凹痕 | — | $\tau>100$ | $\gamma>19.5$ | — | $N>15$ | $I_L<0.25$ | — | | | |
| 砂土类 | 6 | 松散 | 较容易将 12mm 钢筋插入土中 | $N\leqslant 10$ | — | $\gamma\leqslant 18.6$ | — | 满足 $C_u\geqslant 5$，$C_c=1\sim 3$ 为良好级配的砂(SW)；不能满足以上条件的为不良级配的砂(SP)；相同条件下级配越好越密实 | | | | $D_r\leqslant 0.33$ | — |
| | 7 | 中密 | 用 2 ~ 3kg 重锤很容易将 12mm 钢筋打入土中 | $N\leqslant 30$ | — | $\gamma\leqslant 19.6$ | — | | | | | $D_r\leqslant 0.67$ | — |
| | 8 | 密实 | 用 2 ~ 3kg 重锤可将 12mm 钢筋打入土中 30mm | $N>30$ | — | $\gamma>19.6$ | — | | | | | $D_r>0.67$ | — |

续上表

| 岩土类型 | 级别 | 状态 | 强度及结构特征 | 判别指标 | | | | 辅助指标 |
|---|---|---|---|---|---|---|---|---|
| | | | | 重触击数 $N_{63.5}$ | 密实判数 $DG$ | 标贯击数 $N$ | 抗压强度 $R_C$（MPa） | 颗粒级配 |
| 碎石土类 | 9 | 松散~中密 | 骨架颗粒含量小于总质量的70%，呈混乱或交错排列，大部分不接触或部分连续接触，充填物包裹大部分骨架颗粒，且呈疏松或中密状态 | $N_{63.5} \leqslant 20$ | $DG \leqslant 70$ | — | — | 满足 $C_u \geqslant 5$，$C_c$ = 1~3为良好级配的砾石(GW)；不能满足以上条件的为不良级配的砾石(GP)；相同条件下级配越好越密实 |
| | 10 | 密实 | 骨架颗粒含量大于70%，呈交错排列，连续接触，或只有部分骨架颗粒连续接触，但充填物呈紧密状态 | $N_{63.5} > 20$ | $DG > 70$ | — | — | |
| 岩石类 | 11 | 弱 | 锤击声哑，无回弹，有较深凹痕，手可捏碎，锹镐可挖掘，浸水后，可捏成团 | — | — | $N < 50$ | $R_C \leqslant 5$ | — |
| | 12 | 中等 | 锤击声哑，无回弹，有凹痕，锤击易碎，浸水后，手可掰开 | — | — | — | $R_C \leqslant 15$ | — |
| | 13 | 稍强 | 锤击不清脆，无回弹，有凹痕，锤击较易击碎，锹镐难挖掘，浸水后，指甲可刻出印痕 | — | — | — | $R_C \leqslant 30$ | — |

注：$C_u$为不均匀系数，$C_c$为曲率系数。

(4)疏浚黏性土类的分级应符合下列规定：

①疏浚黏性土类的工程特性应以土的抗剪强度对疏浚设备挖掘与输送能力的影响为主确定，并应考虑土的稠度、塑性、附着力等的影响。

②疏浚黏性土类应按工程特性分为中等、硬、坚硬 3 级，级别划分应以抗剪强度和天然重度为判别指标，以标准贯入击数、液性指数和附着力为辅助指标。

(5)疏浚砂土类的分级应符合下列规定：

①疏浚砂土类的工程特性应以土的密实程度、颗粒组成对疏浚设备挖掘与输送能力的影响为主确定。

②疏浚砂土类应按工程特性分为松散、中密、密实 3 级，级别划分应以标准贯入击数和天然重度为判别指标，以相对密度为辅助指标。

(6)疏浚粉土类中的黏质粉土应归入黏性土类，砂质粉土应归入砂土类。

(7)疏浚碎石土类的分级应符合下列规定：

①疏浚碎石土类的工程特性应以土的密实程度、颗粒组成对疏浚设备挖掘与输送能力的影响为主确定。

②疏浚碎石土类应以重型动力触探击数 $N_{63.5}$ 和密实判数为判别指标。

疏浚岩土的工程特性和分级应按表 3-2 确定。

疏浚岩土性质对疏浚施工的影响可按表 3-3 确定。

**疏浚岩土性质对疏浚施工的影响** 表 3-3

| 岩土类别 | 疏浚岩土性质指标 | 挖掘方法 | 输送方法 | 磨蚀作用 | 吹填物 | 疏浚边坡的稳定性 |
|---|---|---|---|---|---|---|
| 黏性土 | 粒径分布 | √ | — | √ | — | — |
| | 强度 | √ | √ | — | — | √ |
| | 塑性/含水量 | √ | √ | — | — | — |
| | 天然密度 | √ | — | — | — | √ |
| | 矿物成分 | — | — | √ | — | — |
| | 颗粒比重 | — | √ | — | — | — |
| | 气体含量 | √ | √ | — | — | — |
| | 流变性质 | √(软土) | √(软土) | — | — | — |
| | 有机质含量 | √ | √ | — | — | — |
| 非黏性土 | 粒径分布 | √ | √ | √ | √ | — |
| | 相对密度 | √ | — | — | — | |
| | 压缩特性 | — | — | — | √ | — |
| | 天然密度 | √ | √ | — | — | — |
| | 矿物成分 | — | √ | √ | — | — |
| | 颗粒比重 | — | √ | √ | — | — |
| | 磨圆度 | — | — | √ | — | — |
| | 渗透性 | √ | — | — | — | — |
| | 有机质含量 | √ | — | — | √ | — |

续上表

| 岩土类别 | 疏浚岩土性质指标 | 挖掘方法 | 输送方法 | 磨蚀作用 | 吹填物 | 疏浚边坡的稳定性 |
|---|---|---|---|---|---|---|
| 岩石 | 岩石强度 | √ | — | — | — | √ |
| | 弹性 | √ | — | — | — | — |
| | 矿物成分 | √ | √ | √ | — | — |
| | 结构、构造 | √ | √ | √ | — | √ |
| | 密度 | √ | √ | √ | — | — |

注:表中√表示有影响;—表示无影响。

(二)风

1)风的基本特征

风的基本特征是用风速和风向两个量值来表示的。风速是空气在单位时间内所流过的距离,单位一般用米/秒(m/s)表示。风向,即风的来向,一般用16个方位表示,在海上多用罗盘来测定。在海上,当无风速仪时,常利用海上的物象特征观测风速和风向。

目前的风速用蒲福风级来表示。蒲福风级按风速大小分为12级。其中风速为10.8~13.8m/s或风力达到6级的风称为强风。在疏浚工程中,大型施工船舶的防风、防台是指船舶防御风力在6级以上的季风和热带气旋。

施工船舶在未来48h以内,遭遇风力可能达到6级以上的风,则称船舶"在台风威胁中"。

施工船舶在未来12h以内,遭遇风力可能达到6级以上的风,则称船舶"在台风严重威胁中"。

风速为17.2~20.7m/s或风力达8级的风称为大风。一日中如有此级风出现,即视为大风日。大风对航运及海上作业都有很大危害,常造成重大事故;如与天文高潮相遇,常形成风暴潮,使海水泛滥,危害更严重。

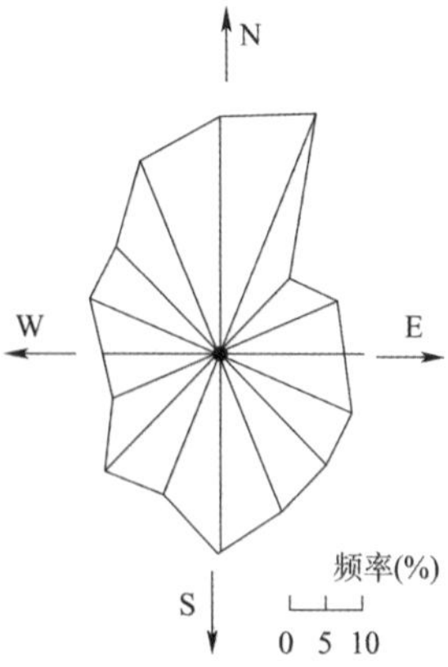

图3-1 风向频率玫瑰图

施工船舶接近台风中心,风力达8级以上时,称船舶"在台风袭击中"。

我国东海沿岸大风最多,其次是黄海、渤海沿岸,南海沿岸大风最少。一般沿海岛屿的大风比大陆岸边的大风多。

2)风玫瑰图

风玫瑰图是指用来表达风的时间段、风向、风速和频率四个量的变化情况的图。常见的有风向频率玫瑰图、最大风速玫瑰图、大于某一风级的风频率玫瑰图,分别见图3-1~图3-3。

大风日:指在某一观测时段中出现超过8级风的天数,如一天的观测中出现一次或多次超过此值的风速,均称为一个大风日。

台风与热带风暴:台风是发生在东经180°以西的北太平洋和南中国海的热带低压气旋(风暴)。世界气象组织将太平洋的风暴分为四个等级:中心最大风力在12级或12级以上的风暴称为台风,10~11级的风暴称为强热带风暴,8~9级的风暴称为热带风暴,低于8级的风暴称为热带低压。

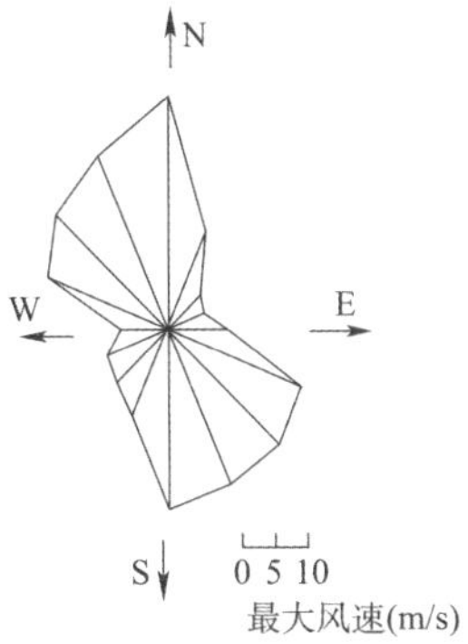


图 3-2　最大风速玫瑰图

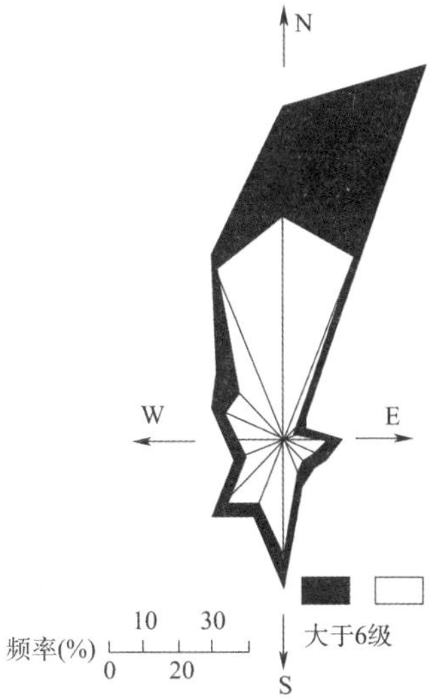


图 3-3　风频率玫瑰图

在海上施工时,风不但直接作用于结构物构成风荷载,而且生成波浪和风成流,对于施工质量、施工人员、施工船舶和设备、工程结构的安全构成威胁和破坏。

对于海上施工的工期安排,在工期的自然天数中必须充分考虑风浪的影响,计算有效的施工天数;在施工工序的安排中,必须考虑风浪的影响,合理地安排流水作业段,形成有效的防风浪保护,对于不可预见的突发大台风和台风袭击,必须制订并落实有效的防风、防台风预案。

## (三)基准面

平均海平面是多年潮位观测资料中,取每小时潮位记录的平均值,也称平均潮位。平均海平面是计算陆地海拔高度的起算面,我国规定以黄海(青岛验潮站)平均海平面作为计算中国陆地海拔高度的起算面。

海图深度基准面就是计算海图水深的起算面,一般也是潮汐表的潮高起算面,通常也称潮高基准面。在水深测量或编制海图时,通常采用低于平均海平面的一个面作为海图深度基准面,此面在绝大部分时间内都应在水面下,但它不是最低的深度面,在某些很低的低潮时还会露出来。我国 1956 年以后基本统一采用理论深度基准面作为海图深度基准面。目前,我国规定以“理论最低潮位”为海图深度基准面,亦为潮位基准面。图 3-4 所示为海图深度基准面示意图。

## (四)地形图与水深图

在大地测量中,对于平均海平面即基准面以下的地面点,其高程用从平均海平面向下量的负高程表示,如水面下某点距平均海平面的竖直距离为 12m,则标为 $-12$m。水下地形用连接相同水深点的等深线表示,形成水下地形图。

沿海和感潮河段港口与航道工程及航运上常用的水深图(海图或航道图),其计量水深用比平均海平面低的较低水位或最低水位作为水深的起算面,称为理论深度基准面。因为一年内有一半左右的时间海水位低于平均水位,这么做是为了保证船舶航行的安全,使图上标注的水深有较大的保证率。我国海港采用理论深度基准面,即各港口或海域理论上可能达到的最低潮位。理论深度基准面是通过潮汐的调查分析和保证率计算的,然后通过与实际观测资料对照调整后,由国家颁布。内河港口则采用某一保证率的低水位作为深度基准面。

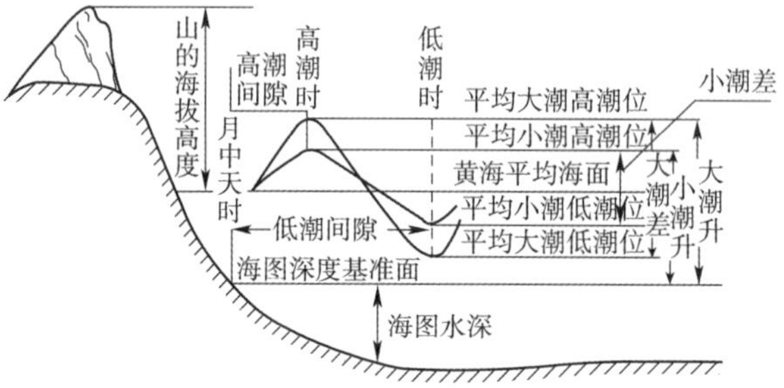


图 3-4 海图深度基准面示意图

对于理论深度基准面以上,随天文、气象变化的那部分水深,则用潮汐表预报。

因此,某一水域某时刻的实际水深由两部分组成:一部分是基准面以下的有保证的水深,即海图中所标注的水深,另一部分是基准面以上的受天文、气象影响的那部分水深,即潮汐表中给出的潮高(或潮升)值。

某位置处的实际水深 = 海图水深 + 潮高(查潮汐表) + (海图基准面 - 潮高基准面) (3-1)

有了地形图、水深图,就可以进行工程的规划布置、设计和计算。在应用这些图时,应注意到,由于历史上的各种原因,不同时期不同地区或水域的测图(地形图、水深图、海图或航道图)所使用的基准面可能不同,故应对其高程差进行换算。在工程设计图纸中,一般都注明该工程所使用的基准面,以及该基准面与工程所在地区其他常用或习惯使用的基准面之间的关系。

对有通航要求的疏浚工程,宜采用2000 国家大地坐标系,对有特殊要求的工程,可采用独立的坐标系统。在一个测区内应采用同一坐标系。

# 课题三 疏浚挖泥工程

## 一、课题引入

对于沙质和沙卵石河床,疏浚工程是指采用挖泥船挖除碍航的泥沙堆积物,增加航道水深,拓宽航道。

## 二、课题分析

疏浚挖泥工程的工程设计和疏浚机械选择是非常重要的内容。

## 三、相关知识

### (一)疏浚挖泥工程基本要求

1. 挖槽设计

1)挖槽设计的原则

用疏浚的方法开挖的航槽称为挖槽。挖槽是疏浚工程中最主要的工作,与整治工程利用水流冲刷河床形成航槽不同,挖槽完成时水流和河床尚不能完全适应,巨大的挖槽严重地改变了水流和河床的状况。在冲击性河流的浅滩上开挖航槽,容易产生回淤。为了减少回淤,必须正确地选择挖槽的位置、走向、线型、断面形式和尺度以及合理的抛泥区,以利于船舶航行,并保持航槽的稳定。挖槽(定线)设计就是在满足航道所需尺度、获得有利的水流条件和保证挖槽稳定的前提下,力求减少工程数量。

内河挖槽定线原则:挖槽除应最大限度地满足航行要求和减少回淤量外,还应使工程量最小,并易于施工。

(1)在平面上挖槽以直线布置为宜,当必须挖成折线时,转弯处的弯曲半径应尽量放大,并适当放宽,以利于船舶转向操作。挖槽进出口宜拓宽成喇叭口形,既便于船只进出又有利于吸引水流,增加进入航槽的流量。

(2)由于水流的流向随水位的涨落而变化,因而挖槽不可能在任何水文情况下都与流向一致,但其偏角不应过大,实践证明,一般在15°以内较好。

(3)基建性挖槽的面积与原河槽的断面面积之比不宜过大。挖槽断面过大易产生淤积,同时将引起上游水位下降,可能在上游出现新的浅滩。

(4)挖槽应通过浅滩鞍槽,并与上下深槽平顺相接。也可以沿最大输沙能力区或最大流速区布置挖槽。

(5)在满足航行要求的前提下,以窄深的挖槽断面为宜,它的单宽流量较大,输沙能力较强,泥沙不易沉积。

(6)选择挖槽土方最小的方案,以节省工程费用和缩短工期。

一般在大致确定了挖槽位置后,应进行水力计算,计算挖槽的方向及断面尺度,验证挖槽的稳定性及水面降落情况等。

挖槽不淤的基本条件是保持挖槽内的纵向流速大于开挖前该断面上的流速,并大于挖槽上游河段的流速,同时还应使沿着挖槽内的纵向流速不减弱,以保证泥沙不淤或少淤在挖槽内。

河口挖槽定线原则:河口水域开阔、风浪大、水流复杂,为便于船舶在航槽内航行,挖槽应尽可能与水流、风和浪的方向一致。由于水流、风和浪的方向不可能在同一方向上,而且它们会发生周期性的变化,因而,只能考虑主要方向。对于重载大型船舶,水流影响大于风浪影响,挖槽方向应与上层水流方向一致,特别应注意潮流陡涨陡落时的流向。在开敞的水域中,挖槽应与风、浪、水流的合力方向一致;在有掩护体的水域中,横浪和横流的影响不大,主要是常风向影响船舶的航行。当航道方向与风力方向一致有困难时,可通过增加航道宽度来弥补。航槽在平面上应尽可能取直线,以便安全航行。

根据挖槽稳定性要求,挖槽方向应力求与涨落潮的底流方向一致,以利于泥沙输移;挖槽应避开下移的沙洲和边滩;不宜沿推移质运动的方向横向布置挖槽。

2)挖槽尺度

挖槽尺度包括断面尺度和平面尺度,均和设计船舶(队)的通航要求有关。通航水域的疏浚平面尺度、深度设计应符合《海港总体设计规范》(JTS 165—2013)、《河港总体设计规范》(JTJ 212—2020)和《航道工程设计规范》(JTS 181—2016)的有关规定。

基槽疏浚平面尺度、深度应按挖槽使用要求、施工要求和水域冲淤情况进行设计。涉及建筑物的尚应满足建筑物稳定要求。

以置换为目的的疏浚平面尺度、深度应根据拟建水工建筑物设计要求确定。

(1)断面尺度。

挖槽的横断面尺度必须和航道标准尺度相适应。挖槽断面一般设计成倒梯形,见图3-5。内河航道挖槽断面尺度,可根据《内河通航标准》(GB 50139—2014)规定取值,按挖槽所在航道的等级,直接可查得航道的标准尺度(航道标准宽度、航道标准水深、航道最小弯曲半径)。海港及河口航道挖槽断面尺度,可用航道标准水深、航道标准宽度的计算公式来计算。然后按 $H = Z - Z_0$ 求得挖槽设计河床高程 $Z_0$,再将挖槽挖泥面积除以 $B$,即得挖槽厚度 $h$。挖槽设计边坡坡度应根据土质、水动力条件和拟采用的疏浚设备确定,并应符合下面的规定。有些维护性疏浚,为了延长挖槽的有效使用期,可增加备淤深度 $\Delta h$,在设计时应将 $\Delta h$ 计入设计水深。

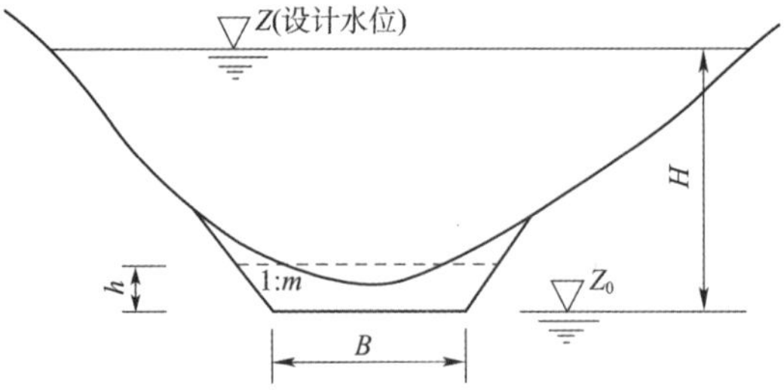


图3-5 挖槽断面示意图

$Z$-设计最低通航水位高程;$Z_0$-挖槽后的河床高程;$H$-航道标准水深;$h$-挖槽平均开挖厚度;$m$-挖槽边坡系数;$B$-挖槽设计底宽

挖槽设计边坡坡比应在进行边坡稳定性分析后确定。必要时,可通过试挖验证。在缺乏资料的情况下,不同岩土的水下边坡坡比可采用表3-4中的数值。疏浚水域范围或疏浚厚度较大,且土质特性或水动力环境出现较大变化时,应在不同区段或深度取用不同的设计边坡坡比;疏浚范围或疏浚厚度较小时,即使土质特性或水动力环境出现较大变化,也可采用同一个较缓的边坡坡比。

**不同岩土的水下边坡** 表3-4

| 岩土类别 | 岩土名称 | 岩土状态 | 岩土有关指标 | | | | 边坡坡比 |
|---|---|---|---|---|---|---|---|
| | | | 标贯击数 $N$ | 天然重度 $\gamma$ (kN/m³) | 天然含水量 $w$ (%) | 孔隙比 $e$ | |
| 淤泥土类 | 流泥 | 流态 | — | $\gamma<14.9$ | $85<\omega\leq150$ | $e>2.4$ | 1:50~1:25 |
| | 淤泥 | 很软 | $N<2$ | $14.9\leq\gamma<16.6$ | $55<\omega\leq85$ | $1.5<e\leq2.4$ | 1:25~1:8 |
| | 淤泥质土 | 软 | $2\leq N\leq4$ | $16.6\leq\gamma\leq17.6$ | $36<\omega\leq55$ | $1.0<e\leq1.5$ | 1:8~1:3 |

续上表

| 岩土类别 | 岩土名称 | 岩土状态 | 岩土有关指标 | | | | 边坡坡比 |
|---|---|---|---|---|---|---|---|
| | | | 标贯击数 $N$ | 天然重度 $\gamma$ (kN/m³) | 天然含水量 $w$ (%) | 孔隙比 $e$ | |
| 黏性土类 | 黏土<br>粉质黏土 | 中等<br>硬<br>坚硬 | $N\leqslant 8$<br>$8<N\leqslant 15$<br>$N>15$ | $17.6<\gamma\leqslant 18.7$<br>$18.7<\gamma\leqslant 19.5$<br>$\gamma>19.5$ | — | — | 1:3~1:2 |
| | 黏质粉土 | 软<br>中等 | $N\leqslant 4$<br>$4<N\leqslant 8$ | $\gamma\leqslant 17.6$<br>$17.6<\gamma\leqslant 18.7$ | — | — | 1:8~1:3 |
| | | 硬<br>坚硬 | $8<N\leqslant 15$<br>$N>15$ | $18.7<\gamma\leqslant 19.5$<br>$\gamma>19.5$ | — | — | 1:3.0~1:1.5 |
| 砂土类 | 砂质粉土 | 极松<br>松散 | $N\leqslant 4$<br>$4<N\leqslant 10$ | $\gamma\leqslant 18.3$<br>$18.3<\gamma\leqslant 18.6$ | — | — | 1:10~1:5 |
| | | 中密<br>密实 | $10<N\leqslant 30$<br>$N>30$ | $18.6<\gamma\leqslant 19.6$<br>$\gamma>19.6$ | — | — | 1:5~1:2 |
| | 粉砂<br>细砂<br>中砂<br>粗砂<br>砂砾 | 极松<br>松散 | $N\leqslant 4$<br>$4<N\leqslant 10$ | $\gamma\leqslant 18.3$<br>$18.3<\gamma\leqslant 18.6$ | — | — | 1:10~1:5 |
| | | 中密<br>密实 | $10<N\leqslant 30$<br>$N>30$ | $18.6<\gamma\leqslant 19.6$<br>$\gamma>19.6$ | — | — | 1:5~1:2 |
| 岩石类 | 软质岩石 | $R_C\leqslant 30$MPa | | | | | 1:2.5~1:1.5 |
| | 硬质岩石 | $R_C>30$MPa | | | | | 1:1.00~1:0.75 |

注：①$R_C$为单轴饱和抗压强度(MPa)；

②对黏质粉土和砂质粉土，当开挖深度超过5m时可采用较陡的边坡坡比；

③通常可不考虑波浪和水流作用，但对有强浪和强流作用的边坡坡比宜适当放缓。

(2)平面尺度。

①航道挖槽。应符合《航道工程设计规范》(JTS 181—2016)的相关规定。挖槽轴线常设计成直线，仅在挖槽上、下口与自然航道连接部分可能出现弯曲情况，其弯曲半径应满足通航要求，凡是布置成平顺圆滑的曲线，挖槽不可避免出现折线时，其转角 $\Phi$ 应尽量小，以便于船舶航行。转折处应适当加宽，加宽方法可采用切角法或折线切割法。请参阅模块一航道通航条件相关内容。

②泊位挖槽。详见《海港总体设计规范》(JTS 165—2013)、《河港总体设计规范》(JTJ 212—2020)。

2. 抛泥方法及抛泥区选择

疏浚挖掘的泥土有两种抛泥方式，一种是由泥驳或泥管将泥排入水中，即水下泄泥；另一种是由泥驳(通过吹泥船)或排泥管将泥排到陆上洼地或泥塘中,即所谓吹填。抛泥区选择的一般原则是首先应满足航行要求,其次考虑河床演变、施工条件、经济合理和环境的影响等。

1)从利于航行考虑

(1)抛泥区不能选择在妨碍航行的地点,如航道的边缘,或挖槽附近以及通向码头或船坞的水域;

(2)抛泥区通常选在凸岸边滩的下部,不影响通航。

2)从河床演变规律考虑

(1)抛泥区应尽量选在下深槽的尖潭内,以填塞深潭,减弱横流,宜选在挖槽的下游深槽,避免泥沙下移,引起挖槽内的回淤;

(2)提高边滩的高程,有利于在较高水位时引导水流冲刷航道;

(3)塞支强干,即填塞非通航的汊道,增加通航汊道的水深;

(4)抛泥区应与岸滩相连,不能抛成彼此互不相连的沙滩,以免岸滩与抛泥区之间形成凹塘,这样的凹塘不仅分散水流,降低疏浚效果,还往往发展成为第二航道,甚至使挖槽不能通航。

此外,抛泥区的选择还要考虑泥沙运动对下游河道的影响。如在挖槽下游,有可能使下游河道出浅。例如,淮河鲁口孜浅滩于1994年7—9月挖泥两万余方,抛在浅滩的下深槽中,该深槽又是下游冯家渡口浅滩的上深槽,1995年洪峰过后,所抛泥全部下移,深槽恢复原状,而下游冯家渡口浅滩同时出浅碍航,说明所抛泥沙被水流带至此处淤积。由此可见,抛泥区的选择与河床演变关系密切,应全面考虑。

3)从利于施工方面考虑

抛泥区应不妨碍挖泥船和泥驳的运转。如泥驳抛泥时,抛泥区水深不能太浅,否则不能满足泥驳吃水的要求,同时应尽可能不影响其他船舶的航行。

当采用抛泥方式时,处置区需要的最小水深按下式计算:

$$h = h_T + h_K + h_B + h_n \tag{3-2}$$

式中:$h$——抛泥区最小水深(m);

$h_T$——挖泥船或泥驳的最大吃水(m),采用拖轮拖带泥驳时,若拖轮的最大吃水大于泥驳泥门开启时的 $h_T + h_B$,则式中 $h_T + h_B$ 代之以拖轮的最大吃水;

$h_K$——富裕水深(m),可取0.3~0.5m;

$h_B$——泥门开启时超出船底的深度(m);

$h_n$——设计抛泥厚度(m)。

4)从经济合理性方面考虑

疏浚的泥土应尽可能变废为宝,发挥其经济效益。如尽量利于挖出的泥土抛填整治建筑物以稳定河床和挖槽。例如,在湘江上利用含有20%以上卵石的泥沙修筑丁坝,使其成为整治措施的一个内容,一举两得,从而大大提高了经济效益,但与此同时必须注意应以维护挖槽稳定为前提。

5)从对环境的影响方面考虑

疏浚泥土就得考虑对生态环境的影响,主要包括避免大量的自然资源遭直接破坏或污染,特别是渔业上的鱼、虾及贝类等海产品。

上述选择抛泥区的原则，设计时往往不能同时满足，尤其是挖槽至抛泥区的距离与其对挖槽的回淤影响，很容易互相矛盾。因此，必须施以周密的调查研究，甚至采用现场测试等手段，按照具体情况，从有利于总体出发加以选择。

3. 疏浚工程量计算

疏浚工程的设计工程量应包括设计断面工程量、计算超深与计算超宽工程量、根据自然条件与施工工期计入的施工期回淤工程量。

因为挖泥船的挖泥工具在河底形成的挖泥痕并不是光滑的平整面，所以一定要允许在施工中保持超过设计深度挖泥才能保证挖后水深符合要求。需要的超深因挖泥层厚度、土质、挖泥船类型及施工时风浪和施工操作技术不同而不同。计算断面见图 3-6。

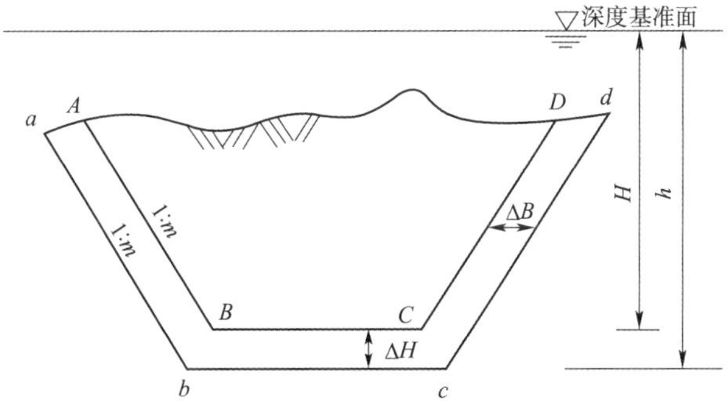


图 3-6　疏浚工程断面图

*ABCD*-设计断面；*abcd*-工程量计算断面；$\Delta B$-计算超宽；$\Delta H$-计算超深；1: *m*-设计坡比；*H*-设计深度；*h*-计算深度

由于挖泥导标的视觉误差，挖泥船施工时常须在超出导标标志的挖槽边线以外施工；另外，有边坡的自然崩塌也可能比预计的多，因此挖泥船必须超宽施工。疏浚工程设计应考虑疏浚作业的水平和垂向偏差，在宽度和深度上分别增加计算超宽和计算超深。各类挖泥船计算超宽和计算超深值可按表 3-5 确定。

**各类挖泥船计算超宽和计算超深值**　　表 3-5

| 船型 | 耙吸式挖泥船 | | 绞吸式挖泥船 | | 链斗式挖泥船 | | 抓斗式挖泥船 | | | 铲斗式挖泥船 | |
|---|---|---|---|---|---|---|---|---|---|---|---|
| 规格 | 舱容($m^3$) | | 装机总功率(kW) | | 斗容($m^3$) | | 斗容($m^3$) | | | 斗容($m^3$) | |
| | ≥9000 | <9000 | ≥5000 | <5000 | ≥0.5 | <0.5 | >8 | 4~8 | <4 | ≥4 | <4 |
| 超深(m) | 0.55 | 0.50 | 0.40 | 0.30 | 0.35 | 0.30 | 0.60 | 0.50 | 0.40 | 0.40 | 0.30 |
| 超宽(m) | 6.0 | 5.0 | 4.0 | 3.0 | 4.0 | 3.0 | 4.0 | 4.0 | 3.0 | 3.0 | 2.0 |

注：①在斜流、泡漩水等不良流态地区，挖槽计算超宽值应增加 1~2m；疏挖块石的计算超深值可适当增加。
②对端部有纵向端坡的基槽和挖槽，其计算超长值可与计算超宽值相同，端坡的坡比可与横断面边坡坡比相同，用耙吸式挖泥船施工时，端坡的坡比可适当增加。
③内河小型疏浚设备施工时，其计算超深和计算超宽值可适当减小。

对精度和安全有特殊要求的工程，应结合岩土特性计算确定最大允许超宽和超深值。

挖岩、清渣的计算超宽和超深值可取 4.0m 和 1.0m。采用爆破进行岩石预处理的计算超宽和计算超深值应按《水运工程爆破技术规范》(JTS 204—2008)的有关规定执行。

在计算疏浚工程量时，若把边坡塌方考虑在内，就不必再在挖槽宽度内增加超宽，只须按设计宽度计算即可。

疏浚工程的疏浚工程量计算就是计算施工所挖的泥土在自然状态下的体积(即水下方)。其计算是以测量外业所得的测图为依据的。这些测图主要有挖槽断面扩大图、平面布置图、抛泥区水深平面图、航行水深平面图等。疏浚工程中疏浚工程量可采用断面面积法、平均水深法或网格法。边坡较陡的区域、拓宽不多的挖槽应采用断面面积法计算。

1)断面面积法

在设计挖槽上选取若干横断面 $A_1$、$A_2$、$A_3$、$A_4$、…、$A_n$,断面间距视地形变化情况而定。在每一横断面上算出包括超深、超宽的挖槽面积。此面积可用求积仪直接量取,也可将断面分为若干条(图3-7),按梯形或三角形算出各面积后再相加得横断面的总面积,即挖槽疏浚工程量计算式:

$$V = \frac{1}{2}\sum_{i=1}^{n}(A_{i-1} + A_i)L_i \tag{3-3}$$

式中:$V$——挖槽疏浚工程量($m^3$);

$A_{i-1}$——第 $i$ 段挖槽起始横断面面积($m^2$);

$A_i$——第 $i$ 段挖槽终止横断面面积($m^2$);

$L_i$——第 $i$ 段挖槽长度(m)。

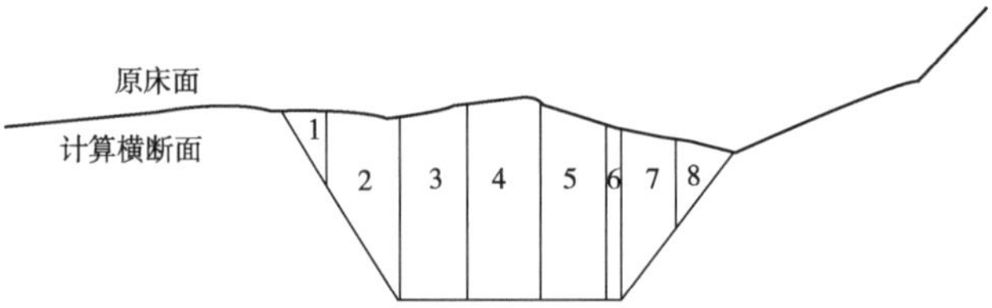


图3-7 横断面分条示意图

采用断面面积法计算疏浚工程量,应符合下列规定:

(1)计算断面的间距宜按测深线间距选取,挖槽的起点、转折点、终点和不同类别土质的界面处均应布设计算断面。

(2)挖槽端坡部分,除底端线及坡顶线应布设计算断面外,在此两断面之间至少应插入一个计算断面。

计算断面应与挖槽纵轴线垂直,不能垂直布设时,其每边的超宽值应按下式计算:

$$\Delta B' = \frac{\Delta B}{\sin\alpha} \tag{3-4}$$

式中:$\Delta B'$——计算断面和挖槽边线斜交时的计算超宽值(m);

$\Delta B$——计算超宽值(m);

$\alpha$——计算断面与挖槽边线小于90°的交角(°)。

对于此计算方法应进行复核,两次计算结果的差值不应超过5%,取两次计算结果的算术平均值作为挖槽疏浚工程量。

2)平均水深法

计算平均水深应遵循下列原则:

(1)挖槽计算底边线和分段线上的水深点均参与这些线条范围内的挖槽平均水深计算。

(2)计算挖槽底边线或底端线的平均水深时,取计算边线外测图上0.5cm范围内的一个水深点计算；若边线上有超过计算深度的水深点，该点按计算深度值计算。

(3)挖槽内图上有孤立的 1～2 个水深点超过计算深度时，按计算水深值计算平均水深；图上连续出现 2 个以上水深点超过计算深度时，这些水深值不参与计算平均水深，其占有的大于计算深度的面积从挖槽面积中扣除。

用平均水深法计算挖槽疏浚工程量 $V$ 分两种情况：

(1)挖槽端部无端坡时，挖槽疏浚工程量应按下列公式计算：

$$V = V_m + V_s \tag{3-5}$$

$$V_m = B' \times D \times L \tag{3-6}$$

$$B' = B + 2(\Delta B - m \times \Delta H) \tag{3-7}$$

$$V_s = \frac{1}{2} \times m \times D_l^2 \times L_l + \frac{1}{2} \times m \times D_r^2 \times L_r \tag{3-8}$$

式中：$V$——挖槽疏浚工程量($m^3$)；

$V_m$——无端坡时，挖槽计算底边线范围内的疏浚工程量($m^3$)；

$V_s$——无端坡时，两侧边坡的疏浚工程量($m^3$)；

$B'$——挖槽计算底宽(m)；

$D$——挖槽计算底边线范围内的平均疏浚厚度(m)；

$L$——挖槽计算底边线的平均长度(m)；

$B$——挖槽设计底宽(m)；

$\Delta B$——挖槽的计算超宽值(m)；

$m$——边坡系数；

$\Delta H$——挖槽的计算超深值(m)；

$D_l$、$D_r$——挖槽左、右计算底边线上的平均疏浚厚度(m)；

$L_l$、$L_r$——挖槽左、右计算底边线的长度(m)。

(2)挖槽端部有端坡时，挖槽疏浚工程量应按下列公式计算：

$$V = V'_m + V'_s + V'_E \tag{3-9}$$

$$V'_m = B' \times D \times [L + 2(\Delta L - m \times \Delta H)] \tag{3-10}$$

$$V'_s = \frac{1}{2} \times m \times D_l^2 [L_l + 2(\Delta L - m \times \Delta H)] + \frac{1}{2} \times m \times D_r^2 [L_r + 2(\Delta L - m \times \Delta H)] \tag{3-11}$$

$$V'_E = \frac{1}{2} \times m \times B_u \times D_u^2 + \frac{2}{3} m^2 \times D_u^2 + \frac{1}{2} \times m \times B_0 \times D_0^2 + \frac{2}{3} m^2 \times D_0^2 \tag{3-12}$$

式中：$V$——挖槽疏浚工程量($m^3$)；

$V'_m$——有端坡时，挖槽计算底边线范围内的疏浚工程量($m^3$)；

$V'_s$——有端坡时，两侧边坡的疏浚工程量($m^3$)；

$V'_E$——两个端坡的疏浚工程量($m^3$)；

$B'$——挖槽计算底宽(m)；

$D$——挖槽计算底边线范围内的平均疏浚厚度(m)；

$L$——挖槽计算底边线的平均长度(m)；

$\Delta L$——计算超长值(m);

$m$——边坡系数;

$\Delta H$——挖槽的计算超深值(m);

$D_l$、$D_r$——挖槽左、右计算底边线上的平均疏浚厚度(m);

$L_l$、$L_r$——挖槽左、右计算底边线的长度(m);

$\Delta L - m \times \Delta H$——实际底边线超长值(m),如挖槽只一端有端坡,只需加一个 $\Delta L - m \times \Delta H$;

$B_u$、$B_0$——上、下两端计算底端线的宽度(m);

$D_u$、$D_0$——上、下两端计算底端线的平均疏浚厚度(m)。

端坡两侧边角处各点的泥层厚度按该底端线上的平均泥层厚度计算。

使用平均水深法计算挖槽疏浚工程量时,要求挖槽内测点布设均匀。当挖槽内水深测点布设不均匀时,宜将挖槽分成数段,测点疏密大致相同的划分为一段,按上述方法分别计算每段的挖槽疏浚工程量,再将各段疏浚工程量相加,即可求得总疏浚工程量。

挖槽疏浚工程量的平均水深法计算步骤如下:

(1)从大比例尺的挖槽平面图上,量出设计挖槽的边线长度和边线间的宽度。

(2)用适当大小的正方格网覆盖整个挖槽,使挖槽的左右边线恰为方格网的两条纵线,尽量使挖槽的上下端边线通过方格网的顶点。

(3)按照挖槽平面图上原有水深点的水深,用插入法计算出各方格顶点的水深。

(4)按方格顶点的水深计算各纵线的平均水深。如纵线两端的方格顶点都恰在挖槽上下端边线上,则这两个端点的权数为1/2,中间各顶点权数都为1;如果两端点不是正居方格顶点,则挖槽内最靠近端点的一个顶点水深的权数应按顶点离挖槽端的距离相当于一个网格尺度的几分之几来适当定其权数。

(5)按各纵线的平均水深计算整个挖槽的平均水深,边线的权数应为1/2,中间各纵线的权数应为1。遇各纵线长度相差甚大时,可适当考虑各线水深的不同权数。

(6)按方格数计算挖槽平面面积,如果挖槽的平面形状近似规则的几何图形,也可用平均纵线法计算挖槽平面面积。

(7)计算挖槽的平均挖泥厚度(平均挖泥厚度 = 设计挖槽水深 + 超深 - 挖槽平均水深)。

(8)按挖槽平面面积和平均挖泥厚度计算槽底疏浚工程量。

(9)按边线平均水深和边坡计算两侧边坡疏浚工程量。

(10)槽底疏浚工程量和两侧边坡疏浚工程量相加,以算出全挖槽的设计疏浚工程量。

应当指出,在计算挖槽疏浚工程量时,要包括施工中允许超深、超宽值和边坡塌方值,但如果把边坡塌方考虑在疏浚工程量计算中,就不必再在挖槽宽度内增加超宽,仍按设计宽度即可。一般来说,小河流上常采用平均断面法,大河流上因测流断面很难准确测量,故多用平均水深法。

3)网格法

按水深测图测点间距分成计算网时,网格形状可为正方形或长方形,其边长应为水深测图两相邻测点间的间距,四个顶角的水深值取实测值,因测图测点间距偏差而顶点处无测点时,用插值。

$$V = \sum \Delta V \tag{3-13}$$

$$\Delta V = \frac{\Delta A[(H_{21} + H_{22} + H_{23} + H_{24}) - (H_{11} + H_{12} + H_{13} + H_{14})]}{4} \tag{3-14}$$

式中：$V$——计算区工程量（$m^3$）；

$\Delta V$——计算网格工程量（$m^3$）；

$\Delta A$——计算网格面积（$m^2$）；

$H_{21}$、$H_{22}$、$H_{23}$、$H_{24}$——网格计算点设计水深（m）；

$H_{11}$、$H_{12}$、$H_{13}$、$H_{14}$——网格计算点浚前水深（m）。

按一定距离划分为正方形计算网时应按下列步骤计算：

（1）按图上距离 10cm 将疏浚区划分为 10cm × 10cm 的方格以及周边小块，分别计算每格和每小块的工程量，然后将其相加得出计算区的工程量；

（2）每格和每小块的工程量按下式计算：

$$\Delta V = \Delta A(H_2 - H_1) \tag{3-15}$$

式中：$\Delta V$——每格和每小块的工程量（$m^3$）；

$\Delta A$——计算网格或小块面积（$m^2$）；

$H_1$、$H_2$——网格或小块的浚前水深和设计水深值（m）。

举例：在大比例的水深平面图上，划出若干个方格网，如每格取 40m × 40m 或 50m × 50m，其网格的四个角点均有实测的河床原地面高程（水深），根据设计高程要求，计算出四个角点的泥层厚度，用网格平均泥层厚度（m）乘网格面积（$m^2$）即求出本网格的工程量（$m^3$），并记在网格内分数式的分母位置上，其分子为其他网格已计算的累加工程量，示例如下（图 3-8）：

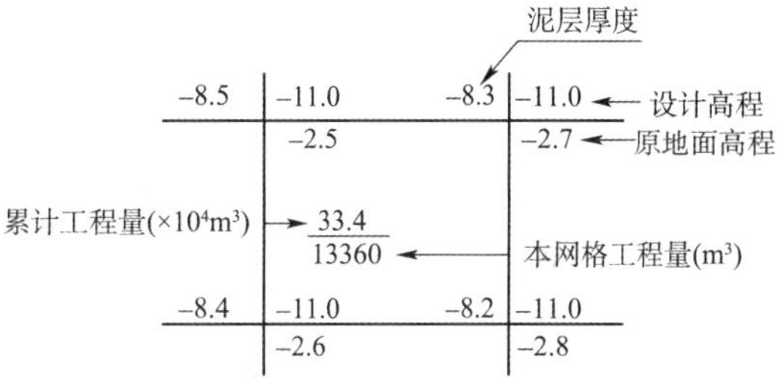


图 3-8 网格法示例图

网格法属平均水深法计算工程量的另一种形式：

本网格工程量 = [（8.3 + 8.5 + 8.4 + 8.2）÷ 4] × 40 × 40 = 13360（$m^3$）

应当指出：疏浚工程量应根据测图和地质剖面图分土级计算。

当需要分段计算挖槽工程量时应满足下列要求：

（1）对于分期施工的挖槽，按其工期进行分段；

（2）对于几何形态有变化的挖槽，按其变化的特征处进行分段；

（3）对于连续多泊位的码头，按其泊位的分界线进行分段；

（4）对于具有不同类别土质的挖槽，按不同类别土质在平面上的分界线进行分段；

（5）对于不具备上述特点的长直挖槽，按其挖槽宽度的 3 ~ 5 倍长度进行分段。

4. 疏浚工程的回淤强度及回淤工程量的确定方法

（1）利用该地区历年维护疏浚施工的资料分析推算；

（2）利用该地区多年回淤观测资料分析推算；

（3）利用经验公式计算；

(4)利用水文、气象、土质相类似的其他地区的回淤资料分析推算。

回淤严重、水动力条件复杂的地区,还应采用数学、物理模型试验研究确定工程回淤强度和回淤工程量。必要时应通过试挖回淤观测研究确定。

有骤淤出现的港口、航道,应分别计算正常年份的回淤工程量以及发生骤淤后增加的集中回淤工程量。有条件时,应给出挖槽回淤工程量的空间及时间分布。

施工期回淤强度和回淤工程量应结合施工期间的水文泥沙条件、工期和疏浚方式确定。

《疏浚与吹填施工规范》(JTS 207—2012)规定,用电子计算机计算疏浚工程量时,应采用双方认可的软件。疏浚工程应分别计算计费工程量和实际施工工程量,计费工程量宜按浚前图、设计断面图和合同规定计算;实际施工工程量应按浚前图、浚后图计算;施工中的回淤量可按设计量或合同规定的方法计算。以测图进行疏浚工程量计算时,可采用断面面积法、平均水深法、网格法或不规则三角网法。在同一工程中,浚前和交工宜采用同一方法计算。采用测图计算以外的方法进行疏浚工程量计量时,计量方法应在合同或相关协议中明确。计算方法的选择应符合下列规定:

(1)航道、基槽等条状规则区域或地形变化较大的区域宜采用断面面积法。

(2)形状不规则区域或浚前平坦的大面积挖槽宜采用平均水深法、网格法。

(3)任意区域的疏浚工程量计算均可采用不规则三角网法。

## (二)疏浚机械

### 1. 挖泥船的基本分类

挖泥船是疏浚施工的主要工程船舶。现代化挖泥船具有大型化、新型化、自动化和高效率四大特点。根据挖泥船疏浚机具所采用的动力,可将挖泥船划分为三大类20个亚类,如图3-9所示。

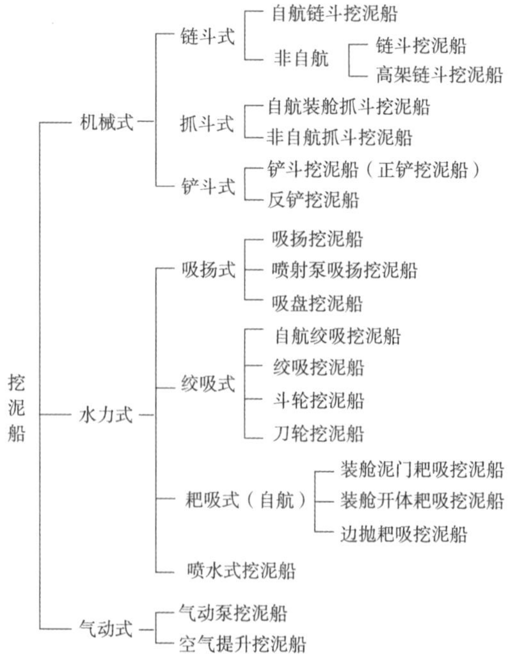


图3-9 挖泥船分类图

1）机械式挖泥船

机械式挖泥船，主要是利用各种挖掘机械进行水下泥土的挖掘和运输工作，达到疏浚的目的。机械式挖泥船的挖掘机具包括各种类型的机械泥斗，如抓斗、链斗和铲斗，故机械式挖泥船又称斗式挖泥船。

2）水力式挖泥船

水力式挖泥船是用水的能量来完成疏浚工作的，将水下泥土层先经过机械切割或高速水流冲击，使之松动形成一定浓度的泥浆，然后通过泥泵将其吸起，或装入泥舱、泥驳，或通过输泥管线输往抛泥地点，从而达到疏浚的目的。水力式挖泥船又可分为吸扬式、绞吸式、耙吸式和喷水式四类。水力式挖泥船都离不开离心泵，故又称泵式挖泥船。

3）气动式挖泥船

气动式挖泥船主要是利用压缩空气作为输送介质，将水底水沙混合体吸入、提升和排出，从而达到疏浚目的。这类挖泥船又可分为气动泵式和空气提升式两个亚类。

2. *疏浚方式*

疏浚方式应根据工程条件、环境要求和拟选疏浚设备的性能按表3-6选用。

**常用的疏浚方式** 表3-6

| 方式 | 设备组合与工艺流程 | 适用范围 | 特点 |
|---|---|---|---|
| 挖运抛 | 耙吸挖泥船疏浚区挖泥—运泥至抛泥区—抛泥 | 水域宽阔、挖槽长、运距远、除岩石以外各种土质的大中型疏浚工程 | 船型单一，运距不受限制，施工效率高，抗风浪和抗干扰能力强；对疏浚区、抛泥区及航行水域有较高水深要求 |
| | 耙吸挖泥船挖泥装驳—拖轮泥驳运泥—泥驳抛泥 | 疏浚区水域宽阔、风浪较大、运距远、除岩石以外各种土质的大中型疏浚工程 | 运距不受限制，土质适应性强，施工效率高，抗风浪和抗干扰能力强；对疏浚区有较高水深要求 |
| | 斗式或绞吸等挖泥船挖泥装驳—拖轮泥驳运泥—泥驳抛泥 | 内河或风浪较小的海区、具备抛泥区的各类疏浚工程 | 运距不受限制，土质适应性强；使用设备种类和数量多，组织管理工作量大，抗风浪能力弱、施工干扰大，对运泥通道有水深要求 |
| 挖运吹 | 耙吸挖泥船在挖泥区挖泥装舱—运泥至吹填区附近—通过岸排或艏喷将泥土输送到吹填区 | 疏浚区与泥土处置或吹填区相距较远但有水路相通的疏浚吹填工程 | 船型单一，运距不受限制，施工效率高，抗风浪和干扰能力强；对疏浚区、吹填锚泊区及航行水域有较高水深要求 |
| | 绞吸挖泥船、斗式挖泥船、射流泵船、气动泵船等挖泥装驳—拖轮泥驳运泥—吹泥船将泥土吹填至吹填区 | 风浪较小、疏浚区与泥土处置或吹填区相距较远但有水路相通的疏浚吹填工程 | 运距不受限制，土质适应性强；使用设备种类和数量多，组织管理工作量大，抗风浪能力弱、施工干扰大，对运泥通道有水深要求；吹泥船工作不连续 |

续上表

| 方式 | 设备组合与工艺流程 | 适用范围 | 特点 |
| --- | --- | --- | --- |
| 挖吹 | 绞吸挖泥船挖泥区挖泥—通过输泥管线将泥土输送到处置区或吹填区 | 疏浚区与泥土处置区或吹填区相距适宜的疏浚吹填工程 | 施工船型单一,连续施工,船舶利用率高,土质适应性和施工能力强;疏浚区与泥土处置区距离受限制,施工对输泥管线有较高要求 |
| 挖运抛吹 | 耙吸挖泥船挖泥装舱并运至储泥坑抛泥—绞吸挖泥船吹泥 | 疏浚区与泥土处置区或吹填区相距较远,疏浚区风浪较大,处置区或吹填区附近具备设置储泥坑条件的疏浚吹填工程 | 不受疏浚与处置区距离限制,抗风浪和抗干扰能力及土质适应性强,船舶连续施工、利用率高,施工能力强;耙吸船运泥及设置储泥坑对水域都有较高要求,储泥坑抛泥对周边水域有影响 |
| | 绞吸挖泥船挖泥装驳—拖轮泥驳运泥至储泥坑抛泥—绞吸挖泥船吹泥 | 疏浚区与泥土处置区或吹填区相距较远、风浪和流速较小,处置区或吹填区附近具备设置储泥坑条件的疏浚吹填工程 | 不受疏浚与处置区距离限制,土质适应性强,船舶连续施工、利用率高,施工能力强;拖轮泥驳运泥及设置储泥坑对水域都有较高要求,抗风浪能力较弱,储泥坑抛泥对周边水域有影响;绞吸挖泥船装驳,应具有装驳系统和相应的舱容 |
| | 斗式挖泥船挖泥装驳—拖轮泥驳运泥至储泥坑抛泥—绞吸挖泥船吹泥 | 疏浚区与泥土处置区或吹填区相距较远、风浪和流速较小,处置区或吹填区附近具备设置储泥坑条件的疏浚吹填工程 | 不受疏浚与处置区距离限制,土质适应性强,绞吸船连续施工、利用率高;使用设备种类和数量多,组织管理工作量大,抗风浪能力弱、施工干扰大,拖轮泥驳运泥对水域有一定要求,设置储泥坑对水域有较高要求,储泥坑抛泥对周边水域有影响 |
| | 射流泵船、气动泵船等挖泥装驳—拖轮泥驳运泥至储泥坑抛泥—绞吸挖泥船吹泥 | 疏浚区与泥土处置区或吹填区相距较远、风浪和流速较小,处置区或吹填区附近具备设置储泥坑条件的小型疏浚吹填工程 | 不受疏浚与处置区距离限制;土质适应性和施工能力较弱,使用设备种类和数量多,组织管理工作量大,抗风浪能力弱、施工干扰大,拖轮泥驳运泥对水域有一定要求,设置储泥坑对水域有较高要求,储泥坑抛泥对周边水域有影响 |

疏浚设备能力和数量应根据土质、工程量、工期和设备时间利用率等条件计算确定。

3. 各类挖泥船的性能及施工方法

1)链斗式挖泥船

(1)基本原理。

链斗式挖泥船至今已有200多年历史,是机械式挖泥船中最古老的一种类型。链斗式挖泥船一般在船体的首部或尾部中央开槽部位安装由斗桥、斗链和泥斗组成的挖泥机具。在疏浚作业中,将斗桥的下端放入水下一定深度,使之与疏浚土层相接触。然后在斗桥上端的上导轮驱动下,使斗链连续运转,通过斗链上安装的各个泥斗随斗链转动而对土层的泥沙进行挖掘。泥沙经挖掘后装入泥斗,再随斗链转动沿斗桥提升出水面,并传送至上端的斗塔顶部。当泥斗到达斗塔顶部,经过上导轮而改变方向后,斗内的泥沙在自身的重力作用下,从泥斗倒入斗塔中的泥阱。倒入泥阱的泥沙经过两边的溜泥槽排出挖泥船的舷外,倒入泥驳之中。链斗式挖泥船构造简图见图3-10。

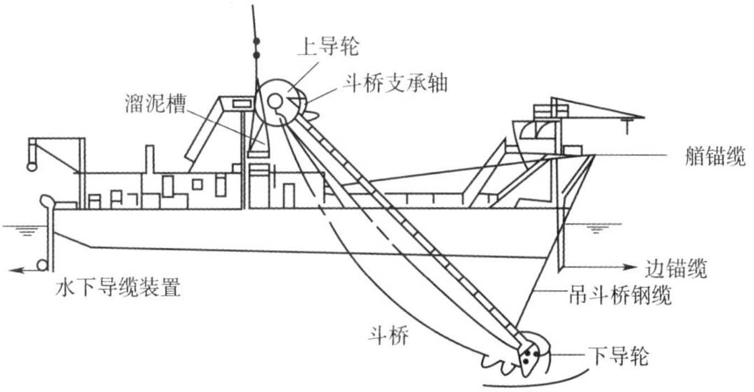


图3-10　链斗式挖泥船构造简图

(2)技术性能。

链斗式挖泥船的主要技术参数有标称生产率、斗容、挖深、泥斗转速等。为了适应某些特殊疏浚工程的需要,有时可以对链斗式挖泥船加以改装,如调换斗链和泥斗、减少斗容,以增加泥斗强度;或在一定数量泥斗之间,间隔加装挖掘和松动泥层的粗齿,用以挖掘硬质土层、软岩石和预处理后的碎石等;适当加长斗桥和斗链的长度,或在上导轮和斗桥之间的空当中加设一段附加斗桥,从而提高链斗式挖泥船的浚深能力。链斗式挖泥船均采用可变速装置,使之在挖泥作业中变换不同的斗速和切削力,以满足挖掘各种不同土质的要求。

链斗式挖泥船适用于以下工程:港池、泊位及基槽疏浚;新建航道的疏浚;软黏土、砂和硬黏土、砾石、卵石等(结构较强和挖掘能力较好的重型链斗式挖泥船也可以挖掘极硬黏土、砂、强风化岩)。另外,链斗式挖泥船还能根据工程需要与吹泥船或绞吸船等联合施工,进行吹填造陆。

链斗式挖泥船不适用于以下工程:航运繁忙区域的疏浚;风浪和水流流速较大的外海工程。

不同技术参数的链斗式挖泥船,其生产能力差别很大。最小型的链斗式挖泥船的生产能力只有$10m^3/h$左右,而现代大型链斗式挖泥船的每小时挖泥量可达$1000m^3$以上。链斗式挖泥船根据其小时生产率分为小型和大型两级,生产率小于或等于$500m^3/h$的为小型链斗式挖泥船;生产率大于$500m^3/h$的为大型链斗式挖泥船。

(3)生产率计算。

链斗式挖泥船运转时间小时生产率可按下式计算:

$$W_{链斗}=\frac{60ncf_{m}f_{\theta}}{B} \tag{3-16}$$

式中：$W_{链斗}$——链斗式挖泥船运转时间小时生产率($m^3/h$)；

$n$——斗链运转速度(斗/min)，可采用表3-7中的数值；

$c$——泥斗容积($m^3$)；

$f_m$——泥斗充泥系数，可采用表3-8中的数值；

$f_\theta$——斗桥的倾斜系数，可根据实际挖深按图3-11读取；

$B$——岩土的搅松系数，可采用表3-9中的数值。

**链斗式挖泥船在各相应条件下的斗链运转速度** 表3-7

| 土质类别 | 斗链运转速度 $n$ (斗/min) |
|---|---|
| 极软土 | 25～28 |
| 软土 | 18～32 |
| 硬土 | 15～18 |
| 极硬土 | 12～15 |
| 碎石 | 8～12 |
| 弱而易碎的岩石 | 3～5 |

注：①加长斗桥的链斗式挖泥船可适当减小 $n$ 值；

②功率高于平均值的链斗式挖泥船可适当增大 $n$ 值；

③功率低于平均值的链斗式挖泥船可适当减小 $n$ 值；

④黏性土类可适当减小 $n$ 值。

**各类土的泥斗充泥系数** 表3-8

| 土质类别 | $f_m$ | 土质类别 | $f_m$ |
|---|---|---|---|
| 硬黏土 | 0.90 | 中砂 | 0.70 |
| 中黏土 | 0.85 | 细砂 | 0.60 |
| 软黏土 | 0.80 | 爆破后的碎石 | 0.40 |
| 粗砂 | 0.80 | 弱而易碎的岩石 | 0.20 |

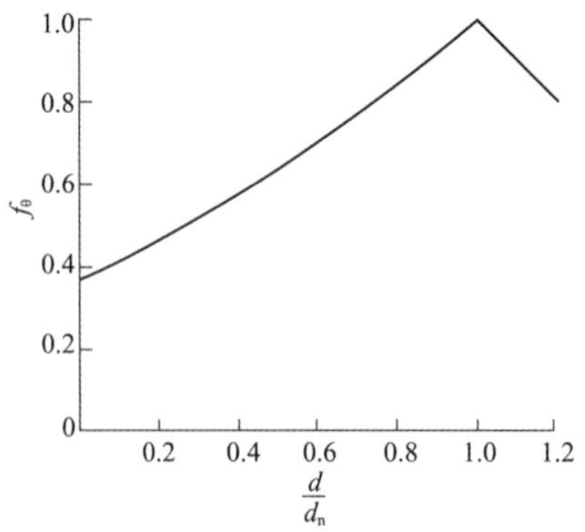


图3-11 链斗式挖泥船斗桥的倾斜系数 $f_\theta$ 与挖深的比例 $d/d_n$ 关系图

$d$-实际挖深；$d_n$-斗桥倾斜45°时的挖深

岩土的搅松系数 *B* 表3-9

| 土质种类 | 搅松系数 $B$ | 土质种类 | 搅松系数 $B$ |
|---|---|---|---|
| 硬质岩石($R_C$ > 30MPa,需爆破) | 1.50～2.00 | 砂(松散～中密) | 1.05～1.15 |
| 软质岩石(15MPa < $R_C$ ≤ 30MPa,需爆破) | 1.40～1.80 | 淤泥 | 1.00～1.10 |
| 软质岩石($R_C$ ≤ 15MPa,不爆破) | 1.25～1.40 | 黏土(硬～坚硬) | 1.15～1.25 |
| 砾石(密实) | 1.35 | 黏土(中软～硬) | 1.10～1.15 |
| 砾石(松散) | 1.10 | 淤泥质土 | 1.00～1.10 |
| 砂(密实) | 1.25 | 砂、砾石、黏土混合物 | 1.15～1.35 |
| 砂(中密～密实) | 1.15～1.25 | — | — |

(4)辅助船舶的选配。

采用链斗式挖泥船和吹泥船施工时,应根据施工条件选配泥驳、拖轮、其他辅助船舶(如供应船、住宿船、测量船、交通艇、抛锚艇等,可根据实际需要配备)。水上抛泥时,应配开底泥驳;对黏性土,宜选用舱壁较陡的开底或开体泥驳;吹泥船吹泥时,宜配满底泥驳;在外海抛泥时,宜选用自航开底或开体泥驳。

(5)链斗式挖泥船主要疏浚仪器的配置。

链斗式挖泥船主要疏浚仪器有前移距指示仪、泥斗转数指示仪、下放深度指示仪、GPS定位系统等。

(6)链斗式挖泥船施工工艺。

开工展布时,链斗式挖泥船自航或被拖到挖槽起点,采用绞吸式挖泥船进点定位方法定位。如为顺流就位,当挖泥船接近挖槽起点时,先抛下艉锚,然后放松艉锚缆使船顺流前移,到挖槽起点处,即收紧艉锚缆,再放下斗桥使船体固定。如为逆流定位,当挖泥船到达挖槽起点时,则先放下斗桥固定船位,然后待抛锚完成后,再校准船位。链斗式挖泥船主要工艺流程见图3-12。

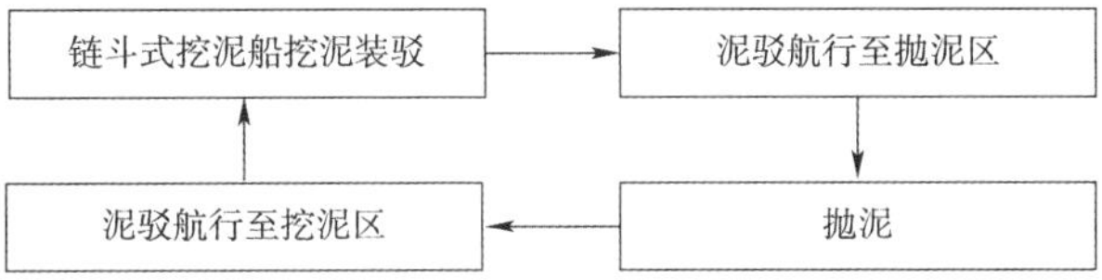


图3-12 链斗式挖泥船主要工艺流程

①施工方法。

链斗式挖泥船主要施工方法有斜向横挖法、扇形横挖法、十字形横挖法、平行横挖法等。挖泥采用分条、分段、分层等施工工艺。

链斗式挖泥船施工方法应符合下列规定:

a.当施工区水域条件好,挖泥船不受挖槽宽度和边缘水深限制时,应采用斜向横挖法施工。

b. 当挖槽狭窄、挖槽边缘水深小于挖泥船吃水时,宜采用扇形横挖法施工。

c. 当挖槽边缘水深小于挖泥船吃水、挖槽宽度小于挖泥船长度时宜采用十字形横挖法施工。

d. 当施工区水流流速较大时,可采用平行横挖法施工。

②泥驳作业。

链斗式挖泥船一般均为双面泊驳。无须因换驳而停止生产,只有在开挖滩地、码头前沿泥面时,由于挖泥船里档水深不满足泥驳吃水,才进行单面泊驳。单面泊驳需要停车换驳。换驳方法较多,现介绍以下几种:

a. 吊艄换驳,适用于顺流挖泥时,空驳吊于重驳船艄,当拖轮拖离重驳后,空驳由挖泥船绞靠就位。

b. 绑换驳,适用于逆流挖泥时,空驳绑靠在重驳外档,带一根夹绑缆,当重驳绞离挖泥船时,空驳靠上挖泥船。

c. 驳换驳,适用于顺流挖泥时,水域要宽广,挖泥船艉绞车将重驳绞离挖泥船,拖轮先拖空驳靠上挖泥船,然后去拖绞离挖泥船重驳。

d. 配靠驳拖轮,适用于逆流挖泥时,施工水域较窄的情况。先将重驳拖开,再拖空驳靠上挖泥船。

2)抓斗式挖泥船

(1)基本原理。

抓斗式挖泥船属机械式挖泥船,在船上通过吊机,使用一只抓斗作为水下挖泥的机具。抓斗式挖泥船形式多样,用途甚广,大多数为非自航式。

抓斗式挖泥船虽形式多样,但其基本工作原理相同。在挖泥船的船体上,安装有一台或多台进行水下泥沙挖掘和抓取的机械装置。它运用安装于钢缆上的抓斗,并依靠抓斗自由落体的重力作用,放入水中一定深度,通过抓斗插入泥层、闭合,来挖掘和抓取泥沙。然后,通过操纵船上旋转式起重机械,将装满泥沙的抓斗提升出水面一定高度,回转至预定位置的上方,开启抓斗,将挖掘的泥沙直接卸入靠驳在挖泥船舷旁的泥驳。卸空后的抓斗,再通过起重机的回转,返回至挖泥点旁,进行下一次挖泥作业,如此周而复始地作业。抓斗式挖泥船构造简图如图3-13所示。

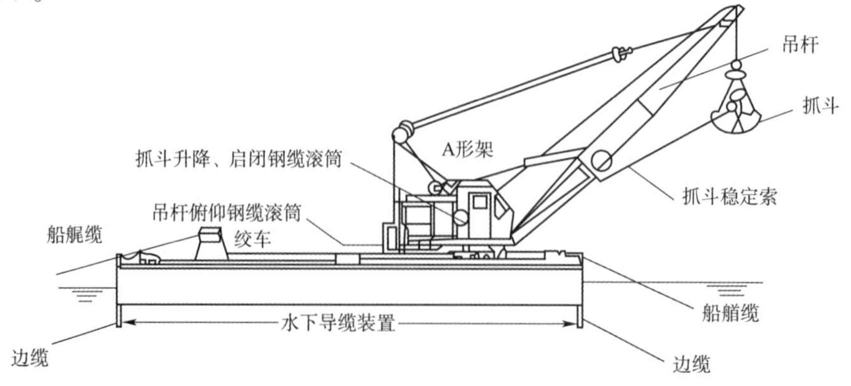


图3-13 抓斗式挖泥船构造简图

注:抓斗吊机安装在浮箱上,无泥仓。

(2)技术性能。

抓斗式挖泥船使用范围较为广泛,其主要技术参数有斗容、挖深、抓斗提升速度等。抓斗式挖泥船是单斗作业,可以配备各种不同类型的抓斗,如轻、中、重型抓斗,以适应挖掘各种不同硬度的土质的需求。因此,抓斗式挖泥船的挖掘适应性较强,它可以挖掘水下 $N$(标准贯入击数)值小于 15 的淤泥、一般黏土、松散的砂质土,也可以挖掘 $N$ 值为 25 ~ 40 的硬黏土、夹石砂质土和砂砾等。抓斗式挖泥船可以通过升降抓斗和启闭钢缆长度,来满足施工中不同挖掘深度的需要。另外,与其他类型挖泥船相比,抓斗式挖泥船的设备简单,挖泥机械的磨损部件少,船舶的造价也较低廉。

抓斗式挖泥船适用于以下工程:码头、防波堤、沉管、海底管线等各类基槽的开挖;码头泊位、港池、航道的疏浚;碎石、风化岩的开挖;清礁、水上障碍物的清除等。

抓斗式挖泥船不适用于以下工程:航运繁忙区域的疏浚;风浪较大的外海工程。

抓斗式挖泥船一般以抓斗斗容来衡量其生产能力,目前世界上最大的抓斗式挖泥船斗容已达 $200m^3$,抓斗式挖泥船按其配置的设计斗容分为三级,设计斗容小于 $8m^3$ 的为小型抓斗式挖泥船;设计斗容为 8 ~ $20m^3$ 的为中型抓斗式挖泥船;设计斗容大于 $20m^3$ 的为大型抓斗式挖泥船。

(3)生产率计算。

抓斗式挖泥船的挖掘量不是单纯依靠挖泥船上的动力,而是首先依靠抓斗下落时的冲力破土以及入土深度,应根据不同土质选用不同类型和不同重量的抓斗。

抓斗式挖泥船生产能力用下式计算:

$$W_{\text{抓斗}} = \frac{ncf_m}{B} \tag{3-17}$$

式中:$W_{\text{抓斗}}$——抓斗式挖泥船运转时间小时生产率($m^3/h$);

$n$——每小时抓取斗数;

$c$——抓斗容积($m^3$);

$B$——岩土的搅松系数,采用表 3-9 中的数值;

$f_m$——抓斗充泥系数,对于淤泥可取 1.2 ~ 1.5,对于砂或砂质黏土可取 0.9 ~ 1.1,对于石质土可取 0.3 ~ 0.6。

(4)抓斗式挖泥船主要疏浚仪器的配置。

抓斗式挖泥船主要疏浚仪器有抓斗深度自动控制装置、抓斗深度指示器、抓斗开口度计、抓斗提升计、抓斗负荷计、抓斗机回转角度指示器、GPS 定位系统等。

(5)抓斗式挖泥船施工工艺。

抓斗式挖泥船通过挖泥机具抓斗,将疏浚泥土装至自航泥驳,然后由泥驳将疏浚土抛至指定抛泥区。抓斗式挖泥船主要工艺流程如图 3-14 所示。

开工展布时,挖泥船被拖至施工区,按照绞吸式挖泥船进点定位方法定位。实测水深与施工图水深经核对相符后,随即放下抓斗,固定住船位。然后根据水流、风向情况,依次抛锚展布。

抓斗式挖泥船一般采取纵挖式施工。根据不同施工条件采用分条、分段、分层、顺流、逆流挖泥等施工工艺。

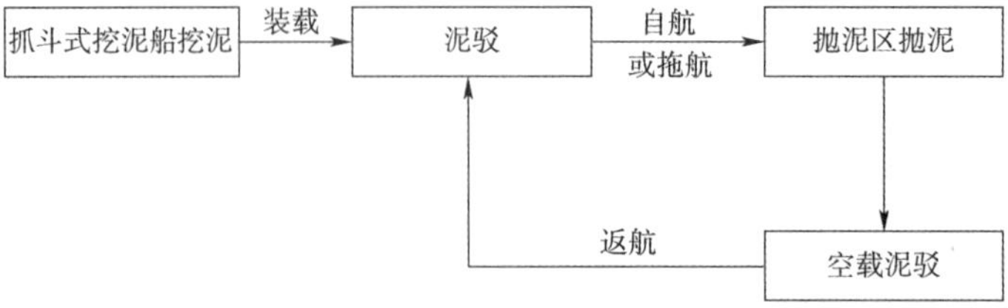


图 3-14　抓斗式挖泥船主要工艺流程

(6)抓斗的选用。

抓斗式挖泥船应根据不同土质,选用不同抓斗:

淤泥土类、软塑黏土、松散砂选用斗容较大的轻型平口抓斗;

可塑黏土、中等密实砂选用中型抓斗;

硬塑黏土、密实砂、中等密实碎石选用重型全齿抓斗;

风化岩、密实碎石选用超重型抓斗。

3)铲斗式挖泥船

(1)基本原理。

铲斗式挖泥船属机械式挖泥船,在船上通过铲斗挖掘机,使用一只铲斗作为水下挖泥的机具。铲斗式挖泥船按旋回装置可分为全旋回室式挖泥船、半旋回室式挖泥船和转盘式挖泥船;按铲斗挖掘方向又分为正铲挖泥船和反铲挖泥船。铲斗式挖泥船大多数为非自航式。

铲斗式挖泥船虽形式多样,但其基本的工作原理相同。在挖泥船的船体上,安装有一台旋转式铲斗挖掘机。它将挖掘机吊臂上斗柄前端的铲斗伸入水中,然后通过牵引钢缆将其斗柄推进,使铲斗处于开挖位置,接着收紧铲斗,起升钢缆,使铲斗切入泥土进行挖掘。挖掘后的提升是靠收紧起升钢缆及吊臂的变幅钢缆来进行的,然后将装满泥沙的铲斗提升出水面至适当高度,由旋回装置转至卸泥处或泥驳上,运用钢缆拉开斗底门卸泥。卸空后的铲斗再旋回至开挖位置,如此循环作业。铲斗式挖泥船构造简图见图 3-15。

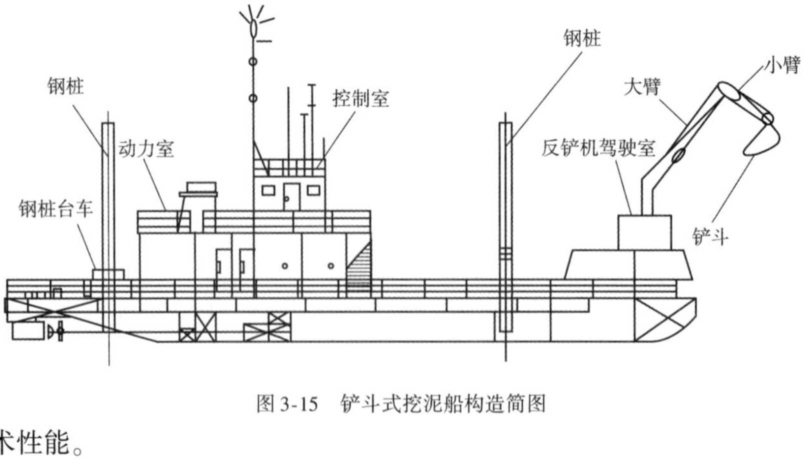


图 3-15　铲斗式挖泥船构造简图

(2)技术性能。

铲斗式挖泥船的主要技术参数有斗容、挖深等。大型铲斗式挖泥船对不同海况具有较强的适应能力。铲斗式挖泥船挖掘能力强,施工作业采用钢桩定位,占用水域小、施工精度高、挖深受限制。

铲斗式挖泥船适用于以下工程：除流动性淤泥外的各种土质的挖掘，包括珊瑚礁、卵石、砾石、风化岩、经碎石装置或爆破预处理后的碎岩石等坚硬土质；清理围堰、拆除坝根、打捞沉物、水上障碍物清除等；狭小水域、港池、码头岸壁、码头基槽、过江管道、电缆深沟等特殊工程。

铲斗式挖泥船不适用于以下工程：航运繁忙区域的疏浚；风浪较大的外海工程。

铲斗式挖泥船一般以铲斗斗容来衡量其生产能力，斗容范围一般为 1 ~ 30$m^3$，正铲挖泥船挖深一般不超过 15m，反铲挖泥船挖深一般不超过 25m。目前，世界上最大的反铲挖泥船最大斗容为 40$m^3$，最大挖深可达 32m。

(3)生产率计算。

铲斗式挖泥船运转时间小时生产率计算公式同抓斗式挖泥船。

各类土的泥斗充泥系数 $f_m$ 取值如下：砂 0.90，中黏土 0.72，砾石 0.60，硬黏土 0.40，预处理的/易碎岩石 0.33，弱石 0.30。

(4)铲斗式挖泥船主要疏浚仪器的配置。

铲斗式挖泥船主要疏浚仪器有铲斗深度指示仪、台车前移距指示仪、铲斗机回转角度指示仪、GPS 定位系统等。

(5)铲斗式挖泥船施工工艺。

通过铲斗式挖泥船的挖泥机具铲斗，将疏浚泥土装至泥驳，然后由泥驳将疏浚土抛至指定抛泥区。铲斗式挖泥船主要工艺流程如图 3-16 所示。

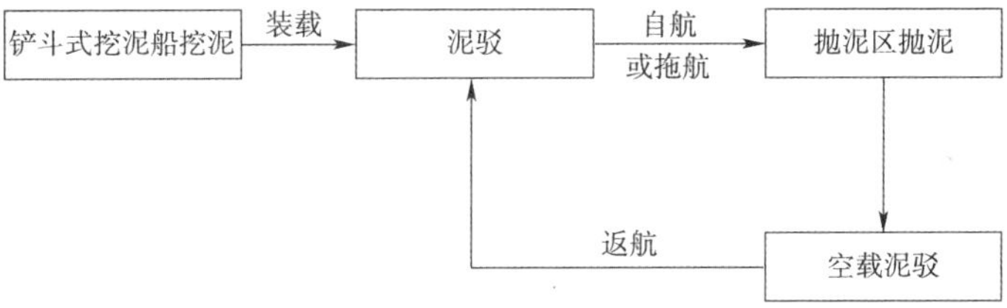


图 3-16 铲斗式挖泥船主要工艺流程

铲斗式挖泥船开工展布前应在导航图上标示或用导标、浮标等在现场指示施工起点位置，进点时挖泥船至挖泥起点处下放钢桩或铲臂固定住船位，再利用钢桩和铲臂精确就位。

施工方法：铲斗式挖泥船应采用纵挖法施工，正铲挖泥船宜位于已开挖区域顺挖槽前进挖泥，反铲挖泥船宜位于未开挖区域顺挖槽后退挖泥。根据不同施工条件采用分条、分段、分层挖泥等施工方法。

(6)铲斗的选用。

铲斗式挖泥船应根据不同土质选用不同铲斗：

淤泥土类、软塑黏土、松散砂宜配备大容量铲斗；

可塑黏土、中等密实砂宜配备中型容量铲斗；

硬塑黏土、密实砂、中等密实碎石和风化岩宜配备小容量带齿铲斗。

4)吸扬式挖泥船

吸扬式挖泥船又称直吸式或定吸式挖泥船，是水力式挖泥船中最简单的一种船型，它没有切削或挖掘水下土壤的机械设备，而是通过泥泵的真空作用直接抽吸泥沙，然后通过排泥管线排往抛泥区。图3-17为吸盘式挖泥船示意图,其是由吸扬式挖泥船演化而来的。

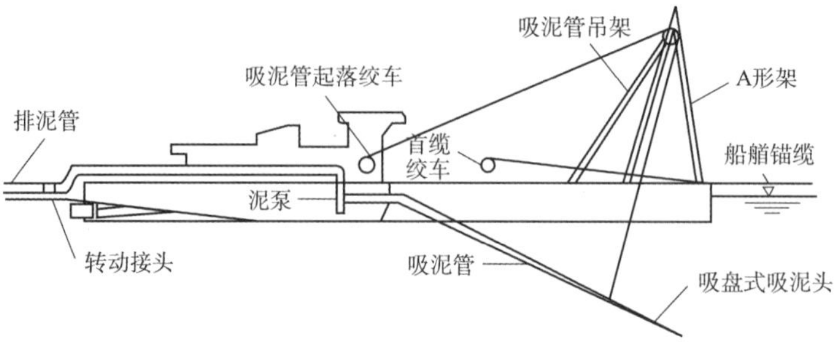


图3-17 吸盘式挖泥船

自1855年美国建造第一艘吸扬式挖泥船,这类挖泥船只适用于吸取水下沙质和无黏性的土壤,以及较松软、易于流动的泥浆,故常用于维护性航道的疏浚施工作业。吸扬式挖泥船最大吸泥深度可达85m,常以吸扬—绞吸和吸扬—吹吸等两用船的形式出现,有些国家还造出了吸扬—吸泥—绞吸三用船,以增强吸扬式挖泥船的功能。

吸扬式挖泥船的运转时间小时生产率计算方法同绞吸式挖泥船。

5)绞吸式挖泥船

(1)基本原理。

绞吸式挖泥船是水力式挖泥船中较为普遍的一种船型,是目前世界上使用较广泛的挖泥船。绞吸式挖泥船用装在绞刀桥梁前端的松土装置——绞刀,将水底泥沙不断绞松,同时利用泥泵工作产生的真空和离心力作用,从吸泥口及吸泥管吸进泥浆,通过排泥管输送到卸泥区。其特点是能够将挖掘、输送、排出和处理泥浆等疏浚工序一次完成,能够在施工中连续作业。

绞吸式挖泥船主要由船体、桥梁(桥架)、绞刀、绞刀电动机、泥泵、定位装置(钢桩或三缆)、排泥管等构成。绞吸式挖泥船构造简图见图3-18。

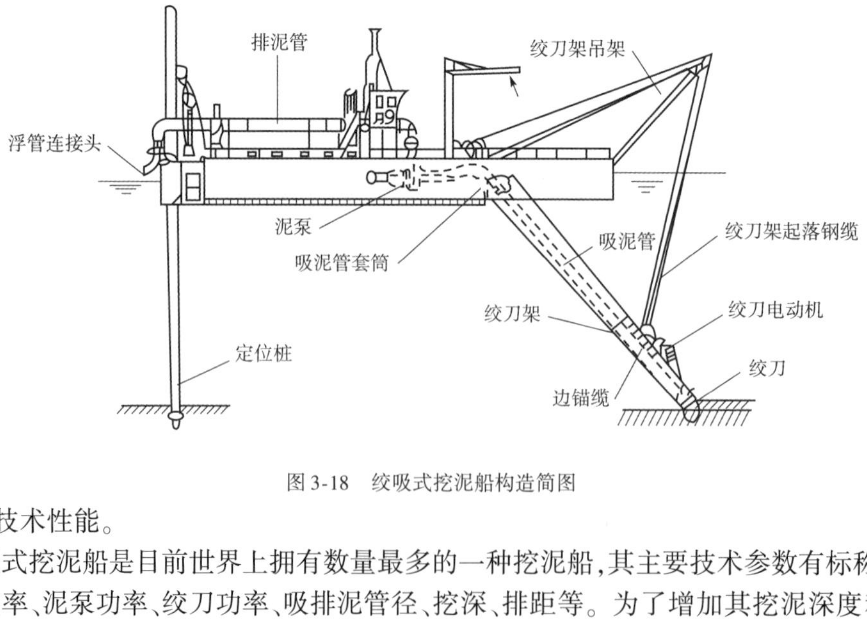


图3-18 绞吸式挖泥船构造简图

(2)技术性能。

绞吸式挖泥船是目前世界上拥有数量最多的一种挖泥船,其主要技术参数有标称生产率、总装机功率、泥泵功率、绞刀功率、吸排泥管径、挖深、排距等。为了增加其挖泥深度和提高吸泥能力，应将泥泵安装在船体内尽可能低的位置或在绞刀架上安装潜水泵，加装潜水泵的绞吸式挖泥船，其深水挖泥产量一般可以明显提高。

绞吸式挖泥船适用的施工范围较广，适用于港口、河道、湖泊的疏浚工程，特别适用于吹填造地工程；适用于挖掘砂、砂质黏土、砂砾、黏性土等不同的挖泥工况。一些装有较大功率带齿绞刀装置的绞吸式挖泥船，可以挖掘硬质黏土、胶结砂、砾石，使用可换齿锥形绞刀的大型绞吸式挖泥船甚至可挖掘碎石、岩石、珊瑚礁等。装机总功率在5000kW以上的大中型绞吸式挖泥船可在沿海无掩护的开敞水域施工。

在风浪允许的条件下，新建港口航道的开挖可使用绞吸式挖泥船施工；港池、泊位及基槽疏浚使用绞吸式挖泥船施工；用疏浚泥土吹填造陆的工程，在输送吹填距离满足要求的条件下，宜选用绞吸式挖泥船直接开挖吹填作业。

绞吸式挖泥船不适用的工程：航运繁忙区域的疏浚；风浪较大的外海工程；杂物和垃圾大量聚集的地区的疏浚工程。

不同技术参数的绞吸式挖泥船，其生产能力差别很大。最小型的绞吸式挖泥船，其生产率为40～80$m^3/h$，泥泵的功率为70kW左右，绞刀功率近10kW，最大挖深仅数米；现代大型绞吸式挖泥船，其挖泥产量已高达5000$m^3/h$，目前世界上最大型的绞吸式挖泥船装机总功率已达28000kW，绞刀功率达到7000kW左右，最大挖深已达到了36m。绞吸式挖泥船根据船舶的装机总功率分为四级：船舶装机总功率$N<5000$kW的为小型绞吸式挖泥船；$5000\text{kW}\leqslant N<10000\text{kW}$的为中型绞吸式挖泥船；$10000\text{kW}\leqslant N<20000\text{kW}$的为大型绞吸式挖泥船；$N\geqslant 20000\text{kW}$的为特大型绞吸式挖泥船。

（3）生产率计算。

绞吸式挖泥船的运转时间小时生产率可分为挖掘生产率和泥泵管路吸输生产率两种，两者之中，取其较小者代表其生产率。因为绞吸式挖泥船施工的特点就是挖掘与吸输同时完成，两者是相互制约的。

①绞吸式挖泥船的挖掘生产率主要与挖掘的土质、绞刀功率、横移绞车功率等因素有关，按下式计算：

$$W_{绞挖}=60KDtv \tag{3-18}$$

式中：$W_{绞挖}$——绞刀挖掘生产率（$m^3/h$）；

$K$——绞刀挖掘系数，与绞刀实际绞切的泥土断面面积等因素有关，可取0.8～0.9；

$D$——绞刀前移距（m）；

$t$——绞刀切泥厚度（m）；

$v$——绞刀横移速度（m/min）。

②绞吸式挖泥船的泥泵管路吸输生产率主要与土质、泥泵特性和管路特性有关，可按下式计算：

$$W_{绞输}=Q\rho \tag{3-19}$$

$$\rho=\frac{\gamma_m-\gamma_w}{\gamma_0-\gamma_w}\times 100 \tag{3-20}$$

式中：$W_{绞输}$——泥泵管路吸输生产率（$m^3/h$）；

$Q$——泥泵、管路的工作流量（$m^3/h$）；

$\rho$——泥浆浓度(%);

$\gamma_m$——泥浆密度($t/m^3$);

$\gamma_w$——现场水的密度($t/m^3$);

$\gamma_0$——原状土密度($t/m^3$)。

绞吸式挖泥船的施工泥浆浓度应根据土质、挖深、排泥管径、绞刀挖掘能力、泥泵功率、有无水下泥泵等确定,缺乏资料时可采用表3-10中的数值。

**绞吸式挖泥船的施工泥浆体积浓度参考值** 表3-10

| 土质 | | 有水下泥泵(%) | 无水下泥泵(%) |
|---|---|---|---|
| 黏性土 | 淤泥 | 30~35 | 15~25 |
| | 黏土 | 15~25 | 10~20 |
| 砂土 | 粉砂 | 20~40 | 10~25 |
| | 细砂 | 20~30 | 10~20 |
| | 中砂 | 15~25 | 10~15 |
| | 粗砂 | 10~20 | 5~15 |
| | 砾石 | 5~10 | 3~5 |

当挖泥船在新工地施工时,应通过试挖获得最佳生产率,并确定优化的泥泵转速、绞刀前移量、切泥厚度、绞刀转速和横移速度等操作参数。

关于疏浚土管道水力输送可参阅《疏浚与吹填工程设计规范》(JTS 181-5—2012)第8章。

(4)绞吸式挖泥船主要疏浚仪器配置。

绞吸式挖泥船主要疏浚仪器仪表有压力表(含真空表)、电磁流量计、浓度计、产量计、绞刀位置指示仪等。

①压力表(含真空表):在疏浚挖泥中,广泛使用弹性压力仪表。根据传感器的类型不同,压力表通常可分为波登管压力表、波纹管压力表及膜片压力表等几种类型。

②电磁流量计。电磁流量计是利用法拉第电磁感应定律来测定管内平均流速的一种流量计。电磁流量计由发讯器和转换器组成。

③浓度计。浓度计的种类有很多,有γ射线浓度计、超声波浓度计、差压式浓度计等。目前,疏浚工程船舶主要使用γ射线浓度计。γ射线浓度计是利用放射性同位素来检测泥浆浓度的。当所使用的γ射线的能量一定时,γ射线在穿过泥管中的泥浆层后,其自身强度按指数规律衰减。

④产量计。在绞吸式挖泥船上装配的产量计通常由电磁流量计和γ射线浓度计及土方计算机等组成,其将测得的泥浆流速和浓度的信号输入计算机进行计算,产量可自动记录、打印。

⑤绞刀位置指示仪。绞刀位置指示仪将绞刀桥架角度传感器、船舶吃水传感器、潮位遥报仪、GPS定位系统等提供的数据信号,经计算机系统处理后,实时显示绞刀位置挖泥断面及平面位置,并且具有自动记录、存储、打印等功能。

(5)绞吸式挖泥船施工工艺。

绞吸式挖泥船主要工艺流程如图3-19所示。

图3-19 绞吸式挖泥船主要工艺流程

开工展布是绞吸式挖泥船挖泥开工前的准备工作,包括定船位,抛锚,架接水上、水下及岸上排泥管线等。

非自航绞吸式挖泥船进点一般由拖轮绑拖挖泥船,按定位方法进入施工区。主要进点定位方法有 DGPS 定位法(现已成为最主要的定位方法)、导标进点定位法(设置纵向导标,横向起、终点标,转向标)、经纬仪前方交会法、平板仪前方交会法、六分仪后方交会定位法、无线电定位仪定位法、激光测距仪定位法。

绞吸式挖泥船主要施工方法为横挖法。挖泥采用分条、分段、分层、顺流、逆流等施工工艺。

以一根钢桩或主(舰)锚为摆动中心,左右边锚配合控制横移和前移挖泥。按采用定位装置不同,横挖法又可分为对称钢桩横挖法、定位台车横挖法、三缆定位横挖法、锚缆横挖法等,应根据不同的工况条件选择不同的施工方法。

①在一般施工地区,对装有钢桩的绞吸式挖泥船,应采用对称钢桩横挖法或钢桩台车横挖法施工。

②在风浪较大的地区,对装有三缆定位设备的绞吸式挖泥船,应采用三缆定位横挖法施工。

③在水流流速较大或风浪较大的地区,对装有锚缆横挖设备的绞吸式挖泥船,应采用锚缆横挖法施工。

(6)绞刀的选用。

绞刀是绞吸式挖泥船直接挖掘土壤的重要挖泥部件,安装在绞刀架的最前端,其作用是通过旋转切割水底土壤,使之变形而破碎,并使破碎的泥土(沙、石)与水相混合,送往吸泥口。绞吸式挖泥船的绞刀应根据疏浚土类及其密实度选择,见表 3-11。

**绞吸式挖泥船各类绞刀适用土质** 表 3-11

| 绞刀形式 | 刀刃及刀齿形式 | | 适用土质 |
|---|---|---|---|
| 冠形绞刀 | 平刃 | | 淤泥土类、软塑黏土、松散砂 |
| | 固定方齿 | | 软塑黏土、可塑黏土、泥炭 |
| | 活齿 | 凿齿 | 硬塑黏土、中密与密实砂、碎石、卵石 |
| 锥形绞刀 | 尖齿 | 长尖齿 | 软岩石 |
| | | 短尖齿 | 中等强度岩石 |

由表 3-11 可知:

淤泥土类、软塑黏土、松散砂等松软土质宜选用前端直径较大的冠形平刃绞刀;

软塑黏土、可塑黏土、泥炭宜选用直径较大的冠形固定方齿绞刀;

硬塑黏土、中密与密实砂、碎石、卵石宜选用直径较小的冠形可换齿绞刀并配凿形齿;

岩石宜选用锥形可换齿的挖岩绞刀并配尖齿;

硬塑黏土也可选用斗轮。

6)耙吸式挖泥船

(1)基本原理。

耙吸式挖泥船是水力式挖泥船中的自航、自载式挖泥船,除了具备通常航行船舶的机具设备和各种设施外,还有一整套用于耙吸挖泥的疏浚机具和装载泥浆的泥舱,以及舱底排放泥浆的设备等。图 3-20 为自航耙吸式挖泥船构造简图。

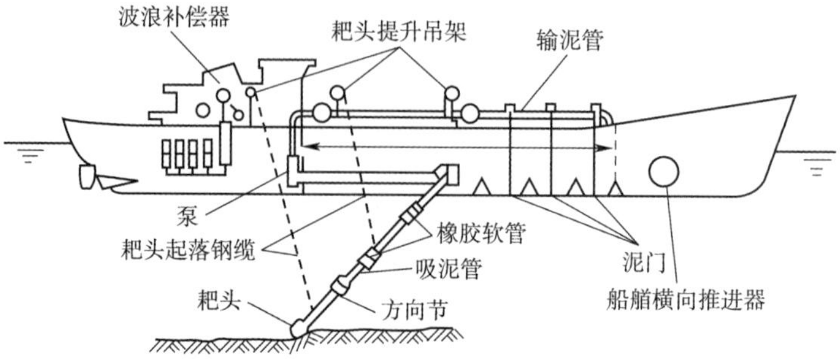


图 3-20 耙吸式挖泥船构造简图

耙吸式挖泥船装备有耙头挖掘机具和水力吸泥装置。在它的舷旁安装有耙臂(吸泥管),在耙臂的后端装有用于挖掘水下土层的耙头,其前端用弯管与船上的泥泵吸入管相连接。耙臂可做上下升降运动,其后端能放入水下一定深度,使耙头与水下土层的疏浚工作面相接触。通过船上的推进装置,该挖泥船在航行中拖曳耙头前移,对水下土层的泥沙进行耙松和挖掘。由于泥泵的抽吸作用,从耙头的吸口吸入挖掘的泥沙与水流的混合体(泥浆)经吸泥管道进入泥泵,最后经泥泵排出端装入挖泥船自身设置的泥舱中。当泥舱装满疏浚泥沙后,停止挖泥作业,提升耙臂和耙头出水,再航行至指定的抛泥区,通过泥舱底部所设置的泥门,自行将舱内泥沙卸空;或通过泥舱所设置的吸泥管,用船上的泥泵将其泥浆吸出,经甲板上的排泥管线与输泥浮管或岸管,将泥浆卸至指定区域或吹泥上岸。然后,驶返原挖泥作业区,继续进行下一次挖泥作业。

(2)技术性能。

耙吸式挖泥船主要技术参数有舱容、挖深、航速、装机功率等,具有自航、自挖、自载、自抛和自吹的性能,在施工作业中不需要拖轮、泥驳等船舶。另外,因船舶可以自航,调遣十分方便,自身能迅速转移至其他施工作业区。在进行挖泥作业时,不需要锚缆索具、绞车等船舶移位、定位等机具设备,而且在挖泥作业中处于船舶航行状态,不需要占用大量水域或封锁航道,施工中对航道中的其他船舶的航行影响很小。具有良好的航海性能,在比较恶劣的海况下,仍然可以继续进行施工作业。

耙吸式挖泥船被世界各国广泛应用于疏浚,其自航、自载性能使其特别适用于水域开阔的海港和河口港较长距离的航道施工。耙吸式挖泥船最早多用于疏浚中挖掘淤泥和流沙等。近年来,由于疏浚技术的发展,耙吸式挖泥船性能不断改进,如安装各种新型耙头、各种不同形式的耙齿,以及运用高压冲水和潜水泵等,能够挖掘水下的黏土、密实的细沙,以及一定程度的硬质土和含有相当数量卵石、小石块的土层等。

耙吸式挖泥船适用于以下工程:风浪较大的外海工程;航道疏浚;工程量大、运距远的大型工程;管沟开挖、海滩养护;水域开阔的内河工程;挖槽底质为淤泥、软黏土和松散砂等的工程。例如:

新建港口的航道疏浚、航道扩建加深、拓宽工程以及航行船舶繁忙水域的疏浚、吹填工程宜选用耙吸式挖泥船施工;

沿海航道维护性疏浚施工宜选用耙吸式挖泥船作业;

吹填造陆工程宜选用装有箱吹装置的耙吸式挖泥船直接进行"挖一吹"施工；

水上泥土运输距离较长时，宜选用耙吸式挖泥船施工。

耙吸式挖泥船也存在一些不足之处，主要是在挖泥作业中，由于船舶是在航行和漂浮状态下作业，所以挖掘后的土层平整度要差一些，超挖土方往往比其他类型的挖泥船要多一些。

耙吸式挖泥船不适用于以下工程：平面尺度受约束、限制的水工建筑物附近、码头端角部与转角部位、挖槽长度短的工程等；挖槽底质为特别坚硬的黏性土和岩石的工程；杂物和垃圾大量聚集的地区的疏浚工程；对疏浚悬浮物特别敏感的地区的疏浚工程。

耙吸式挖泥船一般以其泥舱的容量来衡量挖泥船的大小，小型耙吸式挖泥船的舱容仅几百立方米，而大型耙吸式挖泥船的舱容达到几千立方米甚至几万立方米，目前世界上最大的耙吸式挖泥船舱容已达 $46000m^3$，最大挖深已超过 100m。耙吸式挖泥船根据船舶的泥舱容量分为四级。

泥舱容量 $q<4000m^3$ 的为小型耙吸式挖泥船；$4000m^3 \leqslant q<9000m^3$ 的为中型耙吸式挖泥船；$9000m^3 \leqslant q<17000m^3$ 的为大型耙吸式挖泥船；$q \geqslant 17000m^3$ 的为超大型耙吸式挖泥船。

(3)生产率计算。

自航耙吸式挖泥船按泥耙所在部位可分为边耙型（泥耙置于船舷两侧）、中耙型（泥耙置于船体中间）、尾耙型（泥耙置于船体尾部）及混合耙型（中耙、边耙混合体）。自航耙吸式挖泥船的施工方法有装舱施工法、边抛施工法和装舱溢流施工法三种。

①耙吸式挖泥船挖、运、抛施工运转时间小时生产率可按下列公式计算：

$$W_{耙吸1}=\frac{q_1}{\sum t}=\frac{q_1}{\dfrac{l_1}{v_1}+\dfrac{l_2}{v_2}+\dfrac{l_3}{v_3}+t_1+t_2} \tag{3-21}$$

$$q_1=\frac{G-\gamma_w q}{\gamma_0-\gamma_w} \tag{3-22}$$

式中：$W_{耙吸1}$——耙吸式挖泥船挖、运、抛施工运转时间小时生产率（$m^3/h$）；

$\sum t$——完成一次作业循环（包括上线、挖泥、运泥、卸泥、返航等）所用总时间（h）；

$q_1$——泥舱装载土方量（$m^3$）；

$l_1$——重载航行段长度（km）；

$v_1$——重载航速（km/h）；

$l_2$——空载航行段长度（km）；

$v_2$——空载航速（km/h）；

$l_3$——挖泥长度（km）；

$v_3$——挖泥航速（km/h），见表 3-12，根据疏浚土土质确定，对淤泥和松散的砂宜采用 2～6km/h，对黏土和中密以上的砂宜采用 6～8km/h；

$t_1$——抛泥及抛泥时的转头时间（h）；

$t_2$——施工中转头及上线时间（h）；

$G$——泥舱中装载的泥浆总质量（t），可按装舱前后的船舶吃水求得；

$\gamma_w$——现场水的密度($t/m^3$);

$q$——泥舱装载的泥浆体积($m^3$);

$\gamma_0$——疏浚土体的天然密度,即原状土密度($t/m^3$)。

不同土质的挖泥航速 表3-12

| 开挖土质 | 对地航速值(kn) | 开挖土质 | 对地航速值(kn) |
|---|---|---|---|
| 淤泥 | 2.0~2.5 | 黏性土类 | 3.0~4.0 |
| 淤泥类土 | 2.0~2.5 | 中密砂 | 2.5~3.0 |
| 松散砂 | 2.0~2.5 | 密实砂 | 3.0~4.0 |

注:1节(kn)=1海里/时=(1852/3600)m/s,是航速单位。

②耙吸式挖泥船挖、运、吹施工运转时间小时生产率可按下列公式计算:

$$W_{耙吸2}=\frac{q_1}{\sum t}=\frac{q_1}{\frac{l_1}{v_1}+\frac{l_2}{v_2}+\frac{l_3}{v_3}+t_3+t_2} \tag{3-23}$$

$$q_1=\frac{G-\gamma_w q}{\gamma_0-\gamma_w} \tag{3-24}$$

式中:$W_{耙吸2}$——耙吸式挖泥船挖、运、吹施工运转时间小时生产率($m^3/h$);

$\sum t$——施工循环运转小时(h);

$t_3$——耙吸式挖泥船吹泥总时间(h),由挖泥船吹泥所需时间以及挖泥船与吹泥管线连接装置的接卡、解离所需时间两部分组成;

其余符号意义同前。

③耙吸式挖泥船边抛或旁通施工运转时间小时生产率可按下列公式计算:

$$W_{耙吸3}=Q\rho\delta\eta \tag{3-25}$$

$$\rho=\frac{V_1}{V_2}\times 100\%=\frac{\gamma_m-\gamma_w}{\gamma_0-\gamma_w}\times 100\% \tag{3-26}$$

式中:$W_{耙吸3}$——耙吸式挖泥船边抛或旁通施工运转时间小时生产率($m^3/h$);

$Q$——抛出舷外的泥浆流量($m^3/h$);

$\rho$——抛出舷外的泥浆浓度(%);

$\delta$——有效出槽系数,为泥浆入水后所含泥沙实际输出槽外的比率,通过观测与分析,并参考类似工程的经验数据确定;

$\eta$——考虑转头等因素的时间系数;

$V_1$——原状土体积($m^3$);

$V_2$——泥浆体积($m^3$);

$\gamma_m$——泥浆密度($t/m^3$);

$\gamma_w$——现场水的密度($t/m^3$);

$\gamma_0$——原状土密度($t/m^3$)。

(4)耙吸式挖泥船主要疏浚仪器配置。

耙吸式挖泥船主要疏浚仪器仪表有压力表(含真空表)、浓度计、流量计、产量计、装载指示仪、纵横倾指示仪、耙头深度位置指示仪、疏浚过程监视系统、无线电定位仪、电子图显示系统、差分全球卫星定位系统(DGPS)等。

a. 装载指示仪。耙吸式挖泥船上通常装有装载指示仪,可自动记录疏浚土方的装载量。该装置利用安装在船底的多个压力传感器测量船舶吃水,通过转换器把压力信号转换成电流信号,由计算机处理、计算并记录挖泥船排水量和载泥量,实时显示装载过程。

b. 差分全球卫星定位系统(DGPS)。差分全球卫星定位系统由差分台和移动台(船台)组成,差分台和移动台均包括 GPS 接收机和数传电台,移动台还包括用来导航的电子计算机和显示器,差分台和移动台的 GPS 接收机同步观测同一组(不得少于四颗)卫星,由差分台求出观测值进行实时修正,以确定移动台相对于差分台的位置,进而求得移动台船位坐标,同时通过计算机进行航迹自动绘图,显示计划挖泥区段、计划航线、实时导航数据(航速、航向、偏航数据及坐标等),若与测深仪、水位、遥报仪、挖深自动控制系统相连接,还可显示挖深、水位、横断面图或水下三维立体图。

(5)耙吸式挖泥船施工工艺。

耙吸式挖泥船是边航行边挖泥的自航纵挖式挖泥船,施工作业无须抛锚展布,也不需要辅助船舶配套行动。一般只需在岸上设置具有相当灵敏度的导标,包括边界标、中线标、起点标、终点标等。近年来,随着 DGPS 推广使用,疏浚作业的导航定位得到了极大便利,不仅提高了定位精度,随时掌握本船作业运行的轨迹,而且目前疏浚不再预设水陆疏浚标志,直接运用 DGPS 控制船位挖泥。

耙吸式挖泥船航行到接近起挖点前,应对好标志(航线)、确定船位、降低航速、放耙入水、启动泥泵吸水,待耙头着底,适度增加挖泥船对地航速,吸上泥浆,按照预定的前进航向驶入挖槽,耙挖泥沙。

耙吸式挖泥船的主要施工方法有装舱(装舱溢流)施工法、旁通(边抛)施工法、吹填施工法;挖泥采用分段、分层、分条等工艺施工。

①装舱施工法。

装舱法施工时,疏浚区、调头区和通往抛泥区的航道必须有足够的水深和水域,能满足挖泥船装载时航行和转头的需要,并有适宜的抛泥区可供抛泥。

施工工艺流程:自航耙吸式挖泥船,采用挖、运、抛或挖、运、吹施工方式,即空载航行至挖泥区,减速后定位上线下耙挖泥,通过离心式泥泵将耙头挠松的泥土吸入泥舱内,满舱后起耙,航行到抛泥区或吹填驻船水域后,开启泥舱底部的泥门抛泥或打开抽泥舱内疏浚土泥门吹填,然后空载航行至挖泥区,进行下一循环的挖泥施工。采用分段、分条、分层施工。如图 3-21 所示。

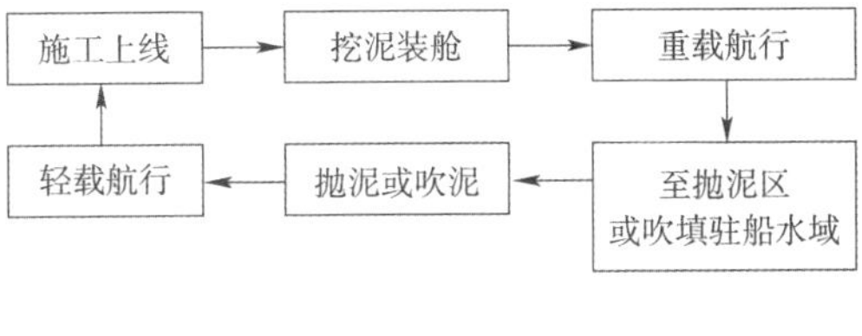


图 3-21　耙吸式挖泥船施工工艺流程图

当挖泥船的泥舱设有几档舱容或舱容可连续调节时,应根据疏浚土质选择合理的舱容,以达到最佳的装舱量。合理的舱容可按下式计算:

$$V=\frac{W}{\gamma_m} \tag{3-27}$$

式中:$V$——选用的舱容($m^3$);

$W$——泥舱的设计净装载量(t);

$\gamma_m$——泥舱内沉淀泥沙的平均密度($t/m^3$),可通过试挖或取土样做沉降试验确定或参考表3-13取值。

不同泥土的天然密度与沉淀泥沙的平均密度的关系 表3-13

| 序号 | 土的名称 | 土的天然密度($t/m^3$) | $\gamma_m$($t/m^3$) |
|---|---|---|---|
| 1 | 淤泥 | <1.4 | 1.10~1.25 |
| 2 | 淤泥质土 | <1.65 | 1.15~1.30 |
| 3 | 软塑黏土 | 1.65~1.75 | 1.25~1.45 |
| 4 | 可塑黏土 | 1.75~1.80 | 1.30~1.50 |
| 5 | 粉土、粉砂 | 1.60~1.85 | 1.10~1.30 |
| 6 | 细砂 | 1.65~1.90 | 1.30~1.50 |
| 7 | 中砂 | 1.70~2.00 | 1.50~1.60 |
| 8 | 粗砂、细砾 | 1.80~2.00 | 1.60~1.80 |

当计算的舱容在挖泥船两档舱容之间时,应取高一档的舱容。

当泥舱装满未达到挖泥船的载重量时,应继续挖泥装舱溢流,增加装舱土方量。最佳装舱时间应根据泥沙在泥舱内的沉淀情况、挖槽长短、航行到抛泥区的距离和航速综合确定,并使装舱量与每舱泥循环时间之比达到最大值。

装舱溢流施工时,应监视对已挖地区、附近航道、港池和其他水域回淤的影响;应符合环境保护的要求,注意溢流浑浊度对附近养殖、取水口等的影响;疏浚污染物时,不得溢流。

当疏浚粉土、粉砂、流动性淤泥等不易在泥舱内沉淀的细颗粒土质时,在挖泥装舱之前,应将泥舱中的水抽干,并将开始挖泥下耙时和终止挖泥起耙时所挖吸的清水和稀泥浆排出舷外,以提高舱内泥浆浓度,增加装舱量。

当疏浚污染土或不易在泥舱内沉淀的粉土、粉砂、流动性淤泥及施工区水流不能将溢流土有效带出施工区和溢流对施工区周边海产养殖等有严重影响或对周边水域造成长期不利影响时,应采用抽舱不溢流施工。

②旁通(边抛)施工法。

旁通(边抛)施工法宜在下列情况下采用:

当地水流有足够的流速,可将旁通的泥沙携带至挖槽外,且疏浚增深的效果明显大于旁通泥沙对挖槽的回淤时;

施工区水深较浅,不能满足挖泥船装舱的吃水要求时,可先用旁通法施工,待挖到满足挖泥船装载吃水的水深后,再进行装舱施工;

在紧急情况下,需要突击疏浚航道浅段,迅速增加水深时;

环保部门许可，对附近水域的回淤没有明显不利影响时。

③吹填施工法。

耙吸式挖泥船吹填施工法分为艏吹和艏喷两种施工方法，其应满足下列要求：

驻船水域水深满足挖泥船满载吃水要求，单点定位吹泥时水域宽度不小于2倍船长；

单点定位吹泥进点时控制航速并提前抛锚，有条件时抛艉锚辅助定位；

接通吹泥管线后先打开引水阀门吹水，确认管线正常后打开抽泥舱内疏浚土门抽取泥沙；

泥门按顺序启闭，开启的泥门处泥沙接近抽尽时开启下一组泥门，随后关闭原开启的泥门，双列泥门左右对称成对启闭；

施工过程中根据流量和浓度调节引水阀门，保持引水阀门与泥门启闭的协调，避免舱内泥沙经引水通道流出船外；

通过管线进行吹填时，抽舱完毕后继续吹水，直至管线内泥沙已吹尽或管线内残留泥沙不会对下一步施工造成不利影响时再停泵和断开管线；

施工过程中，根据真空、流量、浓度和压力等变化情况，对泥泵转速、泥门开启数量和引水阀开度进行调节；

艏喷施工时，根据水流、潮流、风向、水深及挖泥船操纵要求选择就位点；

艏喷施工时，根据施工工况选取合理的喷嘴尺度、喷射角度和泥泵转速。

(6)耙头的选用。

耙头是耙吸式挖泥船直接挖掘土壤的工具，是主要的疏浚设备，对挖泥船的生产率有很大影响。耙头类型很多，各有其适用的土壤特点，所以疏浚施工应根据土壤性质尽量选用合适的耙头。耙吸式挖泥船耙头应根据疏浚土类及其密实度选择，各种耙头对土质的适应性见表3-14。

**耙吸式挖泥船各类耙头适用土质** 表3-14

| 序号 | 耙头形式 | 适用土质 | 说明 |
|---|---|---|---|
| 1 | 冲刷型耙头 | 流动性淤泥、松散和中等密实砂 | 对于中等密实砂，可安装高压冲水，利用水流提高挖掘效果 |
| 2 | 挖掘型耙头 | 淤泥土类、软黏土、密实砂 | 在耙头上安装切削刃或耙齿，利用机械力提高挖掘效果，对于密实砂加高压冲水 |
| 3 | 主动挖掘型耙头 | 密实砂、硬黏性土或土砂混合物 | 在耙头上安装液压缸，可调整与控制活动罩，提高切割与挖掘效果 |

从表3-14可知，挖掘流动性淤泥、松散砂选用冲刷型耙头。挖掘中等密实砂选用冲刷型耙头加高压冲水。挖掘淤泥土类、软黏土选用挖掘型耙头。挖掘密实砂选用挖掘型耙头加高压冲水或主动挖掘型耙头。挖掘硬黏性土或土砂混合物选用主动挖掘型耙头加高压冲水。另外，选用挖掘型耙头施工时，挖黏性土选用扁齿，挖砂性土选用尖齿，挖硬质土耙齿短，挖软质土耙齿长。

除上述几种主要挖泥船外，还有一些独具特色的挖泥船：如由压缩空气作为输送介质的气动式挖泥船，其最大挖深可达水下800多米，对水质的第二次污染极小，是一种非常有竞争力的疏浚船舶。“水陆两用型”挖泥船、“水巫式”挖泥船、“泥猫式”挖泥船(实际上是一种超小型绞吸式挖泥船)及荷兰 IHC 公司生产的多用途挖泥船等,可以在特别恶劣的工况下完成疏浚作业。我国在简易疏浚施工中使用的“钢耙船”“耙沙船”“水枪冲沙船”等也显示出灵活机动的优点。各类挖泥船及挖泥机具的性能和技术指标可参阅有关文献。

4. 挖泥船的选择

根据疏浚作业区工况恰当地选择挖泥船,是顺利完成疏浚施工任务的重要前提条件。若挖泥船选择不当,要么不能在合同规定的时间内完成疏浚任务,要么损坏挖泥机具而增加挖泥成本。选择挖泥船的基本原则有两条:一是在技术上能很好地满足疏浚工程要求,二是在经济上能最大限度地降低挖泥成本。

挖泥船在世界各地的分布极不均衡,各类挖泥船的适应性及各地施工现场条件差异又甚大,给合理选调挖泥船造成了极大困难。当规划一项疏浚工程时,不仅要明确哪些类型的挖泥船能够胜任该项工程,还要了解在施工区周边范围内有哪些类型的挖泥船可供选择(按挖泥船适应性及调遣费用排队优选)。在经过综合经济评价的基础上,最终选出所需要的挖泥船类型及必要的辅助船舶。欲做好选船工作,必须深入施工现场,认真调查研究,十分熟悉各类挖泥船的工作性能及其适用条件。疏浚设备应根据工程规模、建设要求、现场水域条件、岩土的可挖性、管道输送适宜性、现场的自然与环境条件等影响因素进行选择。

(1)选船时应考虑以下几种主要因素:

①被挖掘土壤的种类和性质。

土壤是挖泥船工作的主要对象,各类挖泥船都有其最适合的工作土壤。表征土壤特性的指标有二,一是土壤的粒度,一般用粒径表示,常用筛分法(粗颗粒)或水析法(细颗粒)进行粒径分析,疏浚工程中则习惯用所谓“三角坐标命名法”对土壤进行分类。二是土壤的密实度,对无黏性土壤而言,其相对密度愈大,表明土壤的密实度愈大,挖掘阻力就大,当标注贯入击数 $N>15$ 时,一般需要先进行预处理,才能进行正常疏浚作业,以免损坏挖泥机具。对有黏性的土壤而言,则以天然稠度表示,其天然稠度愈大,表明含水量愈高,愈易于挖掘,当天然稠度大到已成为流体状态时(浮泥或泥浆),对吸扬式挖泥船施工最有利。各类土壤的特性及不同类型挖泥船对土壤的适应性可参阅《疏浚与吹填工程设计规范》(JTS 181-5—2012)。

②挖槽尺度及排泥方式。

挖槽尺度主要指挖槽宽度、挖槽深度及待挖底质的厚度。若挖槽太窄,则需增加横挖式挖泥船的前移次数而影响生产率;若用泥驳运泥则不易上线周转;用浮管排泥或锚缆定位施工时,则易妨碍水上交通;若挖槽水深大于挖泥船最大挖深能力时,则挖泥船无法施工,若挖槽后水深小于挖泥船满载吃水时,则挖泥船无法驶离挖泥区。待挖底质的厚度与选择挖泥船的类型也关系密切,若挖泥底质很薄,则宜首选吸扬式挖泥船或耙吸式挖泥船;若待挖底质的厚度大于所选挖泥船一次挖泥厚度时,则应研究采用何种挖泥方法(分条开挖还是分层开挖)最经济合理。

排泥方式也往往是影响选船的重要制约因素。例如,在狭窄的现行航道上施工时,则不宜选用浮管排泥的绞吸式挖泥船,也不宜选用借助锚缆定位施工的机械式挖泥船。若抛泥区水很浅且距挖泥区较近时,宜选用浮管排泥的绞吸式挖泥船或自航耙吸式边抛挖泥船施工。

③疏浚总工程量和竣工时间。

疏浚总工程量及要求竣工的时间是选择挖泥船(队)的决定性因素。可按挖泥船的艘班挖泥量进行估算。一艘班挖泥量是指一条挖泥船在一个工作日(按8小时计)所完成的土方量($m^3$)。即一艘班挖泥量=平均小时生产率×平均时间利用率×8。根据总工程量和要求竣工的时间,可算出所需总艘班数,进而确定选调的挖泥船艘数及每天工作的班数。

④挖泥船本身的性能。

挖泥船本身的性能包括挖泥船本身尺度及挖泥船性能。如:挖泥船标准吃水及满载吃水;挖泥船最小、最大及最有利的挖掘深度;挖泥船能正常工作时的最小宽度;最有效的一次挖掘厚度;各种工况条件下挖泥船的小时生产率等,都应在选择挖泥船时综合考虑。

(2)疏浚设备的选择应与现场水域条件相适应。疏浚设备主要尺度及施工所需水域条件可参照表3-15确定。

**疏浚设备主要尺度及施工所需水域条件** 表3-15

| 疏浚设备类型 | | 主要尺度(m) | | | | 最大挖深(m) | 施工所需水域条件(m) | |
|---|---|---|---|---|---|---|---|---|
| | | 长 | 宽 | 吃水 | | | | |
| | | | | 空载 | 重载 | | 水深 | 宽度 |
| 耙吸式挖泥船舱容($m^3$) | 500 | 70 | 14 | 2.4 | 3.2 | 10 | 3.6 | — |
| | 1500 | 85~87 | 13~15 | 2.6 | 4.5 | 15~18 | 5.0 | — |
| | 4500 | 102~129 | 17~19 | 3.0~5.0 | 6.8~7.5 | 20~27 | 8.1 | — |
| | 5000 | 113 | 18 | 4.5 | 7.3 | 30 | 7.9 | — |
| | 7000 | 114 | 20 | — | 7.8 | 35 | 8.5 | — |
| | 10000 | 128 | 25 | 7.5 | 8.8 | 39 | 9.5 | — |
| | 13500 | 150 | 27 | — | 9.5 | 42 | 10.2 | — |
| | 18000 | 159 | 30 | — | 11.0 | 99 | 12.0 | — |
| | 33000 | 201 | 36 | — | 14.6 | 140 | 16.0 | — |
| | 46000 | 223 | 41 | — | 15.2 | 155 | 16.5 | — |
| 绞吸式挖泥船装机总功率(kW) | 280 | 23 | 6 | — | 0.9 | 6 | 1.1 | 23 |
| | 870 | 55~64 | 8 | — | 1.8~2.3 | 8 | 2.4 | 46 |
| | 2700 | 58 | 10 | — | 1.6 | 16 | 1.9 | 41 |
| | 3700 | 66 | 14 | — | 1.9 | 18 | 2.3 | 49 |
| | 6000 | 85~96 | 17 | — | 3.2~3.3 | 22 | 4.0 | 96 |
| | 8400 | 91 | 16 | — | 3.2 | 22 | 4.0 | 90 |
| | 11300 | 100 | 18 | 2.8 | 3.5 | 25 | — | 100 |
| | 13100 | 108 | 18 | 2.8 | 3.7 | 27 | 4.5 | 98 |
| | 20260 | 130 | 22 | — | 5.2 | 33 | — | 110 |
| | 27240 | 141 | 28 | — | 5.5 | 36 | 6.5 | 120 |

续上表

| 疏浚设备类型 | | 主要尺度(m) | | | | 最大挖深(m) | 施工所需水域条件(m) | |
|---|---|---|---|---|---|---|---|---|
| | | 长 | 宽 | 吃水 | | | | |
| | | | | 空载 | 重载 | | 水深 | 宽度 |
| 抓斗式挖泥船斗容($m^3$) | 1.2 | 34 | 10 | — | 1.3 | 12 | 1.6 | 33 |
| | 4.0 | 36~40 | 14 | — | 1.8 | 13 | 2.2 | 43 |
| | 8.0 | 35~40 | 16 | 1.3 | 1.5~2.2 | 40 | 2.6 | 45 |
| | 13.0 | 45 | 19 | 1.4 | 2.6 | 50 | 3.0 | 48 |
| | 20.0 | 56 | 22 | — | 2.2 | 50 | 2.6 | 60 |
| | 22.0 | 66 | 24 | — | 2.7 | 56 | 3.1 | 70 |
| | 50.0 | 70 | 27 | — | 2.7 | 60 | 3.1 | 75 |
| | 200.0 | 100 | 36 | — | 3.6 | 40 | 4.0 | 100 |
| 铲斗式挖泥船斗容($m^3$) | 4 | 44 | 15 | — | 2.6 | 15 | 2.9 | 42 |
| | 25 | 67 | 18 | — | 2.8 | 27 | 3.2 | 60 |
| 链斗式挖泥船生产率($m^3/h$) | 150 | 37 | 8 | 1.0 | 1.1 | 7 | 1.5 | 29 |
| | 500 | 56~60 | 12 | 2.5 | 2.8 | 9 | 3.0 | 41 |
| | 750 | 74~95 | 14 | 2.9~3.0 | 3.1~3.7 | 24 | 4.0 | 43 |

(3)疏浚设备应根据岩土的可挖性选择,并应符合下列规定:

①疏浚岩土的开挖难易程度可从松开土体或破坏其内聚力的角度进行分析。

②淤泥土类宜使用耙吸式挖泥船或绞吸式挖泥船进行挖掘和输送,淤泥质土也可使用斗式挖泥船进行挖掘。

③砂土类可使用各种挖泥船进行挖掘。挖掘密实砂土时,耙吸式挖泥船宜使用带高压冲水的冲刷型耙头,绞吸式挖泥船宜使用可换齿的绞刀,抓斗式挖泥船宜使用中型或重型抓斗,铲斗式挖泥船宜使用小容量铲斗。

④黏性土类可使用各种挖泥船进行挖掘。挖掘硬黏性土时,耙吸式挖泥船宜使用主动型耙头,绞吸式挖泥船宜使用可换齿的绞刀,抓斗式挖泥船宜使用中型或重型抓斗,铲斗式挖泥船宜使用小容量铲斗。

⑤碎石类土宜采用抓斗式挖泥船或铲斗式挖泥船进行挖掘,也可使用大、中型绞吸式挖泥船进行挖掘。挖掘时,抓斗式挖泥船应使用重型抓斗,绞吸式挖泥船应使用可换齿的锥形绞刀。

⑥岩石在预处理后才能进行挖掘,软质岩石也可采用大型绞吸式挖泥船、铲斗式挖泥船或抓斗式挖泥船进行挖掘。

⑦疏浚岩土的可挖性应根据挖泥船的设计性能及船舶状况等综合分析确定,也可参照表3-16确定。

**疏浚岩土的可挖性** 表 3-16

| 土质类别 | 序号 | 耙吸式挖泥船舱容（$m^3$） | | | 绞吸式挖泥船绞刀功率（kW） | | 抓斗式挖泥船斗容（$m^3$） | | 铲斗式挖泥船斗容（$m^3$） | 链斗式挖泥船生产率（$m^3/h$） | |
|---|---|---|---|---|---|---|---|---|---|---|---|
| | | ≥9000 | 4000～9000 | ≤4000 | ≥1000 | <1000 | ≥8 | <8 | ≥4 | ≥500 | <500 |
| 有机质土、泥炭、淤泥类 | 1 | 容易 | 容易 | 容易 | 容易 | 容易 | 不适合 | 不适合 | 不适合 | 较易 | 较易 |
| 淤泥质土类 | 2 | 容易 | 容易 | 容易 | 容易 | 较易 | 较易 | 较易 | 较易 | 容易 | 容易 |
| 黏性土类 | 3 | 较易 | 较易 | 尚可 | 较易 | 较易 | 较易 | 较易 | 容易 | 较易 | 较易 |
| | 4 | 较难 | 困难 | 困难 | 较易 | 较难 | 较易 | 尚可 | 较易 | 较易 | 较难 |
| | 5 | 困难 | 很难 | 很难 | 较难 | 困难 | 困难 | 很难 | 较难 | 困难 | 困难 |
| 砂土类 | 6 | 容易 | 容易 | 容易 | 容易 | 容易 | 容易 | 容易 | 容易 | 容易 | 容易 |
| | 7 | 容易 | 较易 | 尚可 | 较易 | 较难 | 较易 | 较难 | 容易 | 较易 | 尚可 |
| | 8 | 尚可 | 较难 | 困难 | 尚可 | 困难 | 困难 | 很难 | 尚可 | 尚可 | 困难 |
| 碎石土类 | 9 | 尚可 | 较难 | 困难 | 尚可 | 较难 | 较易 | 尚可 | 容易 | 尚可 | 较难 |
| | 10 | 较难 | 困难 | 不适合 | 尚可 | 困难 | 较难 | 很难 | 尚可 | 困难 | 不适合 |
| 岩石类 | 11 | 不适合 | 不适合 | 不适合 | 尚可 | 困难 | 很难 | 不适合 | 困难 | 很难 | 不适合 |
| | 12 | 不适合 | 不适合 | 不适合 | 较难 | 很难 | 不适合 | 不适合 | 不适合 | 不适合 | 不适合 |
| | 13 | 不适合 | 不适合 | 不适合 | 困难 | 不适合 | 不适合 | 不适合 | 不适合 | 不适合 | 不适合 |

(4)疏浚设备的选择应满足下列疏浚土水力输送要求：

①采用管道输送时，对于绞吸式挖泥船、耙吸式挖泥船、吹泥船及接力泵站等，均需计算输送能力；

②管道输送能力与疏浚设备的挖掘能力相匹配；

③管道泥浆最小流速大于临界流速，最大流速在泥泵气蚀性能允许范围内；

④采用泥泵管道输送的适宜性参照表 3-17 确定。

**各类疏浚土用于管道输送的适宜性** 表 3-17

| 岩土类别 | 岩土名称 | 分类标准 | 管道输送的适宜性 |
|---|---|---|---|
| 淤泥类 | 淤泥土 | $e \geq 1.0, w \geq 36\%$ | 很好 |
| 黏性土类 | 黏土 | $I_p > 17$ | 碎化后较好 |
| | 粉质黏土 | $10 < I_p \leq 17$ | 碎化后较好 |
| 粉土类 | 黏质粉土 | $d < 0.075$mm 的颗粒含量大于总质量 50%<br>$I_p \leq 10, 10\% \leq M_C < 15\%$ | 很好 |
| | 砂质粉土 | $d < 0.075$mm 的颗粒含量大于总质量 50%<br>$I_p \leq 10, 3\% \leq M_C < 10\%$ | 很好 |

续上表

| 岩土类别 | 岩土名称 | 分类标准 | 管道输送的适宜性 |
|---|---|---|---|
| 砂土类 | 粉砂 | $d>0.075$mm 的颗粒含量大于总质量 50% | 很好 |
| | 细砂 | $d>0.075$mm 的颗粒含量大于总质量 85% | 很好 |
| | 中砂 | $d>0.25$ mm 的颗粒含量大于总质量 50% | 较好 |
| | 粗砂 | $d>0.5$mm 的颗粒含量大于总质量 50% | 较好 |
| | 砾砂 | $d>2.0$mm 的颗粒含量等于总质量25% ~ 50% | 较好 |
| 碎石土类 | 角砾、圆砾 | $d>2.0$mm 的颗粒含量大于总质量 50% | 尚可 ~ 较好 |
| | 碎石、卵石 | $d>20$mm 的颗粒含量大于总质量 50% | 尚可 ~ 差 |
| | 块石、漂石 | $d>200$mm 的颗粒含量大于总质量 50% | 不适合 |
| 岩石类 | 软质岩石 | $R_C<30$MPa | 尚可 |
| | 硬质岩石 | $R_C\geqslant30$MPa | 尚可 |

注:$e$ 为孔隙比;$w$ 为天然含水率(%);$I_p$ 为塑性指数;$d$ 为粒径(mm);$M_C$ 为黏粒含量($d<0.005$mm);$R_C$ 为单轴饱和抗压强度(MPa)。

(5)疏浚设备选择应与当地的水文、气象条件相适应,并应符合下列规定:

①可作业时间及其安全性应根据挖泥船的抗风浪能力,结合现场资料分析确定。

②在风浪条件恶劣和避风锚地距离较远时,宜采用耙吸式挖泥船施工。

③装机总功率在 5000kW 以上的大、中型绞吸式挖泥船可在沿海开敞水域施工。

④多雾季节应选择装有雷达和良好导航和通信设备的挖泥船。

⑤各类挖泥船对自然条件的适应能力应根据船舶性能确定,也可参照表 3-18 中的数值确定。

**疏浚设备对自然环境的适应情况** 表 3-18

| 船舶类型 | | 风级 | | 顺浪有效波高(m)(波周期≤8s) | | 纵向流速(m/s) | 能见度(m) |
|---|---|---|---|---|---|---|---|
| | | 内河 | 沿海 | 施工极限波高 | 安全极限波高 | | |
| 耙吸式挖泥船舱容($m^3$) | ≥9000 | — | 7 | 3.0 | — | 2.0 | ≥1000 |
| | 4000 ~ 9000 | 7 | 6 | 2.0 | — | 2.0 | ≥1000 |
| | 2000 ~ 4000 | 7 | 6 | 1.5 | 3.0 | 2.0 | ≥1000 |
| | <2000 | 7 | 6 | 1.2 | 2.5 | 2.0 | ≥1000 |
| 绞吸式挖泥船装机总功率(kW) | ≥10000 | 7 | 6 | 1.5 | 2.5 | 1.8 | — |
| | 5000 ~ 10000 | 7 | 6 | 1.0 | 1.5 | 1.7 | — |
| | 1500 ~ 5000 | 6 | 5 | 0.6 | 1.0 | 1.6 | — |
| | <1500 | 5 | | 0.3 | 0.8 | 1.5 | — |

续上表

| 船舶类型 | | 风级 | | 顺浪有效波高(m)(波周期≤8s) | | 纵向流速(m/s) | 能见度(m) |
|---|---|---|---|---|---|---|---|
| | | 内河 | 沿海 | 施工极限波高 | 安全极限波高 | | |
| 抓斗式挖泥船斗容($m^3$) | ≥20 | 7 | 6 | 2.0 | 2.5 | 2.0 | — |
| | 8~20 | 6 | 6 | 1.5 | 2.0 | 2.0 | — |
| | <8 | 5 | 5 | 0.5 | 1.0 | 1.5 | — |
| 铲斗式挖泥船斗容($m^3$) | ≥10 | 7 | 6 | 1.5 | 2.5 | 2.0 | — |
| | <10 | 6 | 5 | 1.0 | 2.0 | 1.8 | — |
| 链斗式挖泥船生产率($m^3/h$) | >500 | 6 | 6 | 0.6 | 1.5 | 2.0 | — |
| | ≤500 | 6 | 5 | 0.4 | 1.0 | 1.8 | — |
| 自航泥驳 | — | 7 | 6 | 1.2 | 2.5 | 2.0 | ≥1000 |

(6)疏浚设备应根据工程与环境条件,并结合工程量、工期等进行选择,并应符合下列规定:

①新建港口的航道疏浚宜使用耙吸式挖泥船;在风浪允许的条件下,也可使用绞吸式挖泥船或斗式挖泥船;在疏浚土吹填处置距离满足要求的条件下宜使用绞吸式挖泥船直接进行挖吹施工。

②航道扩建加深、拓宽工程以及航运繁忙水域的疏浚与吹填工程,宜选择耙吸式挖泥船。

③沿海航道维护性疏浚宜选择耙吸式挖泥船,内河宜选择耙吸式挖泥船或绞吸式挖泥船。

④采用吹填方式进行泥土处置的疏浚工程和以造地成陆为目的的吹填工程,宜选择绞吸式挖泥船或装有艏吹装置的耙吸式挖泥船直接进行挖吹施工;当水上泥土运输距离较长时,可选择耙吸式挖泥船、绞吸式挖泥船、斗式挖泥船、泥驳、吹泥船等进行联合施工。吹填设备的泥泵扬程应与吹填距离及排高相适应,当吹填距离超过吹填设备的吹距时应加装接力泵。

⑤在水工建筑物或其他设施附近疏浚,宜选择斗式挖泥船或绞吸式挖泥船施工,如航行条件允许,也可选择耙吸式挖泥船施工。

⑥疏浚设备不能水路调遣而采用陆运时,应选用组装式挖泥船,并应对现场起吊、组装、下水的条件进行调查。

⑦对噪声要求严格的疗养区和居民密集区等区域,不宜选择链斗式挖泥船施工。

⑧疏浚污染土时,应选择满足环保要求的疏浚设备。

(7)选用泥驳运泥时,应根据挖泥船和泥斗的规格、性能配备适用的泥驳,在航运繁忙和风浪较大的区域宜配备自航泥驳。泥驳数量可按下式计算:

$$N=\frac{\left(\frac{l_1}{v_1}+\frac{l_2}{v_2}+t_0\right)BW}{q_1}+n_B \tag{3-28}$$

式中:$N$——配备的泥驳数量;

$l_1$——挖泥区至卸泥区的航程(km);

$v_1$——重载航速(km/h);

$l_2$——卸泥区至挖泥区的航程(km);

$v_2$——轻载航速(km/h);

$t_0$——装泥、卸泥、转头及靠离挖泥船时间的总和(h);

$W$——挖泥船运转时间小时生产率($m^3/h$);

$q_1$——泥驳装载量($m^3$);

$n_B$——备用泥驳数量;

$B$——岩土的搅松系数,可按表3-9确定。

(8)拖船。

应考虑被拖泥驳的大小、数量及编排方式、拖船牵引力、航区水深、风浪和水流等因素配备拖船,其数量可按下式计算:

$$T=\frac{\left(\frac{l_1}{v_1}+\frac{l_2}{v_2}+t_0\right)BW}{D_0q_1} \tag{3-29}$$

式中:$T$——所需拖船数量;

$D_0$——拖船一次可拖带的泥驳数;

其余符号意义同前。

(9)时间利用率。

疏浚与吹填工程设计时,应通过分析计算确定疏浚设备在具体工程条件下的时间利用率。

挖泥船时间利用率可根据调查分析的客观影响时间按表3-19确定。

**各类挖泥船客观影响时间与时间利用率关系** 表3-19

| 耙吸式挖泥船 | | 绞吸式挖泥船 | | 抓斗式、铲斗式挖泥船 | | 链斗式挖泥船 | |
|---|---|---|---|---|---|---|---|
| 客观影响时间 $S'$(%) | 时间利用率 $S$(%) | 客观影响时间 $S'$(%) | 时间利用率 $S$(%) | 客观影响时间 $S'$(%) | 时间利用率 $S$(%) | 客观影响时间 $S'$(%) | 时间利用率 $S$(%) |
| $S'\leq10$ | 70 | $S'\leq5$ | 70 | $S'\leq10$ | 60 | $S'\leq7$ | 60 |
| $10<S'\leq15$ | 65 | $5<S'\leq10$ | 65 | $10<S'\leq15$ | 55 | $7<S'\leq12$ | 55 |
| $15<S'\leq20$ | 60 | $10<S'\leq15$ | 60 | $15<S'\leq20$ | 50 | $12<S'\leq17$ | 50 |
| $20<S'\leq25$ | 55 | $15<S'\leq20$ | 55 | $20<S'\leq28$ | 45 | $17<S'\leq22$ | 45 |
| $25<S'\leq30$ | 50 | $20<S'\leq25$ | 50 | $28<S'\leq35$ | 40 | $22<S'\leq27$ | 40 |
| $30<S'\leq35$ | 45 | $25<S'\leq30$ | 45 | $35<S'\leq40$ | 35 | $27<S'\leq32$ | 35 |
| $35<S'\leq40$ | 40 | $30<S'\leq35$ | 40 | $40<S'\leq45$ | 30 | $32<S'\leq37$ | 30 |

挖泥船施工的客观影响时间应包括风、浪、雾、水流、冰凌与潮汐等自然因素以及施工干扰等其他客观因素对挖泥船施工的影响。具体统计计算时,应根据挖泥船对自然环境的适应情况,对施工地点不少于近3年的有关统计资料进行分析计算取其平均值,并参照历史上类似工程的统计资料分析。

挖泥船时间利用率也可按下式计算:

$$S=\frac{T_1}{T_1+T_2+T_3}\times 100\% \tag{3-30}$$

式中：$S$——挖泥船施工期间的时间利用率（%）；

$T_1$——挖泥船的挖泥时间（h），耙吸式挖泥船还包括运泥、抛（吹）泥等作业时间；

$T_2$——挖泥船的生产性停歇时间（h）；

$T_3$——挖泥船的非生产性停歇时间（h）。

挖泥船施工期间的各类时间可按《疏浚与吹填工程设计规范》（JTS 181-5—2012）附录G规定执行，也可根据类似工程的统计资料分析求得。

# 课题四 清礁工程

## 一、课题引入

在疏浚工程中，通常由于遇到坚硬底质的河床或海床，挖泥船的机械能力无法克服或仅能勉强克服，使得疏浚效率很低，既耽误时间又不经济，因此人们便借助炸药释放的强大能量，对坚硬底质施以爆破，使介质破碎松动，以提高挖泥船的生产效率，从而达到缩短工期，减小投资的目的。

## 二、课题分析

用爆破的方法破碎水下礁石称为水下炸礁。常用于加深、拓宽航道，开挖港池，清除碍航暗礁，开挖码头、船闸、水电站、拦河坝等水工建筑物的基坑。按爆破作用的性质，其可分为水下裸露、水下钻孔和水下硐室三种方法。

## 三、相关知识

### （一）岩石疏浚

岩石疏浚方法应根据岩石特性、数量、分布及现场条件确定。

采用直接疏浚方法时，疏浚机具的质量、强度、挖掘力、功率等特性和作业方法应与疏浚的岩石相适应。岩石疏浚设备生产率确定应考虑岩石特性、开挖岩层厚度及平面分布、工况条件和水深情况。

岩石预处理方法应根据岩石的性质、数量、厚度，并结合预处理后岩石破碎度和疏浚设备的类型、性能选择。可采用钻孔爆破、表面爆破等方法，也可采用凿岩、锤击等物理处理方式破碎岩石的方法，并应符合下列规定：

（1）采用爆破方式进行岩石预处理时，应计算或通过试验确定爆破强度或当量爆破强度，验算主冲击波对水中构筑物、船舶和人员的影响，应根据需要预处理的深度、范围和要求的破碎程度,确定钻孔的排距、孔距、深度和炸药量、起爆方式,明确火工器材运输、储存和使用的安全要求,并应符合《水运工程爆破技术规范》(JTS 204—2008)的有关规定。

(2)采用物理方式进行岩石预处理时,应根据岩性和破碎程度要求、工程现场条件选择凿岩棒、锤的合适形状与质量,确定凿岩布点间距及凿岩棒、锤的提升高度。

预处理后岩石的疏浚,应根据岩石破碎程度、松散程度和数量选择合适的疏浚设备,明确主要疏浚部件的特殊要求。不同类型疏浚设备对预处理后岩石破碎程度的适应性可参照表3-20确定。

**疏浚设备对预处理后岩石破碎程度的适应性** 表3-20

| 疏浚设备类型 | | 破碎程度 $D_{95}$ |
|---|---|---|
| 抓斗式挖泥船 | 大型 | $D_{95} \leqslant 1500$mm |
| | 中型 | $D_{95} \leqslant 1000$mm |
| | 小型 | $D_{95} \leqslant 700$mm |
| 绞吸式挖泥船 | 管径 < 800mm | $D_{95} \leqslant 250$mm |
| | 管径≥800mm | $D_{95} \leqslant 300$mm |
| 铲斗式挖泥船 | | $D_{95} \leqslant 700$mm |
| 耙吸式挖泥船 | | $D_{95} \leqslant 300$mm |

注:对预处理后的岩石,不超过某一直径的岩石量占岩石总质量的95%,该直径即为$D_{95}$。

直接疏浚岩石的工程量按照前面疏浚工程量计算部分计算。预处理的岩石工程量应根据岩石工程量和岩石松散系数确定。

### (二)水下炸礁

#### 1.水下裸露爆破

把炸药做成扁平形药包,旁边加捆沙袋或块石等坠物,几个或十几个药包连在一起,构成网状,沉放到需炸的礁石表面,利用水作为覆盖层,进行爆破。这种爆破方法具有操作简便、机动灵活等优点,缺点是爆破能的利用率低、炸药消耗量较多(一般单个药包质量为8~10kg,破碎范围$3m^2$,可破碎石$1m^3$左右)。水下裸露爆破多用于爆破厚度不大、零星分散的礁石,或在急流、紊乱的水流中,钻孔十分困难的条件下采用。

水下裸露爆破应符合下列规定:

(1)水下裸露爆破宜采用船投法,施工顺序应从深水到浅水,由下游向上游。

(2)爆破药包捆绑配重物宜采用块石或沙袋,配重物质量宜通过现场试验确定,也可通过下式估算:

$$G = V_f Q \tag{3-31}$$

式中:$G$——配重物质量(kg);

$V_f$——表面流速(m/s);

$Q$——药包质量(kg)。

(3)水下裸露爆破每炮次的横向搭接宜为1～2m,纵向搭接宜为0.5～1m。投放药包时应根据流速和水深情况考虑漂移距离。

(4)爆破药包排列宜采用双串药包,每个药包应设双雷管起爆体,使用并串并联复式电爆网路。

(5)大面积裸爆炸药包投放宜在投药船两舷采用翻板同步投放,零星清炸孤礁可采用双串药包用交叉绳连接投放。

(6)使用船舶投药应符合下列规定:

①根据流速、流态变化调整船位,保持定位船和药包投放点与水流方向一致,有泡漩水或泡水出现时暂缓投药。

②投药船投放药包后顺水流下放半个船位,检查船底、船舵、测深仪换能器无扯挂药包后,再移至安全区。

③急流滩投药时,避免用舵过大、船尾触礁,防止船体打横翻覆。

2.水下钻孔爆破

把钻孔设备安装在专用的工作船上,钻孔后在船上往孔内装填炸药,待船移到安全区后通电起爆。钻孔工作船有普通的锚缆定位船,更多的是四角装有液压支柱的自升工作船。工作时把液压支柱放至河底,然后把船顶升出水面一定的高度,利用船舶自重稳定船位。船的甲板上铺设轨道,钻机在轨道上移动定位。钻机有风动钻机、潜孔钻机和岩芯钻机等多种,潜孔钻机应用较广泛。钻孔工艺视河床底质而定,遇到破碎层或裂隙发育的礁石,一般采用双套管钻孔法,即先下外套管至碎石层表面后固定,再把带钻头的内套管接在钻机上,钻入碎石层至一定深度后松脱内套管,然后连接钻具在内套管内进行钻孔。钻完一孔立即冲洗干净,并用堵眼管堵塞,防止泥沙进入孔内。全部钻孔完成后,装填炸药。装药前拔起堵眼管,连接起爆网络,把船撤离危险区后通电起爆。这个爆破方法的优点是爆炸能的利用率较高(爆破1$m^3$礁石仅需耗炸药1.0～1.5kg),爆炸破碎的块度和工程质量容易控制,对周围的岩石破坏较轻,适用范围广。钻孔爆破是水下炸礁的主要施工方法。

3.水下硐室爆破

通常是利用岸边有利的陡峻地形或江中出露的孤礁,从陆地开挖导硐直到设计底高程,然后横向开挖药室,把经过防水加工的药包和起爆体装填于药室内,外用泥土堵塞后起爆,这种爆破方法适用于工程量集中,并有足够的深槽可容纳弃石的地方。用于水下炸礁的爆破材料(炸药、雷管等)应具有一定的防水性能,其耐水时间以2～3d为宜。其耐水时间过长,一旦产生瞎炮,将对爆破后挖泥船清渣作业的安全造成严重威胁。在急流中施工,应对起爆导线进行保护,把导线松弛地绑在白棕绳上,由棕绳承受水流冲击拉力。

中华人民共和国成立后,随着航道、港口建设的发展,水下炸礁技术进步很快。从20世纪50年代由潜水员手持风钻钻孔,发展到自升式钻孔工作船、液压定位桩、中风压、高效潜孔钻机、船上装药、非电起爆网络和微差爆破、预裂爆破等新技术。钻孔和爆破效率大幅度提高,安全条件和工程质量得到改善。

水下炸礁是水下开挖工程的一个部分,在论证炸礁效率时,既要考虑钻孔爆破效率,又要考虑其破碎块度和松散度,以及挖泥船挖块石的效率。要选择适宜的挖泥船和钻孔设备,以及合适的钻孔直径、钻孔布置、起爆网络,以达到较高的综合效率。水下炸礁对附近地面和水域将产生较强的地面振动效应和水中冲击波,应十分重视建筑物和船舶的保护,慎重选择起爆方式,严格控制一次起爆炸药量,必要时采取防护措施,以确保安全。

#### (三)水下凿岩施工

凿岩施工前,应清挖覆盖层至岩层顶面,再进行水下测量,根据岩石高程及分布情况,确定布锤方案。

凿岩作业宜采用卫星定位系统控制施工平面位置、落点范围,并应根据船舶施工宽度分条、分段、分层凿岩施工。凿岩断面尺寸、超深、超宽、边坡应满足设计要求。

重锤凿岩施工应符合下列规定:

(1)凿岩锤应根据吊机或抓斗机提升能力、岩石等级确定。普氏Ⅴ级以内岩石宜采用5~20t的楔状凿岩锤或梅花锤,普氏Ⅵ~Ⅶ级岩石宜采用10~40t的笔状凿岩锤。

(2)凿岩锤落锤高度应根据岩石等级确定,宜为2~3m,凿击点布置间距宜为1.5~2.0m的等边三角形,接近设计底高时落点距宜加密为1m。

(3)凿岩锤施工时应控制垂直自由下落高度,避免发生凿岩锤落底前钢缆突然受力导致钢丝绳互绞。

(4)岩石凿碎后应进行清渣施工,凿岩、清渣施工循环作业深度宜为0.2~0.8m,直至达到设计高程。

液压破碎锤凿岩施工应符合下列规定:

(1)液压破碎锤及钎杆长度应根据挖掘机功率、水深确定,施工时应控制凿岩深度,破碎锤应与岩面垂直,避免破碎锤空打。

(2)岩石破碎后进行清渣施工,凿岩、清渣施工循环作业深度宜为0.2~0.5m,直至达到设计高程。

## 课题五 吹填工程

### 一、课题引入

吹填工程是指将挖泥船挖取的泥沙,通过排泥管线输送到指定地点进行填筑的作业。吹填工程已广泛应用于吹泥造地、扩大陆域、围垦造田等。吹填工程使泥土得到利用,降低了疏浚泥土回淤航道的可能性,同时可以减轻或消除抛泥对水域的影响。

### 二、课题分析

吹填工程可以是以疏浚为主,结合处理泥土的吹填工程;或是以吹填为主,专为某项建设服务的吹填工程;或是与疏浚相结合,既可挖深水域又可填高用地的吹填工程。

## 三、相关知识

### (一)吹填工程含义及分类

疏浚工程中,通常将挖起泥沙抛置于附近水域,有时在附近水域无适当地点抛置泥沙时,需将挖起泥沙吹填至岸上,因此,吹填是疏浚土处理的一种方式。近来人工造地逐渐发展,不是为拓宽、加深水域,而是专为挖掘水下泥沙进行吹填造地。当前的吹填包含三种情况,一是疏浚土处理的一种方式,二是为拓宽、加深水域将挖起的泥沙结合进行吹填造地,三是专门挖起泥沙吹填造地。虽然专门的取土吹填已不属于疏浚的范畴,但很难将这三种情况严格区分,所以广义的疏浚也包括吹填工程。

吹填工程常用施工方式可参照表3-21,并通过经济技术论证进行方案比选确定。

**吹填工程常用施工方式** 表3-21

| 序号 | 船舶设备组合方式 | 适用条件及优缺点 | 说明 |
|---|---|---|---|
| 1 | 绞吸式挖泥船直接吹填 | 适用于内河或风浪较小的海区,生产效率高,成本低,对土壤适应性强。抗风性能较差。最大排距约5km | 为了增加运距,可设接力泵,必要时也可以将两条绞吸式挖泥船串联 |
| 2 | 斗式挖泥船—泥驳—吹泥船—吹填 | 适用于内河或风浪较小的海区,砂质土、黏性土的吹填区工程。运距一般为5~15km。抗风性能差。挖流动性淤泥效果差 | 非自航泥驳需要与拖轮配套使用;吹泥船排距不够时,可增加泵站 |
| 3 | 耙吸式挖泥船—吹填 | 适用于取土区风浪大、运距远的工程。施工过程中能改善砂性土的质量,成本较高 | 耙吸式挖泥船应具有吹填装置 |
| 4 | 耙吸式挖泥船—储砂池—绞吸式挖泥船—吹填 | 适用于取土区风浪大、运距远、吹填量大的工程。施工过程中能改善砂性土的质量 | 储砂池的位置与大小应满足绞吸船的输送和施工强度的要求,并应选在回淤、冲刷小的地方。池内外水深应满足所有施工船舶吹填、抛沙施工作业的需要 |
| 5 | 斗式挖泥船—泥驳—储砂池—绞吸式挖泥船—吹填 | 适用于内河或风浪较小的海区和吹填量大的工程。设备配套复杂,时间利用率较低 | |
| 6 | 耙吸式挖泥船—泥驳—吹泥船—吹填 | 适用取土区位于内河、风浪小、运距远的工程。能改善砂土的质量 | 耙吸式挖泥船应具有装驳的设施 |
| 7 | 斗式挖泥船—泥驳—吹泥船—泵站—吹填 | 适用于运距远、吹程高的长期性的疏浚土处理与吹填造地相结合的工程。施工环节复杂,故障多,时间利用率低 | — |

### (二)吹填工程专用设施及施工方法

吹填工程取土方面的设施与施工方法与疏浚工程类似,涉及吹填工程的专用设施主要为吹填区围埝、排泥管线及间接吹填设施三项。

1. 吹填区围埝

吹填区围埝包括围埝、泄水口(水门)、排水沟三部分。

(1)围埝:围埝设在吹填区的边界上,控制泥沙在吹填区沉积,不至于大量流失于吹填区之外,建围埝前应先对地基进行处理,清除树根、草皮、淤泥等杂物。当前吹填区围埝主要有以下三种形式:

①填土围埝:填土主要取自围埝附近,但不能距围埝太近,以防影响围埝的稳定。填土须分层填筑夯实,防止发生破坏围埝的渗流。对防渗性能差的土质,宜加大围埝断面或在围埝中部填筑黏土心墙。在可能遭受水流顶冲或风浪淘刷部位,还应对表面进行适当防护。

②土工布袋围埝:用土工布袋装填泥沙建造围埝,此法施工简单,对土质要求不高,围埝的稳定性好,近来已被广泛采用。

③堆石围埝:在石料丰富而取土又较困难的地区,亦可用块石堆砌围埝。堆石围埝系透水建筑物,需注意石料级配,尽量减少透水量。为防止泥沙随水流出吹填区,需在围埝面向吹填区一侧铺设滤层或土工布。

(2)泄水口:泥浆吹入吹填区后,泥沙在吹填区沉积,水则需排出吹填区之外,因此在吹填区围埝上需布设泄水口(堆石围埝因透水性强,一般不设泄水口)。泄水口的位置除考虑排出的水方便进入指定地区外,主要应使泥浆在吹填区内有较长流程,以利泥沙沉积。在分层吹填的地区,泄水口高程也可分层布置,但不能定得太低,控制只使面层较清水流溢出。泄水口的过水断面要能通过排出水流的流量。泄水口多采用溢流堰形式,也可建造泄水闸门控制。填土圈地泄水口处应有防护设施,避免过流时被冲坏;有的泄水口也可利用管路(单根或多根,视需通过流量而定)埋设于围埝内组成,可使堰身免受冲刷。水流溢出泄水口后如有较大流速,对泄水口下游处亦应适当加以防护,以避免冲刷。

(3)排水沟:吹填区的水泄出围埝后,如无现成通道流向指定地点,则需开挖排水沟排水。排水沟断面应能适应所通过的流量;坡度不宜太大,以免产生有害的冲刷流速。坡度无法减小,对排水沟可能产生冲刷时,应进行适当防护。

2. 排泥管线

排泥管线分水上浮管、水下潜管和岸管三种。

(1)水上浮管:用泵吸挖泥船进行直接吹填施工时,自挖泥船至岸边的一段距离通常用浮管输送泥浆。浮管要承受水流及风浪等外力,需抛锚固定,锚重与数量视实际情况而定,以能稳住浮管并使其自然弯曲不形成死弯为原则。挖泥船施工时要不断前移,因此浮管的长度应有一定富余,使挖泥船能自由移动。浮管与岸管一般用橡胶软管联结,需用钢丝绳加固,防止受力时拉脱;联结处坡度最好比较平缓,为防止水位变化时在联结处出现严重的折弯,橡胶软管应有足够长度。

(2)水下潜管:在水流湍急或风浪较大地区,布设浮管有困难时,或管线需通过航道,不能布设浮管时,均可采用潜管输送泥浆。潜管与挖泥船之间仍需用适当长度的浮管联结,潜管与浮管之间需加接适当长度的软管,以适应弯曲和水位变化的需要;靠岸一端则可直接与岸管联结。

潜管由钢制排泥管联结而成。联结方式有刚性和柔性两种。全部由钢管利用法兰盘联结而成的为刚性联结;在钢管之间用橡胶软管联结的为柔性联结。柔性联结一般用 2 ~ 5 根岸管,用法兰盘或焊接法组成一段潜管,每段潜管之间用橡胶软管联结;一般浮管用的软管是用卡箍夹紧于钢管上,难以承受较大拉力,潜管最好采用埋入法兰盘的软管。柔性联结法施工比较方便,目前多采用此法。

沉放潜管的方法有牵引法、敷管船法和漂浮法,其中漂浮法较为简便易行,为经常采用的方法。

潜管于工程完成后需起浮时,先将潜水泵伸入潜管最低部位,将两端密封,在水面上保留可通气的阀门,开动潜水泵抽水,空气即通过两端的阀门进入潜管,并使之徐徐起浮。起浮亦可采用充气法,将空气充入潜管,迫使管内的水排出,潜管得以逐步起浮。目前已有专用的自浮式柔性水下管,下沉与起浮就更加方便。

(3)岸管:由水边通向吹填区的岸管一般沿地面铺设,遇铁路、公路等情况时,则经由涵洞或埋管穿过。吹填区范围一般都较大,为使吹填后的平整度达到要求,一般需在吹填区内布设排泥管。吹填区内排泥管可以平行布设,也可以用一根主管,在主管上得用三通管向左、右平行布设支管;管与管之间的间距按设计要求,据泥浆流速、流量与泥沙颗粒大小而定。吹填砂粒时,能在管口处迅速沉积,可随着管口沉积的泥沙加接排泥管向前推进;为使排泥管每向前推进一次能尽量多地吹填泥沙,减少加接排泥管次数,提高工效,近来在吹填砂粒时使用挖掘机在排泥管口沉积的砂土上挖沟引流,加大排出泥浆流淌距离,使形成的砂埂坡度变缓,效果较好。吹填淤泥时,因其不易沉积,一般沿围埝布设排泥管,在三通管引出的支管上安装喷嘴,使泥浆喷向吹填区;如吹填区范围甚大,此法难以满足要求时,只有事先在吹填区架设一道或数道管架,吹填施工时在管架上铺设排泥管。

3. 间接吹填设施

斗式挖泥船装入泥驳的泥沙需用吹泥设施吹送至吹填区。自航耙吸式挖泥船一般也需要靠泊于固定的趸船边方能进行吹填。有关设施分述如下:

(1)吹泥船:吹泥船应停泊于吹填区附近并便于泥驳靠、离的位置。固定吹泥船一般用六根缆绳,也可根据实际情况减少或增加,岸边的缆绳不用抛锚而以地垄代替。吹泥船固定后,接上通向吹填区的排泥管即可靠驳吹泥。吹泥时将吸泥头(亦称吸泥嘴)伸入泥驳,同时向泥驳冲水,开动泥泵即可将泥浆吹送至吹填区。当吸泥头附近的泥吸完时,利用吹泥船的绞车移动泥驳,使吸泥头能靠近泥土,吸取较浓的泥浆,直至整条泥驳的泥被吸完为止。

(2)简易泵吸装置:可将该装置放入泥驳泥舱内,取代吹泥船将泥沙吹至指定吹填区。

(3)吹填用趸船:吹填用趸船一般采用方驳,和吹泥船一样,方驳在选定位置用缆绳固定后,接好排泥管即可靠船吹泥。自航耙吸式挖泥船停靠于方驳一侧后,将挖泥船侧的排泥管出口与方驳上的排泥管对接,向泥舱内冲水,并开动泥泵将泥浆吹送至吹填区。挖泥船在吹填过程中,由于舱内泥沙减少而逐步起浮,而方驳不会随之起浮,因此要求驳上的排泥管是可以活动的,能随挖泥船上升而上升。

目前自航耙吸式挖泥船有的具有艏吹功能,即挖泥船的排泥管出口不是位于船舷而是位于船首。这种挖泥船就不需使用方驳做趸船,施工时驶至与通向吹填区排泥管联结的自浮橡胶软管处,吊起橡胶软管与船首的排泥管出口对接,即可进行吹填施工。此法可免去大风浪时挖泥船泊靠方驳的困难,施工操作简单,是一种前景看好的方法。

### (三)接力泵

当吹填区距离较远,一台泥泵的扬程不能将泥浆输送至吹填区时,就需要增设一台或多台接力泵。接力泵安设在岸上的称为接力泵站,安设在浮体上的称为接力泵船。增设接力泵的目的是增加扬程,所以一律采用串联形式。

选用的接力泵最好与起始的第一台泥泵规格一致,当条件不许可时,也应尽量选用流量相同或接近的泥泵。串联后的泥泵总扬程,从理论上讲,等于各台泥泵扬程相加的总和,但实际产生的总扬程略小于此值。

相关计算请参阅《航道工程手册》、《疏浚与吹填设计规范》(JTS 181-5—2012)、《疏浚与吹填施工规范》(JTS 207—2012)。

(四)吹填工程设计与施工

吹填土方量计算:

$$V=\frac{V_1+\Delta V_1+\Delta V_2}{1-P} \tag{3-32}$$

式中:$V$——吹填设计工程量($m^3$);

$V_1$——吹填容积量($m^3$),即吹填区设计高程与原始地面之间的容积;

$\Delta V_1$——原地基沉降量($m^3$),即竣工验收前因吹填土荷载造成吹填区原地基下沉而增加的工程量;

$\Delta V_2$——超填工程量($m^3$),根据吹填工程的高程平均允许偏差值计算;

$P$——吹填土进入吹填区后的流失率(%),根据土的粒径,泄水口的位置、高度及距排泥管口的距离,吹填面积,排泥管的布设,吹填高度及水力条件等具体施工条件和经验确定。

吹填容积量可以采用断面面积法、平均水深法、不规则三角法或网格法等方法计算。

原地基沉降量根据原地基地质钻探资料和地基加固的方法按《水运工程地基设计规范》(JTS 147—2017)计算或根据经验确定。

吹填工程的高程平均允许偏差值应根据合同要求确定。当合同无要求时,若工程完工后吹填平均高程不允许低于设计吹填高程,高程平均允许偏差值可取+0.20m;若工程完工后吹填平均高程允许有正负偏差,高程平均允许偏差值可取±0.15m。

# 课题六 疏浚工程对环境的影响

## 一、课题引入

随着人们环保意识的加强,在以增加通航尺度为目的的工程疏浚项目中,也应注意研究分析疏浚对周围环境可能带来的环保影响,并采取必要的措施,减小影响程度。另外,环保疏浚旨在清除湖泊水体中的污染底泥,并为水生生态系统的恢复创造条件。

## 二、课题分析

环保疏浚和疏浚环保要从概念、技术特点、施工工艺、疏浚设备等角度分析。

## 三、相关知识

### (一)疏浚污染

因疏浚作业,在挖泥和排泥时,吸附在河床表层泥土上的污物和重金属等有毒物质受到扰动而释放,会对水质和周围环境造成污染。被疏浚的沉积物若是淤泥、黏土和胶体成分,一般都带有阴离子,这些细颗粒泥沙比表面积很大,可以吸附大量阳离子。某些工厂的废水中含有汞、镉、砷、铅和聚氯苯等有毒物质,工厂和油船等排出的含油沉积物,人口稠密区内的大量有机物等,都可能沉积吸附在河床泥土表面。进行疏浚工程时,扰动了水底沉积物,并使之悬浮,会造成水质和周围土质的第二次污染。

疏浚污染除造成水质的变化外,还造成土质、空气气味、噪声程度和自然地形等方面的变化。

水质和土质的污染程度,可根据水和土的化学状态、生物状态、浑浊度或水中悬浮物质的数量以及对海洋生物的影响等确定。

化学状态的变化起因于浑浊度的增大,悬浮颗粒可能释放出所吸附的有毒物质,并遗留在水体中对海洋生物造成潜在威胁。因而在工业污染严重地区进行疏浚工程时,如有必要需测定磷、磷根酸、农药、重金属、多氯联苯、有毒物质、$CO_2$、化学需氧量以及盐度的变化等,以了解疏浚对环境的影响,作出必要的估计,并提出解决措施。

生物状态是以溶解氧的含量和生存在水中的生物为表征的。各种有机物、油类污染物、氧化物等,经过扰动后,都需消耗大量溶解氧。边抛弃土,使水中氨和磷化物等大量释出,引起浮游生物、藻类的增生而大量消耗溶解氧,以致严重影响水生物的生长。在抛泥区内,水下生物还可能被疏浚弃土掩埋而死亡。

浑浊度除能引起水质的化学状态变化外,还影响工业和生活用水以及阻塞滤食性生物的滤膜。同时水质浑浊还会减少透入水中的日光量,使水生植物的光合作用减缓。

疏浚污染研究的重点是水质和土质的控制,特别是抛泥区水质和土质的控制。

### (二)环保疏浚

#### 1. 环保疏浚的概述

环保疏浚的主要目的是清除湖泊水体中的污染底泥。污染底泥是水环境污染的潜在污染源,在水环境发生变化时,底泥中的营养盐会重新释放出来进入水体。尤其是对城市湖泊,长期以来累积于沉积物中的氮、磷含量往往很高,在外来污染源存在时,氮、磷营养盐只是在某个季节或时期会对富营养化发挥比较显著的作用,然而在湖泊外来污染源全部切断以后,底泥中的营养盐会逐渐释放出来,仍然会使湖泊发生富营养化。

氮、磷的释放,其机制不同。前者取决于氮化合物分解的程度,而后者与其化学沉淀的形态有关。氮化合物在细菌的作用下可以相互转化,不同形态的氮,其释放能力不同,溶出的溶解态无机氮在沉积物表面的水层进行扩散。由于表面的水层含氧量不同,溶出情况也不同。厌气性时,以氨态氮溶出为主;好气性时,则以硝酸氮溶出为主,其溶出速度比厌气性时快。底泥中的磷主要是无机态的正磷酸盐,一旦出现利于钙、铝、铁等不溶性磷酸盐沉淀物溶解的条件,磷就会被释放。一般情况下,释放出的营养盐首先进入沉积物的间隙水中,逐步扩散到沉积物表面,进而向湖泊沉积物的上层水混合扩散,从而对湖泊水体的富营养化发生作用。

根据研究资料,江苏固城湖、大理洱海和杭州西湖沉积物中磷的释放速率[$mg/(m^2 \cdot d)$]分别为7.74~8.10、2.2~5.6和1.02。西湖研究计算表明,每年沉积物中磷的释放量可达1.3t左右,相当于每年入湖磷负荷量的41.5%;安徽巢湖的磷年释放量高达220.38t,占全年入湖磷负荷量的20.90%;玄武湖的磷释放量占全年排入量的21.5%。从以上几个例子中不难看出,沉积物中磷释放对水体磷浓度的补充,是一个不可忽视的来源,尤其像杭州西湖采取了截污工程措施以后,这种来自沉积物中的磷,其重要性是不言而喻的。因此,国内外都采取多种方法对污染底泥采取工程措施,对城市附近污染底泥堆积深度很厚的局部浅水域,环保疏浚工程技术最为普遍,效果也最为明显。

2. 环保疏浚的技术特点

环保疏浚旨在清除湖泊水体中的污染底泥,并为水生生态系统的恢复创造条件,同时还需要与湖泊综合整治方案相协调;工程疏浚则主要为某种工程的需要,如疏通航道、水库增容等而进行,两者的具体区别见表3-22。

环保疏浚与工程疏浚的区别　　表3-22

| 项目 | 环保疏浚 | 工程疏浚 |
|---|---|---|
| 生态要求 | 为水生植物恢复创造条件 | 无 |
| 工程目标 | 清除存在于底泥中的污染物 | 增加水体容积,维持航行深度 |
| 边界要求 | 按污染土层分布确定 | 底面平坦,断面规则 |
| 疏挖泥层厚度 | 较薄,一般小于1m | 较厚,一般几米至几十米 |
| 对颗粒物扩散限制 | 尽量避免扩散及颗粒物再悬浮 | 不作限制 |
| 施工深度精度 | 5~10cm | 20~70cm |
| 设备选型 | 标准设备改造或专业设备 | 标准设备 |
| 工程监控 | 专项分析严格监控 | 一般控制 |
| 底泥处置 | 泥、水根据污染性质特殊处理 | 泥水分离后一般堆置 |

从表3-22可以看出,环保疏浚的主要技术特点是疏浚泥层厚度薄,疏浚精度要求高,疏浚过程二次污染控制要求严格。

3. 环保疏浚的主要工艺流程

用环保疏浚设备将污染底泥从水下疏挖后输送到岸上,有管道输送和驳船输送两种方式。管道输送工作连续,生产效率高,当含泥率低时可长距离输送,输泥距离超过挖泥船排距时,还可加设接力泵站。驳船为间断输送,将挖掘的泥装入驳船,运到岸边,再用抓斗或泵将泥排出,该种运泥方式工序繁杂,生产效率较低,一般用于含泥量高或输送距离过长的场合。

绞吸式挖泥船能够将挖掘、输送、排出等疏浚工序一次完成,在施工中连续作业,它通过船上离心式泥泵的作用产生一定真空把挖掘的泥浆经吸泥管吸入、提升,再通过船上输泥管排到岸边堆泥场或底泥处理场,是一种效率较高的疏挖工艺流程。采用管道输送泥浆并加设接力泵的环保疏挖工艺流程如图3-22所示。

图3-22　环保疏浚工艺流程

4. 环保挖泥船

针对环保疏浚工程泥层厚度薄、施工精度要求高、疏挖过程二次污染要小的特点，对传统疏浚设备进行了必要的环保措施改造，并根据不同环保疏浚工程特点，开发了一些专用环保挖泥船。

(1)耙吸式挖泥船溢流采用水下溢流，减小水下污染；耙头采用环保耙头，耙头设有涡流防护罩，既降低挖泥引起的浑浊度，又可提高挖泥浓度。

(2)抓斗式挖泥船采用全封闭防漏抓斗，铲斗式挖泥船采用遮盖铲斗，使铲斗在提升过程中没有泄漏。

(3)链斗式挖泥船采用封闭斗架，将斗内溢出的泥沙经溢流槽回流至水底，减小水体浑浊度。

(4)绞吸式挖泥船因参与环保整治较多，进行了多方面的尝试，特别是在绞刀形式上创新了许多新的思路，已开发出专用于环保疏浚工程的环保挖泥船，如圆盘式环保绞刀挖泥船、铲吸式环保绞刀挖泥船、螺旋式环保绞刀挖泥船等，这些专用环保挖泥船在提高挖泥精度、减小二次污染、提高挖泥浓度方面都得到明显改善。

## (三)疏浚环保

疏浚环保是指随着人们环保意识的加强，在以增加通航尺度为目的的工程疏浚项目中，也应注意研究分析疏浚对周围环境可能带来的环保影响，并采取必要的措施，减小影响程度。

1. 疏浚对环保的影响

在疏浚工程设计中，应对疏浚可能造成的某些环境影响进行分析，包括影响范围和类型、影响程度的测定和控制。应从疏浚现场、运泥路线、抛泥区三个主要环节确定其直接或间接影响的距离和范围。

2. 环境保护对疏浚工程设计的要求

(1)港口工程中的一般疏浚工程设计应按《港口工程环境保护设计规范》(JTS 149-1—2007)的有关规定执行。

(2)对敏感目标和保护目标的工程设计要求：

①分析疏浚物的再悬浮对水质的影响程度。

②在施工结束后，分析疏浚物再悬浮造成的混浊是否对疏浚有所限制。

③分析生活在水底的生物(包括海产养殖)对混浊和沉积物的适应能力。

④分析抛泥区抛泥作业对环境的影响。

如果上述分析结果认为疏浚的影响不大，则不宜对疏浚进行限制。

(3)在工程设计中，应结合我国实际情况，处理好由于对疏浚设备的过多限制而带来的疏浚生产水平降低、费用增加的矛盾，提出经济合理的方案。

3. 疏浚工程实施中的环保措施

(1)耙吸式挖泥船水下溢流。

(2)运泥船、管线密封良好,防止漏泥。

(3)疏浚区、泄水口设置防污帘。

(4)吹填区泥浆采取物理、化学措施,加速泥浆沉淀。

(5)其他措施。

4. 疏浚土的海上处理

应按1996年修改的《伦敦公约》关于"疏浚物料评价框架"的有关规定执行。

# 课题七 疏浚工程案例

## 一、课题引入

疏浚工程施工中需要进行详细的施工组织设计。

## 二、课题分析

通过对疏浚工程案例进行分析,掌握疏浚工程平面布置图的识读、施工设备的选用、设计工程量、施工方法及工艺、疏浚土处理、挖泥船生产能力计算、环境保护等。

## 三、相关知识

实例:

某港口15万吨级航道扩建工程,其中某一合同段为基建性疏浚工程,是在该港口原有7万吨级航道基础上进行扩建,原7万吨级航道在2002年底建成,此次扩建工程基本上维持原有航道轴线走向不变,但其中因航道水深增加,航道相应向外海延伸11.08km。航道水深在现有水深的基础上,分别拓宽、加深至设计标准。该合同段长约3.4km,施工要求:除按施工图要求施工外,疏浚至-12.5m(原航道边线范围内,3号断面以东部分)并达到通航水深要求(只要求提供航道内水深,对边坡不作要求),土方全部外抛,其余按设计图范围施工,均用于15万吨级航道北港区吹填。施工区自然水深满足航行要求,施工船舶可由海上调遣至施工区域。

### (一)工程总平面布置说明

(1)航道段总长约3.4km,其中安排1艘3200m$^3$/舱自航耙吸式挖泥船对3号至5号断面的原航道边线范围内进行疏浚。

(2)耙吸式挖泥船施工段之间留有10m重叠带,以免漏挖留下浅埂;绞吸式挖泥船的条与条之间重叠5m,避免因漏挖而遗留的浅埂。

(3)现场总体布设,按照有关要求及时调整,实行动态管理,确保施工顺利进行,合理高效。

(4)绘制施工总平面布置图(图3-23)。

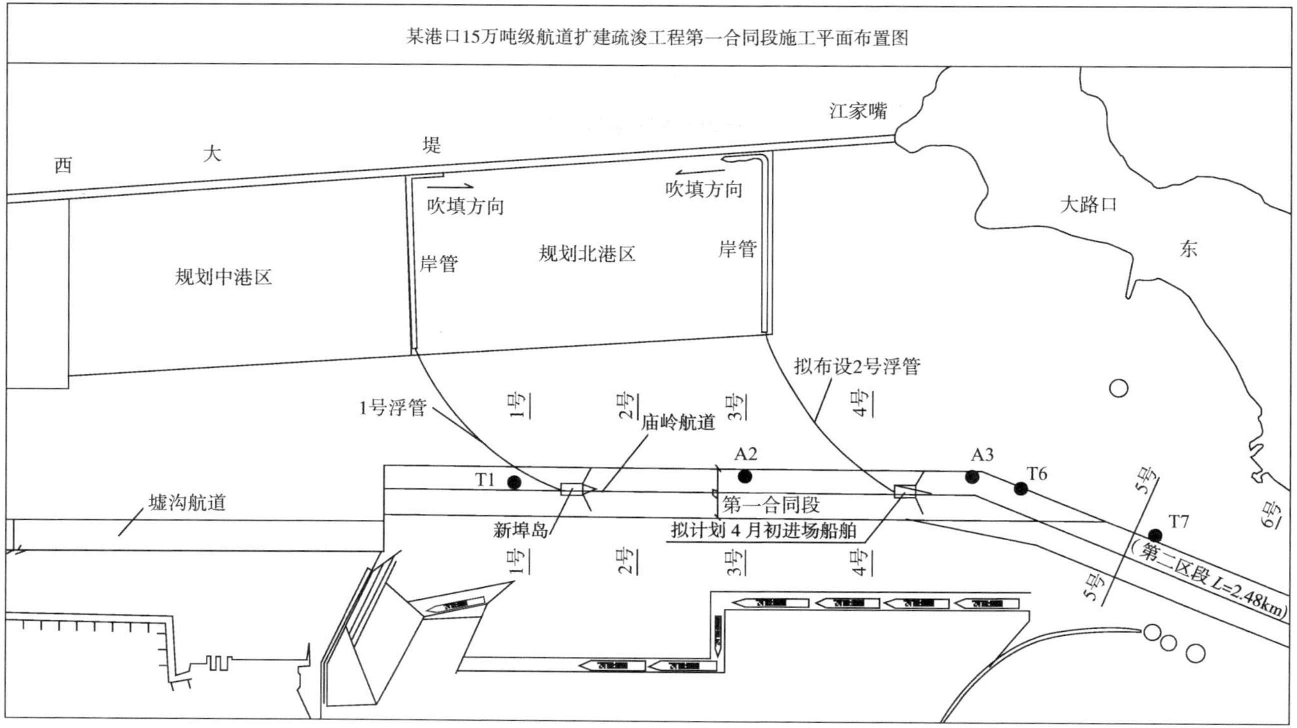


图3-23 施工总平面布置图

(二)施工设备的选用

该项目土质构造比较复杂。-10m 以下主要以黏土(5 级)和砂土(9 级)为主。为保证该合同段能顺利交付建设单位,特别选派配备有高压冲水装置的 3200$m^3$/舱自航耙吸式挖泥船 1 艘,1750$m^3$/h 绞吸式挖泥船 1 艘、1450$m^3$/h 绞吸式挖泥船 1 艘及辅助船舶一批,承担本工程第一合同段的全部施工任务。

(三)设计工程量

参考该港口 15 万吨级航道扩建工程地质剖面图,本工程第一合同段的土质级别分别以淤泥土类 2 级、黏性土类 5 级、砂土类 9 级来划分,具体各级土的工程量详见表 3-23。

**某港口 15 万吨级航道扩建工程某合同段工程量计算表**(万 $t^3$)　　表 3-23

| 第一级别 | 土质级别 | 断面工程量 | 边坡 | 超深 | 超宽 | 累计 |
|---|---|---|---|---|---|---|
| -12.5m 以上 | 2 级 | 399.4 | 111.3 | 0 | 8.9 | 519.6 |
| | 5 级 | 143.9 | 15.2 | 0 | 3.0 | 162.1 |
| | 9 级 | 0 | 0 | 0 | 0 | 0 |
| -12.5m 以下 | 2 级 | 0 | 0 | 0 | 0 | 0 |
| | 5 级 | 151.4 | 9.8 | 18.8 | 4.5 | 184.5 |
| | 9 级 | 146.9 | 6.7 | 13.3 | 3.9 | 170.8 |
| 回淤量 | 2 级 | 32.6 | | | | 32.6 |
| 合计 | | 874.2 | 143 | 32.1 | 20.3 | 1069.6 |

根据招标文件中的规定,本工程该合同段超深、超宽分别按 3m 和 0.4m 计算。边坡根据各区段具体施工。*C* 点至 *B* 点 -10.5m 以上边坡按 1∶5 控制, -10.5m 以下边坡按 1∶3 控制; *B* 点至 5 号断面 -10.5m 以上边坡按 1∶7 控制, -10.5m 以下边坡按 1∶3 控制。

(四)施工方法及工艺

原航道边线范围 3 号至 5 号断面采用自航耙吸式挖泥船进行水下疏浚至当地理论基准面下 -12.5m;待 15 万吨级航道北港区围堰形成后,*C* 点至 5 号断面的 15 万吨级扩建工程航道统一由绞吸式挖泥船开挖至设计高程(*C* 点至 *B* 点需按设计要求疏浚至当地理论最低潮面下 -16m,*B* 点至 5 号断面疏浚至当地理论最低潮面下 -16.5m),并将疏浚土吹填至 15 万吨级航道北港区。同时要求吹填区达到建设单位指定的高程。该合同段施工方法和施工工艺分述如下:

1. *施工方法*

该合同段第一节点采用自航耙吸式挖泥船装舱外抛法施工;第二节点采用绞吸式挖泥船步进横挖法施工,并将绞吸式挖泥船开挖的疏浚材料通过排泥管线吹填至北港区围堰内。

考虑环保方面的要求,耙吸式挖泥船施工中严禁溢流。

由于施工过程中受涨、落潮流速影响,为便于定位操作和施工安全,耙吸式挖泥船及绞吸式挖泥船统一选用逆流施工法。

2. 施工工艺

为了保证施工区同步浚深，提高工程质量，工程施工中采取分段/分区、分条、分层的施工工艺。

1）分段/分区

根据该工程施工区的挖槽长度及拟投入船舶的施工性能，耙吸式挖泥船疏浚施工按照约1200m长度分段，为保证段与段之间能够衔接，不产生垄沟及浅埂，段与段之间相交30m；绞吸式挖泥船吹填施工为保证整个施工区域同步浚深，进行分区施工，每区长约600m、宽约60m。具体分区及分段将根据实际施工过程调整。

2）分条

为控制工程质量，将航道分成宽度基本相同的条状施工区。这样不仅有利于提高施工效率，也有利于航行安全。根据航道宽度，耙吸式挖泥船可将每段分为10～15条，每条宽度25m；绞吸式挖泥船施工段分为4条，每条宽度60m，同时为保证施工过程中不至于产生垄沟及浅埂，条与条之间相交3m。

3）分层

当挖槽内疏浚泥层厚度超过挖泥船最佳吸入状态的泥层厚度时，就必须分层施工。针对本工程第四合同段的泥层厚度，开始施工时间每层按1m左右开挖，施工后期按0.3m进行控制。

3. 各挖泥船施工工艺

1）耙吸式挖泥船施工工艺（图3-24）

根据工程总体分段情况，结合考虑到严禁溢流施工，耙吸式挖泥船施工段长约1200m。

针对该合同段－12.5m以上开挖土质及泥层厚度的实际情况，施工中不需分层开挖，可直接疏浚至－12.5m高程。

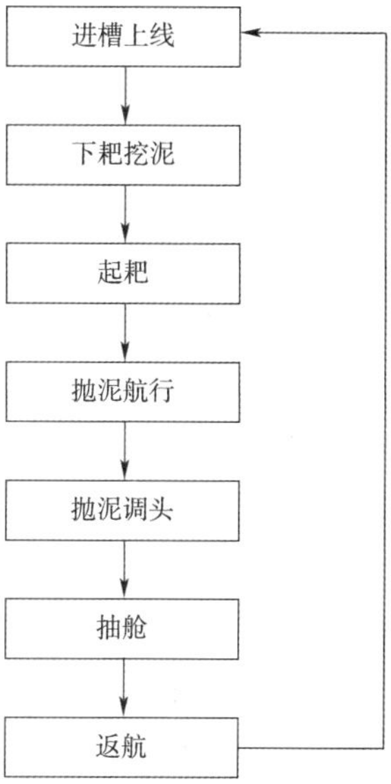


图3-24 耙吸式挖泥船施工工艺流程

2）绞吸式挖泥船施工工艺

（1）绞吸式挖泥船施工工艺流程如图3-25所示。

（2）绞吸式挖泥船施工方法。

$1750m^3/h$（$1450m^3/h$）绞吸式挖泥船是近年来新建的大型绞吸式挖泥船，具有工效高、吃水浅、浅挖深、自动化程度高等特点。同时具备该类船的普遍优点，是目前世界上使用较广泛的一种施工船型，具有挖掘、输送、排出和处理泥浆等疏浚工序一次完成的优点，在施工中能够连续作业。

绞吸式挖泥船调遣进点后，即进行开工展布作业，具体开工展布作业程序为：

①竖钢桩：由于绞吸式挖泥船在调遣中需放倒钢桩，在调遣至施工现场安全海区后，需利用船上自有设备进行竖钢桩作业。

②定位：用拖轮将船舶拖至施工现场后用船载差分全球定位系统（DGPS）定位。

③抛船舶摆动锚：船舶施工挖槽两边抛设摆动锚，由钢缆与船首摆动绞车相连，通过两部摆动绞车的收放，达到施工船船体以船尾定位钢桩为中心摆动施工的目的。船舶摆动锚抛设

作业由施工锚艇配合船上抛锚臂杆实施。

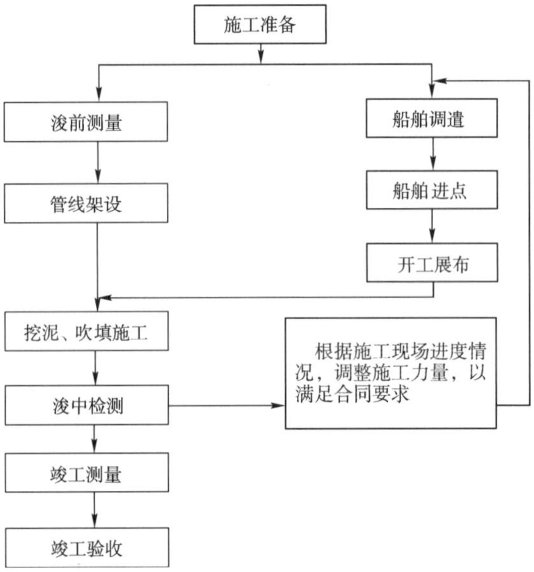


图3-25　绞吸式挖泥船施工工艺流程

④连接排泥管线:船舶定位、摆动锚抛设作业完成后,进行浮管连接作业;根据施工要求,施工生产线配备相应长度的浮管,由绞锚艇协助进行浮管抛设作业,每150m需布置一口锚;浮管上按规范要求每50m设置一灯浮;浮管抛锚完成后,浮管两端分别与船上浮管连接头及岸管水岸连接头相接,完成开工展布作业。

(3)绞吸式挖泥船施工工艺。

绞吸式挖泥船采用步进横挖法施工,即以船舶主桩为步进桩,船舶副桩为定位桩,交替前进,摆动施工;该种工艺具有挖槽平直、进桩距离易于控制、槽底不易漏挖等优点。施工定位采用DGPS全球卫星定位系统定位。施工时按照分段、分带、分层的方法施工,如图3-26所示。

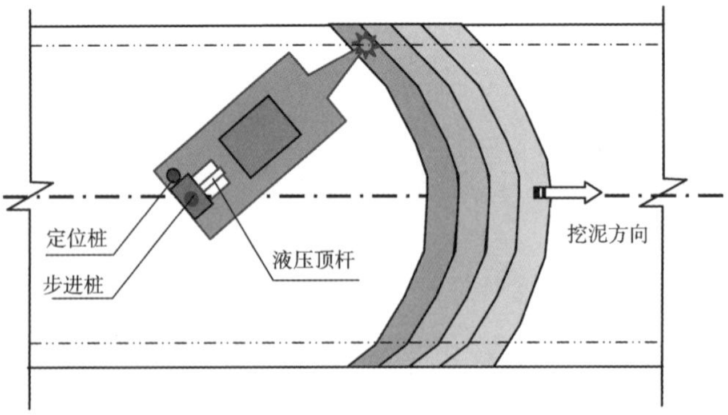


图3-26　步进横挖法施工工艺示意图

(4)绞吸式挖泥船挖深控制。

绞吸式挖泥船开挖施工中,验潮站每30min,急涨潮落潮时段每10min,报一次潮位(潮位基准面应与理论基准面统一)。船舶施工操作人员,根据验潮站传报的水位,及时调整施工挖深,保证挖槽平整度和吹填泥浆浓度。

(5)边坡施工。

在具体边坡施工中,对于淤泥土层,可先使用绞吸式挖泥船开挖边坡顶层,然后逐层下挖,利用坍塌,使边坡自然形成休止角;对于硬质土层,可通过横移并同时提升绞刀架形成边坡,如图3-27所示。

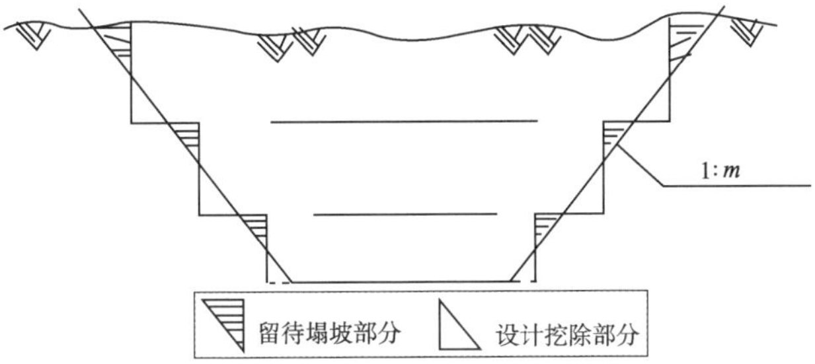


图3-27　边坡开挖示意图

4.管线施工工艺

管线的布设方案:

由于15万吨级航道北港区位于所在航道的北边,管线在铺设过程中,不通过船舶行驶的原航道面。所以本工程第一合同段管线的敷设可以采用浮管+岸管相连接的方式。岸管铺设在所建成的东港区围堰上,浮管主要用于连接岸管和绞吸式挖泥船排泥口。

具体工艺如下:

(1)水岸头的设置。

水岸接头拟设置在围堰横断面较宽处(具体施工中,将根据现场情况以及建设单位方面的意见,重新考虑具体设置的位置),在水岸接头处,我们将根据现场的实际情况,采用橡胶软管和钢管相结合的方式连接,以保证管线的相对顺畅。

(2)陆上管线的布设。

本工程第一合同段陆上岸管采用$\phi$700mm钢管,管线长度将根据围堰的长度调整。

(3)浮管的布设。

根据该工程的特点,浮管线布设长度约为2500m。

进行浮管抛设作业时,由绞锚艇协助进行浮管抛设,每100m需布置一口锚;浮管上按规范要求每50m设置一灯浮;浮管抛锚完成后,一段浮管两端分别与水岸头及潜管连接头相接,另一段浮管两端分别与施工船舶及潜管连接头相接完成开工展布作业。吹填施工过程中,根据挖泥船的前进需要,由绞锚艇及时对浮管锚进行调整,使浮管满足挖泥施工需要。

(4)溢流口的设置。

为了保证吹填工程的排水通畅,拟在东港区围堰上铺设排水设施(具体铺设位置在施工时根据现场情况综合考虑)。

(五)疏浚土处理

该工程的疏浚土由自航耙吸式挖泥船疏浚装舱后运至建设单位指定的抛泥区抛卸,采用绞吸式挖泥船开挖,并将疏浚土吹填至指定的连云港15万吨级扩建工程北港区。

## (六)挖泥船生产能力计算

### 1. 3200m³/舱自航耙吸式挖泥船生产能力计算

该段施工的3200m³/舱自航耙吸式挖泥船负责原航道边线范围内3#至5#断面的施工，是在本工程特定的土质、水文、气象和泥土处理条件下进行疏浚作业的，根据以往在该区域和在其他类似工程施工期间积累的数据，结合船况和作业人员的水平，分析研究本工程的影响生产率等各因素，可求得施工生产能力的计算值，见表3-24。

**3200m³/舱自航耙吸式挖泥船施工生产能力测算表** 表3-24

| 施工船舶 | 工况条件 | 土质级别 | 平均运距(km) | 时间利用率(%) | 生产率($m^3$/h) | 月施工产量($m^3$) | 平均日产量($m^3$) |
|---|---|---|---|---|---|---|---|
| 3200m³/舱自航耙吸式挖泥船 | 3级 | 2级 | 7.5 | 75 | 585.4 | 421470 | 14049 |
| | 3级 | 5级 | | 75 | 355.4 | 255870 | 8529 |
| | 3级 | 9级 | | 75 | 487.0 | 350700 | 11690 |

1)挖泥运转周期

该合同段施工区域至较近的北抛泥区的运距为10.5km，综合考虑挖泥船工作参数和开挖段土质情况，计算得知：

(1)挖淤泥装舱时间60min；挖黏土装舱时间115min；挖砂类土装舱时间75min；

(2)起耙调头时间6min；

(3)抛泥至以北抛泥区往返航行时间76min；

(4)抛泥时间6min。

2)装舱量估算

该工程3200m³/舱自航耙吸式挖泥船疏浚淤泥施工实际装舱量约为1920m³，疏浚砂实际装舱量约为1760m³，疏浚黏土实际装舱量约为1600m³。

### 2. 1750m³/h及1450m³/h绞吸式挖泥船生产能力计算

该工程投入1艘1750m³/h和1艘1450m³/h绞吸式挖泥船承担$C$点至5号断面15万吨级扩建工程航道区域的吹填施工任务，并将疏浚材料土吹填至建设单位指定的15万吨级航道北港区。

根据该工程施工现场条件(4级工况、平均吹距1700m、2、5、9级土质)和以往类似工程施工经验，考虑各种施工干扰，测算如下(表3-25)。

**绞吸式挖泥船施工生产能力计算表** 表3-25

| 施工船舶 | 工况条件 | 土质级别 | 平均吹距(km) | 时间利用率(%) | 生产率($m^3$/h) | 月施工产量($m^3$) | 平均日产量($m^3$) |
|---|---|---|---|---|---|---|---|
| 1450m³/h绞吸式挖泥船 | 4级 | 2级 | 1.7 | 70 | 315 | 226800 | 7560 |
| | 4级 | 5级 | 1.7 | 70 | 203 | 146160 | 4872 |
| | 4级 | 9级 | 1.7 | 70 | 254 | 182700 | 6090 |

续上表

| 施工船舶 | 工况条件 | 土质级别 | 平均吹距(km) | 时间利用率(%) | 生产率($m^3/h$) | 月施工产量($m^3$) | 平均日产量($m^3$) |
|---|---|---|---|---|---|---|---|
| $1750m^3/h$ 绞吸式挖泥船 | 4 级 | 2 级 | 1.7 | 70 | 551 | 396900 | 13230 |
| | 4 级 | 5 级 | 1.7 | 70 | 428 | 308700 | 10290 |
| | 4 级 | 9 级 | 1.7 | 70 | 490 | 352800 | 11786 |

(七)环境保护

随着全社会的不断进步,环境保护工作越来越受到人们的重视,环境保护越来越成为影响社会发展和人民生活质量的重要方面。

1. 水污染防治

(1)执行《污水综合排放标准》(GB 8978—1996)。

(2)有效地利用水资源,制定污水处理措施,坚决杜绝乱排乱放污水。禁止利用渗坑、渗井、裂隙排放、倾倒污水。

(3)协同环境监理工程师,让经海事部门同意的单位定期对船舶污油舱内的污油进行回收处理。

(4)禁止向水体排放生活垃圾、废渣、废油、酸碱液及其他有毒废液;禁止在水体中清洗装过油类或其他有毒污染物的容器;禁止向水体排放或倾倒任何超标的放射性废渣和废水。

(5)对所有污水、垃圾,应集中定期进行处理,污水应经过处理符合排放标准后才能排放,垃圾、污水的处理标准必须符合环境保护的要求,就其处理方式和地点,应接受当地环保部门的指导。

2. 疏浚区防污染治理

(1)该工程投入施工的挖泥设备均设计有环保设施,减少对环境敏感的附近养殖场区的影响。

(2)对疏浚产生的细粒土扩散和浑浊度进行监测和控制。预先与当地环保部门协商,在疏浚区附近一定范围内布置监测观测点,测取疏浚作业产生的变化和原有的本底值,将两者进行对比,确定是否超过环保的规定标准及其影响范围。

(3)在施工阶段,将根据现场监测的实际情况,充分征求建设单位、监理工程师及当地环保部门的意见,制定更详尽的环保措施,以便尽可能将不利的影响降至最低。

(4)耙吸式挖泥船施工时,严禁进行溢流作业。

3. 大气污染防治

(1)施工过程中产生的废气、粉尘必须按《大气污染物综合排放标准》(GB 16297—1996)要求达标排放。

(2)严禁在施工区内焚烧会产生有毒或恶臭气体的物质。

4. 弃渣和固体废弃物处置

(1)施工弃渣和固体废弃物必须按设计和合同要求送到指定弃渣场,不准随意堆放。

(2)设置临时垃圾贮存设施,防止流失,并定期把垃圾送到指定垃圾场。

(3)禁止将含有毒成分的弃渣随意倾倒或直接埋入地下。

# 课题八 疏浚与吹填工程质量检验

## 一、课题引入

疏浚与吹填工程施工完毕后需要按照《水运工程质量检验标准》(JTS 257—2008)进行质量检验。

## 二、课题分析

标准中介绍了疏浚与吹填工程质量检验的基本规定和基建性疏浚工程、维护性疏浚工程、吹填及围埝工程质量检验要求。

## 三、相关知识

本书只介绍了疏浚与吹填工程质量检验的基本规定,基建性疏浚工程、维护性疏浚工程、吹填及围埝工程质量检验要求请参阅《水运工程质量检验标准》(JTS 257—2008)。

疏浚单位工程不划分分部工程及分项工程。吹填围埝工程的分部工程、分项工程可按表3-26的规定划分,当工程内容与表列项目不一致时,可根据工程内容调整。

吹填围埝工程分部工程、分项工程划分 表3-26

| 序号 | 分部工程 | 分项工程 |
|---|---|---|
| 1 | 基底 | 基床清淤等 |
| 2 | 埝身 | 抛石 |
| 3 | 倒滤层 | 倒滤层 |

基建性疏浚工程应按中部水域、边缘水域和边坡三部分进行质量检验。

基建性疏浚工程质量检验的依据应包括工程设计图、竣工水深图和测量资料等。局部补挖后补绘的竣工水深图的补绘部分不应超过图幅中测区总面积的25%。若补绘部分超过图幅中测区总面积的25%,应对该图幅中的测区进行重测,并应重新绘图。

基建性疏浚工程施工的最大超宽、最大超深不宜超过相应挖泥船施工平均超深、超宽控制值的2倍,各类挖泥船施工的平均超深、超宽控制值不应超过表3-5的规定。当最大超深值设计有要求时,应满足设计要求。

维护性疏浚工程质量检验的范围应为设计底边线以内的水域,边坡可不检验。当对边坡质量有特殊要求时,可根据设计要求检验。

疏浚工程竣工断面图应根据设计断面、计算超深值、计算超宽值和竣工水深测量资料绘制，纵向比例宜采用 1∶100，不应小于 1∶200。

弃土区的位置、范围和高程应满足设计和相关规定要求。

疏浚土的运输或管道输送不得中途抛卸和漏泥。

疏浚与吹填工程质量检验断面抽样比例应符合下列规定：

①基建性疏浚工程，采用单波束测深仪数字化测量的断面抽样比例不得小于 25%，非数字化测量的断面抽样比例不得小于 15%。多波束测深系统的断面抽样数量应按相应的测量比例尺的单波束测深仪数字化测量的抽样数量确定。

②维护性疏浚工程，采用单波束测深仪数字化测量的断面抽样比例不得小于 15%，非数字化测量的断面抽样比例不得小于 10%。多波束测深系统的断面抽样数量应按相应的测量比例尺的单波束测深仪数字化测量的抽样数量确定。

③吹填及围埝工程质量检验的依据应包括工程设计文件和竣工资料等。

④永久性围埝工程应单独进行质量检验；临时性围埝工程质量检验应满足稳定和安全等要求。

⑤疏浚与吹填工程质量检验的测量应符合《水运工程质量检验标准》（JTS 257—2008）附录 E 的规定。

⑥疏浚与吹填单位工程完工后，施工单位应按《水运工程质量检验标准》（JTS 257—2008）附录 B 的有关规定整理质量检验成果表及竣工水深图和地形图、竣工报告，送监理单位和建设单位审查。监理单位和建设单位应在收到资料后 7 个工作日内予以审核和确认。

**小结**

**一、疏浚工程定义**

疏浚工程是指采用水力或机械的方法为拓宽、加深水域而进行的水下土石方开挖工程。对于沙质和沙卵石河床，采用挖泥船挖除碍航的泥沙堆积物，增加航道水深。对于石质河床，采用爆破的方法（常称炸礁）炸除碍航的石嘴、石梁、孤石、岩盘等。

**二、疏浚工程优缺点**

1. 疏浚工程的优点

（1）施工简单，施工期较短，收效快；

（2）投资较少，不需耗大量工程材料；

（3）施工期间仍可维持通航；

（4）适应性强，机动灵活；

（5）对河流形态、自然环境、生态平衡影响较小。

2. 疏浚工程的不足

（1）挖槽易于回淤；

（2）当水面较窄时，航运会受到挖泥船施工的影响。

疏浚方法不但常常被单独使用，而且能与利用整治建筑物改善航道的方法结合，起相辅相成的作用。

## 三、疏浚工程的主要任务

(1)开挖新的航道、港池和运河;

(2)改善航道的航行条件,维护航道尺度,消除对船舶有影响的流态;

(3)开挖码头、船坞、船闸及其他水工建筑物的基槽;

(4)与开挖相结合的吹填及疏浚物综合利用工程。

## 四、航道疏浚工程分类

(1)基建性疏浚;

(2)维护性疏浚。

## 五、挖槽定线的基本原则

内河挖槽定线原则:挖槽除应最大限度地满足航行要求和减少回淤量外,还应使工程量最小,并易于施工。

河口挖槽定线原则:河口水域开阔,风浪大,水流复杂,为便于船舶在航槽内航行,挖槽应尽可能与水流、风和浪的方向一致。

## 六、挖槽断面尺度

挖槽断面尺度包括挖槽宽度和深度。挖槽的横断面尺度必须和航道标准尺度相适应。

## 七、挖槽平面尺度

航道挖槽:转折处应适当加宽,加宽方法可采用切角法或折线切割法。

泊位挖槽:详见《海港总体设计规范》(JTS 165—2013)、《河港总体设计规范》(JJT 212—2020)。

## 八、疏浚挖掘泥土的抛泥方式

疏浚挖掘的泥土有两种抛泥方式:水下泄泥和吹填。抛泥区选择的一般原则是首先应满足航行要求,其次考虑河床演变、施工条件、经济合理和环境的影响等。

## 九、疏浚工程量计算

疏浚工程的工程量计算是以测量外业所得的测图为依据的。这些测图主要有挖槽断面扩大图、平面布置图、抛泥区水深平面图、航行水深平面图等。

设计挖槽的工程量计算方法有断面面积法、平均水深法和网格法。疏浚工程的疏浚工程量可采用断面面积法、平均水深法或网格法计算。边坡较陡的区域、拓宽不多的挖槽应采用断面面积法计算。

疏浚工程应分别计算实际施工工程量和计费工程量。

## 十、挖泥船的基本分类

(1)机械式挖泥船;

(2)水力式挖泥船;

(3)气动式挖泥船。

## 十一、挖泥船选择时应考虑的主要因素

(1)被挖掘土壤的种类和性质;

(2)挖槽尺度及排泥方式;

(3)疏浚总工程量和竣工时间;

(4)挖泥船本身的性能。

## 十二、清礁工程

按爆破作用的性质,水下炸礁可分为水下裸露、水下钻孔和水下硐室三种方法。

## 十三、吹填工程

用挖泥船在水下取土,经管线或直接输送到陆上或水下边滩等处进行填筑的工程称为吹填工程。吹填工程常用施工方式有7种。吹填工程取土方面的设施与施工方法与疏浚工程类似,涉及吹填工程的专用设施主要为吹填区围埝、排泥管线及间接吹填设施三项。吹填容积量可以采用断面面积法、平均水深法、不规则三角法或网格法等方法计算。

## 十四、疏浚污染

疏浚污染除造成水质的变化外,还造成土质、空气气味、噪声程度和自然地形等方面的变化。

疏浚工程实施中的环保措施:耙吸式挖泥船水下溢流;运泥船、管线密封良好,防止漏泥;疏浚区、泄水口设置防污帘;吹填区泥浆采取物理、化学措施,加速泥浆沉淀;其他措施。

环保疏浚的主要目的是清除湖泊水体中的污染底泥。注意与工程疏浚的区别。

## 十五、疏浚与吹填工程质量检验

疏浚与吹填工程质量检验包含基本规定、基建性疏浚工程、维护性疏浚工程、吹填及围埝工程质量检验要求。

## 练习与思考

1. 什么是疏浚工程?它有什么特点?

2. 基建性疏浚与维护性疏浚的区别是什么?

3. 疏浚工程要密切注意挖槽的回淤问题,所以在疏浚工程进行中应遵循什么原则?

4. 河口区的挖槽定线与内河挖槽定线有什么不同之处?

5. 挖槽断面一般设计成什么形状?断面尺度如何确定?

6. 疏浚挖掘的泥土有哪些抛泥方式?抛泥区应从哪些方面进行选择?

7. 某航道疏浚工程,航道设计底高程为 -12.0m,天然床面高程 -9.8m,设计底宽150m,边坡1:5,计算超深0.7m,计算超宽9m,疏浚工程量计算断

面如图 3-28 所示。请指出疏浚工程量计算断面示意图中①、②的含义和③~⑧项的数值。

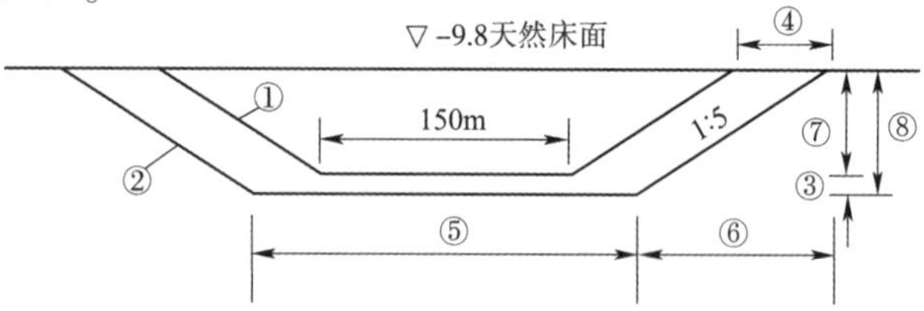


图 3-28 疏浚工程量计算断面示意图

8. 疏浚工程量计算中需要考虑超深和超宽,那么什么叫超深和超宽?如何考虑?

9. 请写出疏浚工程量采用平均水深法计算的步骤。

10. 根据挖泥船疏浚机具所采用的动力可将挖泥船分为哪几类?各有什么特点和施工方法?

11. 挖泥船在选船时应考虑哪些主要因素?

12. 疏浚工程包括对坚硬河床底质施以爆破,按爆破作用的性质可将其分为哪几类?分别适用于何种情况?

13. 什么叫吹填工程?请写出吹填土方工程量计算公式。

14. 疏浚污染有哪些形式?疏浚环保和环保疏浚的侧重点分别是什么?根据不同环保疏浚工程特点,我国对哪些传统的疏浚设备进行了哪些环保措施改造?

本模块自测题

# 模块四
MODULE FOUR
# 船　闸

为了综合利用水资源,在渠化枢纽中,通常需要建造不同的水工建筑物,并把它们有机地组合在一起,以发挥枢纽最大的综合效益,这些建筑物的综合体称为渠化枢纽。渠化枢纽一般由挡水建筑物、泄水建筑物、通航建筑物、水电站建筑物、坝岸连接及护岸建筑物等组成。

为帮助船舶(队)克服渠化枢纽(水利枢纽)上下游集中水位落差,顺利通过河道上的闸坝,必须修建通航建筑物。

通航建筑物主要有船闸和升船机两大类。船闸是利用水力将船舶(队)浮送通过闸坝,通过能力大,应用最广;升船机是利用机械力将船舶升送通过闸坝,耗水量少,一次提升高度大。各国建设和科研工作经验表明:当水头在70m以上时,宜建造升船机;水头在40～70m之间时应进行升船机与船闸的比选;水头在40m以下时,采用船闸通常比升船机优越。

**知识点**

◎船闸结构组成和类型;
◎船闸基本尺度、船闸的设计水位、船闸的高程;
◎船闸引航道的平面布置与引航道尺度;
◎船闸闸室、闸首、导航及靠船建筑物结构形式;
◎船闸工程质量检验。

## 课题一　船闸结构组成、类型和总体设计

### 一、课题引入

船闸是利用连通器原理的一种通航建筑物。船闸由哪些部分组成呢?

### 二、课题分析

船闸的结构组成分析应该从船闸功能的发挥角度出发,找到"连通器"的各个组成部分,并分析其结构组成和配套设施。

## 三、相关知识

### (一)船闸结构组成和类型

#### 1. 船闸的组成

船闸主要应由闸室、闸首、引航道三个基本部分和输水系统、口门区、连接段、锚泊地、导航建筑物、靠船建筑物、闸阀门、启闭机械、电气控制设备和通信、助导航、运行管理等附属设施及生产、生活辅助建筑物等组成。有的船闸还应包括前港和远方调度站等。其主体部分主要由闸室、闸首和引航道组成。

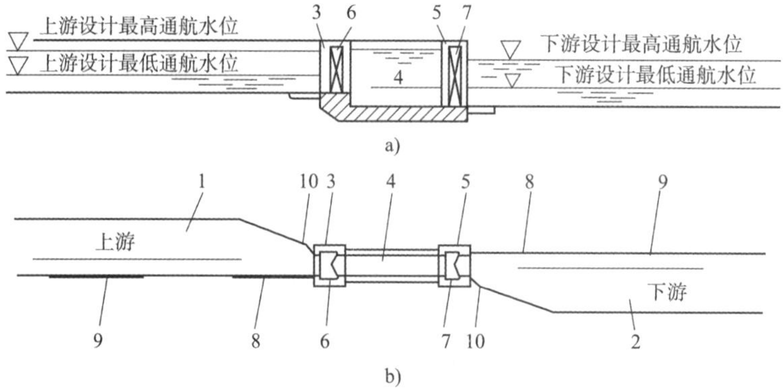


图4-1 船闸主体的主要组成示意图

a)立面图;b)平面图

1-上游引航道;2-下游引航道;3-上闸首;4-闸室;5-下闸首;6-上闸门;7-下闸门;8-主导航建筑物;9-靠船建筑物;10-辅导航建筑物

闸室是指船闸的上、下闸首和两侧闸室墙环绕而形成的空间,供过闸船舶停泊。当船闸灌水或泄水时,闸室中的水面逐渐由下游水位上升到与上游水位齐平,或逐渐由上游水位下降到与下游水位齐平,停泊于闸室内的过闸船舶随闸室水面的升降而升降。由于灌泄水时闸室中水面升降较快,为保证过闸船舶的平稳停泊与安全升降,沿闸室墙设有系船设备和其他辅助设备。

闸首是将闸室与上、下游引航道隔开的挡水建筑物。位于上游端的称上闸首,位于下游端的称下闸首。在多级船闸中,将上、下相邻两个闸室隔开的闸首称为中闸首。闸首内设有工作闸门(用来封闭闸首口门,将闸室与上、下游引航道隔开)、检修闸门、输水系统(供闸室灌、泄水用,如输水廊道等)、输水阀门及启闭机系统等。此外,闸首上还设有交通桥及其他辅助设备。闸首由边墩和底板构成,一般采用钢筋混凝土或混凝土等材料修筑,边墩和底板通常为刚性连接的整体式结构。

引航道是连接船闸闸首与上下游航道的一段限制性航道,其作用是引导船舶迅速、安全地进出闸室。与上闸首相接的称为上游引航道;与下闸首相接的称为下游引航道。引航道内设有导航建筑物与靠船建筑物。导航建筑物的作用是引导船舶顺利地进出闸室,一般均与闸首相连接。靠船建筑物是供等待过闸的船舶停靠用的,布置在引航道的停泊段内。在有些船闸中,船舶过闸时需要重新编、解队更换推(拖)轮,或上游引航道伸入大型水库时,还在引航道的出口设置外停泊区或前港，以供过闸船舶编、解队和安全避风。

2. 船闸的类型

船闸的类型很多，根据船闸不同的特征，如闸室数目、位置、功能、输水形式、结构形式及闸门形式等，可以分为不同的类型。

1）内河船闸和海船闸

按照船闸所处的地理位置和过闸船舶不同，船闸可分为内河船闸与海船闸。内河船闸是指建于内陆河流及人工运河上，供内河船舶航行的船闸。海船闸是指建于封闭式海港港池口门、海运河及入海河口，供海船航行的船闸。与内河船闸相比，海船闸的平面尺寸及门槛水深均较大，一般多承受双向水头作用，无上、下闸首的区分。

2）单级船闸和多级船闸

根据船闸级数的不同，船闸可分为单级船闸与多级船闸。单级船闸是指只有一个闸室的船闸。多级船闸是指沿船闸轴线方向连续有两个及以上闸室的船闸（图 4-2），如三峡船闸为五级船闸（图 4-3）。

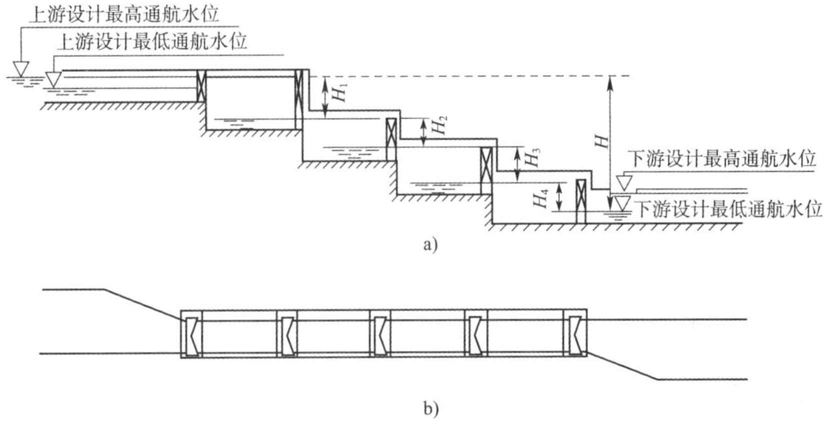


图 4-2 连续多级船闸示意图

$H$-枢纽上下游水头；$H_1$、$H_2$、$H_3$、$H_4$-相邻两级船闸的水头

图 4-3 三峡船闸（多级船闸）

与多级船闸相比,单级船闸的船舶过闸时间较短,船舶的周转较快,船闸通过能力较大,建筑物及设备集中,管理比较方便。但是,当船闸的水头较大时,采用单级船闸,不仅过闸用水量大,而且灌、泄水时高速水流挟带着巨大能量进入闸室或引航道,将影响船舶的停泊及输水阀门的工作条件。此外,水头愈高,闸室、闸首和闸门等结构愈复杂。如果船闸所处位置的地形、地质条件又受限制,采用单级船闸在技术上和经济上都会产生许多困难,有时甚至无法采用,这时可考虑采用多级船闸。

《船闸总体设计规范》(JTJ 305—2001)规定船闸级数可按下列情况确定:

①水头小于30m,采用单级船闸;

②水头为30~40m,采用单级或两级船闸;

③水头大于40m,采用两级或两级以上的多级船闸。

多级船闸的级数划分,应根据上、下游水位变幅和地形、地质条件研究确定,并宜使各级船闸的结构尺度,灌、泄水时间一致,减少补、溢水量。

3)单线船闸和多线船闸

根据船闸线数,船闸可分为单线船闸与多线船闸。单线船闸是指在一个枢纽内只建有一座船闸(图4-4)。多线船闸是指在一个枢纽内建有两座及以上的船闸(图4-5)。

图4-4 单线船闸

图4-5 三线船闸布置图

船闸线数的确定应全面研究单线船闸对设计水平年内运输要求的适应性,凡属下列情况之一者,应设置双线或多线船闸:

①采用单线船闸不能满足设计水平年内过闸船舶数量、总吨位数、客货运输量过闸的通过能力要求的;

②客货运量大,船舶过闸繁忙的连续多级船闸,由于单线船闸迎向运转要等待和延长过闸时间、降低通过能力和船舶运输效率而不经济的;

③运输繁忙和重要航道在年通航期内,不允许由于船闸检修、疏浚、冲沙和事故等而断航的;

④客运、旅游等船舶多,过闸频繁,需解决快速过闸问题的;

⑤区间小船、渔船和农副业船舶数量多,过闸频繁影响通过能力的。

4)其他类型的船闸

根据船闸使用的特点,在已建的船闸中还有广室船闸、省水船闸、井式船闸等各种类型。

(1)广室船闸。

一般船闸的平面形状均为长方形,闸首口门的宽度与闸室宽度相等。但在以通过小型船舶为主的小型船闸上,有采用广室船闸的,即闸首口门的宽度小于闸室的宽度。在有的船闸上,闸室的宽度甚至等于两倍或两倍以上的闸首口门的宽度。这样既可以使闸门及相应的启闭机械构造简单,节省钢材用量,同时由于广室船闸的闸室需要横向移动,使过闸船舶的操纵复杂化,延长了过闸时间。因此,广室船闸仅用于小河支流上的小型船闸中。

(2)省水船闸。

船舶过闸时,不可避免地要把上游一定的水量排到下游。对于上游水量缺乏的河道,特别是在需抽水、补水的运河越岭段上,为减少过闸排水量,也有采用省水船闸的,即在闸室的一侧或两侧设置储水池,暂时储存闸室泄出的部分水量,待闸室灌水时又将其灌入闸室,从而节省过闸排水量(图4-6)。显然,省水船闸的储水池数目越多,面积越大,可节省的过闸排水量也越多。如桂林春天湖船闸(图4-7),由于桂林环城水系旅游双向客流大致均衡、上游水源水量不足,设计了单级双线省水船闸。该船闸具有省水率高、调度灵活、快速高效的优点。重力流情况下理论省水率为50%。春天湖船闸目前是国内尚无先例的单级、双线、省水船闸。

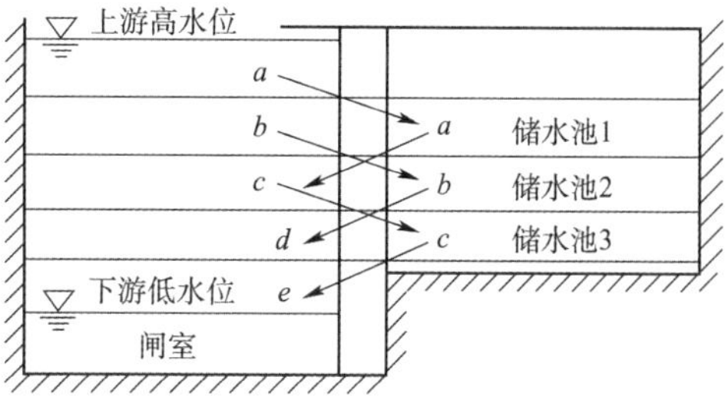


图4-6　省水船闸

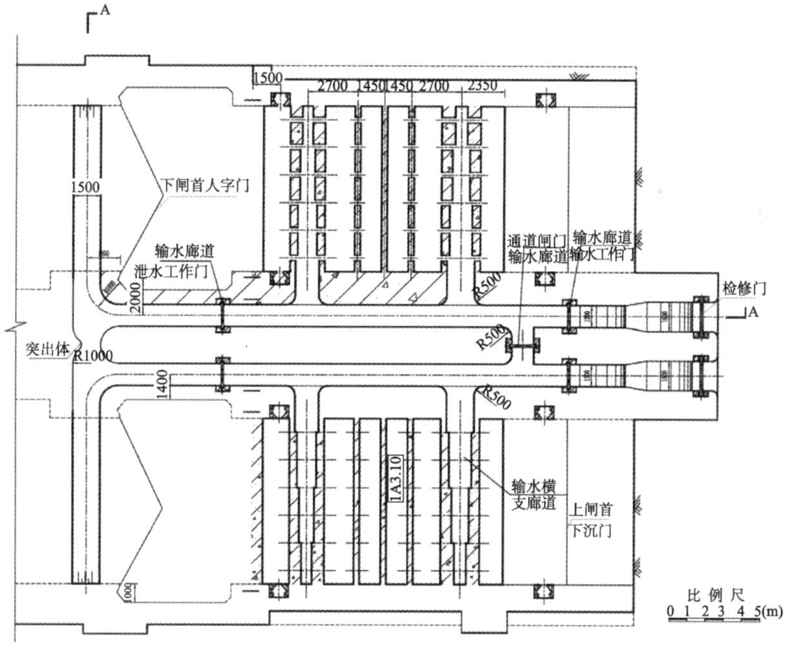


图4-7　桂林春天湖船闸闸首闸室输水廊道示意

(3)井式船闸。

当船闸水头较高,地基又较好时,为减小下游闸门的高度,在下闸首的上部建造一道横向胸墙,过闸船舶从胸墙下面进出闸室,胸墙下缘的高程取决于设计船舶所必需的通航净空,这种船闸称为井式船闸(图4-8)。

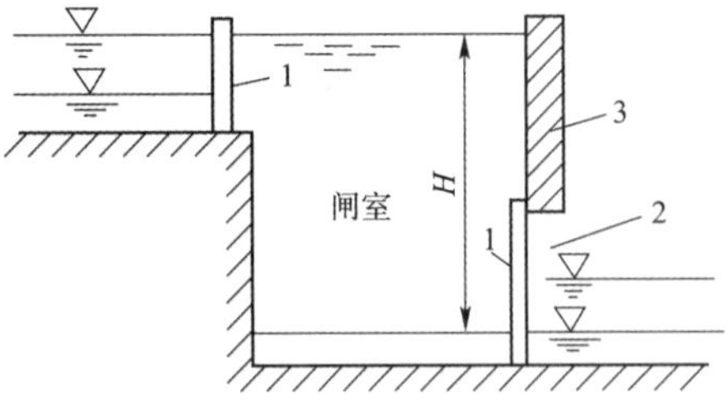

图 4-8　井式船闸
1-闸门;2-通航孔口;3-胸墙;$H$-水深

（二）船闸的总体设计

船闸基本尺度是指闸室有效长度、闸室有效宽度及门槛最小水深。船闸基本尺度应根据船型、船队以及船闸在设计水平年期限内各期（近期、后期）过闸客货运量及过船量（过闸船舶总载重吨位）确定，并应尽量使设计船队能一次过闸，同时应符合《内河通航标准》（GB 50139—2014）的要求。

1. 闸室有效长度

闸室有效长度是指船舶过闸时，闸室内可供船舶安全停泊的长度。其上下游边界的起算位置应满足下列规定：

（1）上游边界应取下列四种界面的最下游界面（图 4-9）：

①帷墙的下游面；

②上闸首门龛的下游边缘；

③采用头部输水时镇静段末端；

④其他伸向下游构件占用闸室长度的下游边缘。

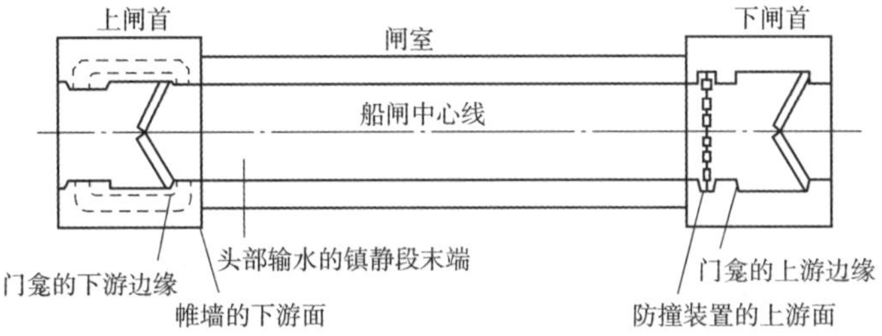

图 4-9　船闸有效尺度示意图

（2）下游边界应取下列四种界面的最上游界面（图 4-9）：

①下闸首门龛的上游边缘；

②双向水头采用头部输水时镇静段长的一端；

③防撞装置的上游面；

④其他伸向上游构件占用闸室长度的上游边缘。

上、下游边界之间的距离即为船闸的闸室有效长度，它不应小于按式（4-1）计算的长度，并取整数。

$$L_x = L_c + L_f \tag{4-1}$$

式中：$L_x$——闸室有效长度（m）；

$L_c$——设计船舶（队）计算长度（m），当一闸次只有一个船队或一艘船舶单列过闸时，为设计最大船舶（队）的长度；当一闸次有两个或两个以上船队、船舶纵向排列过闸时，则为各设计最大船舶（队）长度之和加上各船舶（队）间的停泊间隔长度；

$L_f$——富裕长度(m),顶推船队 $L_f \geqslant 2+0.06L_c$,拖带船队 $L_f \geqslant 2+0.03L_c$,机动驳和其他船舶 $L_f \geqslant 4+0.05L_c$。

2. 闸室有效宽度

闸室有效宽度是指闸室两侧闸墙面间的最小净宽度。当闸室墙底设置护角时,护角在闸室有效宽度内的高度,不得影响船舶(队)的安全,在设计最低通航水位时,必须满足船舶(队)过闸与停泊对水深的要求。

闸室有效宽度不应小于按式(4-2)和式(4-3)计算的宽度,并宜采用《内河通航标准》(GB 50139—2014)中规定的8m、12m、16m、23m、34m宽度。

$$B_x = \sum b_c + b_f \tag{4-2}$$

$$b_f = \Delta b + 0.025(n-1)b_c \tag{4-3}$$

式中:$B_x$——闸室有效宽度(m);

$\sum b_c$——同一闸次过闸船舶并列停泊于闸室的最大总宽度(m),当只有一个船队或一艘船舶单列过闸时,则为设计最大船舶(队)的宽度 $b_c$;

$b_f$——富裕宽度(m);

$\Delta b$——富裕宽度附加值(m),当 $b_c \leqslant 7$m 时 $\Delta b \geqslant 1$m,当 $b_c > 7$m 时 $\Delta b \geqslant 1.2$m;

$n$——过闸停泊在闸室的船舶的列数。

3. 门槛最小水深

船闸门槛最小水深是指设计最低通航水位至门槛顶部的最小水深,并满足设计船舶(队)满载时的最大吃水加富裕深度的要求,可按式(4-4)计算。设计采用的门槛最小水深在满足计算的最小水深值基础上,应充分考虑船舶(队)采用变吃水多载时吃水增大以及相邻互通航道上较大吃水船舶(队)需通过船闸的因素,经综合分析确定。

$$\frac{H}{T} \geqslant 1.6 \tag{4-4}$$

式中:$H$——门槛最小水深(m);

$T$——设计船舶(队)满载时的最大吃水(m)。

4. 船闸的设计水位

船闸的设计水位包括船闸上下游设计最高通航水位、设计最低通航水位、校核高水位、校核低水位、检修水位和施工水位,应根据水文特征、航运要求、船闸级别、有关水利枢纽和航运渠化梯级运用调度情况,考虑航道冲淤变化影响、两岸自然条件和综合利用要求等因素,经综合研究确定。具体内容请参阅《船闸总体设计规范》(JTJ 305—2001)。

5. 船闸的高程

包含闸首闸门门顶高程、闸首墙顶高程、闸首门槛顶高程、闸室墙顶高程、闸室底高程、导航和靠船建筑物顶高程、其他部位高程的高程设计。具体内容参阅《船闸总体设计规范》(JTJ 305—2001)。

单级船闸主要部位高程要求见表4-1。

单级船闸主要部位高程要求汇总表 表4-1

| 序号 | 船闸部位 | 依据水位 | 计算式 |
|---|---|---|---|
| 1 | 上闸门门顶高程 | 上游校核洪水位 | 上游校核洪水位＋安全超高＋波(涌)浪高 |
| 2 | 下闸门门顶高程 | 上游设计最高通航水位 | 上游设计最高通航水位＋安全超高 |
| 3 | 上闸首墙顶高程 | 上游校核洪水位 | 上闸门门顶高程＋闸门构造要求超高≥枢纽挡水前沿的顶部高程 |
| 4 | 下闸首墙顶高程 | 上游设计最高通航水位 | 下闸门门顶高程＋闸门构造要求超高≥闸室墙顶高程 |
| 5 | 闸室墙顶高程 | 上游设计最高通航水位 | 上游设计最高通航水位＋超高(超高不小于船舶空载干舷高度) |
| 6 | 闸室底高程 | 下游设计最低通航水位 | 下游设计最低通航水位－门槛最小水深≤下闸首门槛高程 |
| 7 | 上闸首门槛顶高程 | 上游设计最低通航水位 | 上游设计最低通航水位－门槛最小水深 |
| 8 | 下闸首门槛顶高程 | 下游设计最低通航水位 | 下游设计最低通航水位－门槛最小水深 |
| 9 | 上游引航道底高程 | 上游设计最低通航水位 | 上游设计最低通航水位－引航道最小水深 |
| 10 | 下游引航道底高程 | 下游设计最低通航水位 | 下游设计最低通航水位－引航道最小水深 |
| 11 | 上游导航和靠船建筑物顶高程 | 上游设计最高通航水位 | 上游设计最高通航水位＋超高(超高不小于船舶空载干舷高度) |
| 12 | 下游导航和靠船建筑物顶高程 | 下游设计最高通航水位 | 下游设计最高通航水位＋超高(超高不小于船舶空载干舷高度) |

6. 船闸的引航道

1)引航道的平面布置

引航道的作用在于保证船舶安全、顺利地进出船闸,供等待过闸的船舶安全停泊,并使进出闸船舶能交错避让。引航道应由导航段、调顺段、停泊段和制动段等组成,并具有足够的水深和合适的平面布置以保证通航期内过闸船舶(队)畅通无阻,安全行驶。船舶在引航道内航速较小,对水流和侧向风的影响比较敏感。引航道应具有较好的掩护,以满足过闸船舶(队)在引航道内安全停泊和航行的条件。

引航道的平面布置,直接影响船舶进出闸的时间,从而影响船闸的通过能力。在确定引航道的平面布置时,应根据船闸的级别、线数、设计船型、船队通过能力等,结合地形地质、水流、泥沙及上、下游航道等条件综合考虑。

单线船闸引航道平面布置,一般有对称型、反对称型、不对称型三种型式(图4-10)。

对称型引航道的轴线与船闸轴线重合[图4-10a)],等待过闸的船舶(队)停靠在引航道一侧的靠船建筑物旁,船舶(队)沿曲线行驶,出闸可以沿直线。船舶进闸行程短,出闸速度快,船闸的通过能力较大。当引航道的宽度较小时,采用这种布置形式,等候过闸的船舶需停泊在闸首以外一定距离处,船舶进出闸均沿曲线行驶,进出闸速度慢,影响船闸通过能力。

反对称型引航道是上、下游引航道向不同的岸侧拓宽[图4-10b)]。在这类引航道中,船舶可以沿直线进闸,沿曲线出闸,进闸速度可以较快。但按双向过闸的要求,船舶候闸靠船线要建在离闸首口门2.5倍船长以后,这势必增加船舶(队)进出闸行程,延长过闸时间。有时船舶(队)往往还需沿曲线进出。这类引航道对单向过闸较为有利,因为可使候闸船舶(队)停靠在距闸首最近处。

不对称型引航道是上、下游引航道向同一岸侧拓宽,一个方向的船舶进出闸都是沿直线行驶,另一个方向的船舶进出闸则都是沿曲线行驶[图4-10c)]。这类引航道一般适用于岸上牵引过闸,或有明显的单向货流,或有大量木排过闸的情况。有时受地形或枢纽布置限制,引航道只能向同一岸侧拓宽时,也采用这种平面布置形式。

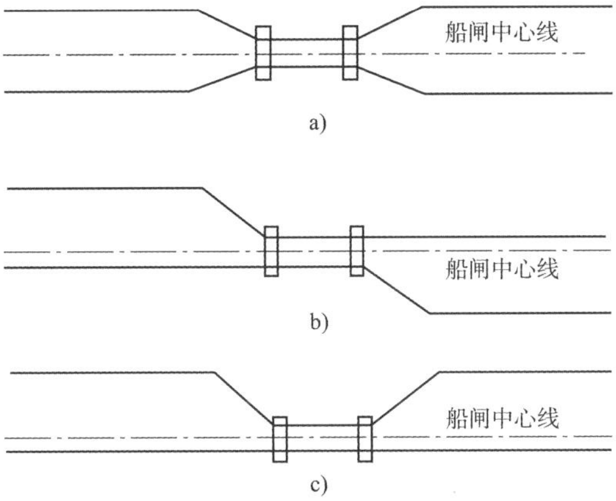


图4-10　引航道平面布置形式图

a)对称型;b)反对称型;c)不对称型

引航道内不宜有小河、溪沟等汇入,当难以避免时,应采取工程措施,满足航行要求。

引航道、口门区和连接段内严禁装卸货物或布设客、货运码头及其他有碍船舶(队)航行和威胁停泊安全的建筑物。

船闸应在导航段内布置主导航建筑物和辅导航建筑物。主导航建筑物可兼作反对称、不对称型引航道单向过闸的靠船建筑物。主导航建筑物长度应与导航段长度相同,辅导航建筑物的长度可根据具体情况确定。

引航道停泊段内,应布置供船舶(队)双向过闸用的靠船建筑物,见图4-11。

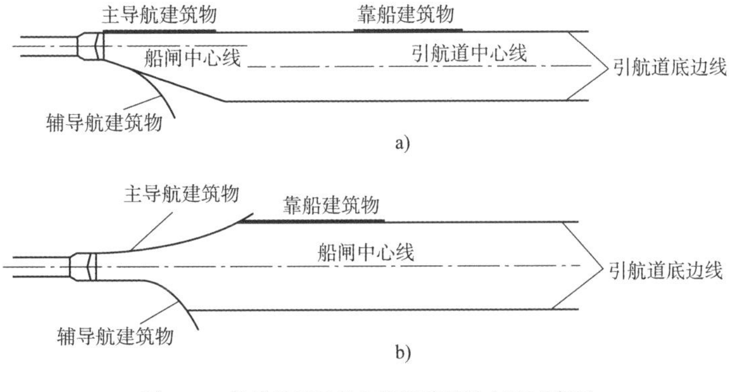


图4-11　单线船闸导航和靠船建筑物布置示意图

a)直线型导航建筑物;b)曲线型导航建筑物

双线船闸共用引航道时,Ⅰ~Ⅴ级船闸均应按双向过闸布置导航和靠船建筑物,见图4-12;Ⅵ~Ⅶ级船闸至少应有一线船闸按双向过闸布置导航和靠船建筑物。

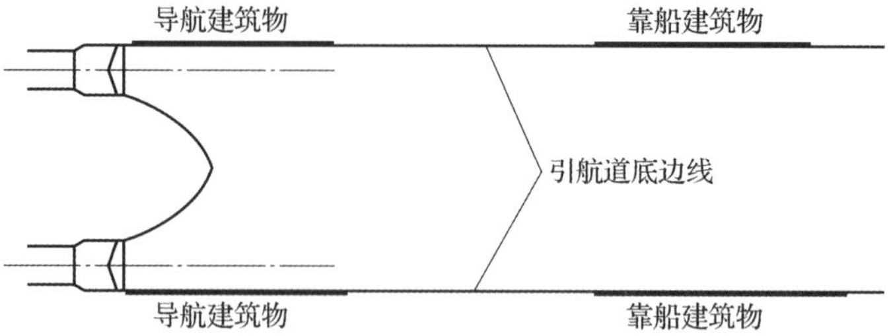


图 4-12　双线船闸共用引航道导航和靠船建筑物布置示意图

2)引航道的尺度

引航道的尺度主要取决于设计船型、船舶(队)尺度及船舶(队)的操纵性能。按双向过闸船舶(队)运行的需要,引航道一般由导航段、调顺段、停泊段、过渡段、制动段组成,如图 4-13 所示。前三段应为平行于船闸轴线的直线段,称为引航道直线段。后两段可根据具体情况灵活布置,且可部分重合计算。

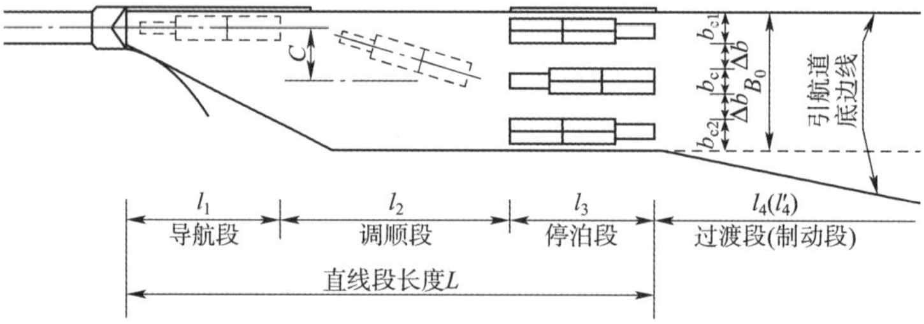


图 4-13　引航道尺度示意图

注:图中字母 $C$ 为引航道中心线与船闸中心线的距离,其余字母含义同式(4-9)及式(4-10)。

(1)引航道长度。

引航道长度主要取决于设计船型、船舶(队)尺度及船舶(队)的操纵性能。

当采用直线进闸、曲线出闸布置时,引航道的各段长度应符合下列规定:

①导航段长度 $l_1$:

$$l_1 \geqslant L_c \tag{4-5}$$

式中:$l_1$——导航段长度(m);

$L_c$——顶推船队为设计最大船舶(队)长,拖带船队或单船为其中的最大船长(m)。

②调顺段长度 $l_2$:

$$l_2 \geqslant (1.5 \sim 2.0) L_c \tag{4-6}$$

③停泊段长度 $l_3$:

$$l_3 \geqslant L_c \tag{4-7}$$

当引航道内停泊的船舶(队)数不止 1 个时, 应按需要加长。

④引航道直线段的总长度 $L$ :

$$L = l_1 + l_2 + l_3 \tag{4-8}$$

⑤当各种设计船舶(队)的推轮均具有良好的操纵性能时,调顺段长度通过论证可适当缩短。

⑥通航多种船舶(队)的船闸,引航道直线段的总长度 $L$ 应分别计算,并取其大值。

⑦对山区Ⅲ～Ⅶ级船闸和平原Ⅳ～Ⅶ级船闸,当受地形等条件限制,不能满足直线段长度

要求时,可在满足安全进、出闸和通过能力要求的条件下,通过技术经济论证进行布置。

⑧当曲线导航墙具备导航与调顺功能时,可采用曲线进闸、直线出闸方式过闸,其引航道直线段长度应大于或等于导航段长度与停泊段长度之和。

⑨制动段的长度,应满足船舶(队)制动的需要,并根据口门区流速、设计最大船舶(队)的长度和性能确定。制动段宜在引航道直线段的延伸线上,当曲线布置时,其弯曲半径和弯道加宽值应符合最小弯曲半径和弯道加宽值的规定。

(2)引航道宽度。

引航道的宽度应满足设计最大船舶(队)有航行偏差时错船所需要的宽度。从闸首口门至引航道最宽处可用渐变方法连接。

①单线船闸引航道宽度。

根据前面介绍,单线船闸引航道平面布置有对称型、反对称型、不对称型三种情况,因此引航道宽度也要分这三种情况进行计算。其中反对称型和不对称型只考虑一边停船;对称型考虑两侧都停船。

a. 反对称型和不对称型引航道宽度:

$$B_0 \geqslant b_c + b_{c1} + \Delta b_1 + \Delta b_2 \tag{4-9}$$

式中:$B_0$——设计最低通航水位时,设计最大船舶(队)满载吃水船底处的引航道宽度(m);

$b_c$——设计最大船舶(队)的宽度(m);

$b_{c1}$——一侧等候过闸船舶(队)的总宽度(m);

$\Delta b_1$——船舶(队)之间的富裕宽度,取 $\Delta b_1 = b_c$;

$\Delta b_2$——船舶(队)与岸之间的富裕宽度,取 $\Delta b_2 = 0.5b_c$。

b. 对称型引航道宽度:

$$B_0 \geqslant b_c + b_{c1} + 2\Delta b_1 + b_{c2} \tag{4-10}$$

式中:$b_{c2}$——另一侧等候过闸船舶(队)的总宽度(m);

其他符号意义同前。

②双线船闸共用引航道宽度。

双线船闸共用引航道分一线双向过闸、另一线单向过闸和两线均双向过闸(图 4-14)两种情况。

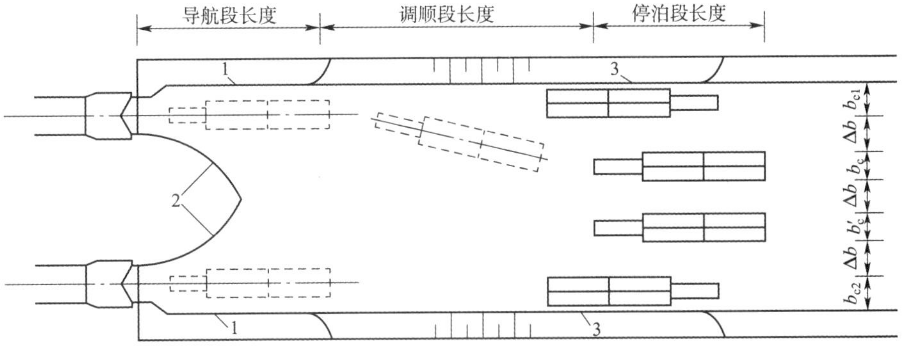


图 4-14　双线船闸共用引航道示意图

1-主导航建筑物;2-辅导航建筑物;3-靠船建筑物

注:图中字母含义见式(4-12)。

当一线双向过闸、另一线单向过闸时,引航道宽度为:

$$B_0 \geqslant b_c + b_{c1} + b'_c + 3\Delta b \tag{4-11}$$

当两线均双向过闸时,引航道宽度为:

$$B_0 \geqslant b_c + b_{c1} + b'_c + b_{c2} + 3\Delta b \tag{4-12}$$

式中:$B_0$——双向船闸引航道宽度(m);

$b_c$、$b'_c$——分别为两座船闸的设计最大船舶(队)的宽度(m);

$b_{c1}$、$b_{c2}$——分别为两侧等候过闸船舶(队)的总宽度(m);

$\Delta b$——船舶(队)之间的富裕宽度(m),可相应采用 $b_c$ 或 $b'_c$。

③双线船闸不共用引航道宽度,其应分别按单线船闸计算。

在任何情况下引航道直线段的宽度不应小于相邻两线船闸的外闸墙内缘之间的距离。

(3)引航道最小水深。

引航道最小水深 $H_0$ 视船闸等级而定。

Ⅰ～Ⅳ级船闸:

$$\frac{H_0}{T} \geqslant 1.50 \tag{4-13}$$

Ⅴ～Ⅶ级船闸:

$$\frac{H_0}{T} \geqslant 1.40 \tag{4-14}$$

式中:$T$——设计最大船舶(队)满载吃水(m)。

淤积较多或地质为基岩的引航道,$\frac{H_0}{T}$可适当加大。

(4)引航道最小弯曲半径。

引航道最小弯曲半径 $R$ 应根据下列情况确定:

①顶推船队和机动驳:

Ⅰ～Ⅲ级船闸:

$$R \geqslant 4L_c \tag{4-15}$$

Ⅳ～Ⅶ级船闸:

$$R \geqslant 3L_c \tag{4-16}$$

②拖带船队:

$$R \geqslant 5L_c \tag{4-17}$$

式中:$L_c$——设计最大船队长或最大船长(m)。

③在引航道口门区和连接段,考虑到水流、风浪等的影响,其最小弯曲半径值尚应加大一个 $L_c$ 的长度。

(5)弯道加宽。

弯道加宽 $\Delta B$ 应按下式确定,当弯道中心角大于35°时,$\Delta B$ 应适当加大。

$$\Delta B = \frac{L_c^2}{2R + B_0} \tag{4-18}$$

式中:$L_c$——设计最大船队长或最大船长(m);

$R$——最小弯曲半径(m)；

$B_0$——引航道宽度(m)。

上述引航道尺度布置是基于以顶推船型为主要过闸形式的引航道的布置。在江苏的实际运用中，除了苏北运河有少量的顶推船队运行，大量的是货轮和拖带船队运行，因此在江苏的船闸建设布局中，为减小船舶进闸距离，缩短船舶进闸时间，提高运行效率，常将导航建筑物与靠船建筑物连在一起，如刘山二号船闸上下游主导航墙与靠船墩连为一体，如图4-15所示。

图4-15　刘山二号船闸上下游主导航墙与靠船墩

7. 船闸的锚地(停泊区)、前港、口门区、连接段布置

1)锚地(停泊区)和前港(图4-16)

船闸上、下游引航道外宜设锚地。锚地应选择在风浪小、水流缓、无泡漩水、河床底质为黏性土的水域，不宜选在淤沙严重的水域，水域面积应满足船闸最繁忙时过闸船舶(队)停泊和作业的需要。锚地水深不应小于引航道内最小水深，并应根据船舶(队)安全停泊和运行需要，分别设置靠船码头、趸船、锚泊船、系船柱、系船浮筒及港作拖轮等。

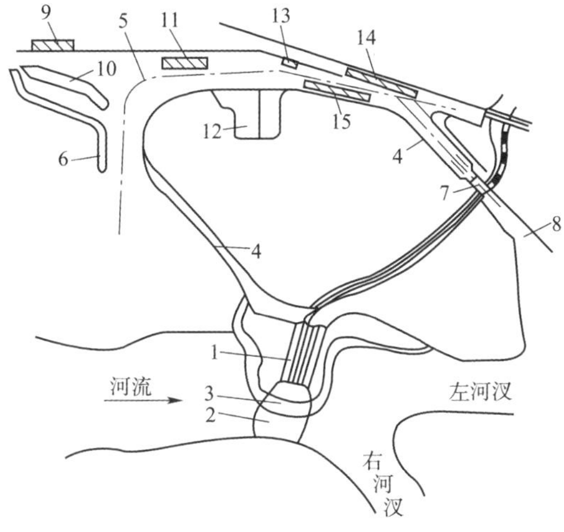


图4-16　伏尔加河萨拉托夫水利枢纽船闸外停泊区及前港布置示意图

1-电站厂房基坑；2-坝轴线现有缺口；3-基坑围堰；4-围堰；5-上游引航道；6-防波堤；7-单级双线船闸；8-下游引航道；9-货运港；10-木排捆扎加固锚地；11-驳船到离港锚地；12-客运码头；13-修船厂；14-客运区；15-货轮锚地

运输繁忙的船闸，有排筏通过时，宜另设排筏锚地。有装载危险品船舶(队)通过的船闸，应另设危险品船舶(队)锚地。

引航道与水库或湖泊直接相连的船闸，当风浪影响引航道船舶(队)的航行或停泊安全时，应设置有掩护的前港。前港的岸线及其水域应根据需要和自然条件综合考虑，合理布置。防浪建筑物布置必须确保船舶(队)安全便利地进、出前港及引航道，并使港内泊稳条件满足停泊、作业的需要，必要时应进行模拟试验研究。

2)口门区及连接段(图4-17)

引航道口门区是指船闸引航道与河流、水库、湖泊中航道相连接的一段区域，是引航道静水与河流动水交界的水域。引航道口门宽度不宜小于 1.5 倍引航道宽度,当受水流、风、浪的影响较小时,可适当减小。口门宽度应向引航道内延伸(0.5 ~ 1)$L_c$ 的长度,渐变至引航道直线段末端过渡。当口门区不能与主航道直接平顺衔接时,应设置连接段。引航道口门与主航道之间应有足够距离的视野,使航行船舶(队)能看清其他船舶(队)的动态和引航道口门,并能进行有效的控制。引航道、口门区和连接段的中心线与河流或引河的主流流向之间的夹角宜缩小。在没有足够资料的情况下,此夹角不宜大于 25°。引航道口门至主航道严禁采用反曲线连接。

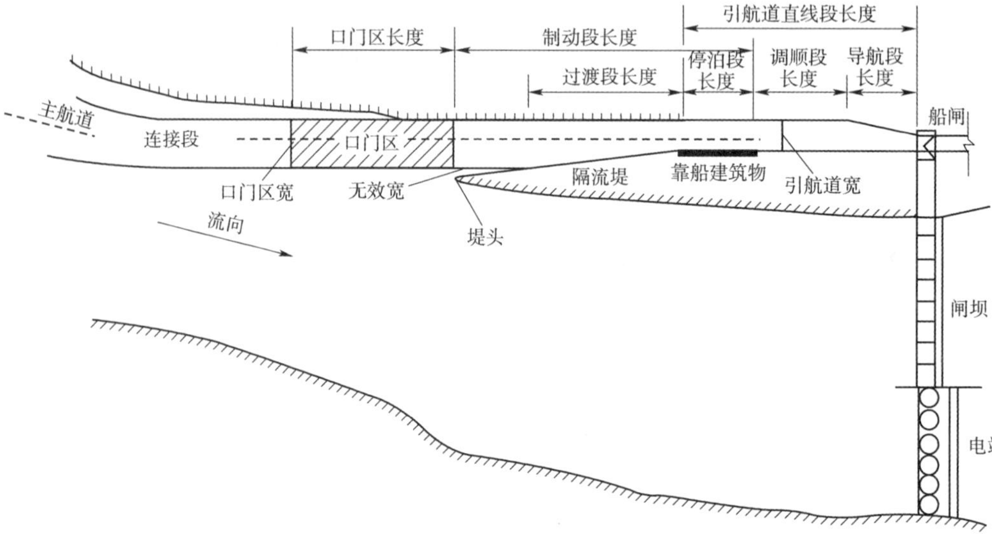


图 4-17 引航道、口门区、连接段示意图

连接段应与口门区及主航道平顺衔接,确保船舶(队)安全通畅行驶。连接段的宽度和水深应与口门区相同,连接段的长度视条件而定,其通航水流条件可参照表 4-2 的规定。当连接段航道尺度和通航水流条件达不到要求时,应采取工程措施,满足通航要求。

**口门区水面最大流速限值** 表 4-2

| 船闸级别 | 平均航线的纵向流速(m/s) | 垂直航线的横向流速(m/s) | 回流流速(m/s) |
|---|---|---|---|
| Ⅰ ~ Ⅳ级 | ≤2.0 | ≤0.30 | ≤0.4 |
| Ⅴ ~ Ⅶ级 | ≤1.5 | ≤0.25 | |

引航道内的流速应有所限制,一般应不大于 0.5m/s。

# 课题二 船闸水工建筑物结构

## 一、课题引入

船闸水工建筑物是渠化枢纽工程的主体结构建筑物,包括闸室、闸首、导航及靠船建筑物等。不同的结构形式受力不同。

## 二、课题分析

船闸各个组成部分的结构形式主要取决于建筑物的高度、水位变化的幅度、材料来源、施工条件、使用要求和地基土壤的性质等。应尽可能采用结构简单、便于施工、使用方便、经济合理的结构形式。

## 三、相关知识

### (一)船闸闸室

#### 1. 结构形式

船闸闸室结构主要由闸墙和底板构成,为保证过闸船舶能随闸室水面安全升降及可靠停泊,闸室结构上还应有系船设备和其他辅助设备。

闸室结构按其受力状态可分为整体式结构和分离式结构两大类,传统上将两侧闸墙与底板浇筑在一起刚性连接的结构称为整体式结构,其他则称为分离式结构。闸室主要结构形式见表4-3。

**闸室主要结构形式**　　表4-3

<table>
<tr><td>地基条件</td><td colspan="4">闸室结构形式</td></tr>
<tr><td rowspan="7">土基</td><td>整体式</td><td colspan="3">坞式</td></tr>
<tr><td rowspan="6">分离式</td><td rowspan="3">闸墙</td><td rowspan="2">重力式</td><td>按照材料分为:混凝土;钢筋混凝土;浆砌石</td></tr>
<tr><td>按照断面分为:梯形;衡重式</td></tr>
<tr><td colspan="2">悬臂式;扶壁式;板桩式;地连续墙式;桩台式</td></tr>
<tr><td rowspan="2">底板</td><td colspan="2">双铰式底板(不透水)</td></tr>
<tr><td colspan="2">透水底板[设置纵横格梁干(浆)砌石或混凝土开孔底板]</td></tr>
<tr><td rowspan="9">岩基</td><td>整体式</td><td colspan="3">坞式</td></tr>
<tr><td rowspan="8">分离式</td><td rowspan="6">闸墙</td><td rowspan="2">重力式</td><td>按照材料分为:混凝土;钢筋混凝土;浆砌石</td></tr>
<tr><td>按照断面分为:梯形</td></tr>
<tr><td rowspan="3">衬砌式</td><td>按照材料分为:混凝土;钢筋混凝土</td></tr>
<tr><td>按照断面分为:倒梯形;倒阶梯形</td></tr>
<tr><td>按照锚固情况分为:有锚;无锚</td></tr>
<tr><td>混合式</td><td>上部采用重力式、下部采用衬砌式的结构</td></tr>
<tr><td rowspan="2">底板</td><td colspan="2">双铰式底板(当闸底需设输水廊道或岩基不耐冲刷时)</td></tr>
<tr><td colspan="2">无底板(当岩基坚硬、完整且底板上不设输水廊道时)</td></tr>
</table>

1)整体式结构

整体式闸室是由两侧闸墙与底板连接在一起的槽形结构,又称坞式结构(图4-18)。其工作状态如同弹性地基上的U形刚架。整体式闸室的地基反力分布比较均匀，两侧闸墙相对变位小。一般情况下，无须考虑闸墙的滑移稳定及闸室的渗流稳定问题。由于闸墙与底板刚性连接，可以适应不均匀沉陷，但底板与闸墙刚性连接对底板的工作条件不利，若有不均匀沉陷，将在底板内产生附加应力。整体式闸室结构适用于水头较大、闸墙较高、对抗震要求较高、地基较差或具有软弱夹层的情况。

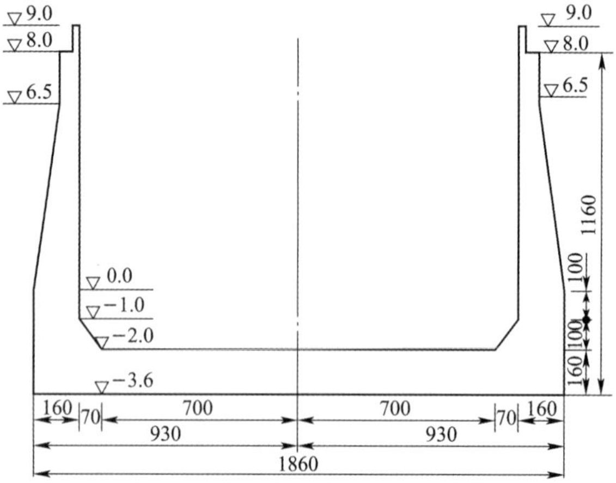


图4-18 坞式闸室结构(平底板)(尺寸单位:cm)

有些船闸利用拱结构截面主要承受压应力的特点，采用反拱底板(图4-19)来代替整体式闸室的平底板，以充分发挥混凝土的抗压性能，以达到减小底板断面尺寸、节约钢材的目的。但支撑在闸墙上的反拱底板，对闸墙的不均匀沉陷、相对水平位移和转角相当敏感，即使较小的变位也可能会使反拱产生较大的附加内力。

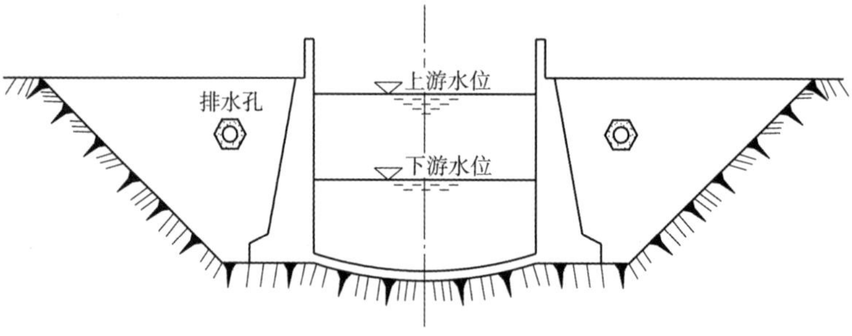


图4-19 坞式闸室结构(反拱底板)

2)分离式结构

分离式结构一般要求地基条件较好。土基上的分离式闸室结构主要有重力式、悬臂式、扶壁式等(图4-20);岩基上的分离式闸室结构常用的型式有重力式、衬砌式和混合式(图4-21)。

2. 结构构造

1)闸墙构造

(1)坞式及悬臂式闸墙。

坞式(图4-18、图4-19)及悬臂式[图4-20c)]闸墙一般为钢筋混凝土结构，断面尺寸根据强度计算确定，闸墙顶的宽度一般可取40~60cm，墙根宽度一般可取墙高的$\frac{4}{25}\sim\frac{1}{4}$。

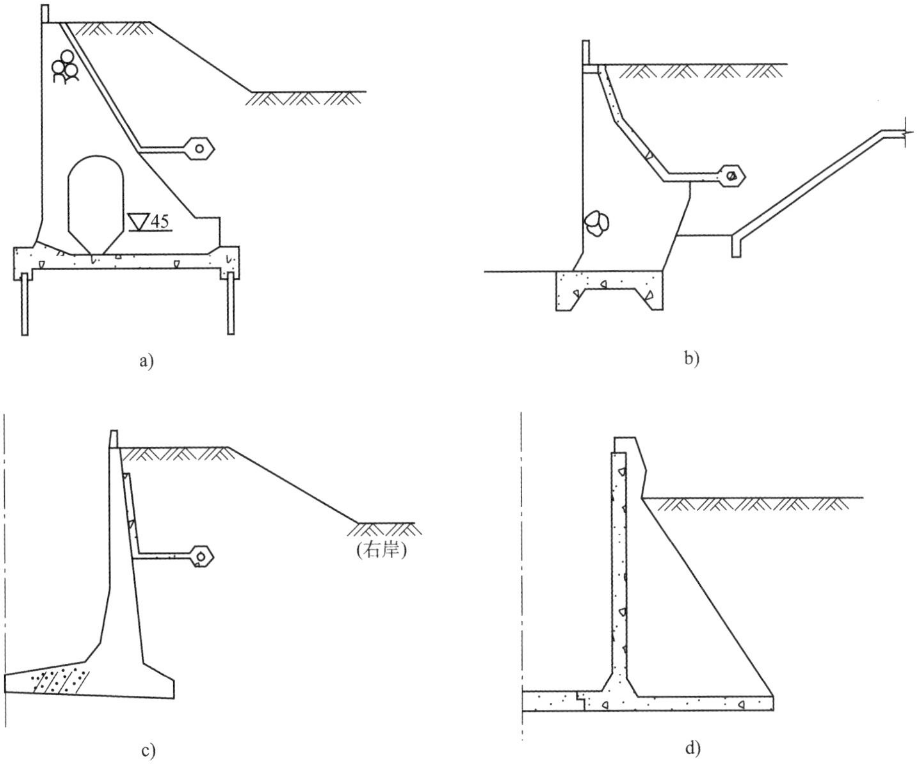


图 4-20　土基上的分离式闸室结构断面图

a) 重力式；b) 衡重式；c) 悬臂式；d) 扶壁式

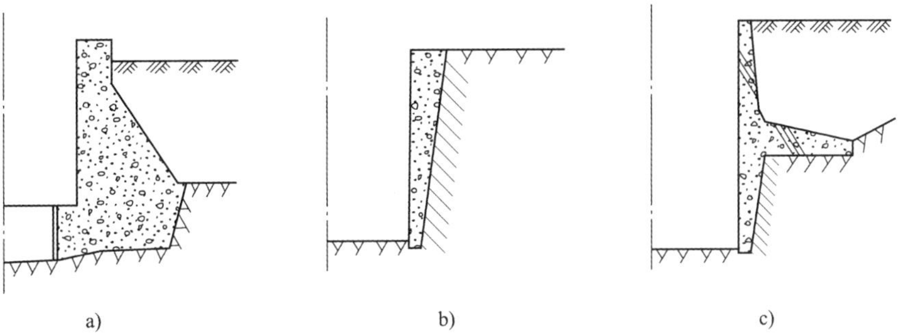


图 4-21　岩基上的分离式闸室结构断面图

a) 重力式；b) 衬砌式；c) 混合式

(2) 重力式闸墙。

重力式闸墙靠自重维持稳定，地基反力较大，且又承受水平力，对地基承载能力要求较高，因此重力式结构只适用于较好的地基。

重力式闸墙按材料可分为浆砌石结构、混凝土结构、钢筋混凝土结构。浆砌石重力式结构适用于盛产石料的地区；混凝土和钢筋混凝土结构适用于船闸设计水头较高的情况。

重力式结构按断面形式可分为梯形和衡重式两种[图 4-20a) 和图 4-20b)]。梯形断面结构底宽大，能适应荷载变化，稳定可靠，适用范围较广，但不能充分发挥墙身材料的强度性能，工程量大，投资亦大。衡重式断面，由于下部为倒梯形断面，能减小土压力的作用，地基应力分布均匀,且相比梯形断面可节省工程量10%左右,但衡重式对地基要求较高,荷载变化反应灵敏。

重力式闸墙的顶宽主要根据交通安全要求、回填土是否到顶、砌筑石料尺度等因素确定。一般墙顶宽度不小于0.6m。若回填土不到顶,则墙顶面作为人行通道应适当放宽,不应小于1.0m。在有行车或其他要求时,则应根据具体情况确定。闸墙底宽可根据墙高、水头、地基条件、荷载条件、回填土材料等因素确定。对于混凝土和浆砌石梯形断面闸墙,底板宽度一般取墙高的$\frac{7}{10}\sim\frac{13}{10}$,墙根宽度取墙高的$\frac{1}{2}\sim\frac{4}{5}$,前趾宽度一般取为墙高的$\frac{3}{20}\sim\frac{1}{4}$。

当闸墙采用钢筋混凝土结构(图4-22)时,由于钢筋混凝土材料本身能够承受一定的拉力,因此其断面比混凝土闸墙小。结构底宽取决于闸墙的水平滑移稳定性要求,一般可取墙高的$\frac{7}{10}\sim\frac{13}{10}$,前趾长度取决于地基反力分布情况,通常取墙高的$\frac{1}{10}\sim\frac{3}{10}$,墙顶宽度不小于0.6m,墙顶以下深度$y$处的闸墙厚度一般取为$\left(\frac{4}{25}\sim\frac{11}{50}\right)y$。

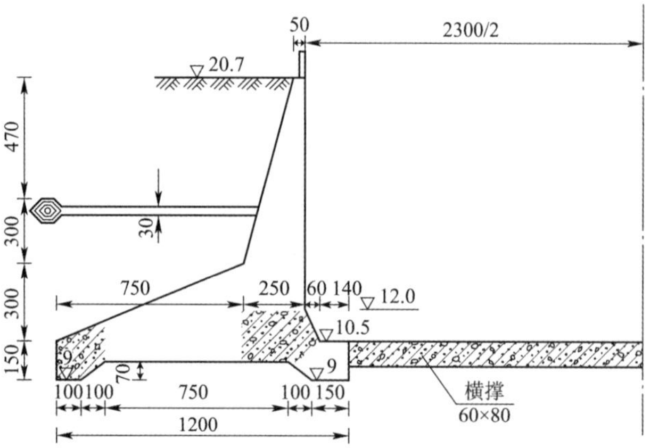


图4-22 钢筋混凝土闸墙(尺寸单位:cm)

对于衡重式闸墙[图4-20b)],底宽为墙高的$\frac{1}{2}\sim\frac{7}{10}$。一般在墙高的$\frac{1}{25}\sim\frac{1}{2}$处设置卸荷平台,平台以上为梯形断面,平台以下设1∶0.25~1∶0.2的倒坡。平台宽度取决于平台以下墙身的断面应力和地基反力,初步设计时可取墙高的$\frac{3}{20}\sim\frac{1}{4}$。

(3)扶壁式闸墙。

扶壁式闸墙结构由立板、肋板和底板组成,底板又分为趾板和内底板(图4-23)。立板、肋板和底板等连接部位须设置斜托。立板厚度一般不小于30cm;肋板厚度不小于30cm;顶宽不小于0.8m;每个扶壁底宽与底板长度应相同;趾板前端厚度不小于25cm;内底板厚度不小于30cm;肋板间距一般为2~5m。

建于土基上的扶壁式闸墙,由于地基的承载能力一般较小,一般不设尾板。扶壁式闸墙的工作特点是依靠底板上的回填土重力和结构自重力来维持墙身稳定。由于利用肋板和立板构成薄壁T形断面,结构断面较小,地基反力也较小,因此对地基承载能力要求较低。其缺点是结构形态较复杂，钢筋用量大，施工技术要求较高。图4-24为某扶壁式闸墙结构的船闸。

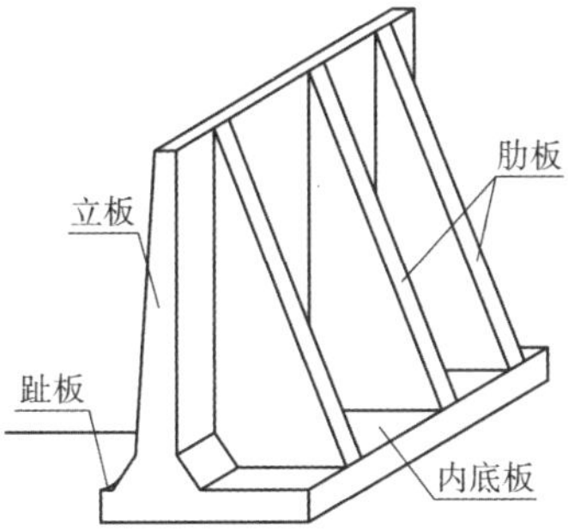


图4-23　扶壁式闸墙

图4-24　扶壁式闸墙结构实例

(4)衬砌式及混合式闸墙。

①在岩基上，当基岩顶面高程高于闸墙顶高程时，可采用衬砌式闸室结构[图4-21b)和图4-25)]。衬砌式结构有重力式衬砌和带锚筋的薄壁衬砌。当基岩质地松软、裂隙发育，或在衬砌墙后设置排水可能引起较大渗透水流冲蚀岩石而使衬砌承受较大的水压力时，宜采用重力式衬砌(图4-25)；当基岩质地较好、裂隙少，锚筋能可靠地嵌固在基岩里，墙后又设有排水时，则可采用带锚筋的衬砌墙；当基岩坚硬，裂隙很少，岩面较高时，闸室也可直接由岩石开挖平整形成。我国小型船闸多采用砌石倒梯形重力式衬砌；中、大型船闸则采用混凝土和钢筋混凝土衬砌。

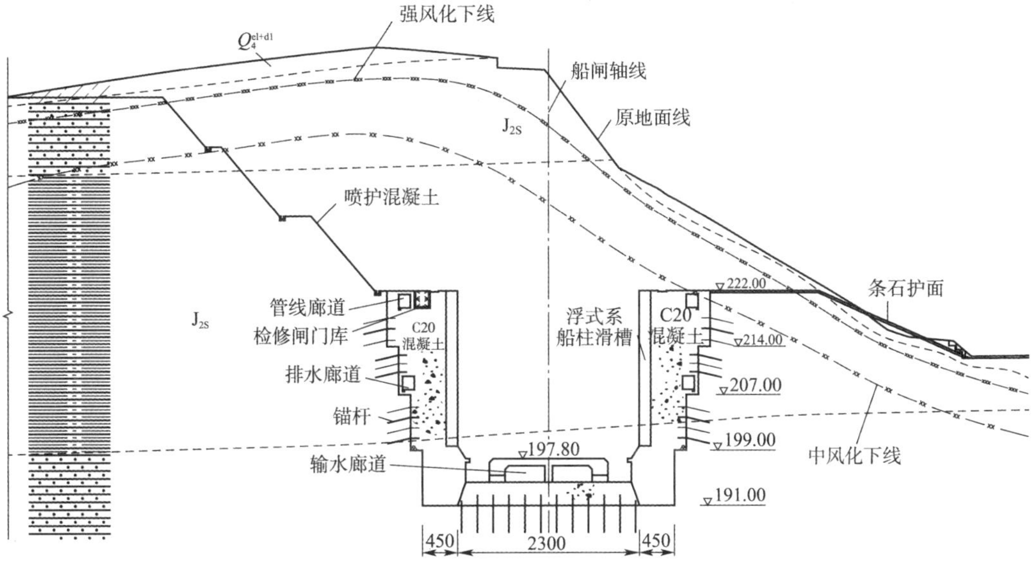


图4-25　衬砌式闸墙结构实例(有锚)(尺寸单位：cm)

衬砌式闸墙的断面尺寸，应根据稳定性和强度计算确定。混凝土重力式衬砌墙宜采用倒梯形断面，其底宽一般大于或等于0.4m，反坡坡度可取1∶0.4～1∶0.1；一般将衬砌墙底部嵌入基岩内不小于0.5m。浆砌条石重力式衬砌墙墙背宜采用阶梯形,其底宽不小于0.8m,台阶高度一般为2.0m,台阶宽度不小于0.4m,墙底部嵌入基岩内不小于0.5m。

对于有锚筋的混凝土衬砌墙,墙高大于或等于8.0m时,底宽一般均大于1.0m;对于无锚筋混凝土衬砌墙,墙高大于2.0m时,底宽应大于0.4m,反坡坡度一般为1∶0.4~1∶0.1;对于有锚筋混凝土衬砌墙,边坡可取小值,无锚筋混凝土衬砌墙可取大值。设有锚筋的衬砌墙,其断面厚度一般不小于40cm。锚筋一般沿衬砌墙高度按等间距设置,为方便施工,往往将锚筋布置成水平或与水平方向成不大的夹角。锚筋的锚固深度一般为1.0~2.0m,埋入衬砌墙内至少为30倍锚筋直径,基岩中的锚孔直径至少为3倍锚筋直径。

裂隙比较发育时,可以在衬砌墙后设排水。一般将竖向、横向及纵向排水管相连组成排水系统,排水管的纵坡可取为1/500~1/200,排水管的直径不小于25~30cm。

②基岩顶面低于闸墙顶高程但又高于闸室底板高程时,可采用混合式结构[图4-21c)]。即基岩以上采用重力式,基岩以下采用衬砌式结构,其构造分别按重力式和衬砌式确定。

(5)板桩式闸墙。

板桩式闸墙由板桩、拉杆及锚碇结构等构成(图4-26)。其特点是依靠板桩入土部分的嵌固作用,通过锚碇结构把一部分荷载传至后方土体中来维持其稳定。为改善板桩结构的工作条件与板桩的应力条件,减小板桩的厚度和入土深度,通常在闸室底部设置横向支撑。作用于板桩式闸墙上的荷载由横撑、墙前土抗力、拉杆共同承受。板桩式闸墙采用预制件,施工进度快,打入闸底以下的板桩可以增加闸墙的防渗长度,但需具备打桩设备,同时板桩之间的接缝要求密实,以防渗漏,造成填土的流失。

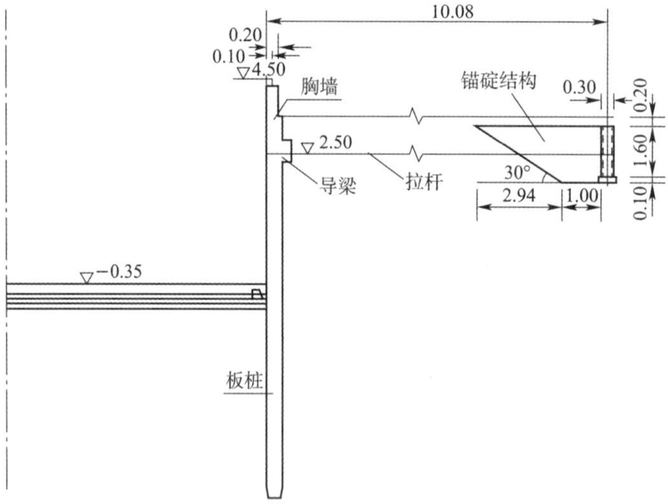


图4-26 板桩式闸墙(尺寸单位:m)

根据板桩材料的不同,板桩分为钢筋混凝土板桩和钢板桩。板桩式闸墙可适用于各种地基条件,特别适用于较弱地基。2003年我国在京杭运河上建成国内首座土锚钢板桩船闸(图4-27)。根据我国工程实践,当墙高在8m以内时,板桩式闸墙结构是一种比较经济的结构形式。

有关板桩式闸墙结构构造及要求,可参考《码头结构设计规范》(JTS 167—2018)。

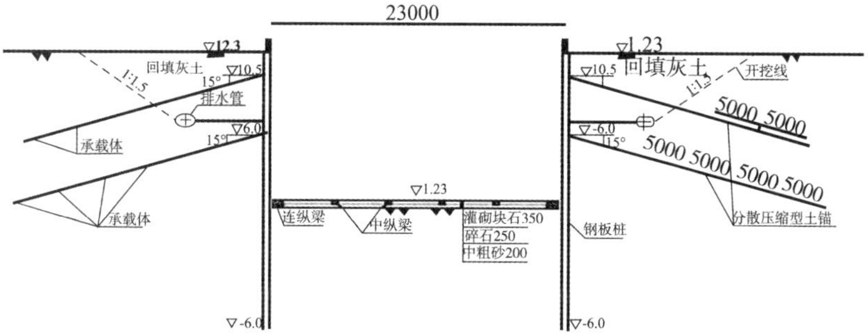


图 4-27　土锚钢板桩船闸示意(高程单位:m;长度单位:mm)

2)底板构造

(1)坞式底板。

坞式闸室底板与两侧闸墙联结在一起的槽形结构,底板一般为钢筋混凝土结构,以平底板为主,少数采用反拱底板(图 4-19)。

坞式闸室底板厚度根据强度计算确定,如果底板内布置输水廊道时,其厚度还应考虑输水廊道的布置要求。对不布置输水廊道的坞式闸室底板,厚度一般可取为墙高的 4/25 ~ 1/4。

(2)悬臂式底板。

悬臂式闸室由闸墙、底板和后悬臂组成[图 4-20c)]。悬臂式闸室由于底板中间设有纵缝,将闸室分为对称的两半,在底板纵缝处相互支撑,只传递水平推力,不传递弯矩和剪力,因此底板的工作条件得到改善,使它不致由于不均匀沉降产生附加应力。同时底板最大弯矩的绝对值相对于坞式结构减小,因此底板厚度及配筋量均可减小。悬臂式结构地基反力较小,一般适用于承载能力较低、闸室高度与闸室宽度之比大于 0.5 且两侧荷载对称的情况。在底板中缝处设有止水,形成不透水闸底,底板厚度一般可取墙高的 4/25 ~ 1/4,同时底板中缝处的厚度应满足止水构造的要求,一般不小于 0.6m。

(3)双铰式底板。

在地基土质较差或防渗难以满足的细砂、粉砂、粉质土等地区,可采用双铰式底板。双铰式底板由两边闸墙的前趾与中间底板以斜接或搭接组成两个假想铰(图 4-28),并在铰接处设止水以形成不透水的分离式结构。接缝宽 20 ~ 30mm,接缝处设 1 ~ 2 道止水(图 4-29),缝中可填以沥青油毛毡。与分离式闸室结构的透水闸底相比,双铰式底板闸室结构不透水,抗渗性能好,节省防渗设施;由于闸墙与底板分缝,闸墙不向中间底板传递弯矩,相互间只传递水平力和剪切力,可减小中底板的弯矩;双铰式底板使闸墙与底板共同工作,可降低对闸墙抗滑安全度的要求,因而闸墙的断面可比一般重力式闸墙断面小。由于设置了双铰,当两侧闸墙发生变位时对底板的内力影响较大,双铰处的止水也较为复杂。

双铰的位置可根据中间底板的弯矩与闸墙前趾的最大弯矩相近的原则确定,中底板的厚度一般为闸室宽度的 1/12 ~ 1/8;中底板的宽度一般取闸室宽度的 3/5 ~ 4/5。

(4)透水底板。

透水底板是在闸底采用混凝土(或钢筋混凝土)纵横格梁,格梁间干砌石、浆砌石或混凝土(开孔)的船闸底板形式(图4-30)。

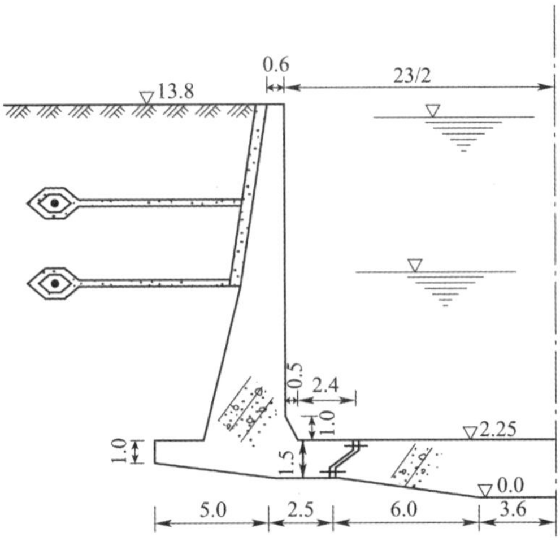


图4-28 双铰式底板闸室断面图(尺寸单位:mm)

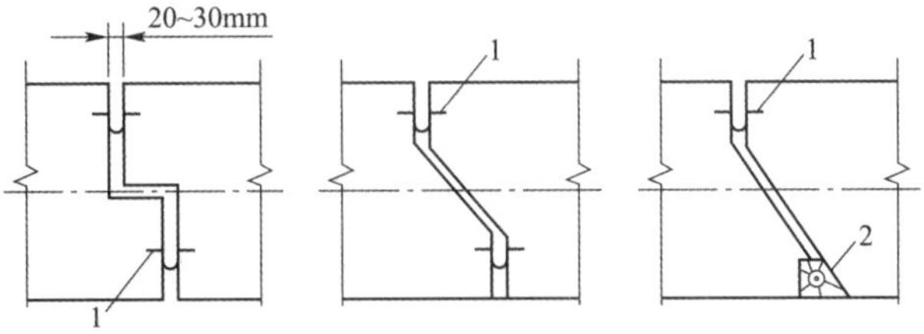


图4-29 双铰式底板铰的形式

1-止水;2-垫木

图4-30 闸室透水底板实例

①透水底板应布置纵横格梁,每个梁格控制的平面尺度不宜大于30m²,纵横格梁断面尺寸不宜小于0.4m×0.4m。当格梁起横撑作用时,格梁宜采用钢筋混凝土结构。

②透水底板下部应设反滤层,反滤层由中石、小石、中砂、细砂构成。砂性土地基上反滤层多为3~4层(图4-31),其中粒径为10~40mm的中石子层厚约20cm,粒径为2~10mm的小石子层厚约20cm,中砂层厚约20cm,细砂层厚约20cm。黏性土地基反滤层多为2~3层。对于小型船闸可采用2层,即碎石和中砂分别取10cm即可。

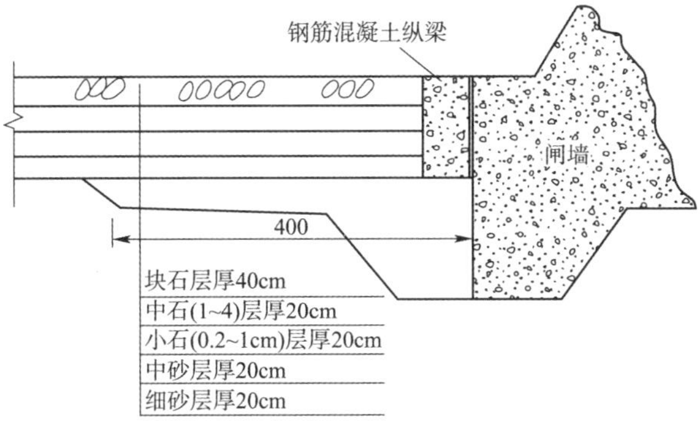


图4-31　透水底板构造(尺寸单位:cm)

③透水底板护面层一般采用干砌块石,干砌块石厚度为25~40cm。当顶层采用浆砌石或混凝土护面结构时,应设排水孔,排水孔间距可取2~3m,孔内应采用碎石填充。

3)闸室结构的其他构造要求

(1)闸墙的保护措施。

过闸船舶在进出船闸的过程中和停靠于闸室时,对闸墙可能产生摩擦和撞击。当闸室泄水时,干舷较大的非满载船舶的护舷木也易挂在闸墙顶面,以致引起闸墙和船舶的损坏,因此应当采取保护措施。目前一般采用提高闸墙表面的平整度和强度等措施。墙面采用不低于MU40的细料石砌筑,或采用不低于C30的混凝土抹面。运输繁忙的船闸,在最低通航水位以上的闸墙应采用钢护肋或耐磨损材料护面。

(2)胸墙。

为保证闸上工作人员的安全,并减小实体闸墙的高度,沿墙顶部可设置与墙正面齐平的胸墙。胸墙的高度一般为0.9~1.2m,厚度根据船舶撞击力而定,一般为0.2~0.5m。

(3)建筑物分缝。

混凝土和钢筋混凝土的闸墙和闸底,沿闸室长度应设置伸缩、沉降缝,以防止混凝土收缩、温度变化和船闸纵向不均匀沉陷引起的附加应力,导致结构出现裂缝。伸缩、沉降缝的间距可根据地基条件、结构形式及其尺寸、气温情况和施工条件等因素确定,一般为15~20m,缝宽一般为1.5~3.0cm。伸缩、沉降缝一般布置在结构形式改变处,如闸室和闸首、导航墙和闸首间;新、旧建筑物之间;地基性质变化处或高程突变处。伸缩、沉降缝一般做成垂直贯通的永久缝,缝内应设置垂直和水平止水。垂直止水布置在闸墙内,水平止水布置在闸底板内。止水片材料有金属止水片和橡胶或塑料止水片,国内已有定型产品。

(4)闸墙底部前趾可设有利于结构受力的斜托,斜托的宽度可取50~80cm,高度可取100~150cm,但不得妨碍船舶在最低通航水位时的运行。

## (二)船闸闸首

### 1.闸首结构布置

闸首是将闸室和上、下游引航道分隔开的挡水建筑物,其上一般设有输水廊道、闸门、阀门、启闭机械及其相应的设备等。闸首结构由边墩和底板构成,闸首结构按其边墩与底板是否刚性连接分为整体式结构和分离式结构。闸首结构宜采用整体式,在岩石地基上,经论证也可采用分离式。

1）整体式闸首

船闸闸首结构的轮廓形状不规则，承受的荷载大且复杂，为避免由于边墩不均匀沉降而影响闸门正常工作，船闸闸首结构一般采用整体式。

闸首布置及尺寸与所选用的闸门形式、输水系统形式及有无帷墙等有密切关系。图4-32为某人字门整体式闸首布置及尺寸，图4-33为某三角闸门整体式闸首布置及尺寸。

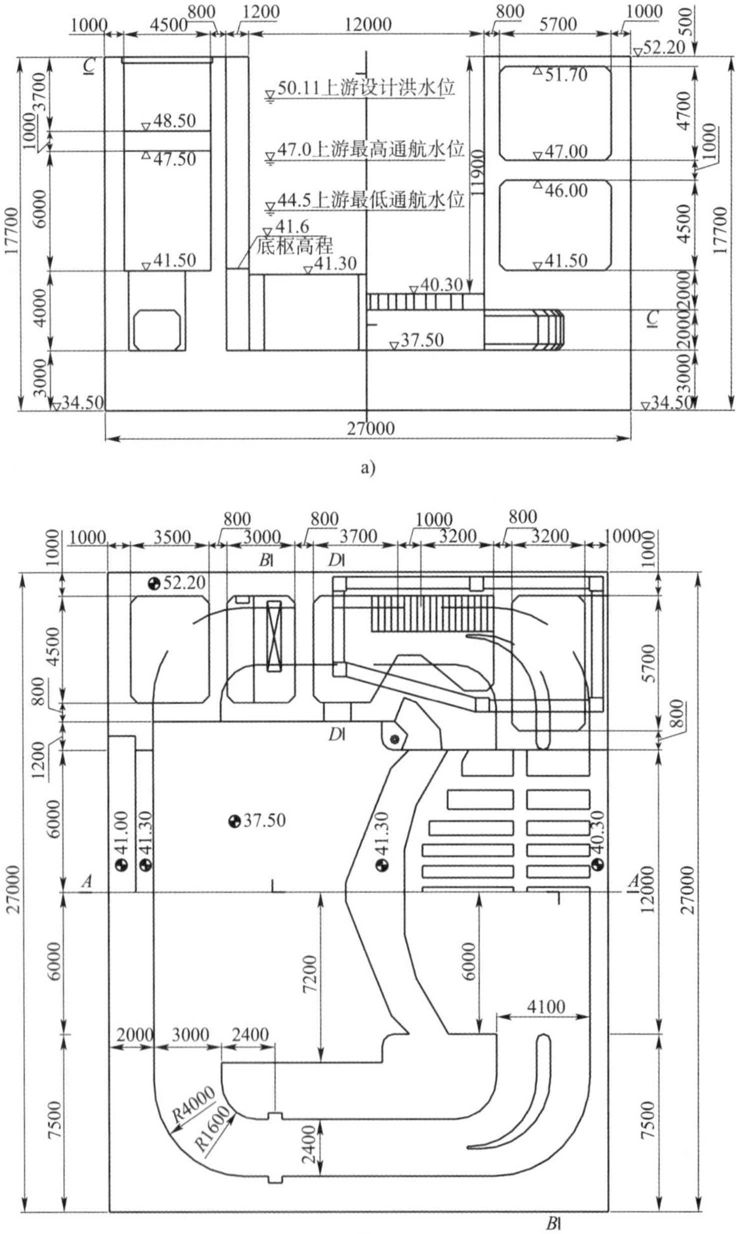


图4-32 人字门整体式闸首平面布置实例一(尺寸单位:mm)

a)断面图;b)平面图

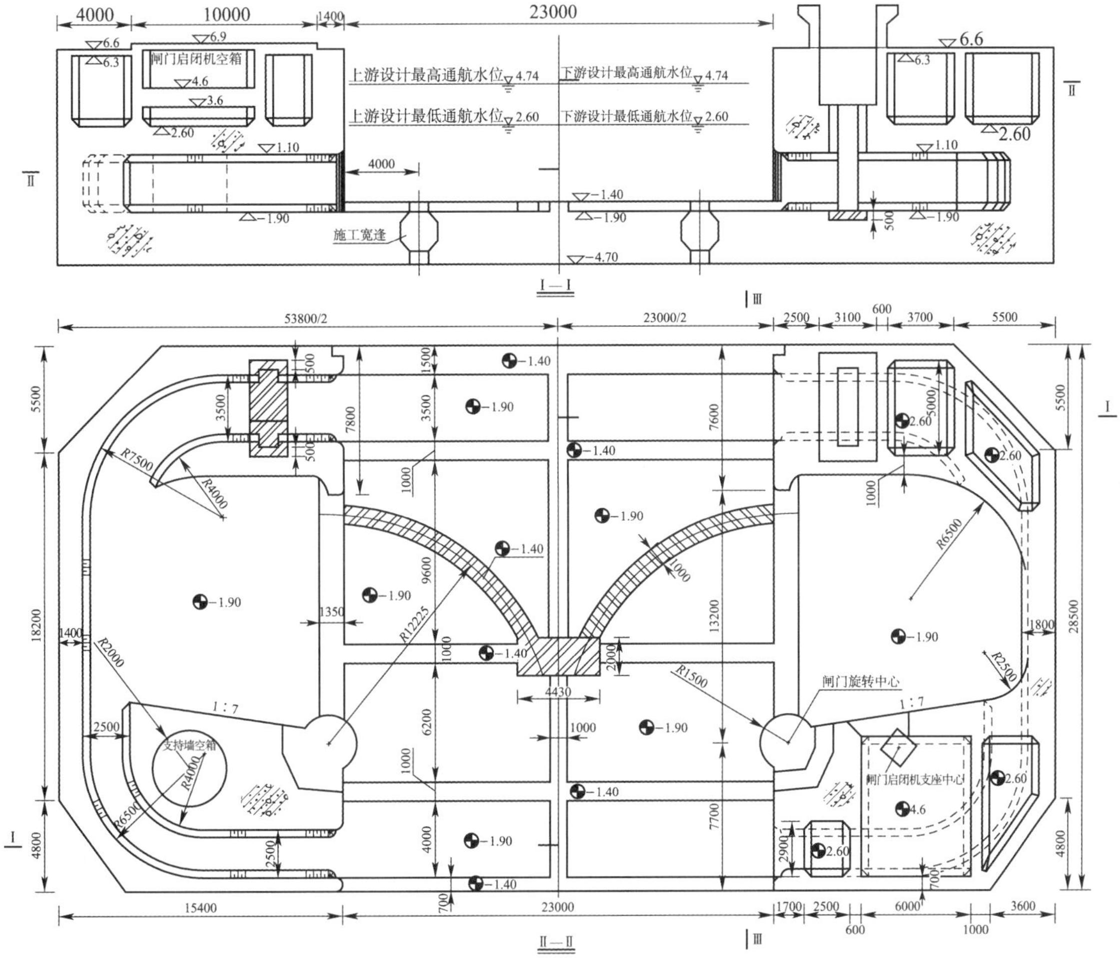


图 4-33　三角闸门整体式闸首布置实例(尺寸单位:mm)

在较好的地基上的闸首边墩一般均采用混凝土或钢筋混凝土重力式边墩,当地基较差时,闸首边墩可采用轻型结构,如空箱式结构(图 4-34)。空箱式边墩结构的自重小,底面积大,地基反力相应减小,当地基反力不均匀时,空箱式结构还可以在空箱中充填部分砂石料或水,以调节各种情况下的地基反力,但空箱式结构施工较复杂,钢材和模板耗费较多。

2)分离式闸首

从前文已经知道,闸首结构一般为整体式,但在地基条件特别好的岩石地基上,经论证也可采用分离式。

分离式闸首边墩一般均采用重力式结构,当岩石顶面较高时也可采用衬砌式结构(图 4-35)。当岩石较完整时,可不设底板;当岩石裂隙较多或岩石较软弱时,应加设底板或护底,必要时也可采用整体式结构。

2. 闸首结构尺度确定

闸首的轮廓尺寸根据闸阀门形式、输水系统布置、启闭机械布置及地基条件等因素确定,须满足使用要求及结构稳定和强度要求。

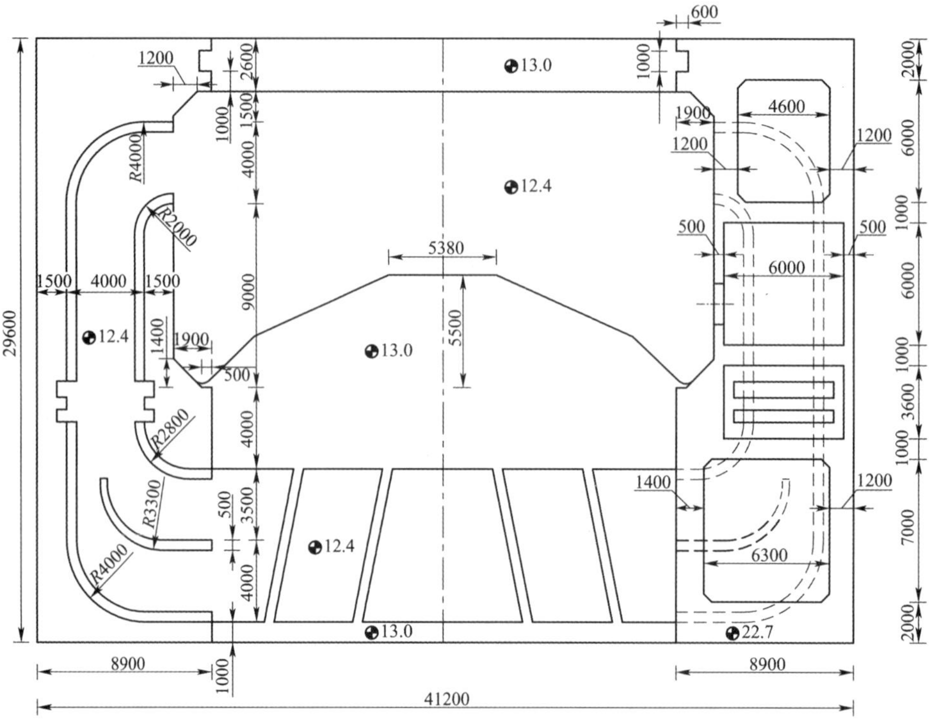


图 4-34 人字门整体式闸首平面布置实例二(尺寸单位:mm)

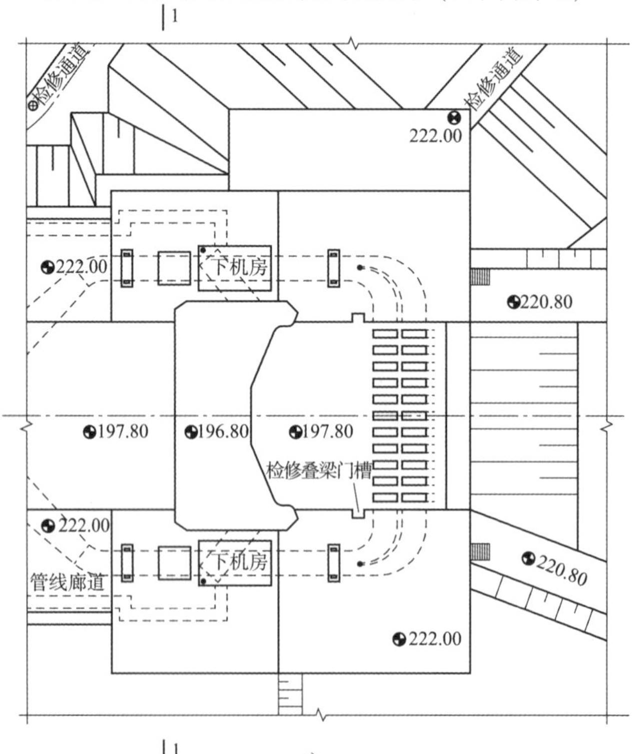


a)

图 4-35

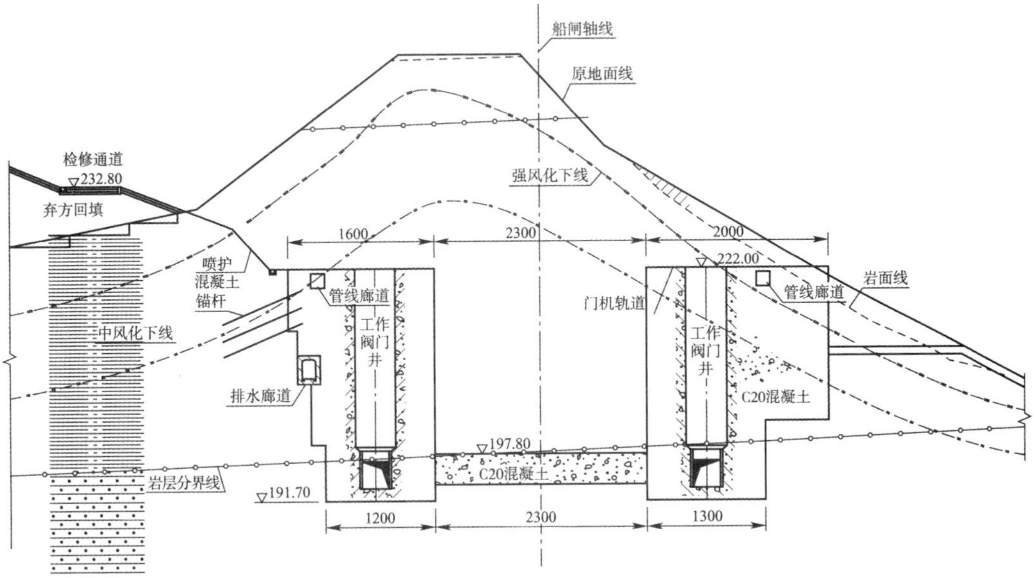


b)

图 4-35　分离式闸首结构(衬砌式结构)

a)平面图;b)1—1 断面图

1)闸首长度

闸首在长度方向上一般由门前段、门龛段、支持段组成,对于不同的工作闸门,各段尺寸也各不相同。

(1)门前段长度 $l_1$。

门前段长度 $l_1$,主要根据工作闸门形式、检修门尺度、门槽构造及检修要求确定。图 4-36 为人字门及横拉门的闸首分段图式。

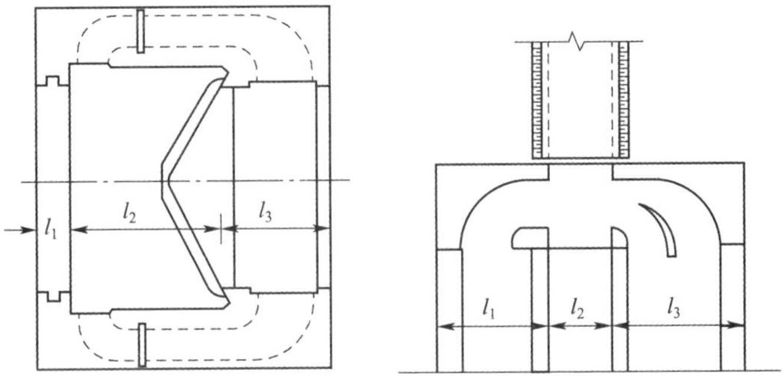


a)　b)

图 4-36　人字门及横拉门的闸首分段图式

a)人字门闸首;b)横拉门闸首

$l_1$-门前段长度(m);$l_2$-门龛段长度(m);$l_3$-支持段长度(m)

当检修门槽设于闸首外与导航墙接缝处时,门前段的长度最小,一般为 1.0m 左右。该种布置方式能减小闸首长度,但因门槽设在两结构物的缝间,当两结构变位不同时,可能造成门槽不规整,给维修带来不便。在设置检修门槽不增加闸首长度的情况下,应尽量使检修门槽布置在闸首范围内。对横拉门闸首门前段,尚应考虑输水廊道进口的布置要求。

对人字门闸首:

$$l_1 = (1.0 \sim 2.0) + C_1 \tag{4-19}$$

对横拉门闸首:

$$l_1 = (1.0 \sim 2.0) + C_1 + b \tag{4-20}$$

式中:$C_1$——检修门槽宽度(m),可根据检修闸门的经济梁高及止水布置要求确定,初步确定时可取0.8~1.0m;

$b$——输水廊道进口断面宽度(m)。

(2)门龛段长度 $l_2$。

①人字门闸首门龛段长度:

$$l_2 = (1.1 \sim 1.2)\frac{B_x + 2c}{2\cos\theta} \tag{4-21}$$

式中:$B_x$——闸首口门宽度(m),一般与闸室有效宽度相同;

$c$——门扇的支垫座与枕垫座的支承面至门龛外缘的距离,通常取 $c = (0.05 \sim 0.07)B_x$;

$\theta$——闸门关闭时门扇轴线与船闸横轴线的夹角,国内已建船闸中,一般选用22.5°或20°。

②横拉门闸首门龛段长度,主要由横拉门厚度、上下游闸门支承木的厚度及闸墩楔形支承厚度组成(图4-37)。

$$l_2 = h + 2d \tag{4-22}$$

式中:$h$——横拉门厚度(m);

$d$——闸门支承木与闸墩楔形支承总厚度(m),闸门支承木厚度可取0.2m,闸墩楔形支承厚度可取0.25m。

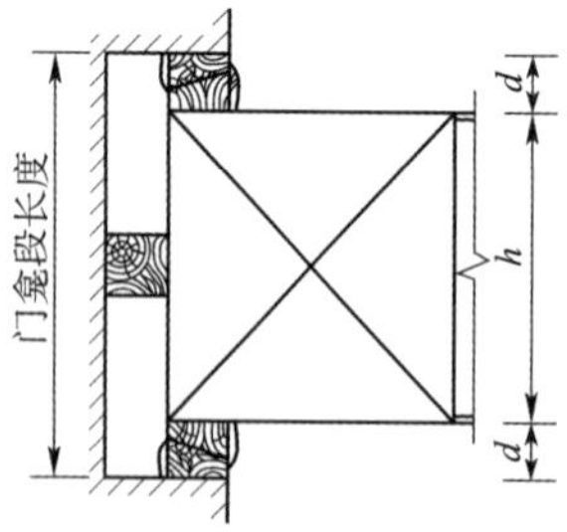


图4-37 横拉门的门槽布置

$h$-横拉门厚度(m);$d$-闸门支承木与闸墩楔形支承总厚度(m)

③三角门闸首门龛段长度。三角门船闸门库较大,其外形尺寸除要满足闸门尺度及构造要求外,还应满足输水消能的要求。据已建三角门船闸门库尺度的统计,其门龛长度可取:

$$l_2 = (0.5 \sim 0.7)B_x \tag{4-23}$$

式中:$B_x$——闸首口门宽度(m),一般与闸室有效宽度相同。

④升降式平面门闸首门龛段长度。升降式平面门的门槽与前几种门型相比是最小的,在

闸首布置中不会因门槽的尺寸而增加闸首的长度，主要视门体结构尺度而定。

(3)支持段长度 $l_3$。

支持段是指支持闸门并承受闸门推力的闸首部分长度，主要应满足结构稳定及强度的要求，并应考虑输水廊道进出口布置的要求。

人字门闸首的支持段长度，可根据输水廊道出口布置要求(图4-38)，按下式初步拟定，通过结构稳定与强度校核最终确定其长度。

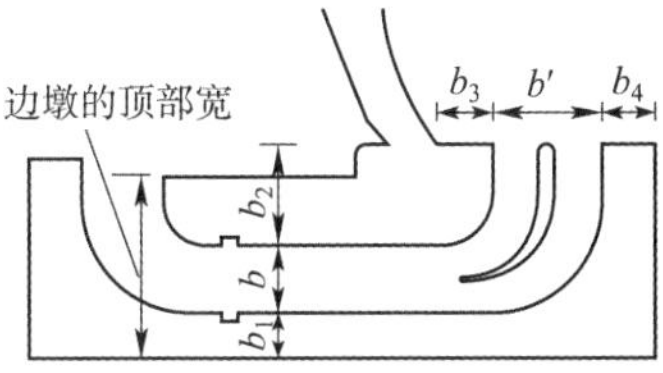


图4-38　支持段长度及边墩厚度示意图

$$l_3 = b_3 + b' + b_4 \tag{4-24}$$

式中：$b'$——输水廊道出口宽度(m)；

$b_3$、$b_4$——见图4-38，可取1.0～2.0m。

2)闸首宽度

闸首宽度等于闸首口门宽度与两侧边墩厚度的总和。闸首口门宽度一般与闸室有效宽度相同；闸首边墩厚度取决于门龛深度、廊道宽度、阀门井尺度等因素。门龛深度应按门厚、缓冲垫块厚度和富裕宽度之和确定，缓冲垫块厚度一般为0.2～0.3m，富裕宽度可取0.1～0.2m。据已建船闸的统计，边墩厚度一般取2～3倍廊道宽度(图4-38)，图中 $b_1$、$b_2$ 可取 $(0.5\sim1.0)b$（$b$ 为输水廊道宽度)。图4-38中边墩的顶部宽度主要考虑使用要求，包括启闭机房布置、交道通道的布置、管理及维修场地、其他设备等的布置要求。为节省工程造价也可在闸首边墩顶部设悬臂加宽。

3)闸首底板厚度

在整体式闸首结构中，闸首底板一般采用平底板。底板厚度可取1/3～1/4.5边墩的自由高度，但不应小于其净跨的1/6～1/7，在黏性地基上取较大值，在砂性地基上可取小值。为了充分利用混凝土的抗压性能，在一些船闸上采用了倒拱底板。以倒拱底板代替平底板能节省工程投资，在相同条件下，倒拱底板的厚度比平底板的厚度薄。倒拱底板的拱厚一般取口门宽度的1/15～1/20，矢跨比一般为1/7～1/10。但是倒拱底板对边墩的不均匀沉降、相对水平位移和转角相当敏感，边墩即使只产生较小的变位，也会使倒拱产生较大的附加内力。因此，倒拱底板一般用于地基条件好、边墩高度不大的闸首。

### (三)引航道上的建筑物

引航道上的建筑物主要有导航和靠船建筑物以及护坡和护底等。它们的结构形式主要取决于建筑物的高度、水位变化的幅度、材料来源、施工条件、使用要求和地基土壤的性质等，应尽可能采用结构简单、便于施工、使用方便、经济合理的结构形式。

#### 1.导航和靠船建筑物

导航和靠船建筑物的结构形式较多，一般可采用固定式导航和靠船建筑物，当水深或水位变幅较大时，可采用浮式导航和靠船建筑物。固定式导航和靠船建筑物一般有重力式、墩式、桩墩式、空箱式、扶壁式等结构。当导航和靠船建筑物有隔流或挡土要求时，一般采用连续的结构，其形式和普通挡土墙结构基本相同。

重力式一般采用混凝土或浆砌块石材料。浆砌块石结构具有就地取材、施工简单、维修方便、造价较低等优点,但其具有施工进度慢、质量不易保证、耐久性差、对地基承载力要求较高等缺点,一般适用于石料较为丰富、建筑物等级较低的地区。浆砌块石重力式导航墙如图4-39所示。混凝土重力式结构适用于水深较大和地基承载力较好的地区(图4-40)。

墩式结构(图4-41)一般适用于大、中型船闸中的靠船建筑物,墩式结构一般等间距布置,中心距根据船舶的靠泊要求,一般取15~25m,并在其上设置系缆、导航设备、爬梯、交通桥和照明等设施。

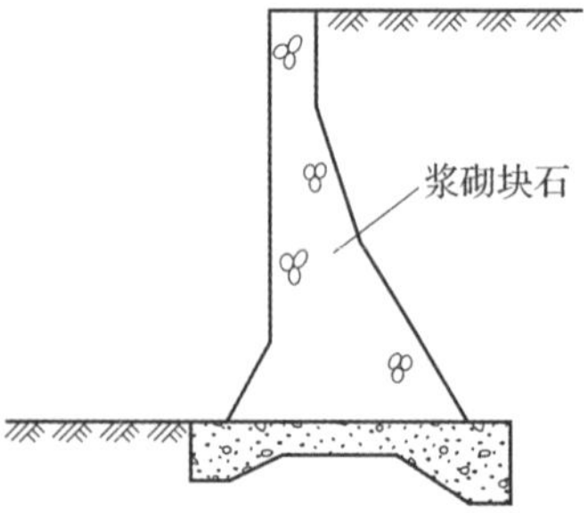


图4-39 重力式导航墙

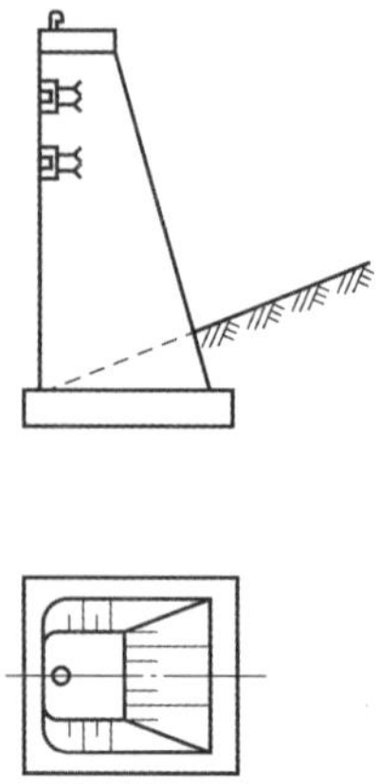

图4-40 重力式靠船墩

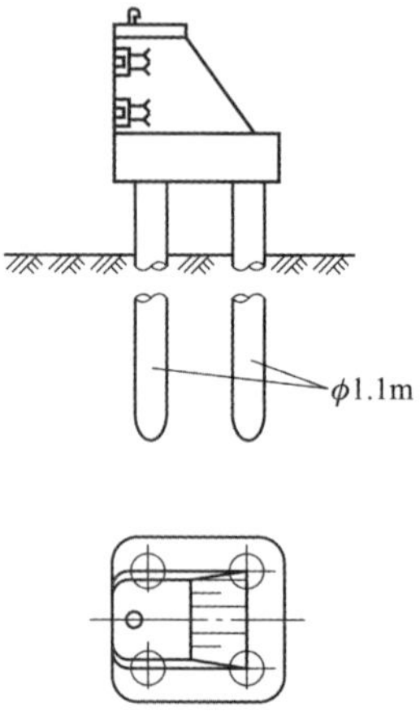


图4-41 桩式靠船墩

图4-42 三峡船闸上游浮式导航建筑物

浮式导航墙适用于库区或水深较大的河流中,但使用操作过程较麻烦、维护工作量大、容易受水流及风向等自然因素的影响。我国三峡永久船闸上游导航墙采用浮式导航墙,采用多组浮箱,分别与闸首及钢筋混凝土墩柱连接,浮箱尺度为250m×10m×2.5m×2.0m(长×宽×型深×吃水)(图4-42)。

导航和靠船建筑物的前沿应设计为垂直平整面,以利于船舶停靠及系泊安全。当引航道水位变幅较大时,可在靠船建筑物正面分层设置系船钩。墩与墩间一般设有人行引桥供管理人员工作及船员上、下岸之用。

导航及靠船建筑物的计算,可参照类似结构,按实际荷载及计算情况进行。导航及靠船建筑物主要承受船舶撞击力,其尺度一般根据结构稳定和强度要求计算确定,并应满足系船、照明及信号装置等布置要求。

2. 护坡和护底

引航道的边坡和底部,由于经常受到船闸灌、泄水和溢洪时水流的冲刷,以及暴雨、风浪、船行波的影响等,容易造成岸坡崩塌,引起引航道泥沙大量淤积,妨碍船舶航行。因此靠近闸首附近的一段引航道的边坡和底部,须适当加以保护。已建船闸一般采用浆砌块石、干砌块石、混凝土板及草皮等护坡。

根据船闸运用实践经验,在闸首外底部和辅导墙外铺砌长度为30~50cm的护坡或护底是十分必要的。

护坡结构的护面厚度应通过计算确定,浆砌石和干砌石护面厚度不宜小于30cm;混凝土护面板厚度不宜小于8cm。护面层以下设反滤层,分层反滤层可由碎石层和粗砂层或砾砂层组成,每层厚度不宜小于15cm;当采用浆砌石和混凝土板护坡时,应设置排水孔,其纵横向间距可取2~5m,孔径可取5~10cm。

通常浆砌块石或干砌块石护坡至正常通航水位以上0.5m左右或栈台面上,砌石护坡以上至坡顶则可加铺草皮保护。为便于人行,在铺设浆砌块石或干砌块石范围内铺设混凝土辅道。粉砂地基护坡如图4-43所示。

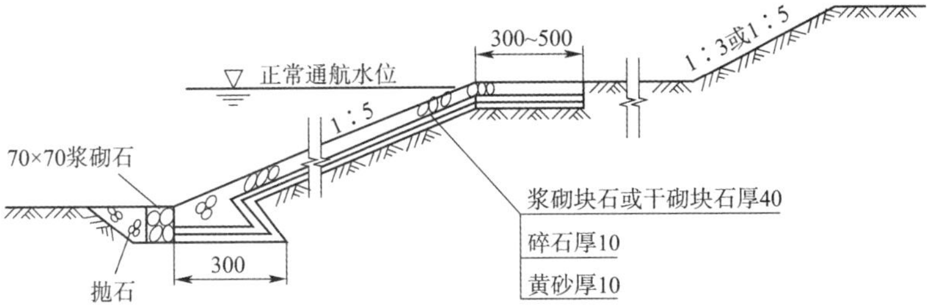


图4-43　粉砂地基护坡实例(尺寸单位:cm)

## (四)防渗与排水设施

船闸作为挡水建筑物承受着水位差的作用。在水头的作用下,船闸的地基和其两侧的回填土内,产生渗透水流(简称渗流)。渗流对建筑物产生渗透压力,降低建筑物抗滑稳定性;也可能引起地基土壤的渗透变形,甚至会引起建筑物失事。因此,研究渗流的运动规律,阐明它对船闸及其地基的影响,确定相应的防渗措施,对保障建筑物的安全具有重大意义。

在渗透水流的作用下,由于渗流流速或渗透坡降的增大,建筑物下的地基土壤可能产生破坏性的渗流变形而危及建筑物的安全。渗流变形主要有流土和管涌两种。

### 1.船闸防渗与排水布置

船闸防渗布置,一般须根据所处地基的水文地质条件(土壤性质、土层的分布、不透水层存在情况等)、作用水头的大小、船闸结构形式以及船闸在枢纽中的位置等因素综合考虑确定。其中地基的水文地质条件是主要因素。

地基土壤主要分为砂性和黏性两大类。砂性土壤,由于颗粒间无黏着力或黏着力很小,容易发生渗流变形。因而防渗布置时,除了考虑减小渗透压力外,还应注意防止渗流变形,尤其是在细砂和粉砂地基上要特别注意。黏性土壤颗粒间具有黏着力,不易发生渗流变形,因而防渗布置时主要是减小渗透压力,提高建筑抗滑稳定性。

1)闸室为透水闸底时的船闸防渗布置

如前所述,当闸室为透水闸底时,闸首和闸室均是独立的挡水建筑物,它们各自都应设置防渗设备(图4-44)。

(1)闸首防渗布置。

为减小渗流的不利影响,通常在船闸闸首前设置防渗铺盖;在底板下设置垂直防渗设备(如板桩、齿墙等);在渗流逸出处设置反滤层。图4-45为一船闸闸首的纵剖面图,图中铺盖、板桩及底板等不透水部分与地基的接触线 *A-B-C-D-E-F-G-H-I-J-K-L*,称为地下轮廓线,亦即闸基渗流的第一根流线。该线长度称为防渗长度或渗径长度。

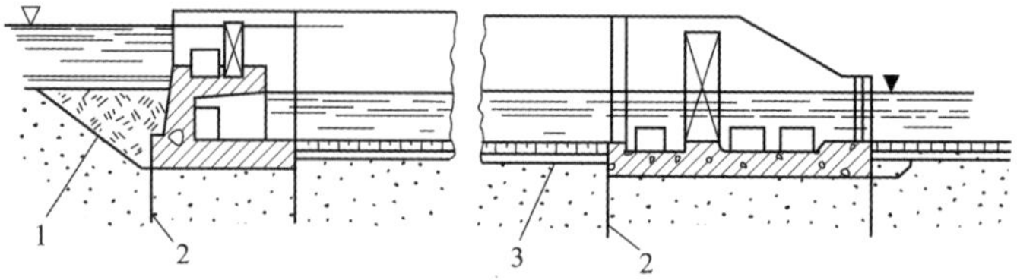


图4-44 闸室为透水闸底时的船闸防渗布置

1-铺盖;2-板桩;3-反滤层

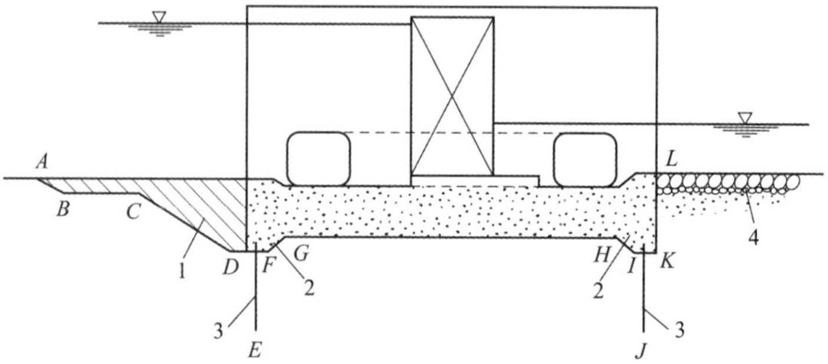


图4-45 船闸闸首的纵剖面图

1-铺盖;2-齿墙;3-板桩;4-反滤层

在砂性土地基上,当闸首底板的渗径长度不够时,可采用板桩及铺盖等防渗措施,并在渗流逸出的地方设置反滤层。一般多在闸首底板的前、后端打板桩,在易液化的粉砂地基上,宜采用封闭式防渗措施,即在闸首地基的四周用板桩包围。

在黏性土地基上,一般多采用齿墙和铺盖或防渗墙等设施。

至于闸首边墩两侧回填土内的渗流,主要应防止回填土与混凝土边墩接触处产生集中渗流。为防止产生集中渗流,可采取如下措施:①边墩背面不宜有向回填土侧的倒坡,水下部分沿墙高不宜有突出部分;②当闸首为挡水线的一部分时,在挡水线的上游侧宜设置黏土防渗墙,必要时还可设置刺墙等防渗设施。

(2)闸室防渗布置。

在黏性土地基上,一般多采用齿墙和铺盖或防渗墙等设施。

在砂性土地基上,最简单的防渗措施是设置齿墙,若还不能满足防渗要求,则可在闸室内侧闸墙下渗流出口处设置一道防渗墙或板桩,在闸室内设置反滤层。为减小渗流水头和作用在闸墙上的水压力,闸墙的回填土内,通常设置明沟或排水管(图4-46)。

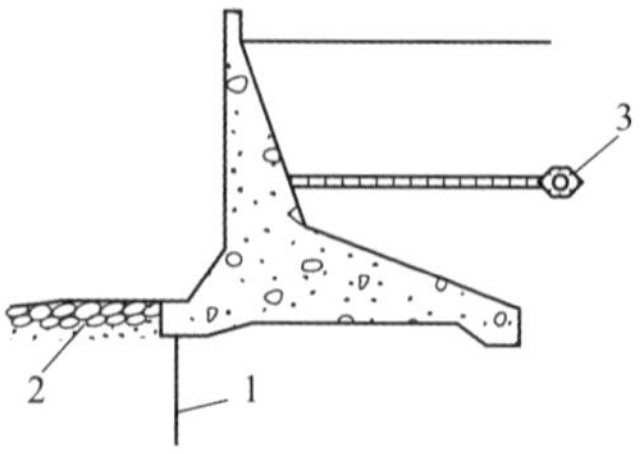


图4-46 透水闸底的闸室墙的防渗布置

1-板桩;2-反滤层;3-排水管

2)闸室为不透水闸底时的船闸防渗布置

当闸室位于坝轴线的下游时,由于整个船闸是一个挡水建筑物,闸首和闸室的总渗径长度大大超过防渗所必需的安全长度,所以防渗布置比较简单。一般仅在闸室墙后回填土内设置明沟或排水管,以降低墙后地下水位,改善闸室结构工作条件。

当闸室位于坝轴线上游时,可以在闸室墙后填筑宽度较大的回填土体,并在回填土内设置排水管,以减小作用在闸室墙上的水压力。也可以在闸室墙后只填筑宽度较小的回填土体,而不设置排水设施,或者在闸室墙后不填筑回填土或者不填筑到顶,此时整个渗流水头由位于坝轴线的下闸首承受,下闸首的防渗布置比较复杂。具体采用哪一种方案应根据枢纽布置情况,并经技术经济比较确定。

2. 防渗与排水设施的构造

1)铺盖

(1)材料。

防渗铺盖有柔性和刚性两大类,柔性铺盖主要采用黏土铺筑,刚性铺盖则采用混凝土或钢筋混凝土制成,其材料的渗透系数应小于地基的渗透系数的1/100。黏性铺盖适用于砂性土地基,当地基的透水性较小,缺乏填筑铺盖的天然材料时,可采用混凝土铺盖。

(2)长度。防渗铺盖的长度应根据地基特性以及其他防渗设施情况确定。一般采用设计水头的2~3倍,或地下轮廓线水平投影长度的25%~40%。

(3)厚度。

①黏土铺盖的厚度,上游端采用0.5~1.0m,向下游逐渐加大,在与闸首接触处宜做成倾斜面接缝,并在其间设有止水,必要时也可将铺盖和底板均加深形成齿墙。为保护黏土铺盖,在铺盖层上设置反滤层及块石护面(图4-47)。

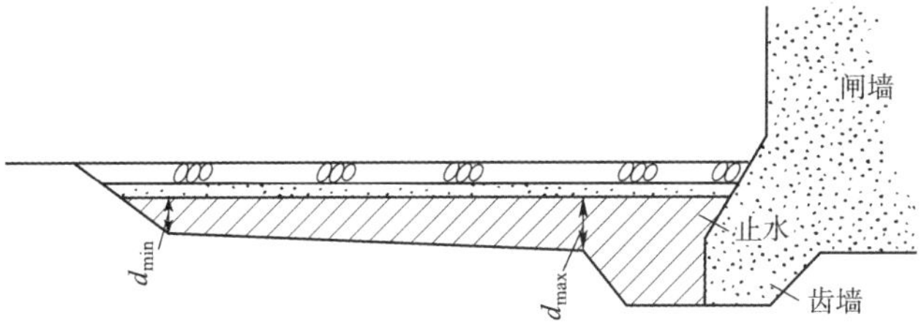


图4-47　黏土铺盖

②钢筋混凝土铺盖厚度为30~50cm,一般采用C20混凝土,其表面可涂防水材料。

为适应地基沉降,钢筋混凝土铺盖应用纵横缝分块,缝距可取10~20m,缝内设置止水。

2)防渗板桩

防渗板桩可采用钢筋混凝土板桩,其厚度一般采用15~30cm,设在建筑物上游端的板桩的入土深度,一般不宜小于1.0~1.2倍水头且不小于2.5m,桩尖应埋入不透水层一定深度。在黏性地基中,由于板桩打入后黏土被切断,板桩与黏土的接触面比较光滑容易产生集中渗流,因此在这类地基中一般不宜采用板桩,可采用防渗墙。

3)防渗刺墙

防渗刺墙可用混凝土、钢筋混凝土、浆砌块石或黏土等材料筑成,刺墙与边墩间设止水,刺墙长度一般为水位差的1~3倍,或嵌入岩石0.5~1.0m。刺墙顶应高于侧向渗流面,墙底最低处与边墩底高程应相等,其厚度应根据防渗要求和受力情况确定。

4)混凝土防渗墙

防渗墙是目前粒状地层施工中常用的一种防渗技术,使用专用机具钻凿圆孔或直接开挖槽孔,孔内浇灌混凝土、回填黏土或其他防渗材料等形成连续的地下墙体。

施工技术大体可分为薄型抓斗法、锯槽法、多头深层搅拌法、射水法等。薄型抓斗法成墙厚度为30~45cm,最大成墙深度为40m,该种方式可以广泛适用于黏土、砂土、卵石等具有一定量的土层及黏土的土质中。锯槽法成墙宽度为20~30cm,深度达40m,主要应用于黏土、粒径大于10cm的鹅卵石或砂石构成的砂砾石土层中。多头深层搅拌法水泥土最大成墙深度为22m左右,适用于黏土、淤泥、直径小于5cm的砂砾和砂性土层中。射水法防渗墙最大成墙厚度可达20~45cm,最大成墙深度可达30m左右,主要适应于黏土、砂土和粒径小于10cm的砂砾石地层。

5)齿墙

在土基上,闸墙底板下多设齿墙,齿墙深度一般不大于2.0m;岩基上齿墙较浅,一般嵌入新鲜岩层0.5~1.0m。齿墙底宽不小于0.5m。

6)反滤层

反滤层的作用主要是增加地基的抗渗能力和防止产生渗透变形,防止土壤颗粒被渗流带走,通常设置在渗流逸出处。反滤层可采用分层反滤层、混合反滤层或土工织物反滤层,并应符合以下要求。

(1)透水性应大于其所保护的土壤。

(2)较细一层的颗粒不应穿过颗粒较大一层的孔隙。

(3)被保护的土壤不应穿过反滤层被带走。

(4)同层必须稳定,颗粒在层内不发生移动。

(5)分层反滤层的每层厚度不宜小于0.15m,反滤层的铺设长度应使其末端的渗流坡降小于地基土在无反滤层时的允许坡降。

(6)混合反滤层的厚度不宜小于0.6m。

7)明沟和排水管

明沟和排水管的起始点布置在闸室起点附近,其出口高程可根据检修要求确定。排水管及明沟的纵坡坡度宜取1∶500~1∶200。墙后回填土中的排水管与墙背的距离宜为2~3m。

沿排水管每隔25~50m应设置检查井。对于双向水头的船闸,必要时可设置上、下两层排水管,在排水管出口处设置可控制阀门,以防止高水时水流进入墙后回填土内。

墙后回填土中的排水暗管,一般采用预制混凝土管,管径与回填土性质、排水量有关。直径一般为30cm,管壁厚度约为5cm,管的下半部开有小孔,孔径约为10mm,或采用透水混凝土管,管外做反滤层(图4-48)。

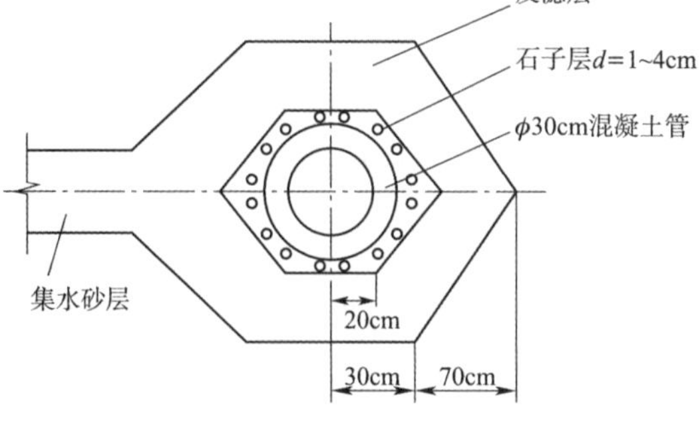


图4-48　排水暗管构造图

（五）混凝土结构的表面防护

船闸的工程建筑物在运行过程中，不可避免地要受到过闸船舶的碰、擦，特别是在混凝土界面的凸出处、临空处，碰、擦磨损造成的损坏更为严重。如某船闸曲线进闸的导航墙为浆砌块石结构，长期受进闸船舶的摩擦，块石面在常水位线附近磨损深度在20cm以上；有的船闸钢筋混凝土闸室墙面磨损深度超过5cm，超过钢筋保护层的厚度，造成钢筋外露、拉断，严重影响结构物的耐久性。从20世纪90年代开始，在船闸的建设中，借鉴船闸大修的经验，加强了对水工建筑物边、角以及闸首、闸室墙面的防护，闸室墙安装了间距为5m的竖向钢护木，如图4-49所示，修理门槽边加钢包角，如图4-50所示，从而大大地增强了混凝土防磨抗碰的能力。

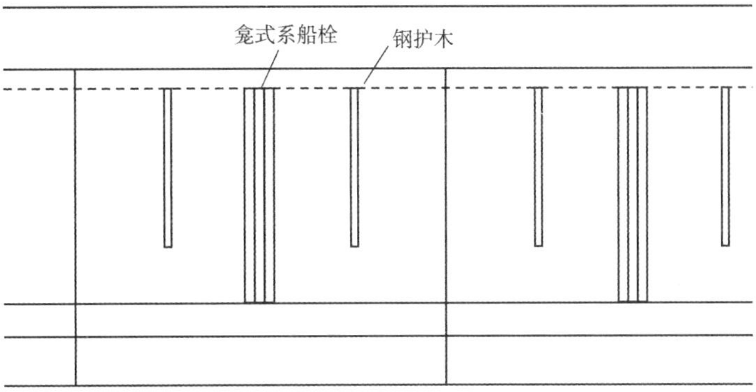


图4-49　闸室墙钢护木设置立面图

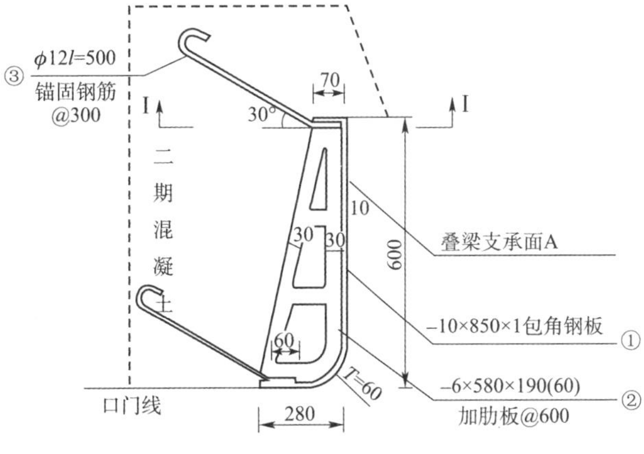


图4-50　修理门槽钢包角结构图

（六）船闸的助航设施

1.系船设施

船闸的系船设施是用来系带过闸船舶的缆绳的。在闸室、引航道、锚地和前港的靠船建筑物靠船一侧，应设置系船设备，并不得突出墙面。

船闸的系船设施主要包括：位于闸室墙和靠船建筑物顶部的固定系船柱；置于闸室墙和靠船建筑物正面的浮式系船柱（钩）以及龛式系船柱（钩、环）。

闸室墙、引航道等靠船建筑物的顶部宜设置固定系船柱，其在闸室内的布置，首尾系船柱与闸室的有效长度两端的距离宜为7.5~10m,系船柱的间距应与设计单船船长相适应。设计水头大于5m的船闸,在闸室墙面上宜采用浮式系船柱;设计水头小于或等于5m的船闸,可采用浮式或龛式系船柱。系船柱位置宜在建筑分段中线墙面上。

浮筒井在墙内的高程布置应从闸室底开始至闸室墙顶或挡浪板顶为止。井顶应设活动盖板,以便吊出维修和更换。对Ⅰ~Ⅲ级船闸,宜采用双层浮式系船柱,其系缆点应分别高出水面1.2~2.5m。

在引航道、锚地和前港的靠船建筑物和导航墙靠船的墙面上,宜按建筑分段中线,从设计最低通航水位时的设计最大船队满载干舷高度处开始,至墙顶以下1~1.5m处的范围内,按1.5~2.5m等距分层设置龛式系船柱。对Ⅵ、Ⅶ级船闸,设计水头小于5m的,除在建筑分段中线分层设龛式系船柱外,还应在其前后各5~7.5m处分层设助航设施。

2.安全防护和检修设施

当船闸闸门发生事故可能造成严重后果时,应在上闸首设置事故闸门,并能在全水头情况下迅速关闭。Ⅰ~Ⅲ级船闸宜在下闸门的上游边墩上设防撞设施。船闸各部顶面临水侧或高于地面2.5m的通道一侧,应设置高度不小于1.2m的刚性安全护栏或挡浪板。设护栏的闸室墙前沿还应设置护轮坎。

(1)引航道每一个靠船墩应在朝闸首一侧,距前沿0.7~1m处设凸出式爬梯一道。闸首、闸室、导航墙等其他部位,如空箱、门库、阀门井等内部应设凸出式爬梯,空箱爬梯在突出地面或顶面应设活动盖板。

(2)闸首、闸室、导航墙爬梯高程布置应自闸底板开始至闸墙顶或挡浪板顶为止;靠船墩布置应自引航道底开始至墩顶为止;空箱、门库、阀门井等视需要布置。每一梯级间距最大不得超过0.3m。

船闸设计时应考虑闸首、闸室等主要部位在设计检修水位的情况下能把水抽干进行检修和设备更换,并应满足下列规定。

(1)在上闸首的上游面和下闸首的下游面应设置检修门槽、检修门。同一河流检修门形式、门槽规格等宜做到标准化、系列化、通用化。

(2)Ⅰ~Ⅲ级船闸宜配备专用阀门检修门、抽水设备、维修车间。同一流域的各梯级船闸宜统一设维修厂。

3.信号和标志

为保证船舶迅速、安全和有秩序地通过船闸和引航道,使船舶过闸时,船舶的操作和船闸的操作互相配合,应对进出船闸的船舶进行管理和调度,这一般由船闸工作人员利用信号装置进行。因此,船闸均应设置通行信号和船闸标志,并要满足昼夜通航的要求。信号和标志的电气布设和要求,应按《船闸电气设计规范》(JTJ 310—2004)的有关规定执行。每道工作闸门上、下游均应设置水尺。

1)通行信号

通行信号主要用来指引船舶安全通过船闸。根据所在位置的不同,通行信号可以分为远程信号、进闸信号和出闸信号。

远程信号是用以指引或禁止船舶进入引航道停泊区的标志。远程信号由双标志的红、绿色透镜灯组成，灯光上下排列，上部为红色灯光，下部为绿色灯光。远程信号设置在船闸的上、下游引航道船舶停泊区的远端端部（上游停泊区的上游端部，下游停泊区的下游端部）、距最高通航水位4～5m的支柱上。当船舶停泊区有空余泊位时，远程信号显示绿色灯光，允许来船进入停泊区，否则显示红色灯光，禁止来船进入停泊区。远程信号的灯光，应保证在正常气候条件下能清晰地指示距信号装置4倍闸室有效长度范围内的船舶。

进闸信号和出闸信号是用来指挥船舶是否可以进出船闸的标志。进闸信号和出闸信号由三标志的红、黄、绿三色透镜灯组成，灯光上下垂直排列，上部为红色灯光，中部为黄色灯光，下部为绿色灯光。红色灯光表示禁止通行信号，黄色灯光表示预告信号，绿色灯光表示允许通行信号。进闸信号和出闸信号设置在上、下闸首上，信号装置高程距最高通航水位2～5m。进、出闸信号均在中央控制室操作。当为程序控制时，进、出闸信号应能随程序切换。当为单项控制和就地控制时，应用单独的开关进行手动操作。

2）船闸标志

船闸标志分为停船界限标志、多线船闸编号标志和多级船闸闸室编号标志。

停船界限标志灯为红色灯，主要用来标示船闸闸室和引航道可供船舶停靠的有效长度或界限。闸室停船界限标志灯（或界限标）设置在闸室有效长度两端两侧的闸墙内（或闸墙上），成对称布置。通常设置在上闸首门龛下游边缘或帷墙的下游面，或集中输水系统的闸室镇静段末端，或其他伸向下游的构件的下游边缘，下闸首门龛的上游边缘或其他伸向上游的构件的上游边缘。具体位置根据闸门门型及灌、泄水影响而定。必要时，还应设置船闸宽度界限灯、闸室中心线灯。闸室宽度界限灯为白色信号灯，宜设置在上、下游闸门外两侧闸墙上。闸室中心线灯为紫色信号灯，宜设在闸门内侧中心线上，面向闸室。

在双线船闸中，应在每一线上设置与单线船闸相同的通行信号灯及船闸标志灯，并应采取有效措施避免指挥各线船舶的信号互相混扰，如设置船闸编号标志灯。多级船闸编号标志应设置在各线船闸引航道的远端端部，标志应为蓝底白字的反光标志。

在多级船闸中，应在每个闸门处设置进、出闸信号，并在每个闸室有效长度两端设置停船界限标志灯。

此外，在船闸上，还采用发声信号，借助扩音机或传话筒向船舶的驾驶人员、水手等预告应准备的操作或其他注意事项。同时船舶工作人员也可用汽笛或传话筒通知船闸值班人员说明准备的情况，尤其是船舶进闸后的系缆情况。

# 课题三　船闸工程质量检验

## 一、课题引入

船闸工程质量需要按照《水运工程质量检验标准》（JTS 257—2008）进行质量检验。

## 二、课题分析

在标准中介绍了船闸工程质量检验的基本规定和基坑开挖工程、地基与基础工程、闸首与闸室工程、墙后工程、导航、靠船建筑物工程、引航道工程、闸阀门金属结构工程、船闸启闭装置制造与安装工程、电气与控制系统安装工程、附属设施工程量检验要求。

## 三、相关知识

本课题只介绍船闸工程质量检验的基本规定,其他分部分项工程质量检验要求请参阅《水运工程质量检验标准》(JTS 257—2008)。

(一)基本规定

船闸工程的分部工程、分项工程可按表4-4～表4-7规定划分。当工程内容与表列项目不一致时,可根据结构特点进行调整。

船闸主体工程分部工程、分项工程划分　　表4-4

| 序号 | 分部工程 | 分项工程 |
|---|---|---|
| 1 | 基坑开挖 | 水下基坑开挖、陆上基坑开挖等 |
| 2 | 地基与基础 | 地基换填、基床抛石、基床夯实、基床整平、预制桩沉桩、灌注桩、挤密砂桩、挤密碎石桩、水泥搅拌桩、旋喷桩、帷幕灌浆、岩石固结灌浆等 |
| 3 | 闸首 | 现浇底板、现浇消能设施、现浇门槛、现浇输水廊道、现浇闸首边墩、门库与门槽、变形缝及止水等 |
| 4 | 闸室 | 现浇底板与撑梁、现浇输水廊道、现浇消能设施、现浇闸墙、板桩闸墙、地连墙闸墙、衬砌闸墙与闸墙衬砌、浆砌石闸墙、挡板、变形缝及止水、砌石护底等 |
| 5 | 墙后工程 | 倒滤层、墙后排水设施、观测井和水位计井管、土石方及混凝土回填、防渗盖面、铺砌面层等 |
| 6 | 附属设施 | 护舷、护角与护面、铁梯、钢栏杆、系船设施、电缆槽、拦污栅、水尺等 |

注:对设有泵房的船闸,泵房可单独列为分部工程。

引航道导航、靠船建筑物分部工程、分项工程划分　　表4-5

| 序号 | 分部工程 | 分项工程 |
|---|---|---|
| 1 | 航道与锚地 | 陆上开挖、水下开挖、岸坡削坡及整平、护底护坦、垫层、倒滤层等 |
| 2 | 基槽开挖 | 土方开挖、石方开挖等 |
| 3 | 地基与基础 | 地基换填、基床抛石、基床夯实、基床整平、挤密砂桩、挤密碎石桩、水泥搅拌桩、旋喷桩、预制桩沉桩、灌注桩、帷幕灌浆、岩石固结灌浆等 |
| 4 | 导航建筑物与靠船建筑物 | 现浇导航墙、现浇靠船墩、浆砌石导航墙、浆砌石靠船墩、沉井、现浇挡板、变形缝及止水等 |
| 5 | 护岸与护底 | 现浇底板、现浇挡墙、浆砌石挡墙、砌石护坡、模袋护坡、预制块铺砌护坡、砌石拱圈护坡、护底护坦、沉降伸缩缝等 |
| 6 | 墙后工程 | 倒滤层、排水设施、观测井管、土石方及混凝土回填、防渗盖面、铺砌面层等 |
| 7 | 附属设施 | 护舷、护角与护面、铁梯、钢栏杆、系船设施、电缆槽、拦污栅、水尺等 |

**闸阀门及启闭装置工程分部工程、分项工程划分**　　表4-6

| 序号 | 分部工程 | 分项工程 |
|---|---|---|
| 1 | 闸门、阀门金属结构制作与安装 | 门体制作与安装、运转件制作与安装、预埋件制作与安装、止水安装、门轨制作与安装、门体及预埋件防腐、门体试运行等 |
| 2 | 船闸启闭装置制造与安装 | 预埋件制作与安装、液压式启闭机制造、液压式启闭机安装、机械式启闭机制造、机械式启闭机安装、启闭机防腐、启闭机试运行等 |
| 3 | 设备运行系统联合试运行 | 闸室充水前联合试运行、闸室充水后联合试运行等 |

**电气与控制系统安装工程分部工程、分项工程划分**　　表4-7

| 序号 | 分部工程 | | 分项工程 |
|---|---|---|---|
| 1 | 电气系统设备安装 | 变电所 | 动力配电柜与成套柜、电力变压器、箱式变压器、照明装置、配管、电缆支架与桥架、电缆敷设、硬母线、防雷与接地等 |
| | | 供电和照明电气设备 | 动力配电柜与成套柜、电力变压器、箱式变压器、低压电器、电机、柴油发电机、不间断电源、照明与信号灯装置、配管、电缆支架与桥架、电缆敷设、滑接线与软电缆、防雷与接地装置等 |
| 2 | 控制系统设备安装 | 控制设备 | 配管、电缆支架与桥架、电缆敷设、检测与保护及执行元件、计算机及可编程序控制器、控制柜与操作台、接地等 |
| | | 工业电视系统 | 配管、电缆支架与桥架、电缆敷设、工业电视设备、控制柜与操作台、接地等 |
| | | 通信和广播系统 | 配管、电缆支架与桥架、电缆敷设、通信与广播设备、控制柜与操作台、防雷及接地装置等 |
| 3 | 船闸电气与控制系统试运行 | | 船闸电气与控制系统试运行、闸室充水前联合试运行、闸室充水后联合试运行 |

## (二)整体尺寸允许偏差

船闸工程竣工整体尺度允许偏差应符合表4-8和表4-9的规定。

**船闸主体工程整体尺度允许偏差**　　表4-8

| 序号 | 项目 | | 允许偏差(mm) | 检验数量 | 单元测点 | 检验方法 |
|---|---|---|---|---|---|---|
| 1 | 总长度 | | $L/1000$ | 逐座检查 | 2 | 用测距仪或钢尺等测量 |
| 2 | 前沿线位置偏移 | | 20 | 每10~20m一个断面 | 2 | 用经纬仪或全站仪等测量 |
| 3 | 净宽 | 闸首 | ±20 | | 2 | 用测距仪或钢尺等测量底部和顶部 |
| 4 | | 闸室 | ±30 | | 2 | |
| 5 | 高程 | 闸首边墩顶 | ±10 | 每5~10m一处 | 2 | 用水准仪等测量 |
| 6 | | 门槛顶 | 0<br>-10 | | 1 | |
| 7 | | 闸首底板 | +5<br>-20 | | 1 | |
| 8 | | 闸门顶 | ±20 | | 1 | |

续上表

| 序号 | 项目 | | 允许偏差(mm) | 检验数量 | 单元测点 | 检验方法 |
|---|---|---|---|---|---|---|
| 9 | 高程 | 闸室墙及挡板顶 | ±20 | 每10~20m一个断面 | 2 | 用水准仪等测量闸墙前沿 |
| 10 | | 闸室底板 | +5<br>-20 | | 1 | 用水准仪等测量中轴线 |
| 11 | | 墙后地面 | ±20 | | 2 | 用水准仪等测量墙后2~5m处 |
| 12 | 跨闸建筑物净空高度 | | +100<br>0 | 逐座检查 | 1 | 用水准仪等测量 |

注:$L$为船闸设计总长度,即上下游闸首距离,单位为mm。

小结

## 一、船闸的组成

船闸主要应由闸室、闸首、引航道三个基本部分和输水系统、口门区、连接段、锚泊地、导航建筑物、靠船建筑物、闸阀门、启闭机械、电气控制设备和通信、助导航、运行管理等附属设施及生产、生活辅助建筑物等组成。有的船闸还应包括前港和远方调度站等。其主体部分主要由闸室、闸首和引航道组成。

## 二、船闸的类型

船闸有内河船闸和海船闸、单级船闸和多级船闸、单线船闸和多线船闸、广室船闸、省水船闸、井式船闸等各种类型。

## 三、船闸的总体设计

闸室有效长度,闸室有效宽度,门槛最小水深,船闸的设计水位,船闸的高程,船闸的引航道(引航道的平面布置、长度、宽度、最小水深、最小弯曲半径及弯道加宽),船闸的锚地(停泊区)、前港、口门区、连接段及远调站。

## 四、船闸闸室结构

船闸闸室结构主要由闸墙和底板构成。闸室结构按其受力状态可分为整体式结构和分离式结构两大类,见表4-9。

表4-9

| 地基条件 | 闸室结构形式 | | | |
|---|---|---|---|---|
| 土基 | 整体式 | 坞式 | | |
| | 分离式 | 闸墙 | 重力式 | 按照材料分为:混凝土;钢筋混凝土;浆砌石 |
| | | | | 按照断面分为:梯形;衡重式 |
| | | | 悬臂式;扶壁式;板桩式;地连续墙式;桩台式 | |
| | | 底板 | 双铰式底板(不透水) | |
| | | | 透水底板[设置纵横格梁干(浆)砌石或混凝土开孔底板] | |

续上表

<table>
<tr><td>地基条件</td><td colspan="4">闸室结构形式</td></tr>
<tr><td rowspan="9">岩基</td><td>整体式</td><td colspan="3">坞式</td></tr>
<tr><td rowspan="8">分离式</td><td rowspan="6">闸墙</td><td rowspan="2">重力式</td><td>按照材料分为:混凝土;钢筋混凝土;浆砌石</td></tr>
<tr><td>按照断面分为:梯形</td></tr>
<tr><td rowspan="3">衬砌式</td><td>按照材料分为:混凝土;钢筋混凝土</td></tr>
<tr><td>按照断面分为:倒梯形;倒阶梯形</td></tr>
<tr><td>按照锚固情况分为:有锚;无锚</td></tr>
<tr><td>混合式</td><td>上部采用重力式、下部采用衬砌式的结构</td></tr>
<tr><td rowspan="2">底板</td><td colspan="2">双铰式底板(当闸底需设输水廊道或岩基不耐冲刷时)</td></tr>
<tr><td colspan="2">无底板(当岩基坚硬、完整且底板上不设输水廊道时)</td></tr>
</table>

## 五、船闸闸首结构

闸首结构由边墩和底板构成,闸首结构按其边墩与底板是否刚性连接分为整体式结构和分离式结构。

闸首布置及尺寸与所选用的闸门(人字门、三角门等)形式、输水系统形式及有无帷墙等有密切关系。

分离式结构闸首边墩一般均采用重力式结构,当岩石顶面较高时也可采用衬砌式结构。

闸首长度:闸首在长度方向上一般由门前段、门龛段、支持段组成,对于不同的工作闸门,各段尺寸也各不相同。

闸首宽度:闸首的口门宽度、边墩厚度、边墩的顶部宽度。

闸首底板厚度:在整体式闸首结构中,闸首底板一般采用平底板。倒拱底板一般用于地基条件好、边墩高度不大的闸首。

## 六、引航道上的建筑物

引航道上的建筑物主要有导航和靠船建筑物以及护坡和护底等。

1. 导航和靠船建筑物

导航和靠船建筑物的结构形式较多,一般采用固定式、浮式导航和靠船建筑物。固定式导航和靠船建筑物一般有重力式、墩式、桩墩式、空箱式、扶壁式等。当导航及靠船建筑物有隔流或挡土要求时,一般采用连续的结构,其形式和普通挡土墙结构基本相同。

2. 护坡和护底

一般采用浆砌块石、干砌块石、混凝土板及草皮等护坡。一般在闸首外底部和辅导墙外铺砌长度为 30 ~ 50cm 的护底或护坡。

3. 防渗与排水设施

1)闸室为透水闸底时的船闸防渗布置

(1)闸首防渗布置:通常在船闸闸首前设置防渗铺盖;在底板下设置垂直防

渗设备(如板桩、齿墙等);在渗流逸出处设置反滤层。

(2)闸室防渗布置:在黏性土地基上,一般多采用齿墙和铺盖或防渗墙等设施。在砂性土地基上,最简单的防渗措施是设置齿墙,若还不能满足防渗要求,则可在闸室内侧闸墙下渗流出口处设置一道防渗墙或板桩,在闸室内设置反滤层。为减小渗流水头和作用在闸墙上的水压力,闸墙的回填土内,通常设置明沟或排水管。

2)闸室为不透水闸底时的船闸防渗布置

当闸室位于坝轴线的下游时,一般仅在闸室墙后回填土内设置明沟或排水管,以降低墙后地下水位,改善闸室结构工作条件。

当闸室位于坝轴线上游时,可以在闸室墙后填筑宽度较大的回填土体,并在回填土内设置排水管。也可以在闸室墙后只填筑宽度较小的回填土体,而不设置排水设施,或者在闸室墙后不填筑回填土或者不填筑到顶。

## 七、船闸的助航设施

系船设施:船闸的系船设施主要包括位于闸室墙和靠船建筑物顶部的固定系船柱;置于闸室墙和靠船建筑物正面的浮式系船柱(钩)以及龛式系船柱(钩、环)。

安全防护和检修设施:闸首设置事故闸门。Ⅰ~Ⅲ级船闸宜在下闸门的上游边墩上设防撞设施。船闸各部顶面临水侧或高于地面2.5m的通道一侧,应设置高度不小于1.2m的刚性安全护栏或挡浪板。设护栏的闸室墙前沿还应设置护轮坎。

信号和标志:通行信号根据所在位置的不同,可以分为远程信号、进闸信号和出闸信号。船闸标志分为停船界限标志、多线船闸编号标志和多级船闸闸室编号标志。

## 八、船闸工程质量检验

船闸工程质量需要按照《水运工程质量检验标准》(JTS 257—2008)进行质量检验。

船闸主体工程分部工程有基坑开挖、地基与基础、闸首、闸室、墙后工程、附属设施。

引航道导航、靠船建筑物分部工程有航道与锚地、基槽开挖、地基与基础、导航建筑物与靠船建筑物、护岸与护底、墙后工程、附属设施,其尺寸允许偏差见表4-10。

**引航道、锚地及导航、靠船建筑物工程整体尺寸允许偏差** 表4-10

| 序号 | 项目 | 允许偏差(mm) | 检验数量 | 单元测点 | 检验方法 |
|---|---|---|---|---|---|
| 1 | 导航段建筑物长度 | ±500 | 逐座检查 | 2 | 用测距仪或钢尺等测量 |
| 2 | 靠船段建筑物长度 | ±500 | | 2 | |

续上表

| 序号 | 项目 | | 允许偏差（mm） | 检验数量 | 单元测点 | 检验方法 |
|---|---|---|---|---|---|---|
| 3 | 导航、靠船建筑物前沿线位置 | | 20 | 每10～20m一处 | 1 | 用经纬仪或全站仪等测量 |
| 4 | 弯曲段曲率半径 | | 2R/1000 | | 1 | |
| 5 | 引航道底宽度 | | +100<br>0 | | 1 | 用钢尺等测量上中下游三处 |
| 6 | 标高 | 导航、靠船建筑物顶部 | ±20 | 每10～20m一个断面 | 1 | 用水准仪等测量 |
| | | 隔堤、岸坡坡顶 | | | 1 | |
| | | 护坦顶 | 0<br>-50 | | 3 | 用水准仪等测量两边和中部 |
| | | 引航道底 | 0<br>-100 | | 3 | |
| 7 | 岸坡坡度 | | ±10% | | 1 | 断面测量 |
| 8 | 护坡长度 | | ±1000 | | 1 | 用测距仪或GPS等仪器测量 |

注：$R$为引航道弯曲段设计曲率半径，单位为mm。

## （三）观感质量

船闸工程单位或单项工程观感质量应按表4-11和表4-12进行检查评价，其综合得分率不应低于80%。

**船闸主体工程观感质量评价项目和质量要求**　　表4-11

| 序号 | 评价项目 | 质量要求 | 标准分 | 评价等级 | | |
|---|---|---|---|---|---|---|
| | | | | 一级95% | 二级85% | 三级70% |
| 1 | 闸墩 | 迎水面平整、沿线顺直、棱角完整 | 20 | | | |
| | | 表面无明显缺陷和裂缝 | 10 | | | |
| | | 门槽顺直，无明显错台 | 10 | | | |
| | | 施工螺栓切割和处理符合要求 | 10 | | | |
| 2 | 闸墙 | 前沿顺直、顶部平整 | 10 | | | |
| | | 墙面平整，无明显缺陷、裂缝和错台 | 20 | | | |
| | | 变形缝宽均匀、垂直贯通 | 15 | | | |
| | | 施工螺栓切割和处理符合要求 | 10 | | | |

续上表

| 序号 | 评价项目 | 质量要求 | 标准分 | 评价等级 | | |
|---|---|---|---|---|---|---|
| | | | | 一级 95% | 二级 85% | 三级 70% |
| 3 | 钢结构 | 构件完整、大面平直、无明显变形 | 10 | | | |
| | | 漆膜均匀完整、无漏涂和泛锈 | 10 | | | |
| | | 预埋件接茬平顺,防腐符合要求 | 10 | | | |
| 4 | 地面 | 表面平整、坡向正确 | 10 | | | |
| | | 砌块缝宽均匀、线条清晰、无残缺崩角 | 15 | | | |
| | | 盖板平整、与周边接茬平顺 | 10 | | | |
| 5 | 附属设施 | 系船柱和系船钩位置正确 | 10 | | | |
| | | 灯杆垂直、排列整齐 | 10 | | | |
| | | 爬梯平整、顺直、牢固 | 5 | | | |
| | | 水尺顺直、醒目 | 5 | | | |

**引航道、锚地及导航、靠船建筑物工程整体尺度允许偏差** 表 4-12

| 序号 | 评价项目 | 质量要求 | 标准分 | 评价等级 | | |
|---|---|---|---|---|---|---|
| | | | | 一级 95% | 二级 85% | 三级 70% |
| 1 | 导航、靠船构筑物 | 墙面平整、相邻段无明显错台 | 10 | | | |
| | | 混凝土表面无裂缝和明显缺陷 | 10 | | | |
| | | 砌石结构砌缝平直,勾缝密实、美观 | 10 | | | |
| | | 施工螺栓切割和处理符合要求 | 10 | | | |
| | | 沉降伸缩缝顺直、上下贯通 | 5 | | | |
| | | 排水孔通畅、排列整齐 | 5 | | | |
| 2 | 护坡 | 坡度正确、大面平整 | 10 | | | |
| | | 砌石结构砌缝均匀,勾缝密实、美观 | 10 | | | |
| | | 模袋结构缝宽均匀、接缝处理符合要求 | 10 | | | |
| | | 沉降缝顺直,上下贯通 | 5 | | | |
| | | 排水孔通畅、排列整齐 | 5 | | | |
| 3 | 铁件防腐 | 油漆喷涂均匀、颜色一致、无明显漏涂 | 5 | | | |
| | | 漆膜完整无流挂、皱皮和脱皮 | 5 | | | |

续上表

| 序号 | 评价项目 | 质量要求 | 标准分 | 评价等级 | | |
|---|---|---|---|---|---|---|
| | | | | 一级 95% | 二级 85% | 三级 70% |
| 4 | 铺砌面层 | 缝宽和灌缝符合要求 | 5 | | | |
| | | 块体无明显残缺及崩角 | 5 | | | |
| 5 | 附属设施 | 灯杆垂直、排列整齐 | 5 | | | |
| | | 爬梯平整、顺直、牢固 | 5 | | | |
| | | 预埋件周围接茬平顺 | 5 | | | |

## 练习与思考

1. 船闸由哪些部分组成？
2. 船闸有哪些分类方式？每种方式又分为哪些类型？
3. 船闸的基本尺度包括哪些？
4. 引航道平面有哪些布置形式？分别适用于什么情况？
5. 引航道的尺度包括哪些？
6. 闸室按照受力状态分为哪两种形式？分别适用于什么情况？
7. 土基上分离式闸室常用哪两种形式？举例说出其对应的结构形式。
8. 闸首按照受力状态分为哪两种形式？
9. 导航和靠船建筑物有哪些类型？举例说明。
10. 航道护坡一般有哪些方法？
11. 船闸的常用防渗措施有哪些？
12. 船闸一般在哪些部位需要进行表面防护？常用的防护方法是什么？
13. 船闸的助航设施有哪些？

本模块自测题

# 模块五
MODULE FIVE

# 运 河 工 程

运河是用以沟通地区或水域间水运的人工水道,通常与自然水道或其他运河相连。除航运外,运河还可用于灌溉、分洪、排涝、给水等。

知识点

◎运河在航道建设中的作用,运河的分类;
◎运河航道的选线原则;
◎运河航道的平面设计、横断面设计、纵断面设计;
◎船行波的定义、成因及危害,护岸的结构形式。

## 课题一 了解运河工程

### 一、课题引入

运河是为水上运输的需要而开挖的航道(又称人工运河),用来沟通不同水系的河流、湖泊和海洋,克服地理上的障碍,缩短运输距离,连接重要城镇和工矿企业,与可通航的天然河段共同构成四通八达的航道网。

### 二、课题分析

运河工程与其他航道工程一样,在航道建设中具有重要的作用。

### 三、相关知识

#### (一)运河在航道建设中具有重要的作用

运河在航道建设中具有重要的作用,具体体现在:
(1)沟通不同河流、湖泊与海洋,将航道连接成航道网,满足航运发展的需要;

(2)可以结合灌溉、防洪、排涝、城镇供水等方面的需要,综合利用水资源;
(3)促进政治、经济、文化、国防等事业的发展。

### (二)世界各国运河情况简介

由于运河能沟通不同水系的河流,在航道网中起着纽带作用,世界各国都很重视运河的建设。早在公元前,埃及、希腊和罗马帝国都开挖过一些运河,如埃及曾开挖连接尼罗河和红海的运河。世界各国大规模兴建运河是在18世纪、19世纪,特别是19世纪后半叶以来兴建了一些著名的运河,如巴拿马运河、苏伊士运河等。到20世纪,各国运河均已发挥较大的作用。在美国的内河航道中,有不少是人工运河,在其北部五大湖之间及密西西比河、哈德逊河与五大湖之间均建有人工运河相通。在俄罗斯,人工运河将莫斯科河、伏尔加河、顿河、里海、黑海、亚速海、白海、波罗的海等联结起来,组成了俄罗斯欧洲部分的统一航道网。在西欧各国的内河航道中,人工运河占相当大的比重。例如法国的运河里程数占内河航道的23%,德国占24%。这些国家不仅重视国内运河的开挖,而且重视各国之间河流的相互沟通,例如在莱茵—美因—多瑙河之间的运河建成后,其将西欧13个国家的河流连接成网。

在我国,运河建设有着悠久的历史,中国是世界上最早开凿运河的国家之一。早在公元前540年开凿了沟通长江和汉江的扬水,这是中国最早开凿的运河。公元前486年,开始兴建举世闻名的京杭运河,其于元至元三十年即1293年全线通航(图5-1)。公元前221年开凿了世界最早的越岭运河——沟通湘江和桂江的灵渠。中华人民共和国成立之后,扩建改造了遭到严重破坏的京杭运河,同时还新开了许多运河,构成了纵横交错、四通八达的航道网,对我国社会主义建设发挥着巨大的作用。

### (三)运河的分类

按照所处的地理位置及航行船舶的不同,运河可分为海运河和内陆运河。海运河是指位于近海陆地上,沟通海洋和海洋或连通港口,在其中主要行驶海船的运河。例如苏伊士运河、巴拿马运河和美国大西洋的沿岸运河。内陆运河是指位于内陆地区,供内河船舶通航的运河。如我国的京杭运河和俄罗斯的莫斯科运河等。

运河航道等级应按通航船舶的吨级划分为5级,即航道等级中的Ⅰ、Ⅱ、Ⅲ、Ⅳ、Ⅴ五级。

按照所起作用的不同,运河可分为连通运河、绕避运河和分支运河。连通运河是指连通互不衔接的水系或海洋的运河。绕避运河是指绕避天然水域中滩险等航行障碍而在原有水路旁开凿的运河,如莱茵河旁的阿尔萨斯运河、美国东海岸的岸内运河等。分支运河是指连接城镇工矿企业、港口的运河,如我国武汉的青山运河。

按照设闸控制与否,运河可分为开敞运河和设闸运河。不设船闸的运河称为开敞运河,如苏伊士运河。设置船闸(或升船机)的运河称为设闸运河,如京杭运河、巴拿马运河。跨越分水岭的设闸运河,又称为越岭运河。

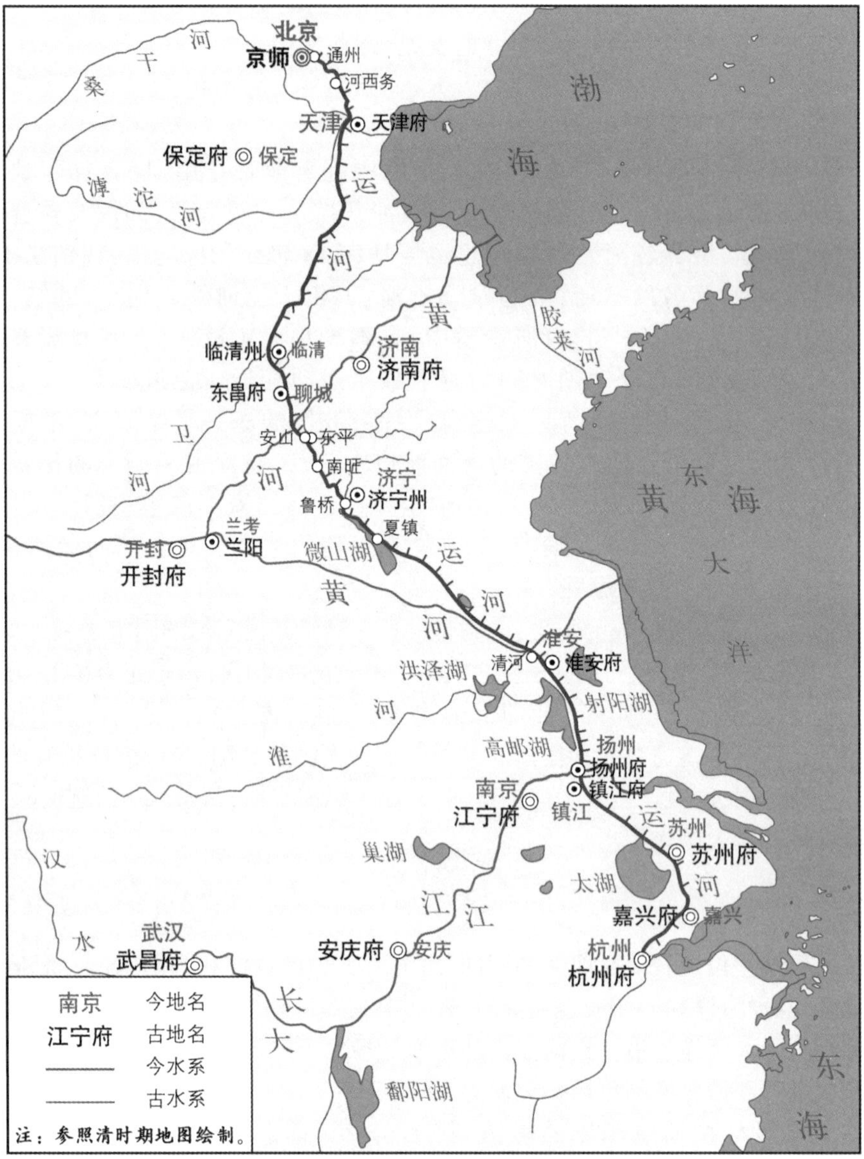


图 5-1 明清运河图

# 课题二 运河航道规划

## 一、课题引入

运河工程在施工图设计之前需要进行运河的航道规划，首先需要确定航道控制点和线路走向，通过在图纸上选线或现场踏勘选线来论证线路走向方案，然后进行运河航道平面设计和运河纵断面设计，最后进行运河航道的横断面设计。

## 二、课题分析

合理地选定运河线路是规划设计中的一项极为复杂和重要的任务，它直接关系运河工程投资、航运效益以及综合利用水资源的效益，必须经技术经济论证研究后择优选定。运河的轴线位置确定后，即可进行运河纵断面设计。运河航道是限制性航道，它的宽度和水深都有一定限度，对船舶航行有明显的限制作用。

## 三、相关知识

### (一)运河航道选线的原则和技术要求

运河航道的选线是指在地形平面图上选定运河轴线位置的工作。

1)运河航道选线的原则

(1)应考虑满足航运的要求，连接控制点的线路尽可能顺直，做到运输路程短、运输费用省。有条件时，也要尽可能利用现有的江、河、湖泊或进行改建的水道作为运河航道的一部分，以期收效快、投资省。

(2)在满足航运要求的前提下，要兼顾国民经济其他部门对水资源的需要，贯彻综合利用水资源的方针，执行国家技术政策，以求有利于沿线经济带和区域经济的发展。

(3)要同工程所在地区的综合交通运输网中的公路、铁路等其他运输方式相互协调、衔接，既发挥各自优势又可互补，并有利于与其他水运通道配套，形成四通八达的航道网。

(4)要与沿线城镇规划结合，尤其要与港口和工矿企业群或大型企业等货流据点靠近和协调，适应远景货运发展的需要。

(5)运河所选择的线路应当在符合工程技术规范和标准的前提下，力求工程技术简单，施工方便，运转和维修费用节省。

2)运河航道选线的技术要求

(1)线路要尽可能顺直，尽量减少弯道，这样既可以使运河总长度最短，又便于船舶航行。

(2)线路应力求避免跨越高山，避免与河流、沟渠、公路和铁路交叉，以减少通航建筑物(船闸、升船机)以及地涵、公路铁路、过河管道等交叉建筑物的数量，提高运河的通过能力，节省工程投资。

(3)线路应选择在水文地质条件较好的地段，地基土壤较密实，渗透系数小，岸坡易于维持稳定，水量渗透损失不过大。

(4)线路应选择在地形适合的地段，尽可能使运河途经挖方地段，这样可使运河水位略低于地面，既可减小运河河堤溃决的危险，又可减小其对两岸地下水位的影响。一般情况下，应力求避免高填方河段。

(5)线路应选择在水量充沛的地区通过,特别是运河通过越岭段时,应尽量临近水源,充分利用当地径流,以保证运河的自流供水,尽量避免采用机械供水的措施。

(6)航道长直线河段的轴线方向尽量避免和强风方向一致,借以降低风浪,便于船舶航行。

## (二)运河航道的平面布置要求

为了满足与城市、工矿、港口等控制点连接的需要,受地形、地物、地质和经济地理条件等因素的制约,运河航道不可能是一条直线,而是以直线为主、弯道为辅,因此需进行航道平面设计。

运河航道平面设计的主要内容有弯道段设计,航道与航道、河道交汇口的处理,航道直线段与跨河建筑物所在河段的连接,航道直线段与临河建筑物所在河段的连接,航道与枢纽引河的衔接,航道与湖区航道口的连接等。具体内容可参见《航道工程手册》、《航道工程设计规范》(JTS 181—2016)、《运河通航标准》(JTS 180-2—2011)。

### 1. 航道尺度

运河航道的宽度、水深、弯曲半径和净空尺度应满足代表船舶、船队安全航行的需要。

运河代表船型应与运河航道等级相适应,可按表 5-1 选择,必要时也可根据地区和流域的特点通过论证确定。

**航道尺度** 表 5-1

| 航道等级 | 船舶吨级(t) | 航道尺度(m) 水深 | 直线段双线底宽 | 弯曲半径 | 代表船型尺度(m)(总长×总宽×设计吃水) | 代表船舶、船队图示 | 代表船舶、船队尺度(m)(总长×总宽×设计吃水) |
|---|---|---|---|---|---|---|---|
| Ⅱ | 2000 | 4.0 | 60 | 540 | 驳船 75×14.0×2.6 | 1 顶 2  | 180×14.0×2.6 |
| | | | | 480 | 驳船 65×15.8×(2.6~2.9) | 1 顶 2  | 160×15.8×(2.6~2.9) |
| | | | | 360 | 货船 90×15.4×2.6 | 货船  | 90×15.4×2.6 |
| | | | | 260 | 货船 65×13.0×(2.6~2.9) | 货船  | 65×13.0×(2.6~2.9) |
| Ⅲ | 1000 | 3.2 | 45 | 480 | 驳船 65×10.8×(1.9~2.2) | 1 顶 2 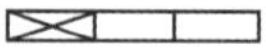 | 160×10.8×(1.9~2.2) |
| | | | | 220 | 驳船 55×10.8×2.5 | 1 拖 6  | 357×10.8×2.5 |
| | | | | 280 | 货船 68×10.8×2.6 | 货船  | 68×10.8×2.6 |
| Ⅳ | 500 | 2.5 | 40 | 320 | 驳船 42×9.2×1.9 | 1 顶 2 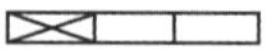 | 108×9.2×1.9 |
| | | | | 170 | 驳船 42×8.2×(1.9~2.1) | 1 拖 7  | 320×8.2×(1.9~2.1) |
| | | | | 210 | 货船 52×9.6×2.2 | 货船  | 52×9.8×2.2 |

续上表

| 航道等级 | 船舶吨级(t) | 航道尺度(m) | | | 代表船型尺度(m)(总长×总宽×设计吃水) | 代表船舶、船队图示 | 代表船舶、船队尺度(m)(总长×总宽×设计吃水) |
|---|---|---|---|---|---|---|---|
| | | 水深 | 直线段双线底宽 | 弯曲半径 | | | |
| V | 300 | 2.5 | 35 | 250 | 驳船 30×8.0×1.8(1.9) | 1 顶 2  | 82×8.0×1.9 |
| | | | | 140 | 驳船 35×6.8×(1.7~2.0) | 1 拖 8  | 303×6.8×(1.7~2.0) |
| | | | | 170 | 货船 42×8.2×(1.8~2.2) | 货船  | 42×8.2×(1.8~2.2) |

注：① Ⅰ级运河航道尺度应根据具体情况分析确定；
②集装箱船可参照货船尺度确定；
③航道水深对于卵石、岩石质河床或泥沙易淤积河段宜适当加大；
④三级及以上航道尺度应根据具体情况经综合研究分析确定。

运河中的水上过河建筑物的通航净空宜为矩形，尺度不应小于表 5-2 所列数值。

**水上过河建筑物的通航净空尺度**　　表 5-2

| 航道等级 | 代表船舶、船队 | 净高(m) | | 双线通航孔净宽(m) | 多线通航孔净宽 |
|---|---|---|---|---|---|
| | | 长江三角洲地区 | 其他地区 | | |
| Ⅱ | 1 顶 2 | 7.0 | 10.0 | 70 | 多线通航孔净宽值应根据船舶通航要求研究确定 |
| | 货船 | | | | |
| Ⅲ | 1 顶 2 | 7.0 | 10.0 | 60 | |
| | 1 拖 6 | | | | |
| | 货船 | | | | |
| Ⅳ | 1 顶 2 | 7.0 | 8.0 | 55 | |
| | 1 拖 7 | | | | |
| | 货船 | | | | |
| V | 1 顶 2 | 5.0 | 8.0 | 45 | |
| | 1 拖 8 | | 5.0 | | |
| | 货船 | | 8.0 | | |

注：Ⅰ级航道和单线通航孔净宽值应根据船舶通航要求研究确定。

2. 运河航道的连接要求

(1)运河航道的连接应符合下列规定：

①运河弯道与直线段宜平顺衔接。

②遇到同向弯道，两者间无直线段时，可用复曲线连接。

③遇到反向弯道，两弯道间必须设置直线段，直线段长度应经论证确定。

④当弯道半径不满足《运河通航标准》(JTS 180-2—2011)规定要求时，弯道宽度应在直线

段宽度的基础上加宽,加宽方式可参照《航道工程设计规范》(JTS 181—2016)第4.5.4.6款执行,渐变线斜率不宜大于1∶5。

(2)运河航道与河道交汇口的连接应符合下列规定:

①交汇口的水流条件应满足船舶、船队安全通航的要求。

②交叉航道在平面上应采用曲线连接,弯曲半径应根据航道等级、货物流向、船型确定。主货流向的弯曲半径应满足航道等级要求,次货流向的弯曲半径可适当减小。

③交汇口河底高程应平顺连接,当底高程不等时,可通过1∶20~1∶10缓坡连接。

④运河航道与湖区航段的衔接应顺直过渡,当无法满足顺直要求,采用曲线连接时,其弯曲半径应满足下列要求:

a. 对于顶推船队和货船,不小于5倍船舶、船队长度;

b. 对于拖带船队,不小于船队中最大驳船长度的6倍。

(3)运河中的船舶或船队在进入水库、湖区或天然河流航行时,航道尺度应按照《内河通航标准》(GB 50139—2014)有关天然和渠化河流航道尺度的规定确定,设计水深应根据同一航线的船型要求确定。

(4)河口段航道应加宽布置,湖区航道宽度应向运河内延伸不小于设计船长,之后以不大于1∶10渐变比率与运河航道衔接。

(5)设闸运河中,运河航道与通航建筑物引航道的连接应符合《船闸总体设计规范》(JTJ 305—2001)有关连接段航道的规定。

(6)护岸布置应根据航道等级与尺度、地形、地质、土地利用、投资等因素确定,并应考虑与临河道路、跨河桥梁的衔接。

(7)航道升级改造中,遇有水边桥墩时,在不影响实际通航尺度时,护岸与桥墩应平顺衔接,斜率不宜小于1∶5;遇有水中桥墩时,应设置防撞设施。

### (三)运河航道纵断面设计

运河的轴线位置确定后,即可进行运河纵断面设计。但是运河的纵断面设计和运河的轴线是相互影响、相互制约的,必须在设计过程中反复比较和修改,只有这样,运河的轴线位置才能最后确定下来。

运河的纵断面设计,主要是确定运河河底的纵坡降$I$。其计算公式为:

$$I=\frac{\Delta H}{L} \tag{5-1}$$

式中:$\Delta H$——运河两端所衔接的水道间的水位差(m);

$L$——运河的长度(m)。

运河河底纵坡降取决于所连接水域的水面高程和线路的长度,其大小应能满足设计最大通航流量通过,其纵向流速应满足通航水流条件的要求,同时还应使运河中的最大流速不超过船舶航行的容许流速和引起河底冲刷的不冲流速;运河的最小流速应保证运河不致淤积,这对水流中挟带有悬移质泥沙的运河很重要。

就航运要求而言,最大容许流速与船舶的操纵性能有关,在一般情况下,运河的纵向流速不应大于1.0m/s,横向流速不大于0.25~0.5m/s。有的运河由于船舶操纵性能的改善,纵向流速可允许提高到 1.5m/s 以上。

在初步拟定运河断面轮廓尺寸后,运河中的平均流速 $v$ 可按下式计算:

$$v = C\sqrt{RI} \tag{5-2}$$

式中:$C$——谢才系数,是综合反映断面形状尺寸和粗糙程度的系数($m^{0.5}/s$);

$R$——运河设计断面的水力半径(m);

$I$——纵坡降,即沿流程单位长度上的水头损失。

如果平均流速 $v$ 大于最大容许流速和不冲流速,就必须减小运河河底的纵坡降。为了减小运河的纵坡降,可以采取以下措施:一是加长运河的长度;二是在运河适当的位置建造船闸或升船机以壅高闸上游水位并克服集中水位差。一般情况下,运河中应尽量避免设闸。但受某些具体条件的限制,如运河两端所衔接的河流之间的水位差过大,采用开敞运河方式将过大地增加工程投资甚至不能满足航运等方面的要求,那就必须设闸,如图 5-2 所示。采用哪一种方式,主要决定于水流、比降和断面尺寸等因素,应通过方案综合比较确定。

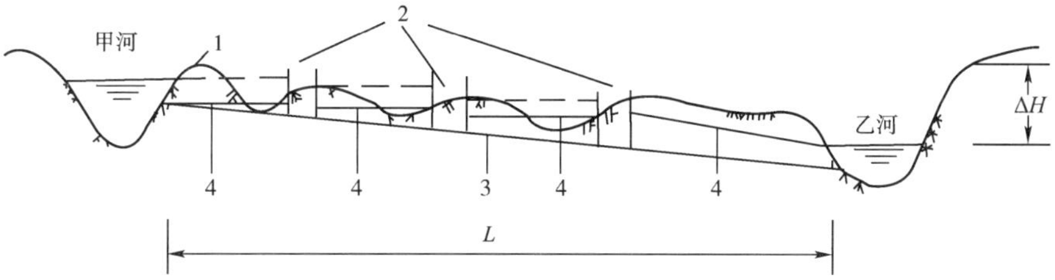


图 5-2 开敞式运河纵断面(含设闸运河)

1-原地面线;2-船闸;3-不设闸方案的河底线;4-设闸方案的河底线

河床纵剖面高程变化采用台阶式时,台阶高度不宜大于 20cm。

采用不设闸的开敞运河的方式,可以不需建造船闸等水工建筑物,船舶可以自由无阻碍地航行,运河的运输能力不受船闸通过能力的限制。但运河内有一定的水流,其水面也将随其两端所衔接的河流等的水位的升降而变化。而水流和水位的变化,易引起岸坡的坍塌。此外,它的土方开挖量可能较大。

采取设闸方式,运河则形成若干渠化河段,流速较小,水位稳定,通航水深能得到保证。设闸运河各级相邻梯级间的水位应衔接。但需建造船闸等通航建筑物,影响运河的通过能力。设闸时,应尽量减少船闸的数目,以减少投资和缩短船舶的航行时间。此外,还应尽量使各级落差相等,这样对节省过闸用水及船闸的运转管理和维修有利。京杭运河江苏至山东段,连接了长江、淮河、沂沭泗、黄河等多个水系,设置了枢纽工程,将运河分成若干梯级,满足了航运、灌溉等需求。京杭运河徐州至扬州段梯级示意图见图 5-3。

### (四)运河航道横断面设计

运河航道是限制性航道,它的宽度和水深都有一定限度,对船舶航行有明显的限制作用。运河航道横断面设计包括航道断面形式和航道断面尺度等。航道断面尺度选择又须涉及航道宽度、断面系数、航道水深和船舶吃水比等。

#### 1. 航道断面形式

(1)运河航道的横断面形式大体上有以下两类:

①对称形式:有梯形断面、矩形断面、叠合形断面三种。

②不对称形式:是由不同外形的河岸组合起来的横断面,往往是一岸为岸式壁河岸,另一岸为斜坡式的岸坡。

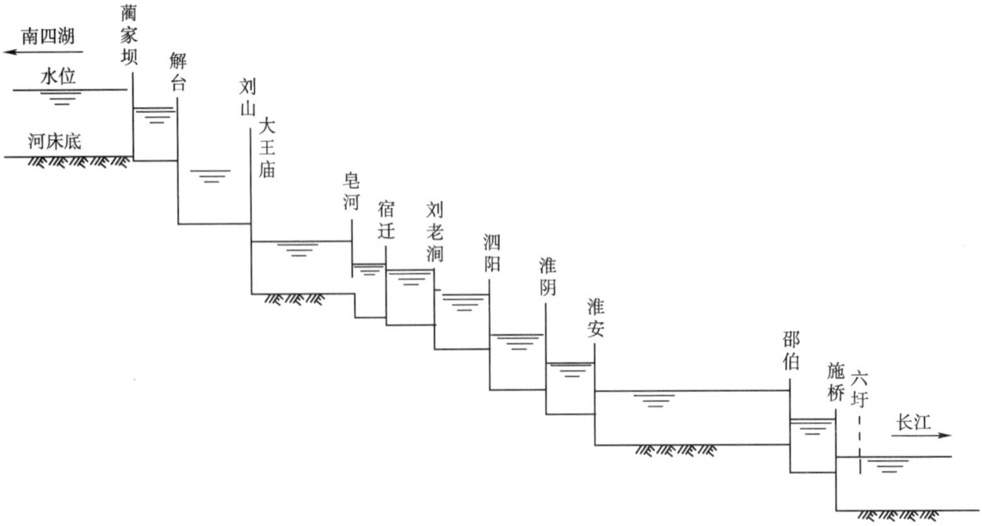


图 5-3 京杭运河徐州至扬州段梯级示意图

(2)航道断面形式设计必须考虑以下因素:

①新建工程或改建工程的特点。

②沿线地形(尤以地势)、工程地质和水文地质实情。

③特征水位。

④水流、风浪和船行波等动力要素。

运河航道的横断面形状应为船舶提供良好的航行条件,使船舶航行阻力小,航行方便。通常,新建工程一般采用两岸对称的断面形式,而老航道改建,因需保护沿线工程和减小沿岸房屋动迁量,往往采用两岸不对称的断面形式。几种断面形式的比较如表 5-3 所示。

**几种航道断面形式的比较** 表 5-3

| 断面形式 | 断面形状 | 优点 | 缺点 | 适用范围 |
|---|---|---|---|---|
| 梯形断面 | 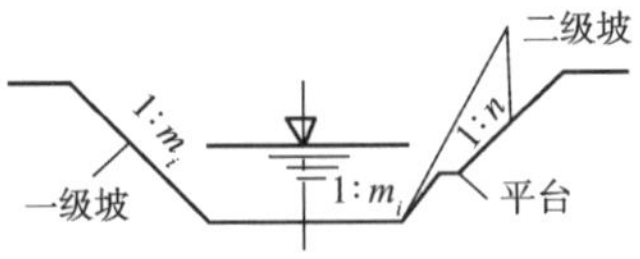 | 断面简单,易于施工,最为经济,符合生态学要求 | 开挖土方工程量大,占用土地面积大 | 新建工程或改建工程中的改线段 |
| 矩形断面 | 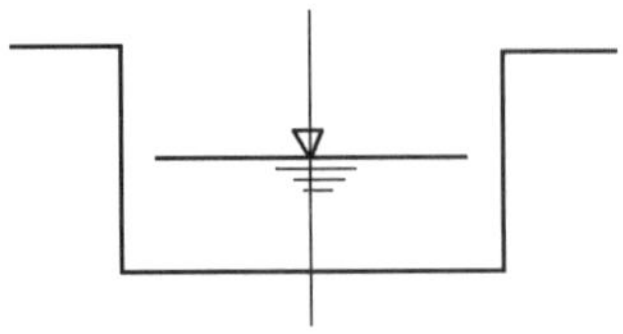 | 航行阻力小,可以提高航速,减小船舶的功率。占用土地少,拆迁量小 | 须建造岸壁,增加投资 | 在航道通过城镇、工矿区、港口时使用,或因两岸有建筑物难以异地迁建的河段 |

续上表

| 断面形式 | 断面形状 | 优点 | 缺点 | 适用范围 |
| --- | --- | --- | --- | --- |
| 不对称组合式断面 | 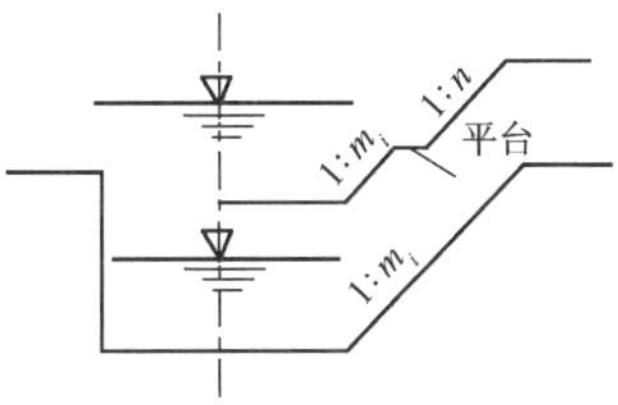 | 施工时工地局限于一侧，对周边影响较小。利于一次规划，分期实施 | 需增加投资 | 在具有岸坡的梯形断面的老航道改造中，外拓航道宽度和浚深河底时采用 |
| 对称叠合式断面 | 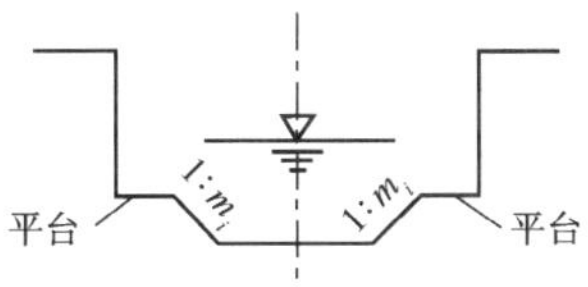 | 在多年航道养护经验基础上派生而来，减少工程量、节约投资和用地均介于梯形断面与矩形断面之间，较利于航行 | 施工有一定难度 | 对城镇和农村段的适用性较强 |

2. 航道断面尺度

运河航道的断面尺度一般均按双线航行确定。只有在地形和地质条件十分复杂的情况下，在运河干线的某些小区段或在航运不频繁的运河上，经过论证，可以按单线航行设计，但应设置会让处及相应的航行标志。

1) 航道断面系数

根据模块一“航道通航条件”所述，航道断面系数 $\eta_\varphi$ 为设计最低通航水位时的航道过水断面积($A$)与设计船型舯部在水下的横断面积($A_\varphi$)之比，即

$$\eta_\varphi = \frac{A}{A_\varphi} \tag{5-3}$$

运河的断面系数综合地反映了运河断面尺度和船舶尺度之间的关系，是设计运河断面基本尺度的主要数据之一。船舶在运河中以一定航速行驶时，因航道断面较小，会产生水面波动、船体下沉及船舶航行阻力加大等现象。船舶航行阻力较在无限水体和广阔的天然河流中大得多，而且随着航速的增加而增大。实船和船模试验资料以及理论研究的分析表明：当船型和航速一定时，船舶航行阻力与航道断面系数 $\eta_\varphi$ 值成反比，即航道断面系数越大，船舶航行阻力越小。当船型和航道断面系数一定时，船舶航行阻力随着航速的增加而增加。航道断面系数 $\eta_\varphi$ 值的选取和船舶的航速、每千瓦功率推(拖)载量有关。当每千瓦功率推(拖)载量一定时，航速越高，所要求的 $\eta_\varphi$ 值越大。当航速和每千瓦功率推(拖)载量较小时，则要求的 $\eta_\varphi$ 值也小。但航道断面系数的增大意味着开挖土方量的增加，以及投资的增大。此外，运河中的流速、行船的密度、河岸的土质、护岸情况等因素也都影响船舶的航速和航行阻力，因而在不同程度上也影响航道断面系数的取值。

断面系数的大小关系到挖方量的大小、船舶功率的大小和航速的快慢，它直接影响工程的投资和营运费用。因此，断面系数的合理确定对运河的规划设计具有重大的意义，也是项复杂

的工作。我国现行国标制订过程,综合了京杭大运河和水网航道实际情况,按航速 10km/h 考虑,$\eta_\varphi$ 值选用 6 ~ 7,对特殊河段规定 $\eta_\varphi$ 值不宜小于 6。

2)航道宽度和航道水深

航道宽度和航道水深参阅模块一航“道通航条件”部分确定。

# 课题三 护岸工程

## 一、课题引入

为保证航行用水,运河航道工程往往延水而行,凡具有航运条件的湖、库航道均可作为运河中的特殊航段。因此,运河的岸坡会受到风浪侵袭、水位变化、雨水侵蚀以及船行波等外荷载的作用而产生破坏。若不加以保护,就会发生岸坡坍塌等现象,影响船舶航行安全。运河的护岸工程就是为了对岸坡进行保护所采取的工程措施。

## 二、课题分析

船行波是造成运河等限制性航道岸坡破坏的主要动力因素,影响其形成的因素相当复杂。由于船行波是导致岸坡坍塌的主要因素,为了保护运河的岸坡,需要在一定范围内护岸。护岸的工程量在运河工程中常占有很大的比重,对于护岸的形式必须综合考虑多方因素。

## 三、相关知识

### (一)船行波

船舶在天然河流、人工运河等航道中航行时,船体附近的水体受到行驶中船体的排挤,过水断面发生变化,引起流速、压力的变化,从而使水面上产生波动而形成波浪,这种波浪称为船行波。

船行波是造成运河等限制性航道岸坡破坏的主要动力因素。船舶在航道中航行所产生的船行波传播到岸边时,波浪沿岸坡爬升破碎,岸坡受到很大的动水压力的作用而遭到冲击。船行波沿着岸坡爬升的同时,一部分水渗透到岸坡下面,一部分则在岸坡表面爬升。当波浪能量消失后,水即沿岸坡向下流动,并带走岸坡上的一部分松散的土粒,同时岸坡内部的水也开始回流,岸坡表层土粒被回流水顶出而被波浪带走。这样,在船行波不断地作用下,岸坡将崩裂坍塌。因此,研究运河岸坡的稳定,以及正确选定护坡的构造和范围等,就必须对船行波的大小以及它在岸坡上作用的高度等问题进行研究。

影响船行波形成的因素相当复杂。船行波的大小与船型、航速、航道断面形状和尺度以及船舶航线到岸线的距离等有关。航速是影响船行波最突出的因素,航速低于临界速度时,船行波随速度的增大而迅速增大;航速为临界速度时,船行波达最大值。船行波随航道断面系数

$\eta_\varphi$ 的增大而减小,当 $\eta_\varphi$ 值大于一定值时,继续增大 $\eta_\varphi$ 值对降低船行波波高的作用不显著。船型对船行波大小的影响主要与船舶细长比、棱形系数以及船舶宽度与吃水的比值等参数有关。一般认为:对宽度为 70 ~ 120m 的狭窄航道,为避免船行波冲击岸坡,航速应限制在 5km/h 以下,如航速超过 8km/h,船行波将显著增大。一些试验资料指出,如将航道断面系数 $\eta_\varphi$ 增大到 8,则允许航速可以增大到 10 ~ 12km/h。此外,应避免船舶靠近河岸行驶。若船舶航线离岸 250m,船行波几乎对岸坡无甚影响。总之,一般认为在运河等限制性航道中,船舶的航速应控制在 12km/h 以下。从岸坡实际冲蚀情况来看,冲蚀较严重的部位在正常水位上、下 1m 范围内。

### (二)护岸的范围

为了保护运河的岸坡,需要在一定范围内护岸。由于船行波是导致岸坡坍塌的主要因素,护岸的范围通常在船行波影响的区域,它一般根据运河中水位变化的幅度和船行波的爬升高度与下滚高度来确定,如图 5-4 所示。

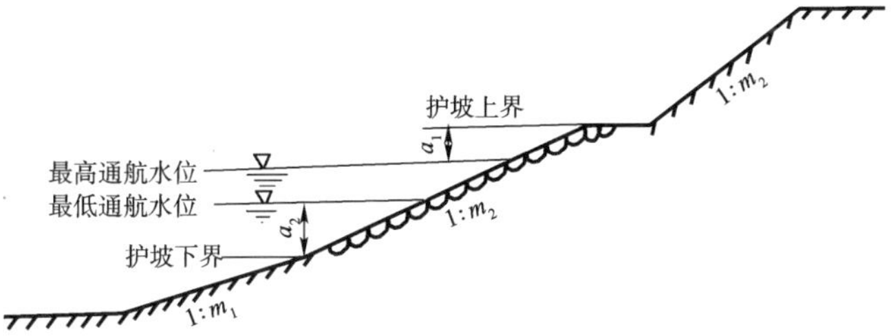


图 5-4　运河岸坡的防护范围

护坡的上界应是在设计最高通航水位以上加一富裕高度 $a_1$,富裕高度 $a_1$ 应大于船行波的爬升高度。

在水面以下,船行波对岸坡的破坏作用还不是很清楚,系统的观测资料表明,在运河平均水位以下 2.0 ~2.5m 的范围内可以发现从岸坡上冲下来的沉积物,在少数情况下,尚可发现冲刷现象。因此,护坡的下界一般定在设计最低通航水位以下一定的深度 $a_2$ 处,其值不小于 2.0m。

在护坡的下界以下,当船舶航行时,运河中的水流流速若大于岸坡土质的下冲流速,则在此范围内应设置轻型护坡。

如果采用直墙或其他坡度较陡的结构护坡,墙的顶高一般应超出计算水位以上一个超高值,其值不宜小于 1.0m。

在深开挖的地段,为了防止表面径流及风浪对岸坡的冲刷,在计算水位以上部分有时也应用护坡加以保护。

### (三)护岸的形式

运河的断面形式,不外乎梯形、矩形、组合形、叠合形以及由此而派生出来的其他复合形。其护岸外形主要有坡式护岸和岸壁式护岸两大类。其中,坡式护岸是内河航道中比较普遍采用的形式之一。

为了保证护岸在水流及船行波作用下保持稳定,首先,护岸应透水,以消减护岸所承受的渗透水压力的作用。其次,要能够防止从岸坡下流出的渗透水流将岸坡的土粒带走,一般在护岸下面均设反滤层。此外,护岸本身应能维持稳定。

护岸的工程量在运河工程中常占有很大的比重,在选择护岸的形式时,必须对岸坡的高度、土壤的性质、船行波的大小、水流流速、水位变幅、建筑材料及施工条件等因素进行综合考虑,力求护岸的结构既简单经济,又便于施工,且耐久性好。

1. *坡式护岸*

坡式护岸结构的总体布置包括坡身、坡脚(基脚)、压顶、伸缩缝(兼作沉降缝)、倒滤层、垫层(无渗流水的滤层)、泄水孔(干砌块石、不勾缝护面除外)、纵横格埂(用在干砌块石、浆砌块石、混凝土预制板护面)、泄水槽(用在草皮护坡)、排水沟、截水沟等。

护岸材料主要有块石、混凝土板、模袋混凝土、植物等。

1)块石护岸

这是最常用的一种形式,在岸坡上用石块抛筑或砌筑而成。根据砌筑方式的不同,可分为干砌块石、浆砌块石、抛石三种。块石护岸因其糙率较大,对水流、风浪和船行波的冲刷阻力大,有削弱冲刷能量的趋势。同时块石护岸和其他护岸结构一样,可提高岸坡抗渗透稳定度。一般来说,块石护岸工程适用于石材较丰富地区,投资较其他护岸结构低。

(1)干砌块石坡式护岸。

岸坡高度小于10m,坡度比在1∶3.5~1∶2间,需要防护的坡面面积不太大;设计流量相应的平均流速大于防护前土坡的抗冲允许流速;石料来源丰富的地区可采用本护岸结构,如图5-5所示。

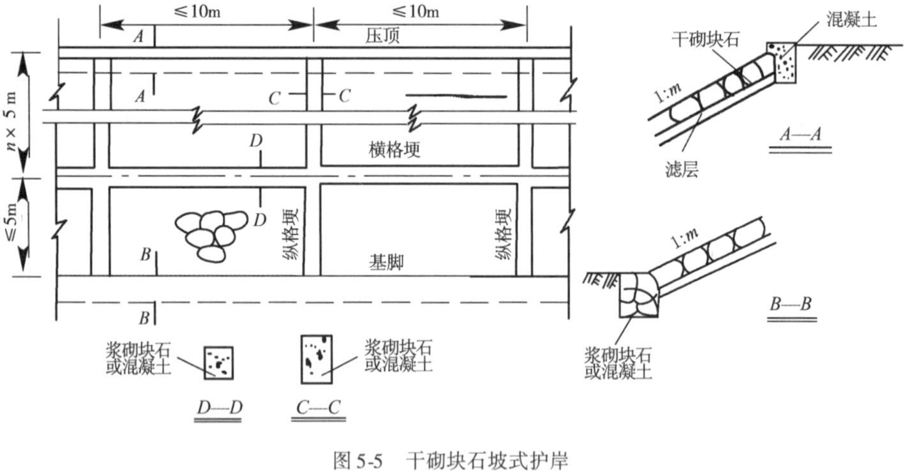


图5-5 干砌块石坡式护岸

干砌块石坡式护岸也存在以下不足:

①整体性差,易被船舶挤靠和碰撞而松动,或因水位骤降、坡内水位来不及随之下降,渗流坡降增加,起初块石护面层局部松动下滑,逐步扩大,甚至大面积护面损坏。

②要做到上、下层错缝,所有缝隙必须填塞密实,要求较高,砌筑效率低。

③当岸坡需护砌块石的坡面较长时,工程量大,投资不一定比其他护岸结构省。

干砌块石护面层须验算在水流、风浪和船行波作用下的稳定厚度和重量。同时结合施工操作和工程质量，并考虑一定的安全系数后选定。从多项工程实际情况来看，要求块石块体尺寸不小于25cm，护面层厚度不小于35cm，个别最薄处也不得小于30cm。为了改善干砌块石整体性，江苏运河工程都在坡面上布设纵（垂直水流）、横（平行水流）格埂，纵格埂间距不大于10m，横格埂间距不大于5m。格埂截面尺度一般为40cm×60cm和50cm×70cm，用浆砌或小石子混凝土灌砌均可。基脚支承块石护面层的重量和确保护面层的稳定，基脚截面一般为60cm×80cm和70cm×100cm，要求浆砌。护面做到岸顶处，布设混凝土压顶和坡后地面连接，防止雨水的冲刷。压顶截面一般不小于50cm×20cm和50cm×30cm，必须浆砌。为了消浪需要一般在设计水位上、下设置消浪平台，平台顶宽一般为2～3m，可采用黏土、水泥土或混凝土铺筑。为了增加干砌块石护面层个体块石间的连接，也可采用水泥砂浆勾缝，但勾缝受到船舶碰撞，极易断裂和剥落。干砌块石护面，不勾缝的，可不设泄水孔，做了勾缝，需设泄水孔，护面层底基层应按滤层设计。

（2）浆砌块石坡式护岸。

适用于岸坡高度不高、坡面不长、需要防护的坡面面积不太大的护岸工程（图5-6）。浆砌块石护岸结构可和干砌块石护岸结构进行比选。它具有一般块石护面层的特点，抗水流、波浪和船行驶冲刷的能力较干砌块石强，整体性较干砌块石好，施工技术要求和难度两者差不多。块石块体重量和护面层厚度，不仅要具有设计所需的抗水流、风浪、船行波冲刷的能力，亦应考虑必要的安全系数以及利于施工和确保工程质量等因素。块石块体一般不小于25cm，若因条件所限最小也不得小于20cm，护面层厚度一般不小于35cm，最小不得小于30cm。为了提高浆砌块石护面层的稳定性，设纵、横格埂，格埂的截面尺度、间距，压盖顶、基脚和消浪平台的尺度均可参照干砌块石护岸结构。护面底层设滤层。布设泄水孔，根据坡前高、低水位和坡后水位（地下水位）对岸坡的作用效应，在不同的高程设2～3排；同一排内的泄水孔间距以3～5m为好，排与排间泄水孔可按梅花形或矩阵形状布置；泄水孔孔径一般为5～10cm，在土体内的孔口及其周围应布设排水棱体和土工织物（作滤层用）结合的滤水体，渗水体可渗水但不宜堵孔。

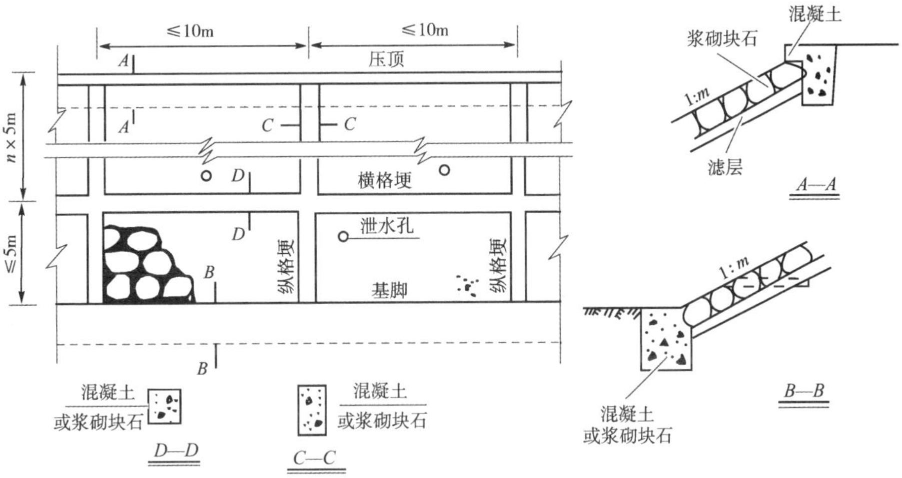


图5-6 浆砌块石坡式护岸

（3）抛石坡式护岸。

最适用于不断航（不抽水）条件下施工的水下护坡，因此在湖堤工程（或河岸的临湖侧）上颇有推广价值(图5-7)。但在航道内因为它的层厚较大、坡面外形不很规则,或多或少占用航道主要水域,或压缩过水断面,影响通航或送水,一般不太采用。

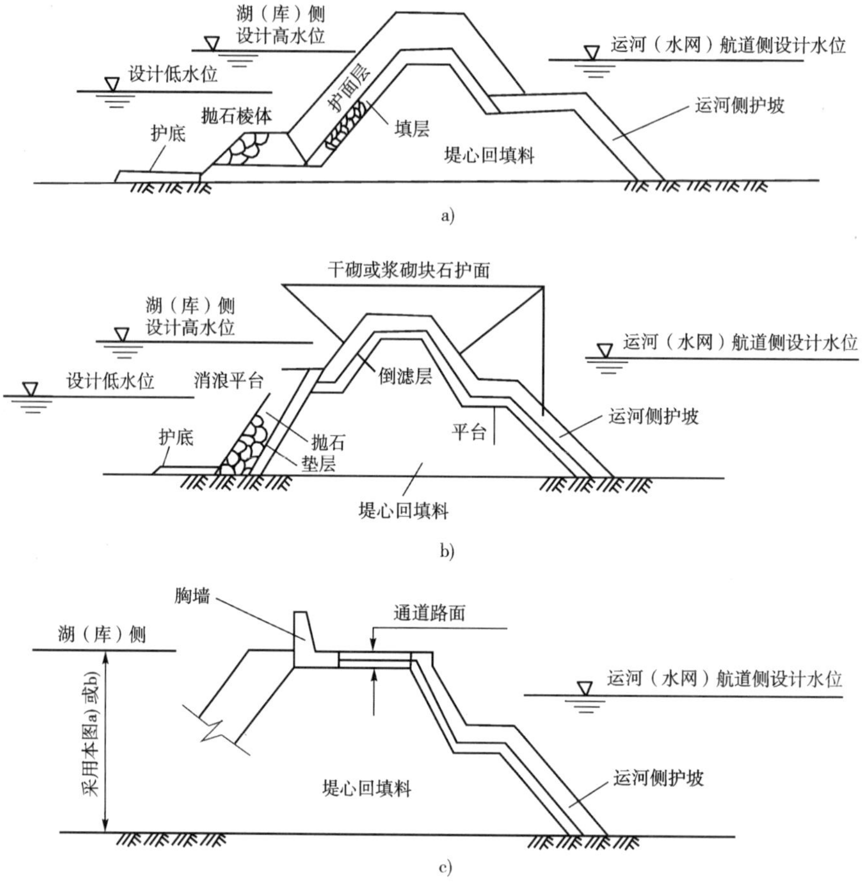


图5-7 抛石坡式护岸

a)人工块体护面抛石坡式护岸;b)带平台的干砌或浆砌块石护面护岸;c)堤顶设施胸墙的块石护面护岸

该结构具有一定的抗水流、波浪和船行波冲刷的能力。抛石至少需两层或两层以上,它在坡面变形(沉降或水、浪冲刷所致)时能自动调整和自动弥合,但耗用石料较多。

抛石护面,常用的构造形式有以下三种:

①水下为抛石棱体和护底,它支承抛石护面层(或安放方石、安放混凝土人工块体),层底设有滤层。

②水下布设抛石护面和护底,在施工水位附近设置平台,以支承水位以上的护面层,该护面层一般可采用干砌块石、干砌条石或浆砌块石。平台部分可安放大块石或混凝土预制方块。

③当堤顶有通道要求时,宜在堤顶设置胸墙(挡浪墙),至于护面层结构可视具体情况选用上述①或②结构。

2)板式护岸

常用的板式护岸包括混凝土预制板式护岸和现浇混凝土板式护岸。这种护岸可承受较大的风浪和船行波荷载;且由于不透水,护岸下面的土壤颗粒不致被水流带走,抗冲刷性能强;施工可以机械化作业,平整度高,缩短工期。总体上,水位以上的岸坡采用该护岸较为合适。水下部分采用时,若有淤积,则难以清淤,被船舶损坏又难以修复;且由于混凝土板面表面粗糙率低,消能性能差。

(1)混凝土预制板式护岸。

混凝土预制板式护岸,其铺筑方式和干砌块石差不多。板体以六边形和矩形为主,边长一般为1.0m×1.0m~3.0m×3.0m,其厚度一般为8~12cm。为避免岸坡不均匀变形而使混凝土板产生裂缝,可以在板内配置钢筋,钢筋有单层的或双层的,工作钢筋的方向一般与岸坡平行,在1m$^3$的混凝土内钢筋的质量一般为15~20kg。混凝土板下面须设置反滤层,护坡护脚处需设置支撑体。板与板之间采用砂浆填塞和抹平,为加强其整体性也可布设纵、横格埂,格埂截面尺度和块石护面层所用者相同,但其间距可略大于上述规定,如图5-8所示。

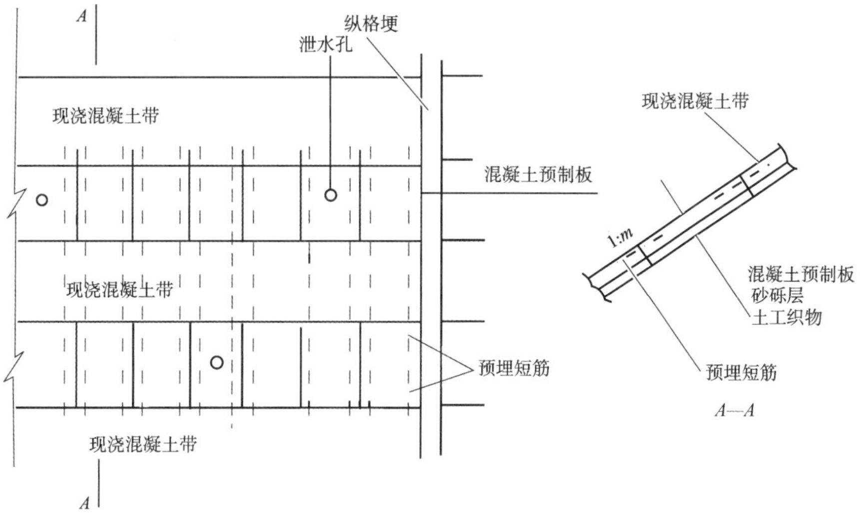


图5-8 混凝土预制板式护岸

(2)现浇混凝土板式护岸。

该护岸是在坡面直接浇筑混凝土,施工简便、快捷。具有混凝土预制板块护面层的抗冲刷功能,省去了预制、搬运和铺装工序。板块体积大、整体性好,层较薄。要求坡比不可陡于1:3,在工程量的规模上,与混凝土预制板式护岸差不多。它只能在水上施工,又随着坡面底土变形而出现坑洼不平或开裂,影响运河观瞻。

现浇混凝土板式护岸,厚度一般不得小于6~10cm;护面层之底,应设砂石滤层或土工织物(布)滤层;坡底设基脚,埋入河床底下不小于80cm,在平台面下不小于60cm,或埋入稳定的下部坡面下1m,基脚尺度应满足护面层稳定需要。护岸必须设伸缩缝,缝距以15m为宜,不得大于25m。

在岸壁全高范围设2~3排泄水孔,每排泄水孔间距3~5m,排与排间泄水孔可按梅花形布置,也可以按照矩阵形状布置,泄水孔孔径5~10cm,如图5-9所示。

3)模袋混凝土坡式护岸

纤维模袋是用尼龙、聚酯或聚丙烯纤维等高强化纤编织物直接编织在一起,并每隔一定间距使之互相交织而形成的相互连接的一个个小口袋。

模袋混凝土护岸是将特制的纤维模袋铺置在经过修整的岸坡上,然后用混凝土泵向袋内灌注流动性混凝土或砂浆,经常规养护硬化后形成混凝土(砂浆)板或块,以保护坡面。充填模袋混凝土后的厚度不宜小于 15cm,充填砂浆时不宜小于 10cm。混凝土强度等级不宜低于 C20,砂浆的强度不宜低于 M15。

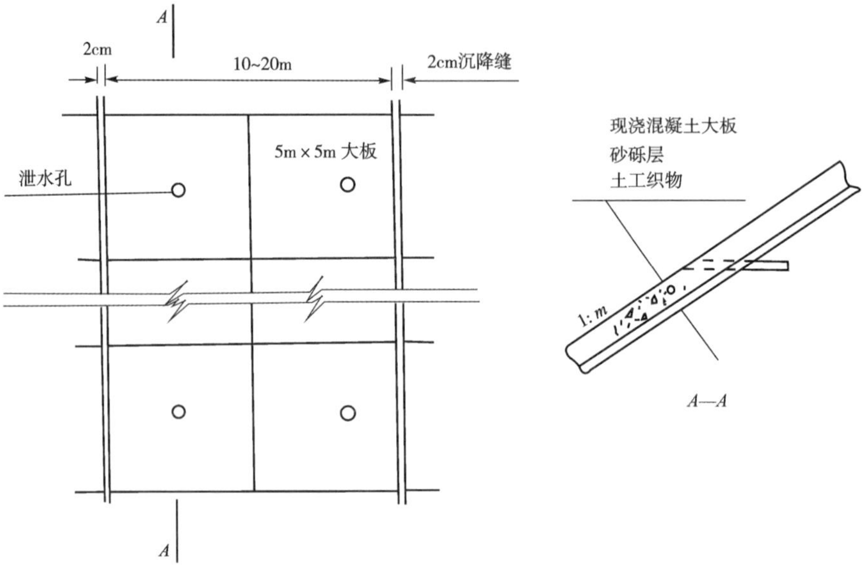


图 5-9 现浇混凝土板式护岸

该结构一般适用于航道内有水,在交通管制不断航的条件下建造护坡的工程。该护坡能很好地适应下卧土壤及不同的地形条件,结构整体性较好,抗冲刷能力较强,施工不难,工效较高。但坡度不宜太陡,一般不超过 45°。

模袋混凝土护坡应根据坡面渗流量选定模袋滤水点分布数量;当选用无滤水点模袋时,应设渗水管,如图 5-10 所示。

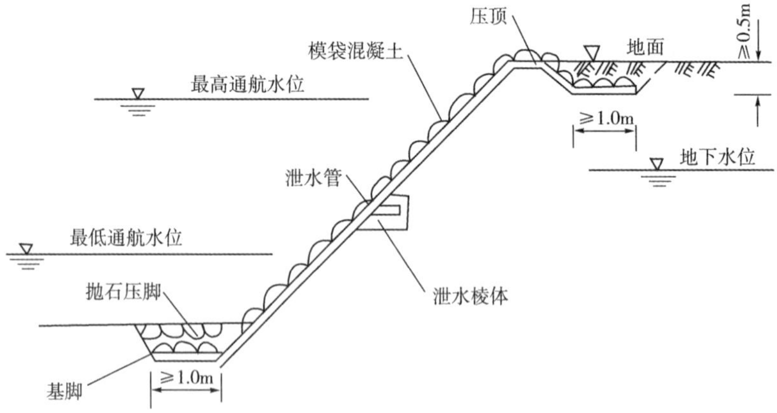


图 5-10 模袋混凝土坡式护岸

模袋混凝土坡式护岸的边界处理和构造应符合下列要求:

①顶部宜采用浆砌块石保护或填土覆盖;对于有地面径流的坡顶,应设截水沟或其他防止地表水侵蚀模袋下部基土的措施。

②湖堤坡式模袋混凝土护岸底端应设压脚棱体或护脚块体;而航道上常采用开挖基槽,把

模袋铺在槽底发挥基脚作用,在其上用块石堆置多层压重,压重截面以不占用航道标准断面航道宽度和水深为宜,压重块石还应适当朝着岸边相反方向延伸,以此保护基脚安全。有冲刷的岸坡应采取护底等防止冲刷措施。

③模袋混凝土护坡侧翼宜设沟槽,将侧翼模袋混凝土埋入沟槽中。

④相邻两块模袋混凝土接缝处,应设土工织物滤层。土工织物与模袋混凝土搭接长度应不小于50cm。

4)植物坡式护岸

植物坡式护岸有两大类,一类是在坡前的水下种植水生植物,以柔克刚,衰减风浪对河岸的冲击能量,又可用以拦截漂浮物。另一类是将植物种植在常水位以上的坡面上,甚至延伸到坡后的高坡(或废土堆的处理),用以防止雨水对坡面冲刷而形成大小不等的雨淋沟,防止水土流失,保护坡后土地,防止污染水质。

对于在常水位以上的坡面上种植植物,种植的方法常有以下两种:

①直接在坡面上撒种草籽。

②在土坡面上铺上塑料网格后上一层薄薄的土,继而撒种草籽,后者固坡效果较好,但造价较前者高一些。

近年来,航道上植物坡式护岸也采用纵、横格埂,将大面积的坡面划分成小块。其中横格埂(顺河水流向)为拱形构件,简称拱圈,净跨径为2~3m,纵格埂(垂直河水流向)为常规直杆。另在坡顶加压顶,坡底设基脚,以此来提高坡面抗雨水冲刷的能力。此外,为使坡面上的雨水下泄通畅,可在拱圈面上开几条泄水槽,基脚顶面也开几条泄水槽,使雨水集中后排入航道内,如图5-11所示。

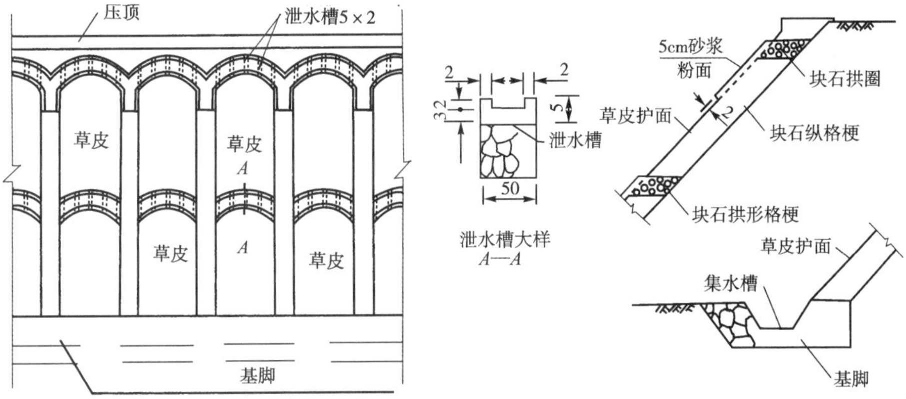


图5-11　草皮坡式护岸(尺寸单位:cm)

2. *岸壁式护岸*

岸壁式护岸也是运河、水网航道常用的护岸形式,但由于该结构占地面积较小,而工程造价高,一般只用于航道的城镇河段,或者有特殊要求的、有一定经济实力的农村河段。

岸壁式护岸结构根据岸壁形式不同或材料的差别又分为七种主要结构,即一般重力式结构、衡重式结构、后仰重力式结构、悬臂(L形)式结构、扶壁式结构、沉井基础重力墙组合式结构、简易肋形座重力墙组合式结构等。这里简要介绍一般重力式结构、衡重式结构、悬臂(L

形)式结构。

1)一般重力式结构

一般重力式墙是平原和微丘区航道上使用较为普遍的结构,由混凝土底板(基础)、浆砌块石墙身和混凝土盖顶三个主要部分组成,如图5-12所示。为了降低墙后地下水位,墙身设泄水孔;为了减小不均匀沉降带来的影响,分段设沉降缝。该结构的基础埋置在河底,也可埋置在平台,取决于河床断面形式和尺度以及持力层地质条件等因素。

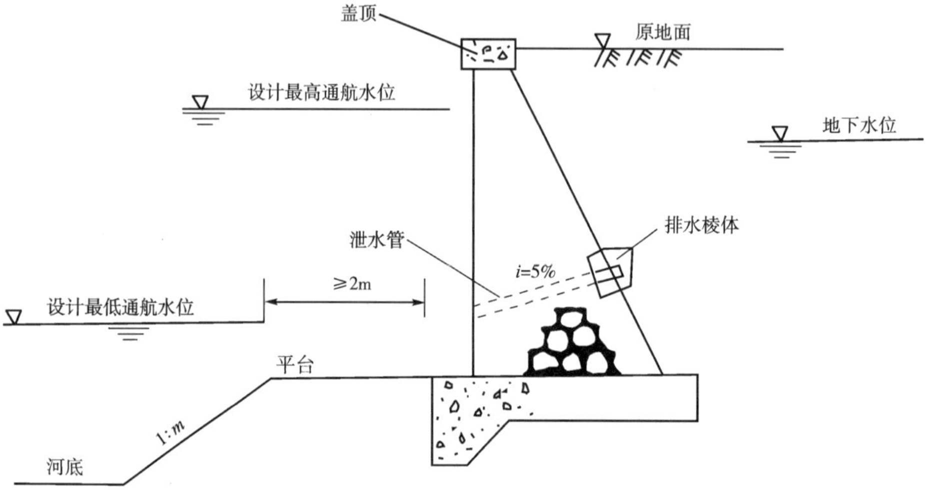


图5-12　重力式浆砌块石结构

(1)一般重力式结构的优点:

①技术成熟,施工质量要求广为人知,工程质量易于控制;

②整体刚度大,能抗衡船舶的挤靠;

③当墙高在6m以下时,往往和其他结构的工程量相仿,即使工程量略大一些,工程费用也是省的。

因此,该结构仍为工程界所乐于采用的。

(2)一般重力式结构的缺点:

①当墙身较高时,需要石料量大,砂石料堆场大,用地多;

②墙身的局部强度差,若航道管理不善,墙体被船舶挤撞产生凹陷,增加维修与养护费用。

在细部构造上,混凝土底板宽度(垂直于河道轴线向)与墙高比,一般在0.8~1.2之间,厚度一般采用50~100cm,当墙高较小时亦采用40cm。底板底设齿槛,一方面可以增加墙体抗滑能力,另一方面可以改善基础埋置深度,涉及地基土壤承载力的提高,有利于基础置在土基冰冻线以下。

墙身顶面一般宽为50cm,临水面可以采用竖直或10:1,临土面可根据土压力分布情况做成1~3段折线,墙体上控制设计截面处的墙身宽,一般为验算截面以上挡土(含地下水压)高度的1/2~7/10。

盖顶一般宽为50~100cm,厚度20~50cm(50cm时配些细钢筋,20cm以内不配筋),盖顶挑出墙身临水墙面2~5cm,在其底面做滴水槽,避免盖顶上的雨水直接滴在墙面上。

墙体沉降缝（兼作伸缩缝）的设置，间距以 15～20m 为宜，最大也不得大于 25m。

泄水孔一般分别在不同高程设置两层，底层要承担完建期排泄墙后地下水，上层要承担使用期排泄墙后地下水。两层泄水孔可以按梅花形排列，也可按矩阵形状排列，同一层的泄水孔间距不可太大，以 3～5m 为宜，否则影响降低墙后地下水位的效果。泄水孔临土面的端头埋入周围的泄水棱体内，再用土工布（滤层）包裹泄水棱体，借以与土隔开，泄水棱体一端充满为泄水孔端头预留的墙体洞穴内，再延伸至墙体临土坡面外不小于 40cm 处。

2）衡重式结构

衡重式结构由混凝土底板（基础）、浆砌块石墙身、混凝土盖顶三个主要部分和泄水管、沉降缝两个配套设施组成，如图 5-13 所示。该结构一般适用于地质较好、开挖基坑边坡较陡的岸坡。

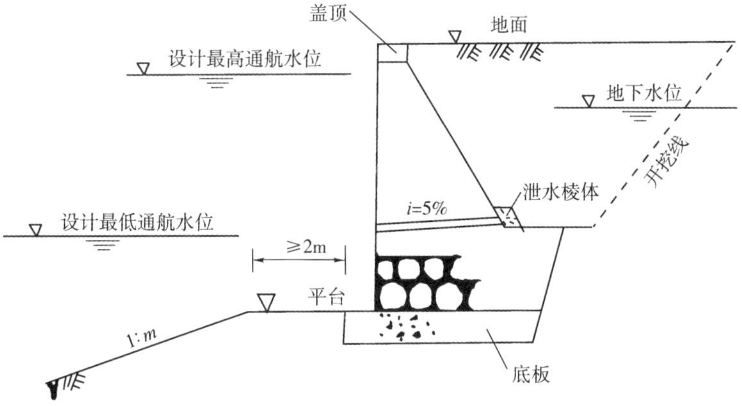


图 5-13　衡重式浆砌块石结构

（1）衡重式结构的优点：

①技术成熟，技术问题易于解决，施工质量和工程标准易于控制；

②整体刚度大，能抗衡船舶的挤靠和冲撞；

③墙高为 6～15m 时，墙身断面较为经济。

（2）衡重式结构的缺点：①砂石料量大，施工场地大，用地多；②墙身的局部强度不足，易被船舶挤靠产生局部坑窟，增加日常养护与维护工作量；③地震高烈度地区不宜采用该结构。

该结构的细部构造，底板宽度与墙高之比，一般在 0.6～0.7 之间，其厚度为 50～100cm，底板底设齿槛以增加墙体抗滑能力。当具有一定的抗滑安全度，又符合基础埋置深度要求者亦可不设齿槛。

墙身各控制断面，一般要求负荷时不出现拉应力。若有拉应力，应不超过 0.1MPa。墙顶宽一般为 50～100cm。

盖顶细部构造和常用尺度、沉降缝、泄水孔等要求均同一般重力式结构。

3）悬臂（L 形）式结构

悬臂（L 形）式结构适用在依赖于借方（土石方）回填成形的航道河岸，在挖方河岸建墙，不太适用，不仅开挖方量大，回填方量也大。该结构轻型，由钢筋混凝土底板、钢筋混凝土挡板两部分结构和泄水管、沉降缝（兼作伸缩缝）、滤层等配套设施组成，如图 5-14 所示。

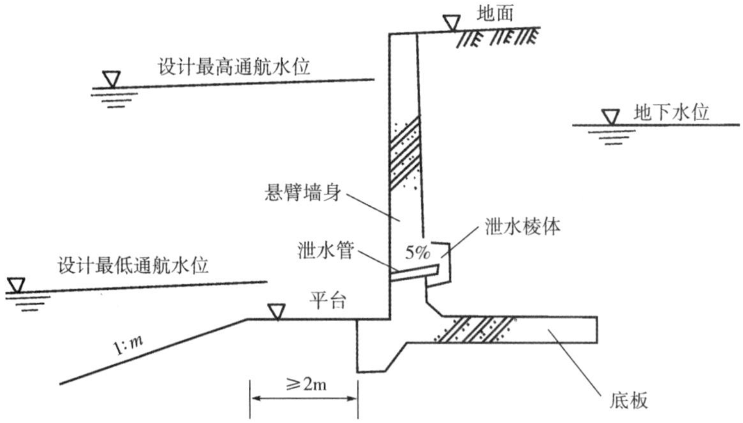


图 5-14 悬臂(L 形)式混凝土结构

(1)悬壁(L 形)式结构的优点:

①构件轻型、工程量较重力式结构少,砂石料堆场小,用地少;

②利用墙后回填土石方来确保墙体稳定,发挥了回填方的结构(建材)功能;

③施工工效高,周期短,符合早日建成早投产的要求;

④局部强度高,抗船舶挤撞能力强。

(2)悬壁(L 形)式结构的缺点:

①该结构属于钢筋混凝土薄壁轻型结构,含筋量高,混凝土浇筑和振捣需有经验的队伍施工,难度和要求高于重力式结构;

②墙后填筑在底板上的土方,在高烈度地震动效应下对墙体稳定产生的负效应应给予考虑。

该结构细部构造,基础(底板)宽度为墙高的 1.0 倍左右,其厚度为 50 ~ 80cm,墙顶宽一般为 15 ~ 45cm,墙身临土面可根据强度需要,同时考虑对墙体稳定和墙顶变位等因素放坡,由上往下逐步加厚墙身。泄水孔、墙背连续滤层的布设要求同其他结构,沉降缝(兼作伸缩缝)一般也按 15 ~ 25m 间距布设,缝宽 2 ~ 3cm,沉降缝处的墙背覆盖用作滤层的有纺土工布,从墙顶下 50cm 开始一直铺到墙底,嵌缝采用三油两毡沥青板或其他伸缩缝嵌缝材料。

# 课题四 运河航道的建筑物

## 一、课题引入

运河的开凿往往受地形、天然河流及已有建筑物(道路、水道及其他)的限制和影响而不能直接通过。为了维持航运的连续性,确保航行安全和通畅,必须兴建一系列建筑物。

## 二、课题分析

运河航道的建筑物按照不同的功能有所区别。

## 三、相关知识

（一）通航建筑物

当运河所经区域地势起伏高差较大，或跨越相邻水系的水位差较大时，在不设闸的条件下，运河开挖后的纵坡降较陡，流速较大，不仅不利于安全航行，还难以实施（土石方工程量太大）。为了改善运河的比降，需人为地分段壅水形成水级，采用设置船闸或升船机措施克服水位差。当运河与天然河流交叉时，有时亦采用船闸或升船机等通航建筑物，使运河穿过天然河流时采用平面交叉形式；当运河跨越山岭和河谷时，有时可采用通航隧洞或通航渡槽来保证航行的连续性。

（二）取泄水建筑物

综合利用的运河担负着灌溉、防洪、排涝、发电或城镇供水等任务时，需在运河上修建引水渠道、进水闸、泄水闸或小型水电站等建筑物。

当运河中的水量不足，要从其他的水源获得所需的水量时，若有条件自流供水者，为了引水和控制引入的水量，则需建造供水渠道和进水闸等。若无条件自流供水者，则需采用抽水站等工程措施向运河供水。

（三）靠船建筑物

当运河通过城镇、工矿区以及货物转运地时，需要在运河上建设港口并兴建码头等靠船建筑物，供船舶停靠，进行装卸作业。

当运河毗邻水网地区时，为满足进入运河的农船和小型船只在指定地点集中停泊的要求，需设置停泊区，不占用航道水域，不堵塞航道，以确保运河通过能力的发挥。

（四）交叉建筑物

当运河与道路、天然河流、高山、峡谷以及其他人工建筑物相交时，都必须建造交叉建筑物。

1. 运河与铁路、公路交叉

当运河与铁路、公路交叉时，其通过的方式主要取决于与运河相交道路的相对高程。一般是在运河上建造跨河桥梁，使铁路和公路在运河上空通过；也可以采用通航渡槽，使运河在道路上空跨过；若运河的水面不宽，通航初期船流密度不大，道路交通又不很频繁，也可采用渡口平交方式，陆上交通可采用轮渡过河。

2. 运河与天然河流的交叉

运河与天然河流的交叉有立交和平交两种方式。立交方式，采用通航渡槽，运河从天然河流上跨过,也可采用穿运地涵,河道水流从地涵内通过。平交方式,运河直接穿过天然河流,互相沟通。究竟采用何种交叉方式,应根据河流水文条件、运河与河流的相对高程、工程技术条件和施工条件,经过技术经济比较后确定。一般情况下,由于平交方式在技术要求和投资方面较易处理,且运河与河流可相互沟通,对航运发展有利,因此运用更为普遍。

(五)保安建筑物

为控制运河的水位,防止事故的扩大,便于检修,在运河上应设置保安建筑物。保安建筑物一般有保安闸、泄水闸和溢流坝等。

保安闸就是事故用的闸门,它建在运河中将运河分割成段。当运河出现坍塌、溃决等事故时,可用保安闸把个别河段隔开以防事故的扩大和进行检修;当需要泄空该河段水量时,尚需设置泄水建筑物;易出现径流汇入运河中的水量过多超正常水位的河段需设溢水建筑物。

小结

**一、运河在航道建设中的作用**

(1)沟通不同河流、湖泊与海洋,将航道连接成航道网,满足航运发展的需要。

(2)可以结合灌溉、防洪、排涝、城镇供水等方面的需要,综合利用水资源。

(3)促进政治、经济、文化、国防等事业的发展。

**二、运河的分类**

运河按照所处的地理位置及航行船舶的不同,可分为海运河和内陆运河;按照运河所起作用的不同,可分为连通运河、绕避运河和分支运河;按照设闸控制与否,可分为开敞运河和设闸运河。

**三、运河航道选线的原则**

运河航道的选线是指在地形平面图上选定运河轴线位置的工作。在运河选线时,应遵循以下原则:

(1)应考虑满足航运的要求,连接控制点的线路尽可能顺直,做到运输路程短、运输费用省。

(2)在满足航运要求的前提下,要兼顾国民经济其他部门对水资源的需要,贯彻综合利用水资源的方针,执行国家技术政策,以求有利于沿线经济带和区域经济的发展。

(3)要同工程所在地区的综合交通运输网中的公路、铁路等其他运输方式相互协调、衔接,既发挥各自优势又可互补,并有利于与其他水运通道配套,形成四通八达的航道网。

(4)要与沿线城镇规划结合,尤其要与港口和工矿企业群或大型企业等货流据点靠近和协调,适应远景货运发展的需要。

(5)运河所选择的线路应当在符合工程技术规范和标准的前提下,力求工程技术简单,施工方便,运转和维修费用节省。

## 四、运河航道的平面设计

运河航道平面设计的主要内容有弯道段设计,航道与航道、河道交汇口的处理,航道直线段与跨河建筑物所在河段的连接,航道直线段与临河建筑物所在河段的连接,航道与枢纽引河的衔接,航道与湖区航道口的连接等。

## 五、运河航道纵断面设计

主要是确定运河河底的纵坡降 $I$,其计算公式为:

$$I = \frac{\Delta H}{L}$$

## 六、运河航道横断面设计

1. 航道断面形式

(1) 对称形式:有梯形断面、矩形断面、叠合形断面三种。

(2) 不对称形式:一岸为岸式壁河岸,另一岸为斜坡式的岸坡。

2. 航道断面尺度

航道断面系数:

$$\eta_{\varphi} = \frac{A}{A_{\varphi}}$$

## 七、船行波的定义与成因

1. 定义

船舶在天然河流、人工运河等航道中航行时,船体附近的水体受到行驶中船体的排挤,过水断面发生变化,引起流速、压力的变化,从而使水面上产生波动而形成波浪,这种波浪称为船行波。

2. 成因

船行波的大小与船型、航速、航道断面形状和尺度以及船舶航线到岸线的距离等有关。一般来说,船行波冲蚀较严重的部位在正常水位上、下 1m 范围内。

## 八、护岸结构

(1) 坡式护岸:包括块石护岸、板式护岸、模袋混凝土坡式护岸、植物坡式护岸。

(2) 岸壁式护岸:包括一般重力式结构、衡重式结构、后仰重力式结构、悬臂(L形)式结构、扶壁式结构、沉井基础重力墙组合式结构、简易肋形座重力墙组合式结构等。

**练习与思考**

1. 什么是运河? 运河在航道建设中有什么作用?
2. 简述我国运河发展状况。
3. 运河如何进行分类?
4. 运河航道的选线原则是什么?
5. 运河航道在选线时,还应考虑什么技术要求?

6. 运河航道平面设计有哪些内容?
7. 什么是弯道半径?如何取值?
8. 运河航道弯道段如何设计?
9. 运河航道纵断面如何设计?
10. 运河河底纵坡降如何取值?
11. 运河航道横断面有哪些形式?
12. 运河航道横断面设计要考虑哪些因素?
13. 什么是运河航道断面系数?如何取值?
14. 什么是运河航道宽度?如何估算?
15. 什么是运河航道水深?
16. 什么是船舶吃水比?
17. 什么叫船行波?船行波会产生什么危害?
18. 船行波的成因有哪些?
19. 护岸的形式有哪些?
20. 简述各类护岸的结构组成。
21. 运河航道上有哪些建筑物?

本模块自测题

# 模块六
MODULE SIX

# 航道维护与管理

航道的通航条件(包括航道本身状况的好坏,航道设施技术状况的完好程度),不仅取决于航道部门自身的努力,还受某些客观条件的影响,诸如特异的气候变化,自然灾害的侵袭,各种穿河、跨河、临河工程和水利、水电工程的影响,采砂、淘金、弃渣以及其他人类活动的影响;还有少数人为破坏事故的发生等。对于可能给航道通航条件造成负面影响的因素,航道部门要积极予以防止,这就是航道维护的任务。航道维护是为保持预定的航道标准,包括航道尺度、航道维护类别、航标配布类别等标准而实施的各项工程技术措施。

知识点

◎航道维护的基本任务;
◎航道维护的分类与标准;
◎维护性疏浚工程的优化;
◎整治建筑物的检查与维修;
◎过船建筑物的运行与维修;
◎航标与信号的维护与管理。

## 课题一 了解航道维护工作

### 一、课题引入

航道是水运交通的基础,是实现航运现代化的关键。航道建设之后,畅通与否,依赖于航道维护与管理。因此,航道维护工作是十分重要的。

### 二、课题分析

航道的日常维护工作是保深、保标、保畅通,维持并尽可能改善通航条件和提高通过能力,为保障航行安全创造条件。

## 三、相关知识

### (一)航道维护的基本任务

我国内河航道维护管理的基本任务可以归纳如下:

(1)有计划地对航道进行各项维护性观测,系统积累各种基础资料;

(2)在通航河段,按照国家标准和维护类别设置航标,并做好航标的维护工作;

(3)对滩险河段加强观测分析,掌握其演变趋势,及时进行调标、改槽、疏浚、清障工作,以维护计划的航道标准尺度;

(4)对整治建筑物进行定期检查、修补或实施局部改善工程;

(5)对所管辖的过船建筑物和航运梯级进行检查、保养和维修工作,使其正常运转;

(6)根据有关法规和规范,加强航道保护,防止航道条件恶化和遭受破坏。

### (二)航道维护

#### 1. 航道维护的分类

内河航运是综合交通运输体系的重要组成部分。近年来,随着公路、铁路飞速发展,交通运输结构进行了调整,水运结构也相应调整,这就促使航道维护工作必须有所取舍。对水运繁忙的河段,理应投入更多的力量加强维护;对航运趋于萎缩、航行船舶稀少的河段,则可减少维护力量。为此,需要把航道维护分为几个不同类别,并提出不同的维护标准,以促进水运的发展。

航道维护类别的划分,首先要考虑的因素是航道等级,但又不宜单考虑航道等级,因为内河航道等级的高低,只说明其运输潜力和通过船舶(队)的大小,不能显示其现实的运输需求。通过调查、分析和反复测算,航道维护的分类应从航道等级、是否昼夜通航和实际客货运量三个方面进行综合分析确定。

根据2005年12月交通部发布的《内河航道维护技术规范》(JTJ 287—2005)的规定,内河航道维护工作分为三类:一类维护、二类维护和三类维护。一类维护是航道维护工作的重点,二类次之,三类更次。

#### 2. 航道维护的分类条件

根据《内河航道维护技术规范》(JTJ 287—2005),考虑航道等级、是否昼夜通航和实际客货运量这三个因素,各类航道维护的分类条件如表6-1所示。

**各类航道维护分类表** 表6-1

| 航道维护类别 | 分类条件 | 总长度 |
|---|---|---|
| 一类维护 | 1. 昼夜通航的Ⅰ~Ⅴ级航道;<br>2. 昼夜通航的Ⅴ~Ⅶ级山区航道,其年通过货运量超过$100\times10^4$t者;<br>3. 昼夜通航的Ⅴ~Ⅶ级平原航道,其年通过货运量超过$300\times10^4$t者;<br>4. 昼夜通航的Ⅴ~Ⅶ级运河与水网航道,其年通过货运量超过$500\times10^4$t者;<br>5. 通过500吨级及以上海船的潮汐河口航道;<br>6. 年通过客运量超过100万人次的旅游航道 | 包括了全国内河航运干线和重点航道,共约$1.8\times10^4$km |

续上表

| 航道维护类别 | 分类条件 | 总长度 |
|---|---|---|
| 二类维护 | 介于一类维护和三类维护之间的航道 | 一般为地方航运干线，共约 $2.5\times10^4$km |
| 三类维护 | 季节性通航的Ⅶ级航道和Ⅶ级以下的等外航道 | 共约 $1.6\times10^4$km |

### (三)航道维护标准

航道维护工作的基本目标是要保证航道尺度，维护航标质量，维护通航设施的正常运转，不发生阻航、断航事故。

1. 航道标准尺度

航道尺度包括水深、宽度和弯曲半径，其中最主要的是航道深度。

各条河流、各个区段计划维护的航道标准尺度，应根据《内河通航标准》(GB 50139—2014)的规定，结合河流客观条件和运输实际需要，分别由部属或省属航道主管机构经论证确定。

例如，对于新近整治过的浅滩航道，在正常情况下应当将整治工作设计确定的航道尺度，定为计划维护的标准尺度。对于某些已经整治的河段，如果由于运输发展较原设计所预测的水平低，通航船舶尺度尚未达到原定规模，就应确定计划维护的航道标准尺度低于整治标准，以避免不必要地增加维护费用。

2. 天然河流航道维护标准水深年保证率

天然河流航道维护标准水深的年保证率应符合表6-2的规定。各条河流航道维护标准水深年保证率的具体指标由交通部及各省航道主管机构确定。

**天然河流航道维护标准水深年保证率** 表6-2

| 航道维护类别 | Ⅰ、Ⅱ级航道 | Ⅲ、Ⅳ级航道 | Ⅴ~Ⅶ级航道 |
|---|---|---|---|
| 一类维护 | ≥98% | ≥95% | ≥90% |
| 二类维护 | | ≥94% | ≥88% |
| 三类维护 | 不作统一规定，要求尽量利用自然水深 | | |

3. 航标维护质量标准

(1)航标的种类、形状、颜色、灯质与配布原则，内河应符合《内河助航标志》(GB 5863—1993)的规定；通海河口应符合《中国海区水上助航标志》(GB 4696—2016)的规定。

(2)航标维护质量：符合相应要求，具体详见模块七“航标”。

4. 过船建筑物维护工作标准

(1)过船建筑物投入正常运用后，年通航时间保证率应达到：一、二类维护航道不小于98%；三类维护航道不小于95%。

(2)过船建筑物的维护工作,应符合《通航建筑物运行管理办法》、《水运工程质量检验标准》(JTS 257—2008)等现行行业标准和法规的有关规定。

# 课题二 航道维护性测量

## 一、课题引入

航道是河道中能够通航的带状水域。为保证航道正常的通航尺度,必须定期对航道进行维护性测量,收集第一手资料和数据,探明航道最小水深及浅点位置,及时调整航标,保证船舶安全经济运行,提高航道维护质量。

## 二、课题分析

航道维护性测量分简测、探测和扫床三类。

## 三、相关知识

### (一)简测

简测是在枯水期或退水后的适当时期,为了解浅滩河段的航道情况,进行定期的或临时性测量。简测时间一般在水位退落后,最小水深接近维护水深时。若航道变化剧烈,则应临时增加测次,特别要注意淤沙期航道的检测。简测工作结束后,应绘制航道等深线图,视航道变化情况采取相应的工程措施。

### (二)探测

航道探测是使用最多的一种测量手段,其目的是随时掌握航道的变化及通报水深情况。探测常利用测杆、测锤及测深仪进行,将航道最浅、最窄处的水深及方位测算出来。在枯水期,凡设置了浅滩浮标的航段每天都应进行探测,对变化急剧的浅滩槽口,每日探测数次,对布设了航标灯的航段,夜间也要探测,并将探测的航道最小尺度及时上报。中洪水期的涨水期,可只进行航道边线的探测,退水期对浅滩航道要进行详细探测,并视水位的下降幅度,增加探测次数。对一般性航道的过河航段,沿岸航段的凸岸边滩也应进行定期探测。

### (三)扫床

扫床的目的是检查航道内是否有碍航障碍物,弄清障碍物的部位、水深,为布标、清障工作提供依据。扫床工具有软式扫床(扫绳加沉锤)和硬式扫床(扫杆与标尺)两种。

# 课题三 航道维护管理

## 一、课题引入

航道的日常维护工作是保深、保标、保畅通。为了达到这个目的,确保航道发挥最大效应,在航道建设初期采取合适的航道整治措施之后,需要采取必要的维护工程措施,定期对航道进行工程维护。

## 二、课题分析

常用的维护工程措施有:维护性疏浚工程、整治建筑物的检查与维修、过船建筑物的运行与维修等。

## 三、相关知识

### (一)维护性疏浚工程

如前文所述,疏浚工程分为基建性疏浚工程、维护性疏浚工程。维护性疏浚工程是为了保持航期内航道的规定尺度,以保证船舶的安全运行。这是一项长期的重复性工作,工程的关键是适应天然河流的演变规律,来帮助维持航道的尺度,并不引起演变规律的太大改变。工程应力求增加航道的稳定性,并降低年挖泥量。

对于维护性疏浚工程,其工程基本要求等同于其他疏浚工程,主要包含挖槽定线、挖槽尺度设计、抛泥区选择、工程机械的选择等,这部分内容已在模块三"航道疏浚工程"中进行了介绍,在此不再赘述。

由于维护性疏浚工程是同一水域的重复工程,人们在历经多次疏浚实践的基础上,对施工对象和各种影响因素,及施工的质与量会不断加深认识和理解,因而提出了维护性疏浚工程的优化。近几年来,荷兰在鹿特丹港区的维护性疏浚、比利时在泽布勒赫港的维护性疏浚及美国在降低维护费用等方面,都先后出台最优维护疏浚方案,取得了显著的经济效益。概括来讲,他们采取的一些优化疏浚措施为:

1. 加强床底地形测量,深入研究泥沙运动及淤积物发展规律

通过对航道河床进行长时间的监测,收集相应数据,进行数据分析,准确地掌握淤积发展过程及其与水流、周界条件、气象等因素的关系,从而有针对性地采取相应措施,成效明显。

2. 布设防沙、沉沙设施,将泥沙拦截在航道之外

布设防沙沉沙措施通常有两种方法:一是布设拦泥帘或气泡幕(我国称为"气门

帘”),将泥沙阻挡在航道之外,拦截的泥沙无须处理;二是在港口或进港航道的适当部位预先挖好集沙槽(我国称“沉沙池”),集中沉积透过拦泥帘进入港区的泥沙,然后利用集沙槽内的附属疏浚设备,集中处理这部分泥沙,以免泥沙在港区航道普遍落淤而造成维护性疏浚的困难。

3. 采用“适航水深”,利用浮泥层通航

“适航水深”的定义是船舶在悬浮物中某一密度值的层面以上可以安全航行的深度。荷兰疏浚专家通过大量的模型试验和实船试验,发现密度低于 $1.20t/m^3$ 的浮泥层除航行阻力略有增大外,船舶操纵性能有所改善,且吃水深度减小,从而产生了“适航水深”的新定义。图 6-1 为“适航水深”示意图。

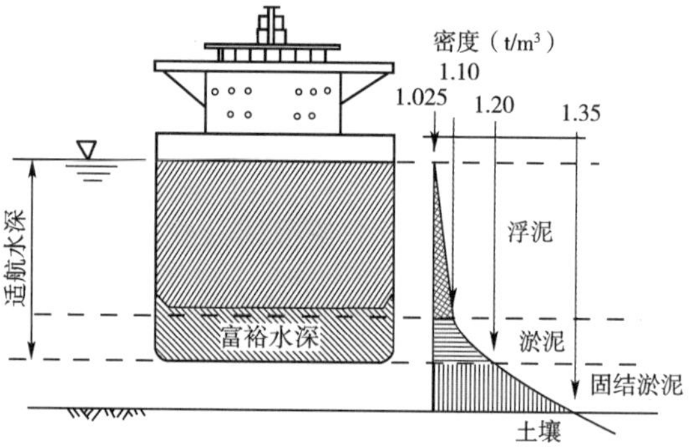


图 6-1 “适航水深”示意图

由于建立了“适航水深”的概念,因此减少了疏浚土方量,从而节约了疏浚费用。荷兰、比利时、法国等国家均采用了此方法,取得了较好的经济效益。我国连云港、珠海九洲港等地也进行了尝试。

4. 运筹学在维护性疏浚中的应用

“运筹学”是 20 世纪 40 年代形成的一门学科,主要研究经济活动与军事活动中能用数量表达的有关运用、筹划、管理等方面的问题。它根据问题的性质,通过数学分析与运算,作出综合性的合理安排,以达到最经济有效地使用人力、物力的目的。运用运筹学的理论和方法优化维护性疏浚,称为疏浚运筹学。其主要包含以下几方面的优化:

(1)优化超挖深度。

(2)优化挖泥船队的部署。

(3)判别疏浚设备改造的技术方向。

## (二)整治建筑物的检查与维修

航道整治工程,就是利用整治建筑物调整水流结构,增强河段的输沙能力,将多余的泥沙输送出去或改变泥沙的输移方向,使其不致影响航道水深,从而获得稳定的航道。航道整治工程,主要包括整治线的设计、整治断面的设计、整治建筑物的选择等,这部分内容已在模块二“航道整治工程”中进行了介绍,在此不再赘述。

但是,整治建筑物由于处于野外,长期受到水流、波浪、风雨、冰雪等恶劣自然条件侵蚀,同时又在一定程度上受到人们活动的影响，故会产生一定的损坏。因此，定期对整治建筑物进行检查和维修，是航道维护工作的一项重要内容。

1. 整治建筑物的检查

对于已建成一段时间的整治建筑物，考虑到建筑物一般为中、低水建筑物，汛期淹没，中、枯水时露出，故检查工作宜安排在汛后枯水位时进行，每年都要定期检查一次。如遇到山洪暴发、大的风暴潮，发生崩崖、滑坡等自然灾害，以及出现大的人为破坏时，还应组织临时检查。对于新建的整治建筑物，考虑到建筑物处于建成初期，河床正处于调整过程中，坝体稳定可能会受到一定影响，故宜在枯水期增加一次检查，以便利用坝体露出较高时对其进行较全面的了解。

1）检查的基本内容

检查的基本内容主要有以下三个方面：

(1) 建筑物的现有尺寸与工程竣工时的尺寸有何差异，这些尺寸主要包括坝体长度，顶部高程和坝顶纵坡，坝顶宽度，坝的迎水坡、背水坡、向河坡的坡比，坝根护岸范围及高度，护岸建筑物的长度、顶部高程、坡比等。

(2) 建筑物附近河床与水流状况有无特异变化，主要包括坝头冲刷坑有无明显扩展、加深，坝根附近有无出现崩窝的迹象，坝田内有无不利的冲沟出现，坝区附近有无危及坝体安全的不良流态等。

(3) 建筑物的作用和功能能否继续发挥，有无缺陷和隐患。主要是看坝田淤积是否良好，航道整治线轮廓是否已按设计意图形成，航道尺度是否达到设计要求，水流条件是否达到所期望的改善程度；或者与上述期望相反，整治建筑物正在向着不能发挥作用的方向发展，航道尺度或水流条件正在发生着不利变化等。

2）检查的重点

整治建筑物包括丁坝、顺坝、锁坝、潜坝以及各类护岸工程等，由于它们所处的位置不同，所起的作用各异，因此，建筑物遭受破坏的部位也各不相同，检查时应区别对待，各有侧重。表6-3列出了各类整治建筑物检查的重点。

**各类整治建筑物检查的重点** 表6-3

| 序号 | 建筑物类别 | 检查的重点部位及内容 |
|---|---|---|
| 1 | 丁坝 | 1. 坝根及护坡是否完好；<br>2. 坝面及边坡砌体有无松动或流失；<br>3. 坝头冲刷坑有无新的发展 |
| 2 | 顺坝 | 1. 坝根及护坡是否完好；<br>2. 迎水坡坡脚有无冲沟；<br>3. 坝头冲刷坑有无发展 |
| 3 | 锁坝 | 1. 两侧坝根及护坡是否完好；<br>2. 坝面及边坡砌体有无松动或流失；<br>3. 背水坡坡脚的冲刷坑有无新的发展 |

续上表

| 序号 | 建筑物类别 | 检查的重点部位及内容 |
| --- | --- | --- |
| 4 | 各类潜坝 | 1. 坝根接岸处有无变化；<br>2. 坝身有无变化；<br>3. 坝下冲刷情况 |
| 5 | 河口导堤 | 1. 导堤端部的冲刷坑有无新发展；<br>2. 沿堤流对护底有无明显破坏或引起堤身沉陷变形 |
| 6 | 山溪谷坊或栏栅坝 | 1. 坝体有无损毁情况；<br>2. 拦石库容剩余量 |
| 7 | 沟口导石坝 | 1. 坝体有无损毁情况；<br>2. 导石效果及下游沱区堆积状况 |
| 8 | 护岸建筑物 | 1. 陆上砌坡有无沉陷变形或其他损坏；<br>2. 近岸河床淘刷情况是否威胁镇脚部位安全；<br>3. 护岸段上下游岸坡有无新变化 |

3)检查的方式与方法

对一般整治建筑物,可通过量测、摄像和水深探测等手段,了解其陆上部分是否完好,水下部分有无较大沉降、变形。对易变滩段和险要部位的重点建筑物,以及已发现有明显损坏的建筑物,应使用较精密仪器准确测定其轮廓、各部分尺度和高程,以及建筑物近旁的河床地形等。对于未达到设计效果的建筑物,或者将要失去作用的栏石、导石建筑物,除测定建筑物的基本尺度外,还应施测有关的河道地形图或者溪沟、沟口的局部地形图。

2. 整治建筑物的维修

整治建筑物可分为导治建筑物和平顺护岸建筑物。整治建筑物的维修工作,因建筑物形式不同、结构各异,采取的维修方法和措施也有所区别。

1)导治建筑物

导治建筑物主要是指丁坝、顺坝、锁坝、导堤等各类引导与约束水流的建筑物,一般主要由高出河底一定高程的坝体组成,多数包括局部护岸,有的还设有护底部分。坝体迎流,中低水位挡水,中高水位漫溢,护岸和护底起防冲作用,它们构成一个组合体,实现稳定自身和改变泥沙运动的作用。有的滩险不只建一道坝,而是建多道坝,形成一个群体,使水流、泥沙按人们预定的流路和分布状况运行,以达到整治的目的。

导治建筑物一旦受损,其作用也会受到影响,所以通常情况下可采取原样修复的办法,使其恢复原设计尺度或竣工时的状况。但遇到一些复杂情况时,需作特殊处理。

(1)坝体受损严重,不宜或无法按原样修复。

当坝根出现串沟、坝体被冲断等严重损坏,不宜或不能按原样修复时,可在原有坝体上游一侧修筑一个新的坝段,使其与原有坝体衔接或搭接,并处理好现有坝根的护坡问题。

当坝头冲刷坑明显扩展,靠近原有坝头一段的坝身已坍塌一部分,任其发展将影响设计功能时,可采用加宽坝头、放缓边坡的办法加固;当坍塌部分较多,已影响到设计功能,而用原散抛块石的办法,又难于复原或者造价很高时,可采用先抛大沙枕填坑,再抛砌块石的办法予以修复。

(2)原有结构存在问题,不便或不宜按原样修复。

当河床抗冲性能差,原未护底或护底范围不足导致坝体损坏严重时,可用土工织物做成的软体排铺护在受损部位及其近旁,然后修复坝体的受损部分。

当坝心为沙袋或沙枕,因原有压顶、盖面块石厚度不足或施工质量存在问题,致使坝心受冲坝沉陷时,可在沉陷损坏部分直接加抛足够厚度的块石予以修复加固。

对于经常遭受流冰或流木严重破坏的导治建筑物,其屡修屡坏部位可采用串联钢丝石笼和混凝土四面体或者采用水下灌混凝土等办法予以改造加固;流木不是很多的地区也可采用块石混凝土、浆砌条石平竖插砌等结构予以修复。有的山区河流将迎水坡与坝顶结合部做成浆砌的平滑曲线,使流木能顺利逾越,不使集结,也较有效。

2)平顺护岸建筑物

平顺护岸建筑物主要包括水下护底、镇脚和陆上护坡等部分。水下护底使用沉排(主要使用各种形式的土工织物软体排),亦可使用块石、沙枕、梢石枕等。陆上护坡使用干砌块石或混凝土块。以上两者之间设镇脚棱体和枯水平台式脚槽。

平顺护岸建筑物常见的一种损坏往往来自护底外缘河床的淘刷,使已护河岸的前沿坡度变陡,致使护底和镇脚部分先遭损坏或产生严重变形,然后导致陆上岸坡失稳,砌坡部分随之受损。因此,修复护岸工程时,应先修复水下部分,再修复陆上部分。修复时可采用原有结构,也可以做出改进,例如将镇脚物体由散抛块石改为沙枕、串联的石笼或混凝土块体,也可将散抛护底方式改为土工织物软体排,以增加其抗冲稳定性。当然,如果原为软体排护底,损坏部位不多,也可用大沙枕代替。先做好水下部分的修复工作,再按常规办法翻修陆上的砌坡部分。

平顺护岸建筑物另一个受破坏部位往往发生在护岸的端部,由于端部以外河岸未受保护,抗冲能力弱于护岸段,受冲崩塌后难免危及已护部分,使其端部受损。修理时还是重在水下护底、镇脚的问题。当受损不太严重时,可用延伸抛填镇脚物的办法,使已护、未护的衔接处于平缓过渡的状态;当受损较严重,并有可能扩大时,则宜采用软体排护底,并延伸其防护范围。

### (三)过船建筑物的运行与维修

过船建筑物是为克服航运线路上的水位差而建的能够升降船舶或船队的水工建筑物,也包括使船舶或船队跨越河流、穿过山岭的水工建筑物,常见的过船建筑物是指船闸和升船机。

过船建筑物是航道一个重要的组成部分,如果过船建筑物不能正常运行,将影响整条航线。因此,做好过船建筑物的运行管理与维修保养工作至关重要,它也是航道维护管理的一项重要任务。

#### 1.过船建筑物的运行

过船建筑物的运行管理必须确立为航运服务的宗旨,充分发挥建筑物的通过能力,为过往船舶提供安全、及时、方便的运行条件。

过船建筑物的管理部门应当提高建筑物的使用效率,缩短船舶候闸和过闸时间,并按此原则合理确定建筑物开放通航时间、船舶过闸运行方式和过闸船舶排序等。

1)开放通航时间

过船建筑物开放通航时间应根据所在河段船舶通航频繁程度区别对待,做出恰当安排,并注意应当遵循以下基本要求:

(1)凡白天和夜间均有船舶通过的河段,过船建筑物应昼夜开放;

(2)船舶通过量大的过船建筑物应连续开放;

(3)通过量不大的过船建筑物,应做到船舶随到随开放,确有困难的可合理定时开放,但船舶候闸时间一般不应超过2h。

2)过闸运行方式

通过船闸或升船机的运行方式,大体可分为单向过闸、双向过闸、成批过闸、开通闸等。

船舶(队)由上游进入下游(或相反),闸室灌、泄水各一次,仅一个方向过一次船,称为单向过闸。闸室灌、泄水各一次,上、下游两个方向的船舶(队)轮流相间地依次各过一次闸,称为双向过闸。向一个方向连续若干次单向过闸通过一批船舶(队)后,接着进行一次换向,改变过闸方向后,又向另一方向连续若干次单向过闸通过一批船舶(队),称为成批过闸。当船闸上、下游水位差较小时(一般为20cm左右),则可开启上、下闸门,让船舶通行,船闸便成为连接上、下游航道的一段渠道,称为开通闸。

单级船闸一般采用单向和双向两种过闸方式,双向过闸较单向过闸一般能缩短船舶(队)的过闸时间,且能节省过闸耗水量。多级船闸一般采用成批过闸,这种过闸方式有利于提高船闸的通过能力,但某方向连续单向过闸的次数不宜过多,以避免另一方向船舶(队)在船闸前等待过闸的时间过长,影响船舶的周转率。开通闸适用于感潮河段上的船闸,由于受潮汐的影响,船闸上下游的水位每天有几次接近齐平的时段,可利用该时段开通闸,以提高船闸通过能力。

3)过闸船舶的排序

船舶通过过船建筑物一般应按到达的先后次序安排。对客班船、紧急军事运输船、防汛抢险船、救护救灾船、鲜活货船,以及急运重点物资的船,可优先安排通过。对装载危险货物的船舶,应安排单独过闸。

对于船舶通航密度特大而过闸船舶类型又很复杂的大、中型船闸,为使船闸闸室面积得到有效利用,可在遵循上述排序原则的基础上,利用计算机作为辅助决策系统进行每个闸次的排序和排挡,以提高过船效率。

2. 过船建筑物的维修保养

过船建筑物的维修保养,主要包含对闸首、闸室、导航建筑物、靠船建筑物、船闸的整套输水系统以及闸阀门启闭设备等的维修保养,涵盖水工、金属结构、机械电气等系统,是维护工程的重要内容。

1)过船建筑物的保养

根据《通航建筑物运行管理办法》规定,船闸和小型斜面升船机的保养均应包括例行保养和定期保养两类,定期保养又分为一级保养和二级保养两种。各级各类保养工作一般都应在不停航的条件下进行。表6-4列出了船闸各级各类保养的内容与要求。

船闸各级各类保养工作的内容与要求 表 6-4

| 保养种类 | | 保养内容 | 保养要求 |
|---|---|---|---|
| 例行保养 | | 1. 对机房、操作室、机械、电气、工作现场进行清洁；<br>2. 对各个运转件进行润滑 | 由当班人员随班完成 |
| 定期保养 | 一级保养 | 在例行保养的基础上着重做到：<br>1. 对建筑物、机电设备各部位进行检查、擦洗；<br>2. 对运转件进行润滑和紧固 | 保养间隔期：<br>一类维护航道≤1 个月<br>二类维护航道≤2 个月<br>三类维护航道≤3 个月 |
| | 二级保养 | 在一级保养的基础上着重做到：<br>1. 对运转部件和机电设备进行详细检查、维修和调试；<br>2. 更换易损零部件，排除设备故障；<br>3. 由潜水员对闸阀门止水、门槽、门库、门槛轨道、底枢及其他水下部件进行专业检查、检修和清淤、清障 | 保养间隔期：<br>一类维护航道≤1 季度<br>二类维护航道≤半年<br>三类维护航道可结合岁修进行 |

2) 过船建筑物技术状况的检查与分级

过船建筑物的检查是对船闸和升船机的运转情况进行实际观察，是分析判断其技术状况的主要依据。船闸的检查分为日常检查与抽干检查两种，日常检查在船闸运行过程中进行，主要检查闸阀门、导航墙、靠船墩等结构运行有无异常；而抽干检查在闸室抽干水后进行，主要检查输水廊道、消力池等构件是否损坏。

对于过船建筑物，要每隔 5 年进行一次技术普查，就建筑物的实际运行状况、各部位技术状况等进行检查，结合检查状况对建筑物进行等级评定，判定建筑物处于良好、尚好、不良、严重不良四个等级中的哪个状态，采取相应整修措施。

3) 过船建筑物的维修

为使过船建筑物保持或恢复良好的技术状态，需要进行必要修理。船闸和小型斜面升船机的修理均分为大修、岁修和抢修，大修和岁修属于计划修理，抢修属于临时修理。

大修一般是指船闸停航抽水全面修理，或者小型斜面升船机停航、修筑围堰后抽水进行的全面修理。大修时间应尽可能安排在运输淡季或枯水期进行。同一航道上相邻的上下几座过船建筑物，力求做到在同一时段安排大修。进行大修之前有关管理单位应会同设计、施工单位编报计划和预算，经上级主管部门审批后实施。一般来说，在一类维护航道上的船闸，每 6 ~ 10 年安排一次大修；在二、三类维护航道上的船闸，每 10 ~ 15 年安排一次大修。

岁修一般是指对过船建筑物进行每年一次的局部修理，由有关管理单位编制计划和预算，报上级主管部门批准后实施。

抢修一般是指过船建筑物突然发生异变或损坏，影响正常通航时临时安排的应急修理，应在发生此类情况后组织力量突击完成。

过船建筑物的维修，要严格质量要求，满足《通航建筑物运行管理办法》的规定。

## (四) 引航道及其他辅助设施的维护

### 1. 引航道及连接段航道维护

引航道及其口门区，以及口门外连接段航道的维护，主要任务是保证这一特殊航段的航运畅通。常见的维护工作,主要包括清淤冲沙、清障打捞、护坡修理、水流条件观测、水下地形测量等。

2. 锚泊设施的维护管理

锚泊设施包括引航道内的靠船墩、系缆柱或系船环,外停泊区的泊船、系缆浮鼓及其锚泊设施等。为使来往船舶或船队过闸有序,候闸安全可靠,应当做好这些锚泊设施的维护与管理工作。主要工作有以下几个方面:

1)日常检查与保养

对于有人值守的锚泊趸船,应按船舶管理与保养制度的有关规定,对船体各部位以及锚链等系泊设施的技术状况进行日常检查和保养;对于无人值守的浮鼓、靠船墩、系缆柱、系船环等,应安排人员定期检查,对其技术状况做出判断和记录,并进行必要的清洁、清除浮挂杂物等保养工作。

2)定期修理与更新

对于锚泊趸船与系缆浮鼓,应定期除锈、喷漆,每隔2~3年宜上墩修理一次,锚链磨损达到一定程度时应及时更新;对于钢质系缆柱和系船环,应定期除锈、喷漆,磨损严重时应及时更新。

3)加强使用与管理

主要做好两方面的工作,一是随着水涨水落,适当放松或收紧锚泊趸船、系缆浮鼓的锚链,以利于船舶靠泊或系缆;二是对靠泊船舶加强宣传教育,勿使系泊设施超负荷,或使靠泊船舶过多占用航道,妨碍其他船舶通行。

(五)航标与信号的维护与管理

航标维护工作包括两方面,一是不同水期(枯、洪水期)航标的维护,二是航标标体、灯具的检查、维修与保养。

1. 不同水期航标的维护

1)洪水期航标维护

当水位上涨,河水浸出枯水河床时,开始进入洪水期。此时,要及时了解和掌握水情的变化。当水位上涨尚未淹没岸线时,应做好航标的检查加固、洪水设标的准备工作。对泛滥地区和崩岸处的岸标应加固、内移,预先埋设好泛滥标志;对难以设置和维护的航标,应预先做好标桩加固、系结链索的工作,同时在航标配布上要做适当调整,以免某些难以维护的航标损坏时给航行带来影响。

由于水位的升高,原来的水下障碍物消除或浅滩水深加大,原来的浅滩航道变为正常航道。同时,又有一些水上障碍物沉入水中,出现水深不足而碍航,因此对原先的航标需加以撤除或维护。

为避免因洪水上涨而引起标志漂失离位或下沉,应预先对浮标进行全面检查,放长标志的系缆,更换强度不够或锈蚀磨损严重的链索,并选用浮力大、稳定性好的浮具替代,同时对较固定的标志或大型浮具进行一次活锚。

对水位涨落不定、忽涨忽落、涨落频繁的山区河流,应特别注意随着水位的变化,及时移设标志,必要时可将浮标拖至岸边,待洪峰过后,再重新设定航标。

当洪峰过后,有些河流水位退落很快,礁石、石梁、河岸会露出水面,应及时检查航标标位、浮具的系留设备等情况,并进行必要的调整和加固,以防备下一次洪峰的来临。

2)枯水期航标维护

当河水退落到枯水河槽,河流进入枯水期。这时,航道经过一个汛期发生了变化,应进行一次全面扫床,探测出浅滩、暗礁等障碍物位置,及时迅速地做好调标和改槽工作。

要仔细观察河流浅滩的水流情况,及时调整标志。在某些变化剧烈的河段,增加探测次数,测出航道条件较好的新航槽,并抛设临时标记,利用地形地物确定岸标位置。然后在准备开放的新航槽内详细探测,在确认新航槽的通航条件后,即可抛设新浮标,并通告过往船只,封闭改槽航道。

对于不足航道规定尺度的经济航道,可撤除航标予以封闭,待条件成熟后再开航。

2. 航标的检查、维修与保养

1)航标检查的分类

航标检查分为日常检查、定期检查和全面检查三类,遇特殊情况,应随时检查。

(1)日常检查。

日常检查是航标站日常性工作,主要检查航道水深,了解航道变化;检查航标标位是否正确,航标标体、灯具是否正常;夜航检查灯光是否明亮,灯质是否符合规定等。

日常检查时间间隔可根据航道条件、不同水期、航标质量等由航道主管部门规定。一般多变河段、水运发达的山区河段宜每天进行一次日常检查,在枯水期还可根据航道变化程度增加检查次数。

(2)定期检查。

定期检查主要是检查辖区内的航道尺度和航标配布;检查航标的外观及结构,航标的灯质,浮标的系泊;夜航检查等。

定期检查的时间间隔由航道主管部门规定,一般航道站每月不少于一次,基层管理单位每季不少于一次,航道主管部门每半年宜进行一次,也可在更换航标电池或进行航标保养时进行。

(3)全面检查。

全面检查是检查除日常检查、定期检查外的全部内容,包括航标位置是否符合设标技术规定,浮具、标体、锚具、缆绳、灯器、电源等的技术状况及损坏情况。

航道站每季应进行一次全面检查,在洪峰前后、暴风雪后、冰冻河流开江后均应进行全面检查。

2)航标的维修与保养

航标的维修与保养分为日常维修与保养和定期维修与保养。

(1)日常维修与保养。

日常维修与保养在航标日常检查时进行,主要是指对设备的日常清洗、修复,以及对灯器、电源一般故障和受潮进水后的处理。

(2)定期维修与保养。

定期维修与保养的时间安排,由基层航道管理部门制定,报上级主管部门批准。一般

要求:

①岸标每年清洗2次,喷漆1~2次;钢质标杆每两年除锈1次。

②钢质浮标,对于直径超过1.8m的大型浮鼓,每半年清洗、喷漆1次,三年全面除锈、喷漆、检修;一般浮标,每季度清洗2次,每半年喷漆1次,每两年全面除锈、喷漆、检修;竹木质浮标,每季度清洗2次,每半年喷漆1次,每年全面清洗、晾干、整修、喷漆。

③灯船应检查舱内有无积水,随时清除,每半年清洗、喷漆1次,每五年进厂检修1次。

④系留设备应结合活锚或调整标位时检查的磨损程度,按时更换,使用满一年的锚链应调换,进行全面检查,必要时进行拉力检验。

⑤灯具应全面检修,金属外壳除锈上漆。电源要按照生产厂家的要求保养。

3)航标维护质量

通过检查,对航标进行维护保养,从而使航道航行尺度符合要求,供船舶安全、经济地航行。航道维护质量可用"航标正常率"和"航标维护正常率"来衡量。

航标正常率是在同一河段的同一时期内,保持正常工作的航标座天数与航标维护总座天数的比值,即

$$Q=\frac{m-(n+n')}{m}\times 1000‰ \tag{6-1}$$

式中:$m$——某时期内航标维护总座天数;

$n$——某时期内航标维护性失常座天数;

$n'$——某时期内航标非维护性失常座天数。

航标维护正常率是指在同一时期同一河段内,航标维护总座天数减去未能在规定时间内恢复正常的航标事故座天数,与航标维护总座天数的比值,即

$$P=\frac{m-n}{m}\times 1000‰ \tag{6-2}$$

对于航标维护质量要求,根据航道维护的三个等级有相应标准:一类维护的航标维护正常率不小于99%,二类维护不小于95%,三类维护不小于90%。

小结

**一、航道维护的基本任务**

(1)有计划地对航道进行各项维护性观测,系统积累各种基础资料;

(2)在通航河段,按照国家标准和维护类别设置航标,并做好航标的维护工作;

(3)对滩险河段加强观测分析,掌握其演变趋势,及时进行调标、改槽、疏浚、清障工作,以维护计划的航道标准尺度;

(4)对整治建筑物进行定期检查、修补或实施局部改善工程;

(5)对所管辖的过船建筑物和航运梯级进行检查、保养和维修工作,使其正常运转;

(6)根据有关法规和规范,加强航道保护,防止航道条件恶化和遭受破坏。

## 二、航道维护工作的分类与标准

(1)根据航道等级、是否昼夜通航和实际客货运量三个方面将航道维护工作分为一类维护、二类维护和三类维护。

(2)航道维护的标准主要包括航道标准尺度、天然河流航道维护标准水深年保证率、航标维护质量标准、过船建筑物维护工作标准。

## 三、航道维护性测量

分简测、探测和扫床三类,其目的是收集第一手资料和数据,探明航道最小水深及浅点位置,及时调整航标,保证船舶安全经济运行,提高航道维护质量。

## 四、维护性疏浚工程的优化措施

(1)加强床底地形测量,深入研究泥沙运动及淤积物发展规律。

(2)布设防沙、沉沙设施,将泥沙拦截在航道之外。

(3)采用“适航水深”,利用浮泥层通航。

(4)运筹学在维护性疏浚中的应用。

从超挖深度、挖泥船队的部署、判别疏浚设备改造的技术方向三方面进行优化。

## 五、整治建筑物的检查与维修

1. 整治建筑物检查的内容

建筑物的现有尺寸与工程竣工时的尺寸有何差异;建筑物附近河床与水流状况有无特异变化;建筑物的作用和功能能否继续发挥,有无缺陷和隐患。

2. 整治建筑物的维修

(1)导治建筑物:当坝体严重受损,不宜按原样修复时,可在原坝体上游一侧修筑一个新的坝段,使其与原有坝体衔接或搭接,并处理好现有坝根的护坡问题;当原有结构存在问题,不便或不宜按原样修复时,应分类采取修复措施。

(2)平顺护岸建筑物:一种损坏来自护底外缘河床的淘刷,修复时应先修复水下部分,再修复陆上部分;另一种损坏发生在护岸的端部,修理时还是重在水下护底、镇脚的问题。

## 六、过船建筑物的运行与维修

1. 过闸运行方式

分为单向过闸、双向过闸、成批过闸和开通闸。

2. 过闸建筑物的维修保养

(1)保养:包含例行保养、定期保养两类。定期保养又分为一级保养和二级保养两种。

(2)检查:分为日常检查、抽干检查两种。对于过船建筑物,要每隔5年进行一次技术普查并评定等级。

(3)维修:分为大修、岁修和抢修三种。

**七、航标的维护与保养**

1. 不同水期航标的维护

分为洪水期、枯水期航标维护。

2. 航标的检查、维修与保养

航标检查分为日常检查、定期检查和全面检查三种,遇特殊情况,应随时检查。

航标的维修与保养分为日常维修与保养和定期维修与保养。

3. 航标维护质量

通过“航标正常率”和“航标维护正常率”来衡量。

**练习与思考**

1. 航道维护的基本任务是什么?
2. 航道维护工作分为哪几类?
3. 航道维护分类条件是什么?
4. 航道维护工作的基本目标是什么?
5. 航道标准尺度包含哪几个方面?
6. 航道维护性测量分哪几类?
7. 什么是简测?
8. 什么是航道探测?
9. 什么是扫床?
10. 航道常用的维护工程措施有哪些?
11. 什么是维护性疏浚工程?
12. 优化疏浚的措施有哪些?
13. 整治建筑物检查的基本内容有哪些?
14. 各类整治建筑物检查的重点是什么?
15. 整治建筑物检查的方法有哪些?
16. 导治建筑物损坏如何进行维修?
17. 平顺护岸建筑物损坏如何进行维修?
18. 过闸运行方式有哪几种?
19. 过船建筑物的保养有哪几种?其保养内容是什么?
20. 过船建筑物的检查分哪几种?分别检查哪些部位或结构?
21. 过船建筑物的维修分哪几类?
22. 引航道及连接段的航道维护任务是什么?
23. 锚泊设施的维护管理工作包含哪几方面?
24. 航标检查分为哪三类?简述每一类检查的内容及时间要求。
25. 航标维护质量的衡量指标是什么?
26. 什么是航标正常率?什么是航标维护正常率?

本模块自测题

# 模块七
MODULE SEVEN

# 航　标

航标，即导航助航标志，是船舶安全航行的重要助航设施。它是由航标管理机构依法设置的，其主要功能是标示航道的方向、界限与碍航物，揭示有关航道信息，为船舶航行指出安全经济的航道。

航标作为一种重要的助航设施，是随着水运事业的发展而逐步发展完善的。早期，船员们只能利用天然目标——山峰、礁石、岛屿等估算船位，判断航向，这就是最早使用的自然航标。随着航运事业的发展，天然航标已无法满足航行要求，船员们开始有意识地在某些重要航段设置起助航作用的简单标记，后来又发展到在标杆上悬灯等，以便在恶劣天气也能安全航行。随着文明社会的发展和科学技术的进步，现代航标设施已日趋系列化、标准化，对船舶安全航行起着越来越重要的作用。

**知识点**

◎航标的分类；
◎内河航标类型；
◎海区航标类型；
◎航标的结构与配布。

## 课题一　航标类型与航标工程

### 一、课题引入

航标是导航助航标志的简称。在一些影像资料上，我们经常看到一些浮筒、灯塔，其实这些就是航标，它们能够给船舶提供信息，指引方向，保障安全。工程建设和船舶航行相关人员要正确设置和使用航标。

### 二、课题分析

现代航标广泛采用新材料、新工艺，种类繁多。为了便于管理和使用，我国中央政府和地方政府都对现代航标做出了很多具体的规定,主要有《中华人民共和国航标条例》《沿海航标管理办法》《海区航标设置管理办法》《内河航标管理办法》《内河助航标志》(GB 5863—1993)及其他有关规定和标准等。航标类型,因不同的分类方法和标准而不同。

## 三、相关知识

### (一)航标类型

#### 1.按照航标工作原理分类

根据航标作用于人的感觉、传播方法和介质的不同,航标可以分为视觉航标、音响航标和无线电助航设施。

1)视觉航标

视觉航标,又称目视航标,是固定的或浮动的直观的助航标志。它具有易辨认的形状与颜色,可安装灯器及其他附加设备。视觉航标一般具有设备简单、维护方便、投资少及易使用等特点。广泛设置于沿海及内河上,是一种最重要、最基本的助航标志。国际航标协会(The International Association of Marine Aids to Navigation and Lighthouse Authorities,IALA)亦称之为传统航标。

视觉航标是人们用肉眼直接观察的助航标志,因此,常用标身的形状、颜色或顶标来区分或表示不同的航标功能,供驾驶人员在白天观察、使用,而在夜间则以灯质即灯光颜色、灯光节奏、灯光周期来区分和识别。

2)音响航标

音响航标是指能通过发出声音传送信息以引起驾驶人员注意其概略方位的助航标志,一般与视觉航标一同设置,多用于沿海地区。

音响航标在能见度不良的天气里发出具有一定识别特征的音响信号,使驾驶人员知道船舶概略方位,起警告船舶避免发生危险的作用。

音响航标根据传播介质可分为空中音响航标和水中音响航标两种。

(1)空中音响航标以空气作为传播介质,是使用最早、最普遍的音响航标。空中音响航标又称雾号。雾号有多种,最初使用的是雾钟、雾锣,其安装在灯塔、灯船或浮标上,以人工敲打或借助波浪自行撞击发出声响。目前在沿海重要的视觉航标上常设置气雾号或电雾号。

(2)水中音响航标又称水质音响航标,是借助声波或超声波在水中传播而发出声响的航标,最初是用机械动力敲打发声,近代利用电力振荡器发声,船舶利用声呐测定声音发出的方位、距离。空中音响航标及水质音响航标发出的声响都是用具有特殊规定的长短声、电码信号传递音响设备传递的。

3)无线电助航设施

无线电助航设施是以无线电波传送信息供船舶接收以测定船位的助航标志。

用无线电方法测定船位的基本原理是建立在电磁波在理想均匀媒质中传播速度恒定、沿直线传播、在两种媒质的边界面上必然产生反射三个重要特性的基础上的。

无线电助航设施能在大雾或恶劣的气候条件下远距离地保证船舶准确测定船位和航行安全。

无线电助航设施包括：无线电指向标、无线电测向仪、雷达应答器、雷达反射器、雷达信标、雷达指向标、罗兰、台卡、奥米加和卫星导航等。

2. 按航标设置水域分类

根据航标设置水域的不同，航标又可分为内河航标（包括湖泊、水库）和海区航标。当航标设在不同地点如岸上或水中时，也可简单地划分为岸标与浮标。

1）内河航标

内河航标按功能分为航行标志、信号标志和专用标志。航行标志包括过河标、沿岸标、导标、过渡导标、首尾导标、侧面标、左右通航标、示位标、泛滥标、桥涵标；信号标志包括通行信号标、鸣笛标、界限标、水深信号标、横流浮标、节制闸标；专用标志包括管线标和专用标。

此外，近年来在江南运河上还使用了不少航道标牌，受到各方欢迎。

2）海区航标

海区航标有灯塔、灯桩、灯船、大型助航浮标、灯浮标、立标、导标等标志。

海区航标的浮标部分包括侧面标志、方位标志、孤立危险物标志、安全水域标志、专用标志。其中侧面标志包括航道左侧标、右侧标、推荐航道左侧标及推荐航道右侧标；方位标志又包括北方位标、东方位标、南方位标及西方位标。

## （二）内河航标与海区航标

### 1. 内河航标

内河航标是船舶在内河航道安全航行的重要助航设施，它的主要功能是标示内河航道的方向、界限与碍航物，揭示有关航道信息，为船舶航行指示出安全、经济的航道。

内河航标一般规定，按水流方向确定河流的上、下游，面向河流下游，左手一侧为左岸，右手一侧为右岸。

对水流流向不明显或各河段流向不同的河流，按下列顺序确定上、下游：

①通往海口的一端为下游；

②通往主要干流的一端为下游；

③河流偏南或偏东的一端为下游；

④以航线两端主要港埠间的主要水流方向确定上、下游。

必须区分左、右岸的内河航标，其颜色是左岸为白色（或黑色），右岸为红色；光色是左岸为绿光（或白光），右岸为红光。不必区分左、右岸的内河航标，按背景的明暗，其颜色是背景明亮处为红色（或黑色），背景深暗处为白色。

内河航标为目视航标，每一种标志各具独特功能，具有互不混淆的外形、颜色、灯光特征和设置地点，供船舶驾驶人员使用。按照其功能，常用的内河航标可分为 3 类共计 18 种：

第一类：航行标志。航行标志标示航道方向、航线、航道边缘界线、礁石、沙滩或其他碍航物所在地及通航桥孔等，使船舶按照航行标志所标示出来的航道安全航行。它包括过河标、沿岸标、导标、过渡导标、首尾导标、侧面标、左右通航标、示位标、泛滥标和桥涵标共 10

种标志。

第二类:信号标志。信号标志是为航行船舶提示有关航道信息的标志,采用信号控制船舶单线航行、标示控制界限、揭示航道水深及航道中存在的横流等。它包括通行信号标、鸣笛标、界限标、水深信号标、横流浮标和节制闸标共6种标志。

第三类:专用标志。专用标志是为标示沿、跨航道的各种建筑物,或为标示特定水域所设置的标志。不是直接为了助航而设置的标志。它包括管线标和专用标这2种标志。

1)航行标志

航行标志有以下10种。

(1)过河标(图7-1)。

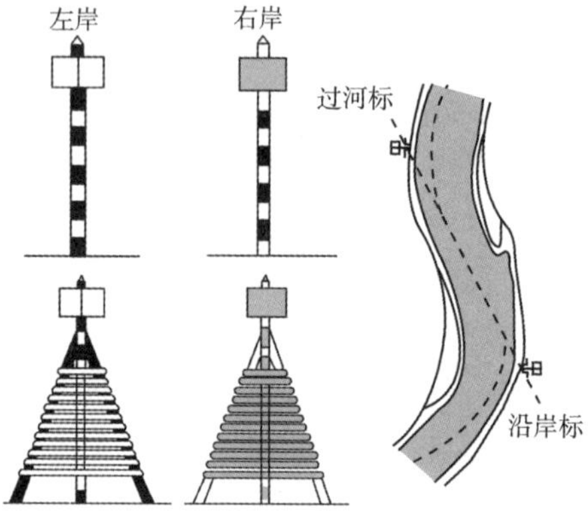


图7-1 过河标

①功能:标示过河航道的起点或终点。指示由对岸驶来的船舶在接近标志时沿着本岸航行;或指示沿本岸驶来的船舶在接近标志时转向驶往对岸。如遇双向过河,则可将标志设在上、下方过河航道在本岸交点处,指示由对岸驶来的船舶在接近标志时再返驶向对岸。

②形状:标杆上端装正方形顶标两块,分别面向上、下方航道。当过河航道过长以致标志不够明显时,可在标杆前加装梯形牌,梯形牌面向所指示的航道方向。过河标也可以安装在具有浮力的底座上作为浮标设置。

③颜色:左岸,顶标和梯形牌为白色(或黑色),标杆为白、黑色相间横纹。右岸,顶标和梯形牌为红色,标杆为红、白色相间横纹。梯形牌的颜色也可按背景的明暗来确定,背景明亮处的左岸为黑色,背景深暗处的右岸为白色。

④灯质:左岸,白色,莫尔斯信号"A"闪光(·—);右岸,白色,莫尔斯信号"N"闪光(—·)。或者左岸,白色,莫尔斯信号"M"闪光(— —);右岸,白色,莫尔斯信号"D"闪光(—··)。

(2)沿岸标(图7-2)。

①功能:标示沿岸航道所在的岸别,指示船舶继续沿着本岸航行。

②形状:标杆上端装球形顶标一个。

③颜色:左岸,顶标为白色(或黑色),标杆为白、黑色相间横纹。右岸,顶标为红色,标杆为红、白色相间横纹。

④灯质:左岸,绿色(或白色),单闪光。右岸,红色,单闪光。

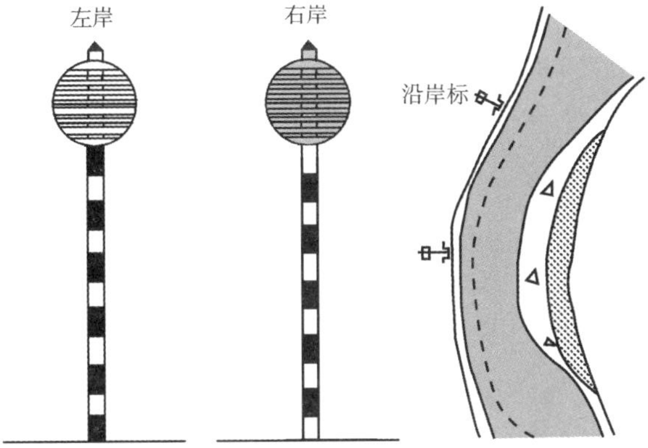


图 7-2　沿岸标

（3）导标（图 7-3）。

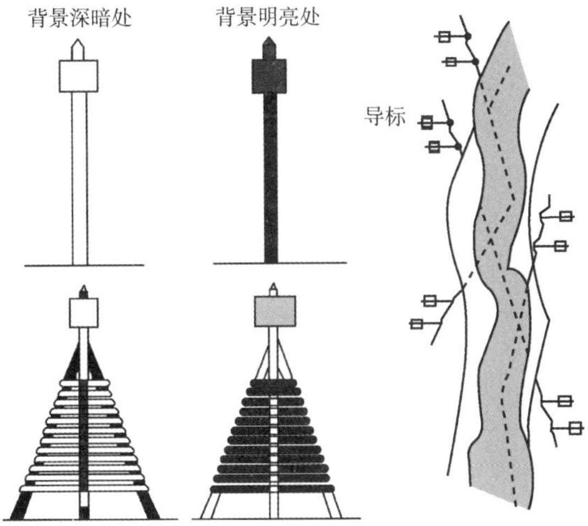


图 7-3　导标

①功能：由前后两座标志构成的导线标示航道的方向，指示船舶沿该导线标示的航道航行。

②形状：前后两座标志的标杆上端各装正方形顶标一块，顶标均面向航道方向。当导线标示的航道过长以致标志不够明显时，可在标杆前加装梯形牌，梯形牌面向所标示的航道方向。

③颜色：按背景的明暗确定顶标、标杆和梯形牌的颜色，背景明亮处均为红色（或黑色），背景深暗处均为白色。红色（或黑色）梯形牌中央一道竖条为白色，白色梯形牌中央一道竖条为黑色（或红色）。

④灯质：前后标均为白色单面定光，当背景灯光复杂、用白光容易混淆时，可用红色单面定光。

（4）过渡导标（图 7-4）。

①功能：由前后两座标志组成，标示一方为导线标示的导线航道，另一方为沿岸航道或过河航道，指示沿导线标示的航道驶来的船舶在接近标志时驶入沿岸航道或过河航道；同样也指示由沿岸航道或过河航道驶来的船舶在接近标志时驶入导线标示的航道。

②形状：前标与过河标相同，后标与导标相同。前标的一块顶标与后标的顶标组成导线，

前标的另一块顶标面向另一条航道方向。当导线标示的航道过长以致标志不够明显时,可以在标杆前加装梯形牌,梯形牌面向所标示的航道方向。

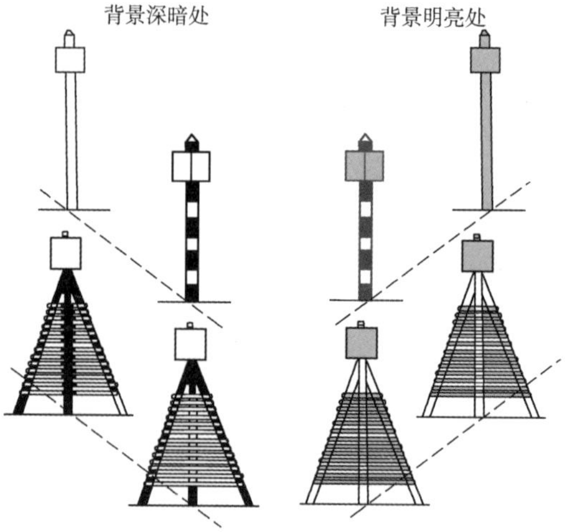


图 7-4 过渡导标

③颜色:前标的标杆和梯形牌的颜色与过河标相同,面向导线标示的航道的顶标与后标顶标的颜色相同,另一块顶标的颜色与过河标相同;后标的颜色与导标相同。

④灯质:前标左岸为白色(或绿色)双闪光(顿光),右岸为红色(或白色)双闪光(顿光)。后标左岸为白色(或绿色)定光,右岸为红色(或白色)定光。前、后标的光色须一致。有特殊需要时,前标也可用定光。

(5)首尾导标(图 7-5)。

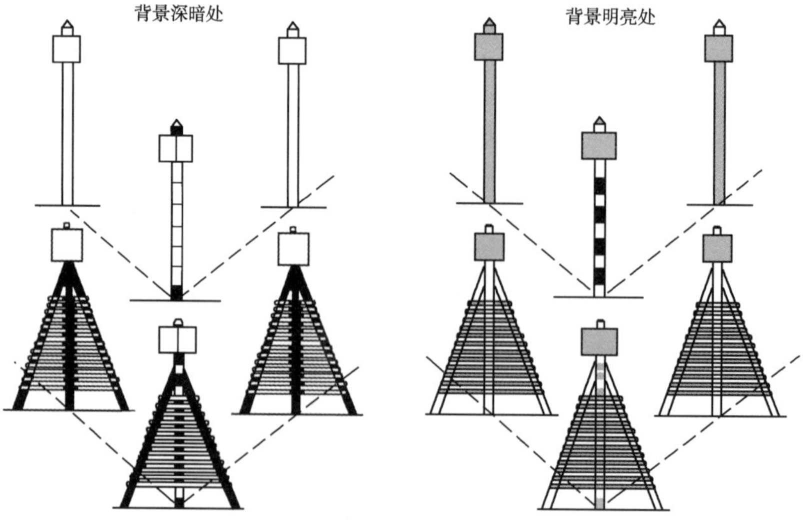


图 7-5 首尾导标

①功能:由前后鼎立的三座标志组成两条导线,分别标示上、下方导线标示的航道方向,指示沿导线标示的航道驶来的船舶在接近标志时转向另一条导线标示的航道。

②形状:三座标志中,一座为共用标,与过河标相同;另两座与导标相同。共用标的

两块顶标与另两座标志的顶标分别组成两条导线,面向上、下方导线所标示的航道方向。根据航道条件与河岸地形,共用标可位于另两座标的前方、后方、左侧或右侧。当导线标示的航道过长以致标志不够明显时,可以在标杆前加装梯形牌,梯形牌面向导线所标示的航道方向。

③颜色:共用标的标杆和梯形牌的颜色与过河标相同,顶标颜色与导标相同;另两座标志的颜色与导标相同。

④灯质:共用标的灯质与过渡导标的前标灯质相同,另两座标的灯质与过渡导标的后标灯质相同,但同一导线的前、后标的光色须一致。有特殊需要时,各标都可用定光。

(6)侧面标(图 7-6)。

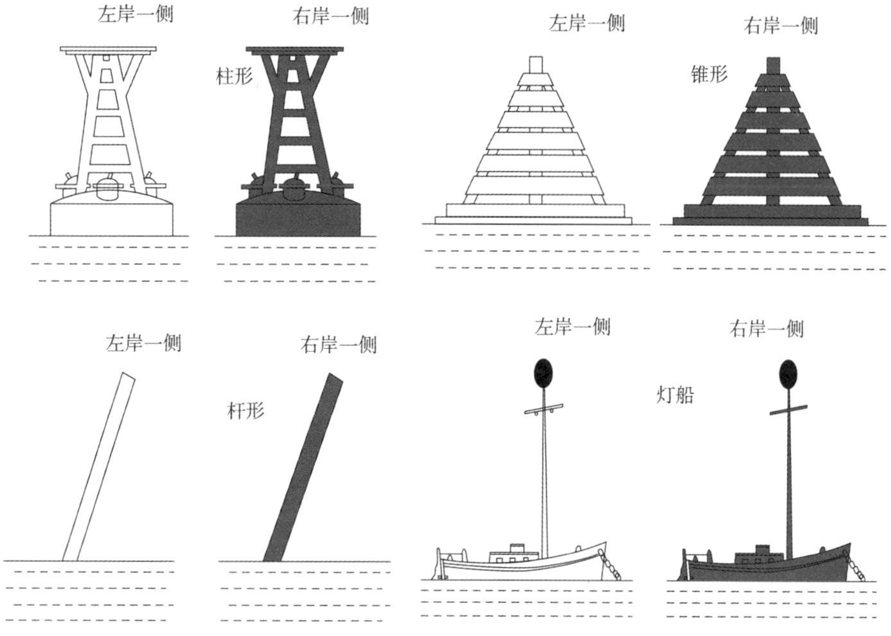


a)

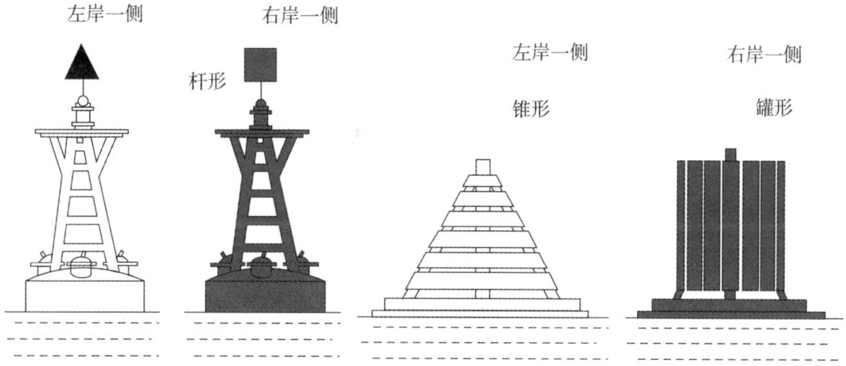


b)

图　7-6

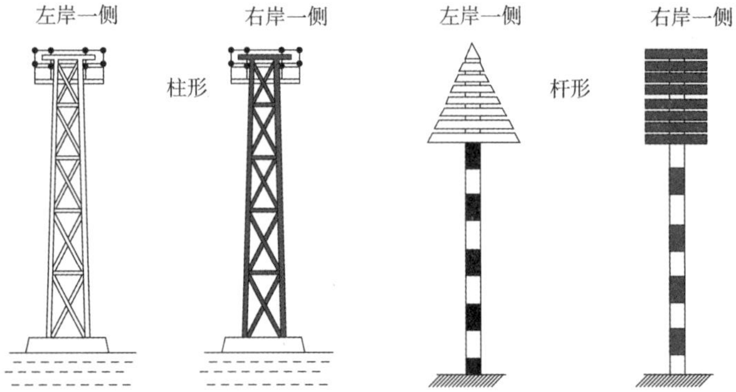


c)

图 7-6 侧面标

a)侧面标(浮标)例图之一;b)侧面标(浮标)例图之二;c)侧面标(灯桩)例图之三

①功能:设在浅滩、礁石、沉船或其他碍航物靠近航道一侧,标示航道的侧面界限;设在水网地区优良航道两岸时,标示岸形、凸嘴或不通航的汊港,指示船舶在航道内航行。

②形状:浮标可采用柱形、锥形、罐形、杆形或桅顶装有球形顶标的灯船。需要同时以标志形状特征区分左、右岸两侧时,左岸一侧浮标为锥形或加装锥形顶标,右岸一侧浮标为罐形或加装罐形顶标;也可只在左岸一侧浮标加装球形顶标。固定设置在岸上或水中的侧面标(灯桩)可采用杆形或柱形。当杆形灯桩需要增加视距时,左岸一侧可加装锥形顶标,右岸一侧可加装罐形顶标。

③颜色:左岸一侧,白色(或黑色),杆形灯桩的标杆为白、黑色相间横纹;浮标加装的锥形或球形顶标为黑色(或白色)。右岸一侧,红色,杆形灯桩的标杆为红、白色相间横纹;浮标加装的罐形顶标为红色。灯船的球形顶标均为黑色。

④灯质:左岸一侧,绿色(或白色),单闪光或双闪光。右岸一侧,红色,单闪光或双闪光。

(7)左右通航标(图 7-7)。

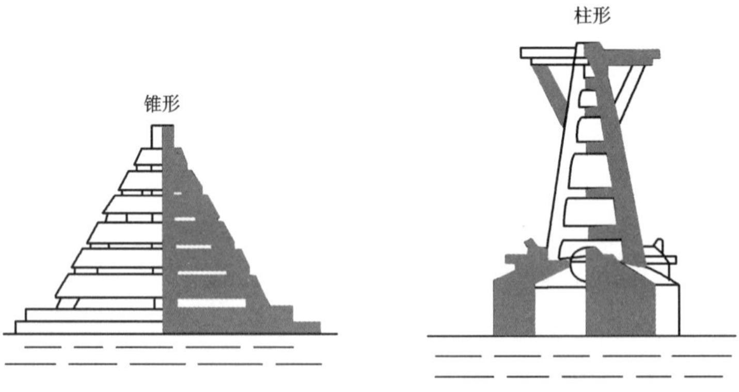


图 7-7 左右通航标

①功能:设在航道中个别河心碍航物或航道分汊处,标示该标两侧(左及右)都是通航航道。

②形状:浮标可采用柱形、锥形或灯船。灯桩可采用柱形。

③颜色:标体每面的中线两侧分别为红色和白色。

④灯质:白色(或绿色),三闪光。

(8)示位标(图7-8)。

①功能:设在湖泊、水库、水网地区或其他宽阔水域,标示岛屿、浅滩、礁石及通航河口等特定位置,供船舶定位或确定航向。

②形状:各种形状的塔形体。

③颜色:可根据背景采用白、黑、红色或白、黑(红)色相间非垂直条纹。设在通航河口处,须与“左白右红”原则相符。

④灯质:白色、绿色或红色莫尔斯信号闪光,但不得同其他种类标志的灯质相混淆。标示通航河口的示位标优先选用:左岸,白色(或绿色),莫尔斯信号“H”闪光(・・・・);右岸,红色,莫尔斯信号“H”闪光(・・・・)。

(9)泛滥标(图7-9)。

图7-8 示位标

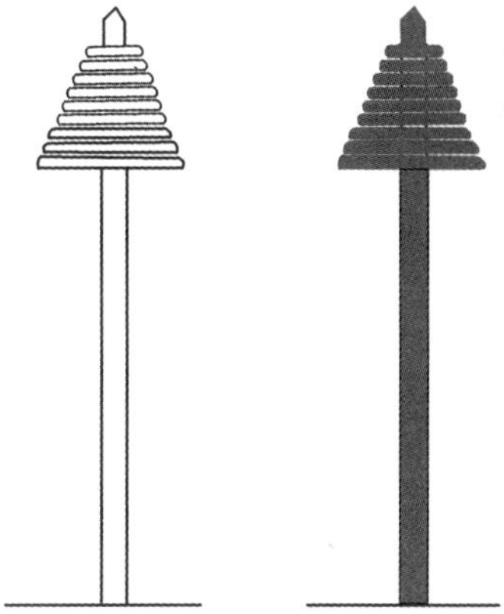

图7-9 泛滥标

①功能:设在被洪水淹没的河岸或岛屿靠近航道一侧,标示因洪水泛滥而被淹没的岸线或岛屿的轮廓。

②形状:标杆上端装截锥体顶标一个,也可以安装在具有浮力的底座上作为浮标设置。

③颜色:左岸,白色(或黑色);右岸,红色。

④灯质:左岸,绿色(或白色),定光;右岸,红色,定光。弯曲河段朝岸上一面的灯光应予以遮蔽。

(10)桥涵标(图7-10)。

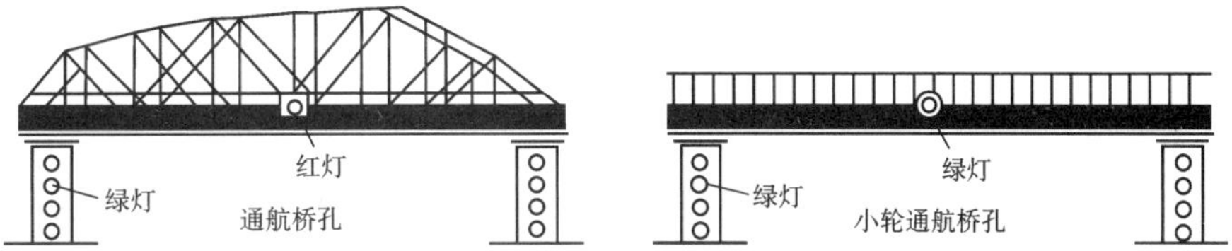


图7-10 桥涵标

①功能:设在通航桥孔迎船一面的桥梁中央,标示船舶通航桥孔的位置。

②形状:正方形标牌表示通航桥孔。多孔通航的桥梁,正方形标牌表示大轮通航的桥孔,圆形标牌表示小轮(包括非机动船、人工流放排筏)通航的桥孔,大、小轮的具体划分由各地区确定。

③颜色:正方形标牌为红色,圆形标牌为白色。

④灯质:通航桥孔(或大轮通航桥孔)为红色单面定光;小轮(包括非机动船、人工流放排筏)通航桥孔为绿色单面定光。在通航桥孔迎船一面两侧桥柱上,还可分别垂直设置绿色单面定光桥柱灯2~3盏(按桥柱高度确定),标示桥柱位置。

2)信号标志

信号标志有以下6种。

(1)通行信号标(图7-11)。

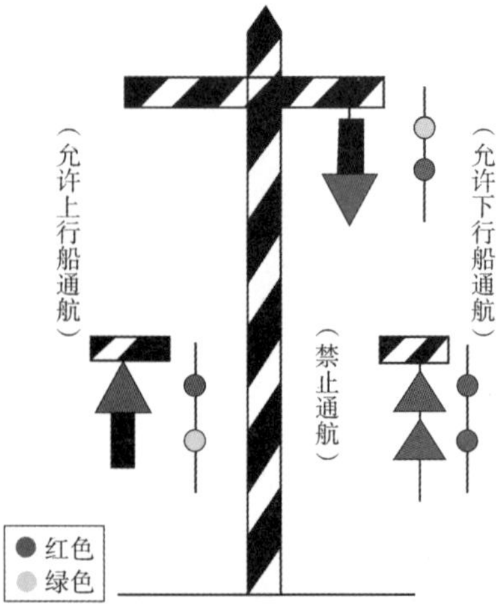


图7-11 通行信号标

①功能:设在上、下行船舶相互不能通视,同向并驶或对驶有危险的狭窄、急弯航段或单孔通航的桥梁、通航建筑物及施工禁航等需通航控制的河段,利用信号控制上行或下行的船舶单向顺序通航或禁止通航。

②形状:由带横桁的标杆和信号组成,横桁与岸线垂直。悬挂于横桁一端的箭形通航信号,箭头朝下表示允许下行船通航,箭头朝上表示允许上行船通航,禁止通航信号为垂直悬挂两个锥尖朝上的三角锥体。

③颜色:标杆与横桁为白、黑色相间斜纹,箭头或三角锥体为红色,箭杆为黑色(或白色)。

④灯质:由垂直悬挂于横桁一端的红、绿色定光灯组成信号:绿灯在上,红灯在下,表示允许下行船通航;红灯在上、绿灯在下,表示允许上行船通航;上、下两盏红灯,表示禁止船舶通航。对控制船舶进、出通航建筑物的通行信号标,也可在通航建筑物上、下两端各设置红、绿单面定光灯一组,灯光面向来船方向,红灯表示禁止船舶通航,绿灯表示允许船舶通航。白天也可用红、绿旗代替红、绿灯。

(2)鸣笛标(图7-12)。

①功能:设在通航控制河段或上、下行船舶不能相互通视的急弯航道的上、下游两端河岸上,指示船舶驶进标位时鸣笛。

②形状:标杆上端安装圆形标牌一块,标牌面向来船方向,标牌正中写“鸣”字。

③颜色:标杆为白、黑色相间斜纹,标牌为白色、黑边、黑字。

④灯质:绿色,快闪光。

(3)界限标(图7-13)。

①功能:设在通航控制河段的上、下游,标示通航控制河段的上、下界限。当设在船闸闸室有效长度的两端时,标示闸室内允许船舶安全停靠的界限。

②形状:标杆上端装菱形标牌一块,标牌面向来船方向(也可镶绘在船闸闸墙上)。

③颜色:标杆为白、黑色相间斜纹,标牌为白底、黑边,中间有黑色横条一道。

④灯质:红色,快闪光。

图 7-12　鸣笛标

图 7-13　界限标

(4)水深信号标(图 7-14)。

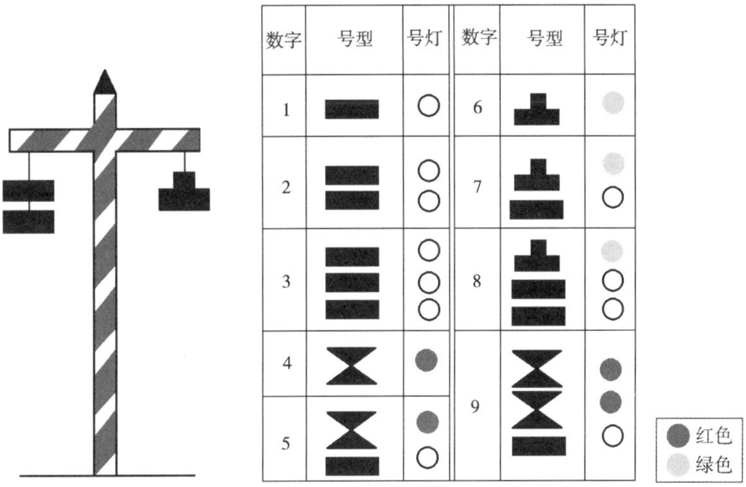


图 7-14　水深信号标及水深信号

①功能:设在浅滩上、下游靠近航道一侧的河岸上,标示浅滩航道的最小水深。

②形状:由带横桁的标杆和号型组成。横桁与岸线平行,将号型组合悬挂在横桁的两边,从船上看,左边所挂号型表示水深的“米”数,右边所挂号型表示水深的“分米”数。

③颜色:标杆与横桁为红、白色相间斜纹,号型为黑色(或白色)。

④灯质:每盏白色定光号灯代表数字“1”;每盏红色定光号灯代表数字“4”;每盏绿色定光号灯代表数字“6”。在河面较窄的河段,也可以用水深数字牌和水深数字灯显示。

(5)横流浮标(图 7-15)。

①功能:设在有横流航道附近,标示航道内有横流,警告船舶注意采取安全措施。

②形状:菱形体安装在具有浮力的底座上,也可在标杆上端安装菱形顶标设在岸上或孤立礁石上。

③颜色:左岸一侧,顶标为白色(或黑色),标杆为白、黑色相间斜纹;右岸一侧,顶标为红色,标杆为红、白色相间斜纹。

④灯质:左岸一侧,绿色,顿光;右岸一侧,红色,顿光。

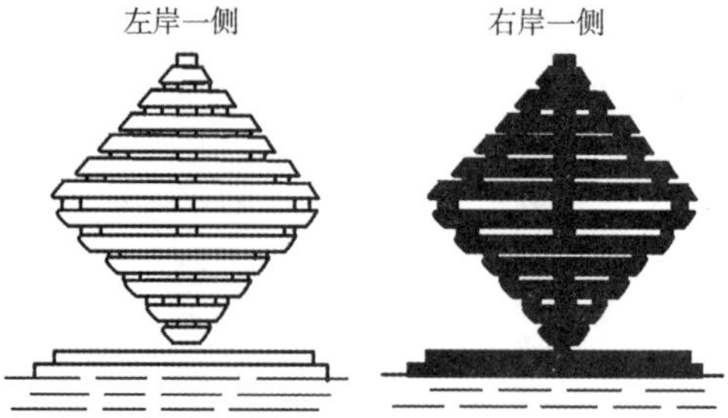


图 7-15 横流浮标

(6)节制闸标(图 7-16)。

图 7-16 节制闸标及标牌

①功能:设在靠近节制闸上游或上、下游一侧的岸上,也可将灯悬挂于节制闸的上游或上、下游水面上空架空管线上,标示前方是节制闸,防止船舶误入发生危险。

②形状:标杆上端装圆形标牌一块,标牌面向上游或上、下游来船方向,标牌上绘有船形图案及禁令标志。

③颜色:标杆为红、白色相间斜纹,标牌为白底、红边、黑色船形图案加红色斜杠。

④灯质:并列红色定光灯两盏。

3)专用标志

专用标志有 2 种。

(1)管线标(图 7-17)。

①功能:设在需要标示的跨河管线(即管道、电缆、电线等)的两端或一端岸上或设在跨河管线的上、下游适当距离的两岸或一岸,禁止船舶在敷设水底管线的水域抛锚、拖锚航行或垂放重物,警告船舶驶至架空管线区域时注意采取必要的措施。

②形状:两根立柱上端装等边三角形空心标牌一块,设在跨河管线两端岸上的标牌与河岸平行,设在跨河管线上、下游的标牌与河岸垂直。标示水底管线的三角形标牌尖端朝上,标牌下部写“禁止抛锚”;标示架空管线的三角形标牌尖端朝下,标牌上部写“架空管线”。

③颜色:立柱为红、白色相间斜纹,标牌为白色、黑边、黑字。

④灯质:标牌的三个顶端各设置白色(或红色)定光灯一盏。

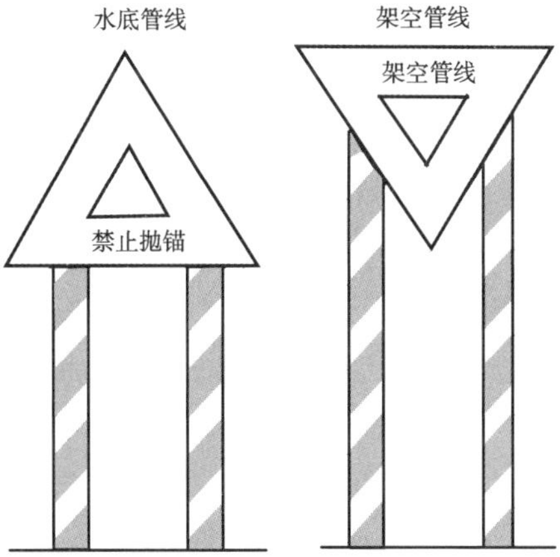


图 7-17　管线标

(2)专用标。

①功能:标示锚地、渔场、娱乐区、游泳场、水文测量、水下钻探、疏浚作业等特定水域;或标示取水口、排水口、泵房以及其他航道界限外的水工构筑物。

②形状:任选。

③颜色:黄色。

④灯质:黄色,单闪光或双闪光。

2. 海区航标

海区航标是指为海区船舶安全航行提供的不同用途的各类水上助航标志。

国际航标协会,成立于 1957 年,最初是作为技术协会,为来自世界各地区的航标管理当局、生产厂商和咨询机构提供一个平台,共同致力于协调全球范围内航标系统的标准、促进船舶安全和有效地航行、加强海上环境保护。1980 年 11 月,在日本东京召开了第 10 届国际航标会议,通过了国际标准《海区水上助航标志》,结束了 100 多年来世界海区水上助航标志制式繁多、复杂混乱的局面。

国际标准《海区水上助航标志》中,除了侧面标志中浮标、灯光的颜色因各国习惯不同未能统一而分为 A、B 两区域外,其余标志的种类、含义、布设方法、形状、灯质等都已完全统一。A 区域系统左红右绿,B 区域系统左绿右红。英国、法国、比利时、荷兰、波兰、丹麦、瑞典、挪威、冰岛、俄罗斯等欧洲国家,非洲、澳大利亚及亚洲一些国家水域,均采用 A 区域系统;日本、菲律宾以及以美国为代表的美洲国家,则实施 B 区域系统。我国采用的是 A 区域系统。

海区航标一般规定,船舶在沿海、河口的航道航行时用以确定航道左、右侧的根据为浮标系统习惯走向,船舶顺航道走向航行时,其左舷一侧为航道左侧,右舷一侧为航道右侧。航道走向规定如下:

①从海上驶近或进入港口、河口、港湾或其他水道的方向;

②从外海、海峡或者岛屿之间的水道,原则上指围绕大陆顺时针航行的方向;

③在复杂的环境中,航道走向由航标管理机关规定,并在海图上用“”表示。

《海区水上助航标志》共有五类:侧面标志、方位标志、孤立危险物标志、安全水域标志和专用标志。

1)侧面标志

侧面标志是依航道走向配布的,用以标示航道两侧界限,或标示推荐航道;也可用以标示特定航道。侧面标志包括航道左侧标、右侧标和推荐航道左侧标、右侧标。

(1)航道左侧标、右侧标(图7-18)。

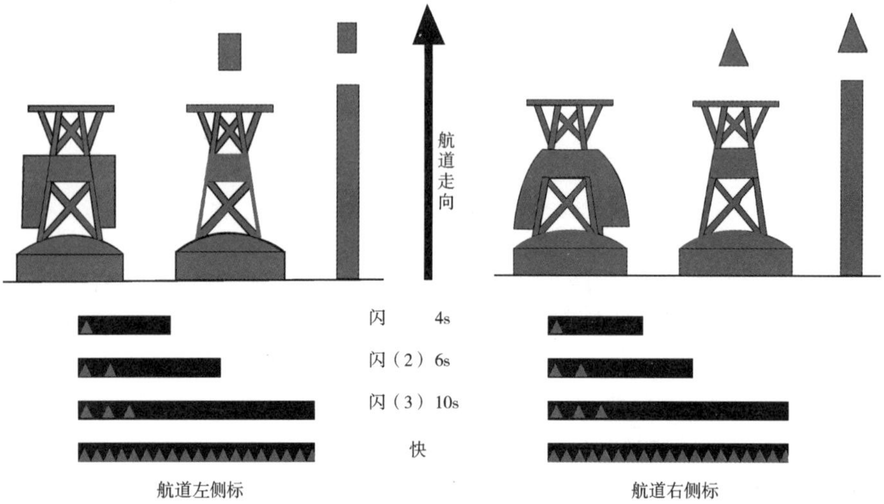


图7-18 航道左侧标、右侧标

航道左侧标、右侧标分别设在航道的左侧、右侧,标示航道的左侧、右侧界线,顺航道走向行驶的船舶应将航道左侧标、右侧标置于该船的左舷、右舷通过。航道左侧标、右侧标的特征规定见表7-1。

航道左侧标、右侧标特征规定 表7-1

| 特征 | 航道左侧标 | 航道右侧标 |
|---|---|---|
| 颜色 | 红色 | 绿色 |
| 形状 | 罐形,或装有顶标的柱形或杆形 | 锥形,或装有顶标的柱形或杆形 |
| 顶标 | 单个红色罐形 | 单个绿色锥形,锥顶向上 |
| 灯质 | 红光,单闪,周期4s | 绿光,单闪,周期4s |
| | 红光,联闪2次,周期6s | 绿光,联闪2次,周期6s |
| | 红光,联闪3次,周期10s | 绿光,联闪3次,周期10s |
| | 红光,连续快闪 | 绿光,连续快闪 |

(2)推荐航道左侧标、右侧标(图7-19)。

推荐航道左侧标、右侧标设立在航道分汊处,也可设置在特定航道。船舶沿航道航行时,推荐航道左侧标标示推荐航道或特定航道在其右侧;推荐航道右侧标标示推荐航道或特定航道在其左侧。推荐航道左侧标、右侧标的特征规定见表7-2。

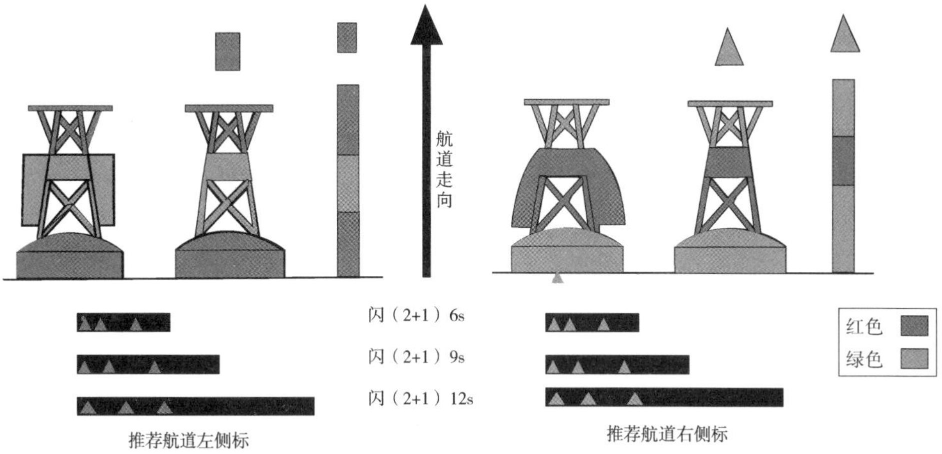


图 7-19　推荐航道左侧标、右侧标

**推荐航道左侧标、右侧标特征规定**　　表 7-2

| 特征 | 推荐航道左侧标 | 推荐航道右侧标 |
|---|---|---|
| 颜色 | 红色，中间一条绿色宽横带 | 绿色，中间一条红色宽横带 |
| 形状 | 罐形，或装有顶标的柱形或杆形 | 锥形，或装有顶标的柱形或杆形 |
| 顶标 | 单个红色罐形 | 单个绿色锥形，锥顶向上 |
| 灯质 | 红光，混合联闪 2 次加 1 次，周期 6s | 绿光，混合联闪 2 次加 1 次，周期 6s |
| | 红光，混合联闪 2 次加 1 次，周期 9s | 绿光，混合联闪 2 次加 1 次，周期 9s |
| | 红光，混合联闪 2 次加 1 次，周期 12s | 绿光，混合联闪 2 次加 1 次，周期 12s |

2）方位标志（图 7-20）

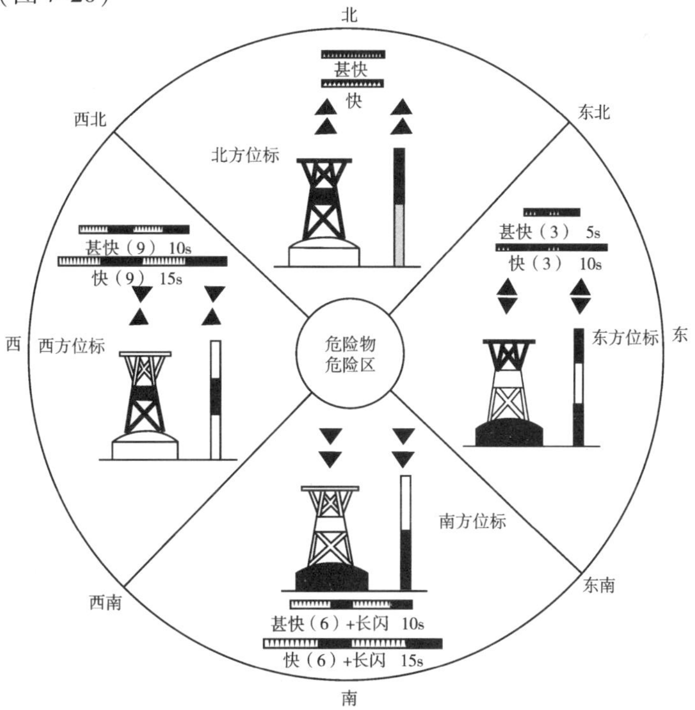


图 7-20　方位标志

方位标志设在以危险物或危险区为中心的北、东、南、西四个象限内,即真方位西北至东北、东北至东南、东南至西南、西南至西北,并将对应象限命名为北方位标、东方位标、南方位标、西方位标,分别标示在该标的同名一侧为可航水域。

方位标志也可设在航道的转弯、分支汇合处或浅滩的终端。

北方位标设在危险物或危险区的北方,船舶应在本标的北方通过;东方位标设在危险物或危险区的东方,船舶应在本标的东方通过;南方位标设在危险物或危险区的南方,船舶应在本标的南方通过;西方位标设在危险物或危险区的西方,船舶应在本标的西方通过。方位标志的特征规定见表7-3。

**方位标志特征规定** 表7-3

| 特征 | 北方位标 | 东方位标 | 南方位标 | 西方位标 |
|---|---|---|---|---|
| 颜色 | 上黑下黄 | 黑色,中间一条黄色宽横带 | 上黄下黑 | 黄色,中间一条黑色宽横带 |
| 形状 | 装有顶标的柱形或杆形 | | | |
| 顶标 | 上下垂直设置的两个锥体 | | | |
| | 锥顶均向上 | 锥底相对 | 锥顶均向下 | 锥顶相对 |
| 灯质 | 白光,连续甚快闪 | 白光,联甚快闪3次,周期5s | 白光,联甚快闪6次加一长闪,周期10s | 白光,联甚快闪9次,周期10s |
| | 白光,连续快闪 | 白光,联快闪3次,周期10s | 白光,联快闪6次加一长闪,周期15s | 白光,联快闪9次,周期15s |

3)孤立危险物标志(图7-21)

孤立危险物标志设置或系泊在孤立危险物之上,或尽量靠近危险物的地方,标示孤立危险物所在。船舶应参照有关航海资料,避开本标航行。孤立危险物标志的特征规定见表7-4。

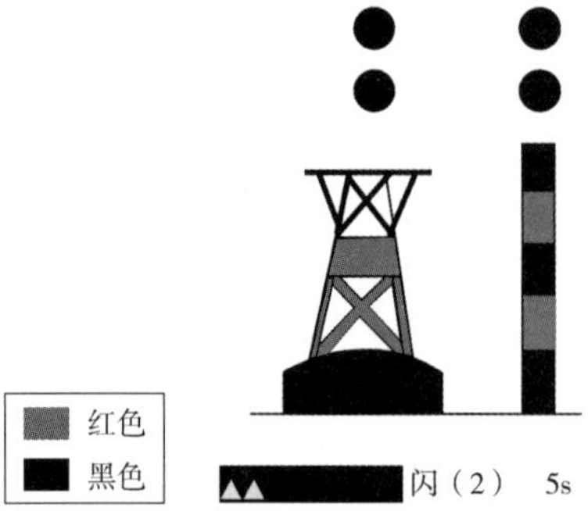


图7-21 孤立危险物标志

**孤立危险物标志特征规定** 表7-4

| 特征 | 孤立危险物标志 | 特征 | 孤立危险物标志 |
|---|---|---|---|
| 颜色 | 黑色,中间有一条或数条红色宽横带 | 顶标 | 上下垂直的两个黑色球形 |
| 形状 | 装有顶标的柱形或杆形 | 灯质 | 白光,联闪2次,周期5s |

4)安全水域标志(图7-22)

安全水域标志设在航道中央或航道的中线上,标示其周围均为可航水域;也可代替方位标或侧面标指示接近陆地。安全水域标志的特征规定见表7-5。

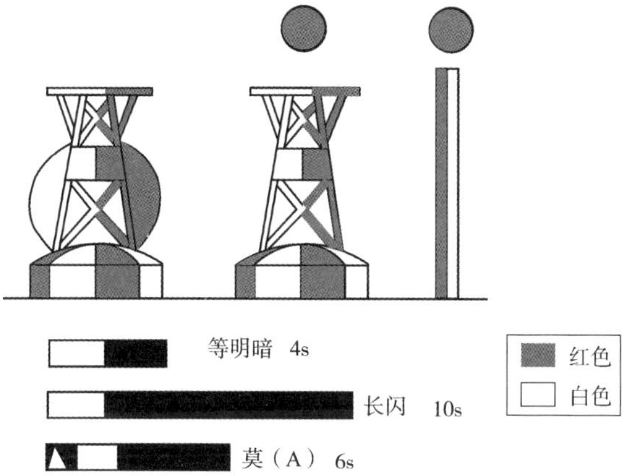


图7-22　安全水域标志

安全水域标志的特征规定　表7-5

| 特征 | 安全水域标志 |
|---|---|
| 颜色 | 红白相间竖条 |
| 形状 | 球形,或装有顶标的柱形或杆形 |
| 顶标 | 单个红色球形 |
| 灯质 | 白光,等明暗,周期4s |
| | 白光,长闪,周期10s |
| | 白光,莫尔斯信号"A",周期6s |

5)专用标志(图7-23)

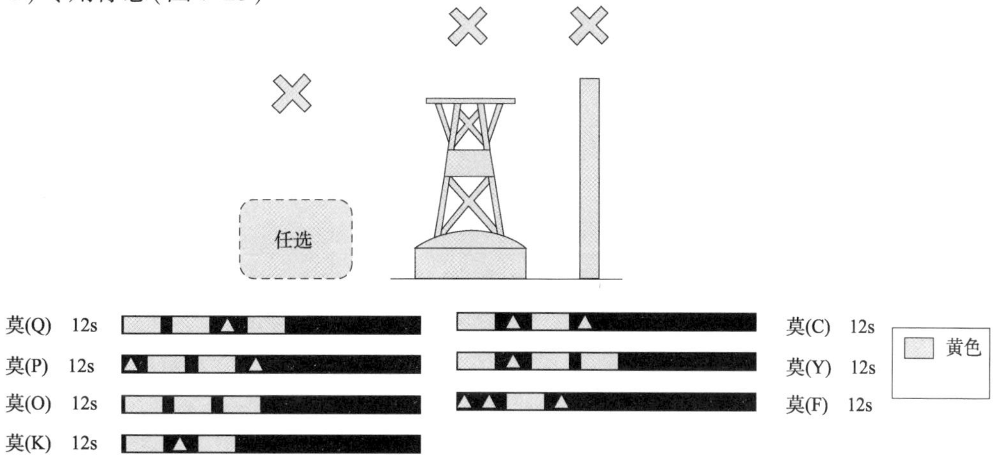


图7-23　专用标志

专用标志是用于标示特定水域或水域特征的标志。按照用途划分,专用标志主要包括以下七类:①锚地;②禁航区;③海上作业区;④分道通航;⑤水中构筑物;⑥娱乐区;⑦水产作业区。如表7-6所示。在特殊情况下,超出本标准所列专用标志的七种用途时,经航标管理机关批准,可另行确定灯质和标记。专用标志的特征规定见表7-7。

专用标志一览表　　表7-6

| 标志用途 | 标记 | | 灯质 | | |
|---|---|---|---|---|---|
| | 颜色 | 符号 | 光色 | 莫尔斯信号 | 周期(s) |
| 锚地 | 黑 |  | 黄 | Q<br>— — · — | 12 |
| 禁航区 | 黑 |  | 黄 | P<br>· — — · | 12 |
| 海上作业区 | 红/白 | 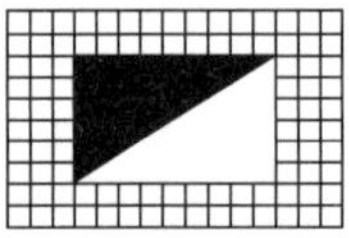 | 黄 | O<br>— — — | 12 |
| 分道通航 | 黑 | 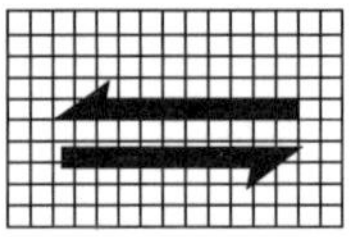 | 黄 | K<br>— · — | 12 |
| 水中构筑物 | 黑 | 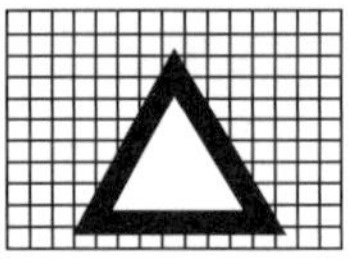 | 黄 | C<br>— · — · | 12 |
| 娱乐区 | 红/白 | 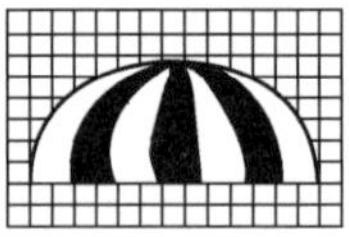 | 黄 | Y<br>— · — — | 12 |
| 水产作业 | 黑 | 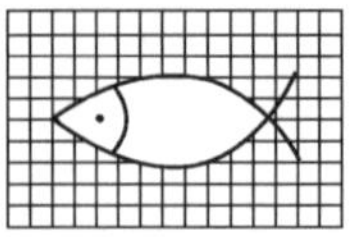 | 黄 | F<br>· · — · | 12 |

注:本表所列周期均可以15s为备用周期。

专用标志的特征规定　　表7-7

| 特征 | 专用标志 | 特征 | 专用标志 |
|---|---|---|---|
| 颜色 | 黄色 | 顶标 | 黄色,单个“×”形 |
| 形状 | 不与浮标和水中固定标志相抵触的任何形状 | 灯质 | 符合图7-23和表7-6的规定 |

（三）航道标牌

1. 航道标牌的基本概念

航道标牌是用文字、图形和符号形式揭示航道信息、宣传航道法规的内河助航标志，由航道管理机构根据实际需要设置和养护。

2. 航道标牌的种类

航道标牌主要有10种，分别为指向牌、地点距离指示牌、地名牌、分界牌、桥梁信息牌、航道信息提示牌、港口（服务区、锚地）预告牌、宣传（告示）牌、里程牌、可变信息标志。

1）指向牌

（1）功能。

标示航道前方交叉、河口的方向、地名（主要城市、主要航线、集镇、港口、船闸等）及其距离。

（2）设置地点。

一般设置在标示航道与其他等级航道的交叉口弯道起点的50～150m外的航道右侧，并以100m为宜。当交叉河口为分水岛型叉口时，指向牌应设置在凸出岸形的顶点处。

（3）设置方向。

面对来船方向设在航道右侧，与航道中心线方向成60°～90°夹角。指向牌布置示意图如图7-24所示。

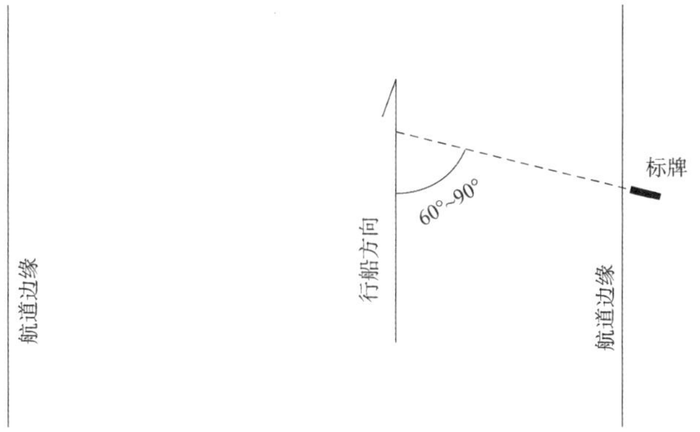


图7-24　指向牌布置示意图

（4）设置数量。

分汊航道的每个汊河口设置1块。每个"十"形四汊河口共设4块，每个"┣""┫"和"T"（或"Y"）形三汊河口共设3块。

（5）地名要求。

地名应以航道沿线的主要特征地名如省名、市名、县名或主要乡镇名为主，也可为沿线重要的港口、大型船闸或停泊锚泊、服务区等。

2）地点距离指示牌

（1）功能。

对从主要的交汊河口进入本航道后即将到达的沿线主要特征地名（省、市、县或船闸、港口或锚泊地等的名称)和里程长度加以标识,起到对过往船舶航行的提示作用。地名应由近而远、从上而下地排列。

(2)设置地点。

一般可设在主要航道的汊河口进入本航道后的一定距离范围(顺直河段)内。如果汊河口少且航道里程长,也可在进入地级市后的一定范围内设置1处地点距离指示牌。

(3)设置方向。

面对来船方向设在航道右侧,与航道中心线方向成60°~90°夹角。

(4)设置数量。

每1处地点距离指示牌可标示2~3处地名和距离。

3)地名牌

(1)功能。

对本航道即将到达的沿线主要特征地名(省、市、县名或船闸、港口或锚泊地等,并可延伸至航道沿线的主要城镇的名称)加以标识,起到对过往船舶航行的提示作用。

(2)设置地点。

可在航道沿线进入某地区辖地后的一定距离内。

(3)设置方向。

面对来船方向设在航道右侧,与航道中心线方向成60°~90°夹角。

(4)设置数量。

航道沿线经过的每处重要地点设1处地名牌。

4)分界牌

(1)功能。

对航道沿线经过的县级或县级以上的航道管理区域进行标识,可对船舶航行起到一个较好的提示作用。

(2)设置地点。

分界牌可设置在航道沿线上的2个相邻的县级或县级以上航道管理区域的交界处。

(3)设置方向。

面对航道与航道平行。

(4)设置数量。

每1处分界牌可标示2处地名,航道沿线经过的每处县级或县级以上行政区划交界处可设1处分界牌。

5)桥梁信息牌

桥梁信息牌分为桥梁信息提示牌、桥梁通航标尺两种类型。

(1)功能。

桥梁信息提示牌标示前方进入桥梁通航水域,对航道跨线桥梁的通航净空高度进行标示,以对过往桥梁的船舶航行起到一个较好的提示作用。

桥梁通航标尺标示跨河桥梁处的即时通航净高,对超高船舶起到警示作用,以保证桥梁及船舶的通行安全。

(2)设置地点。

桥梁信息提示牌可设置在航道沿线到达桥梁前的大于该处河口宽处的右侧。桥梁通航标尺设在上、下行靠右的主桥墩上,设置原则:

①桥梁通航标尺的设置位置应不影响桥柱灯的设置。

②桥梁不是一跨过河,桥墩位于水域内。

③两座或两座以上的桥梁距离在100m以内时,按照一座桥梁来设置,标尺设置在右侧航道的第一座桥墩上。

④同一区域、同一水位梯级范围内有多座相同的桥梁(指桥梁类型、等级、净空相同)时,选择一座有代表性的桥梁来设置。

(3)设置方向。

面对来船方向,与航道中心线方向成60°~90°夹角。

(4)设置数量。

每座桥梁的上、下游侧100m外应各设1块桥梁信息牌。

6)航道信息提示牌

(1)功能。

标示航道起点和终点的名称和航道里程,对一些主要航道的名称、航道等级等基本航道信息加以标示,告知过往航行船舶,起到宣传和普及航道的基础知识等作用。

(2)设置地点。

除航道起、讫点指示牌一般设在各航道的起点和终点附近外,在航道沿线的重要的交汊河口附近设置航道信息提示牌。

(3)设置方向。

面向航道与航道平行。

(4)设置数量。

每条等级航道上设置2块航道起、讫点指示牌,主要航道与其他重要航道的交汊河口附近设1块航道信息提示牌。

7)港口(服务区、锚地)预告牌

(1)功能。

对航道沿线的重要港口、水上服务区和航道停泊锚地的位置进行预告,以方便船民及时了解服务信息和停靠、使用。

(2)设置地点。

可设在航道沿线的重要港口、水上服务区和航道停泊锚地到达前的1~2km处。

(3)设置方向。

面对来船方向设在航道右侧,与航道中心线方向成60°~90°夹角。

(4)设置数量。

各港口或锚地的上、下游侧各设1块。

8)宣传(告示)牌

(1)功能。

揭示与航道管理相关信息为主的标牌,包括与船舶航行、航道法规的宣传、航道条件保护相关的重要条款。航道上的“文明航道牌”也可作为宣传(告示)牌的一种,用于标示本航道为文明航道。

(2)设置地点。

可设在航道沿线的主要城镇、重要港口(码头)、水上服务区等附近。

(3)设置方向。

面向航道与航道平行。

(4)设置数量。

可根据各条航道的实际状况因地制宜地确定宣传(告示)牌的设置数量。

9)里程牌

(1)功能。

在航道沿线上按一定的方向(以上游起点为 0km)和一定的间隔距离(一般以 1km 计)设置里程牌,标示该航道的名称和当前的累计公里数。

(2)设置地点。

可设在航道沿线上距离起点的整公里数处,遇到特殊地形难以设置里程牌的,可跳开不设。有直立式驳岸的里程牌可结合驳岸结构采用附着式;斜坡式护岸的里程牌可设置在坡顶附近,有需要时可浇筑混凝土基础;自然岸坡的航道里程牌可设在设计最高通航水位线以上 1m 处。

(3)颜色。

标牌为白底,航道名称和里程数字为黑字(凹字)。

(4)设置方向。

面向航道与航道平行,航道两侧均设置。

(5)设置数量。

与各条航道的整治里程数相关,取整设置。

10)可变信息标志

(1)功能。

可反映航道、船闸、水文、气象等与船舶航行有关的航道动态信息,还可以显示水上过河建筑物随时变化着的实际通航净空高度。

(2)显示及要求。

方式有 LED、翻版式等。可根据功能要求、显示内容、控制方式、环保节能、经济性等选择。可变信息标志版面大小及显示的字体、字高、间距等按照清晰、易辨的原则确定,颜色宜选用红字黑底、黑字白底、白字蓝底其中一种。

(3)适用区域。

一般用于干线航道、干支流交汇口和通航密集区以及船闸、服务区等重要区域。

### 3.航道标牌的配布与设计基本要求

航道标牌应按照航线和区域规划合理布局,航道标牌配布设计应当符合交通运输部相关规范的技术要求。一般应达到以下要求:

①航道标牌应设置在船舶驾驶人员便于发现和判读标志的地方。

②航道标牌版面的文字内容应当简洁、明了、规范、正确、工整。汉字采用标准汉字中的大

黑字体,标牌中除宣传(告示)牌和里程牌外,有汉字之处可标注英文,当采用中英两种文字时,地名用汉语拼音,专有名词用英文。

③航道标牌的显形视距不小于1.5km,航道标牌内容的可识别视距不小于150m。

④航道标牌的里程牌为白底黑字,其他标牌采用绿底白字。

⑤设置于航道左侧的标牌立柱应采用黑、白色相间斜纹,设置于航道右侧的标牌立柱应采用红、白色相间斜纹。斜纹自上而下为顺时针螺旋形;斜纹与水平面之间的夹角为30°~60°,斜纹宽度为0.3~0.5m,斜纹间距离相等。

⑥航道标牌中的里程数应采用整公里数累计,并标明计量单位。计量单位采用国际单位制(SI)单位的国际代号表示。

⑦双柱式结构适用于尺寸较大的航道标牌,单柱式和F悬臂式结构适用于中、小型尺寸的航道标牌。

⑧双柱式航道标牌内缘距离航道边缘(直立式护岸指前沿线,下同)不得小于0.5m,单柱式或F悬臂式标牌伸入航道边缘的距离不得大于1.5m。里程牌的外缘距离航道边缘不得小于0.5m,当里程牌为附着式时,其设置高度应高于设计最高通航水位并低于直立式护岸顶高程。

⑨航道标牌版面下缘与地面或驳岸压顶距离:单柱式或双柱式的立柱不得小于2m,F式立柱不得小于4m。安装在门架上的航道标牌下缘距离设计最高通航水位的高度不应低于《内河通航标准》(GB 50139—2014)规定的该等级航道水上过河建筑物的通航架空高度,附着式航道标牌应设在设计最高通航水位以上。

⑩同一地点需要设置二种及以上标志时,航道标牌版面可分体制作,组合安装,垂直排列在一组标牌杆上,但最多不能超过三个,不应互相遮挡。

## (四)航标工程

### 1.航标工程简介

航标工程是航道工程的一个重要组成部分。

航标工程的特点是既不同于航道整治或疏浚工程的一个个浅滩险段的治理工程,又不同于一般的航标维护工作。航标工程通常是带有基本建设性质的,在港口水域及一个较长河段通过连续不断的航标设置、维护和管理,构成的一个供营运船舶使用的助航设施体系的工程,它是从勘测设计开始直至实施和转入正常维护、管理的一项系统工程。

需要实施航标工程的水域有:新开发的可通航河段;新开发或扩建的可通航港口及水域;提高了航道等级或提高了航标配布类别的原设标河段;通过系统的航道整治工程及枢纽、桥梁等的建设而改变了原有通航条件的河段。

实施航标工程,应首先调查该港口、水域或河段的自然状况和航行条件,结合航道等级、航运现状及远景,充分论证,确定日后航标维护的类别,以便确定航标工程设计中所需的航标数量、船艇数量、设备、维护管理机构及原材料的数量,概预算以及航标配布原则等提供基础资料。

### 2.航标工程设计

航标工程设计的主要内容如下:

1)综述

包括批准的初步设计文件和有关批文,建设单位委托设计的文件,设计依据、任务、范围及设计内容的简要说明。

2)设计条件

包括河道或港口、水域基本概况,起讫范围,河床组成,通航条件及水文、气象条件,航道现状及其发展远景及河段内沿、跨海、河建筑物及碍航物等。

3)航标配布设计

包括航标配布设计依据[如《内河航标技术规范》(JTS/T 181-1—2020)、《内河通航标准》(GB 50139—2014)、《内河航道维护技术规范》(JTJ 287—2005)、《中国海区水上助航标志》(GB 4696—2016)等],航道等级及维护类别,航标的位置、数量和种类及设标的技术要求,通行控制河段的位置、数量与上下界限以及信号标志设置的技术要求。

4)标志标灯设计

包括标志结构、外形尺寸、航标灯器与能源选择及灯质要求。

5)航标维护管理

航标维护管理机构的确定及定员编制,航标站房、信号台房的布置与设计,航道维护设施如航道工作船、航标艇的选型及数量。

6)施工组织计划

施工总工期及分期计划安排,施工条件、质量和安全。此外,航标工程设计尚应包括工程概算及工程所需主要材料等。

3. 内河航标配布类别

根据《内河航标技术规范》(JTS/T 181-1—2020)的规定,内河航标配布类别应根据航道条件与运输需要,通过技术经济论证确定。内河航标配布可分为以下四类。

①一类航标配布:配布的航标夜间全部发光。白天,船舶能从一座标志看到次一座标志;夜间,船舶能从一盏标灯看到次一盏标灯。

②二类航标配布:发光航标和不发光航标分段配布。在昼夜通航的河段上配布发光航标,其标志配布与一类航标配布相同;在夜间不通航的河段上配布不发光航标,其标志配布密度与三类航标配布相同。

③三类航标配布:航标配布的密度比较稀,不要求从一座标志看到次一座标志,对优良河段的沿岸航道可沿岸形航行不再配布沿岸标,但每一座标志所表示的功能与次一座标志的功能应互相连贯,指引船舶在白天安全航行。

④重点航标配布:只在航行困难的河段和个别地点配布航标。优良河段一般仅标示出碍航物。根据需要与条件配布发光航标或不发光航标。船舶需借助驾驶人员的经验,利用航标和其他物标航行。

4. 航标维护方式

航标维护方式与航标配布类别、设标数量、设标水域自然条件及水文条件、通航船舶密度、运量、船舶尺度等有着密不可分的关系。内河航标一般有由航道局、分局(河区航道局)、航道处(段)构成的三级管理或航道局、航道管理处构成的两级管理;海区航标由海事局、航标处构成两级管理。

具体采用何种维护方式是航标工程设计要研究确定的重要问题。

5. 航标工程的实施

按照航标工程设计施工总工期和分期计划安排，航标工程的实施应包含以下几个阶段和内容：

①标志及标灯的选型、制造或订购。

②船艇及维护设施（如段、站房、信号台房等）的建造。

③人员培训，如站长、司机及一般船员的培训。

④标位勘定与标志设置：山区河流航标标位可用油漆漆于岩石上并标明水位涨落时的标位移动方向；平原河流则需适应当时航道变化状况勘定岸标标位以及不同水位期的浮标概位。

⑤船舶试航与标位调整：标志设置完成后，应组织各种类型的营运船舶进行试航，并根据试航中发现的问题及驾驶人员的意见调整标位。

⑥工程竣工验收，交付管理，航标工程设计及施工即告完成，随之转入航标的正常维护阶段。

# 课题二　航标的设置与配布

## 一、课题引入

在了解了航标的分类后，需要进一步掌握如何正确地设置和配布航标。

## 二、课题分析

正确设置和配布航标，需要综合考虑多方面的情况，如航道的尺度、等级，岸标或浮标的结构、尺度等。

## 三、相关知识

### （一）航标的结构

1. 岸标结构

岸标是固定航标的一种，一般采用埋设的方法设置在岸边。过河标、沿岸标、导标、过渡导标、首尾导标、通行信号标、鸣笛标、界限标、水深信号标、横流标、节制闸标、泛滥标、杆形侧面标等都属于岸标。

岸标由标杆和顶标（或信号）组成（图7-25）。标杆主要起支承和安装顶标（或悬挂信号）的作用，一般为圆柱形，多采用钢管灯桩。顶标安装在标杆的上端，表示该航标的种类和功能。

信号标的标杆为上下不相等的十字形,垂直于地面的杆件称为标杆,水平杆件称为横桁(图7-26)。信号标通过拉绳和定滑轮悬挂在横桁下。

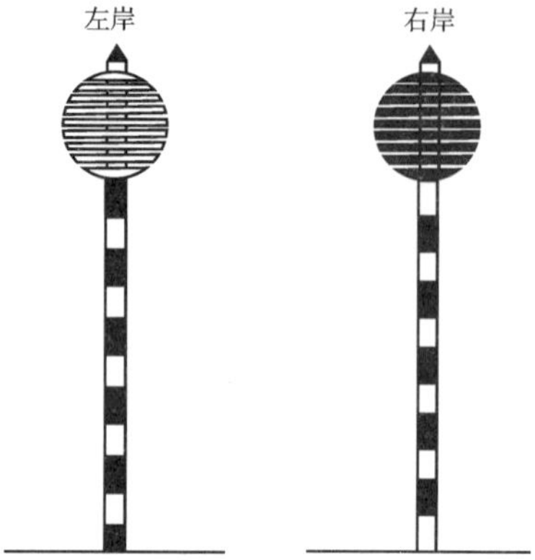


图7-25 沿岸标结构

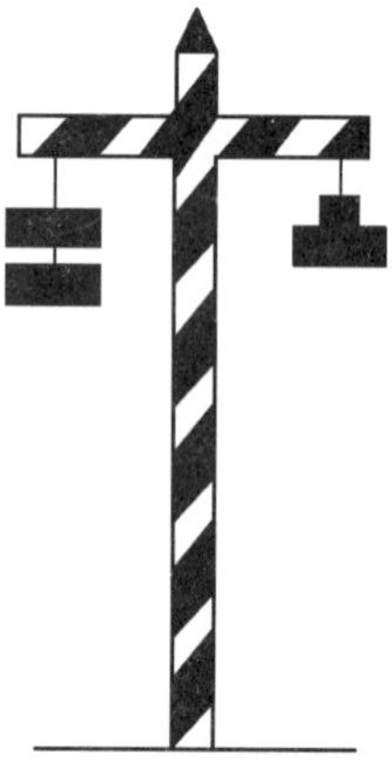

图7-26 信号标结构

岸标的附属结构有梯形牌、编号牌、卡瓦、攀梯、支柱、加固牵索、灯座、电池箱架(或电池箱)、连接件、防撞构件、反光膜等,它们的作用和基本结构分别是:

(1)梯形牌。

①作用:加大标志的明显度。

②结构:板条结构,由梯杆和梯板组成。

(2)编号牌。

①作用:书写航标编号的号码。

②结构:长方形实心牌面。

(3)卡瓦。

①作用:将顶标或梯形牌或编号一牌连接在标杆上。

②结构:瓦形双合铁块。

(4)攀梯。

①作用:便于航标员上下标杆进行作业。

②结构:简单。有一种与标杆连成一体,以标杆为主干,在标杆上安装L形横档,另一种为单独的整体,如生活中使用的扶梯。

(5)支柱。

①作用:支撑标杆,加强标志的稳固性。

②结构:使用一定尺寸的木条或角钢,一端入地,另一端支撑在标杆下部。

(6)加固牵索。

①作用:同支柱,也是加强标志的稳固性。

②结构:由$\phi$14mm的钢丝绳和花兰螺丝组成。钢丝绳一般有两根,长的一根一端系结在标杆下部,另一端扎结在花兰螺丝的一端;短的一根一端扎结在花兰螺丝的一端;另一端扎结在钢筋角钢上埋入地下。花兰螺丝起调节牵索松紧的作用。安装加固牵索的航标,每座设有2~3根。

(7)灯座。

①作用:安装航标灯。

②结构:分有支承架和无支承架两种。有支承架的用于水泥杆和木质标杆,支承架起连接标杆和支承灯座两种作用,用钢筋弯制而成,将灯座焊接在支承架上;无支承架的则用于钢质标杆,直接将灯座焊接在标杆上。灯座用平铁板加边框制成,铁板上钻有孔眼,用来穿旋螺栓固定标灯。也有的在边框上安装系耳,系耳成"∩"形,用来绑扎固定标灯的铁丝。灯座一般安装在标杆上部。

(8)电池箱架(或电池箱)。

①作用:安放电池。

②结构:常见的为板条结构的电池箱架(或电池箱)。电池箱架的尺寸由选用电池的尺寸决定,常用扁铁条焊制而成。有的电池箱架考虑到防盗,用铁板焊接而成,在适当位置钻上孔以便空气流通,并加制特制的锁。少部分河区还使用木料制成的电池屋。电池箱架(或电池箱)一般安装在灯座的下方。

(9)连接件。

如螺栓、系耳等,在适当部位安装系耳便于连接部件。

(10)防撞构件。

如洪泽湖湖区水中航标的防撞基墩、橡胶护舷、灯桩环形钢漂护舷。

(11)反光膜。

主要是运用于交通设施的警示牌、指路标牌,具有优良的反光性能,给夜间行船带来了极大的安全保障。由于反光膜具有优异的室外耐候性,夜间逆反射率比较高,能对各个角度的光造成逆反射,甚至全反射,十年以后的反光膜会保持原反光膜原反射能力的70%,特别适用于长期不宜更换的航标用标志和标牌。

2. 灯桩结构

灯桩也是固定航标的一种,用埋设或砌设的方法设置在水中或岸边,常为钢结构或砖混结构。内河航标中的示位标和部分侧面标常使用灯桩。常用的灯桩有柱形灯桩(图7-27)和塔形灯桩(图7-28)。塔形灯桩即为灯塔,一般装有高光强灯器、音响和无线电助航设备,射程不小于15海里,通常设置在与航行关系密切的岬角、岛屿等重要位置。

3. 浮标结构

(1)浮标组成。

浮标是漂浮在一定范围水面的航标,由浮体、上部标体和顶标组成。

(2)浮标类型。

常见的浮标有:柱形浮标(电浮标)、单船形浮标、双船形浮标、灯船和大型助航浮标等(图7-29)。浮标的标体一般为三角锥体和圆柱体。

①柱形浮标(也称电浮标)是在钢质罐形浮体上安装柱形灯架,多设于沿海及潮汐河口或湖泊等宽阔水域航道。

②单船形浮标为钢质船形浮体,舱面封盖严密,可根据需要在舱面上安装各种航标标体而成为具有不同作用的浮标,多设于浅水区或急流河段。

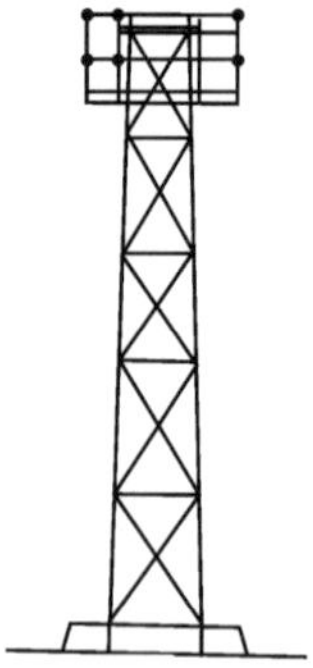

图7-27　柱形灯桩结构

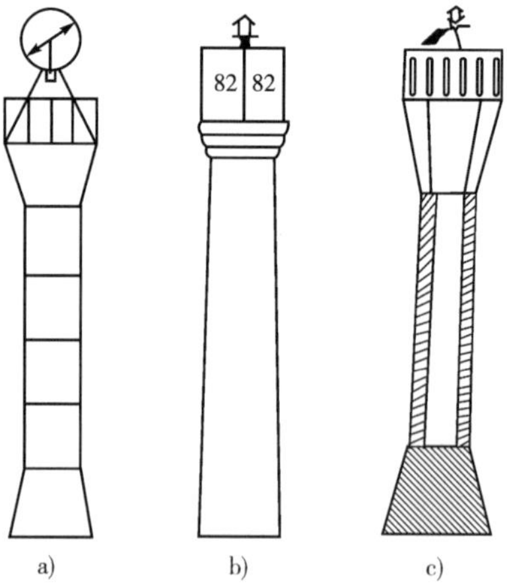


图7-28　塔形航标的形式

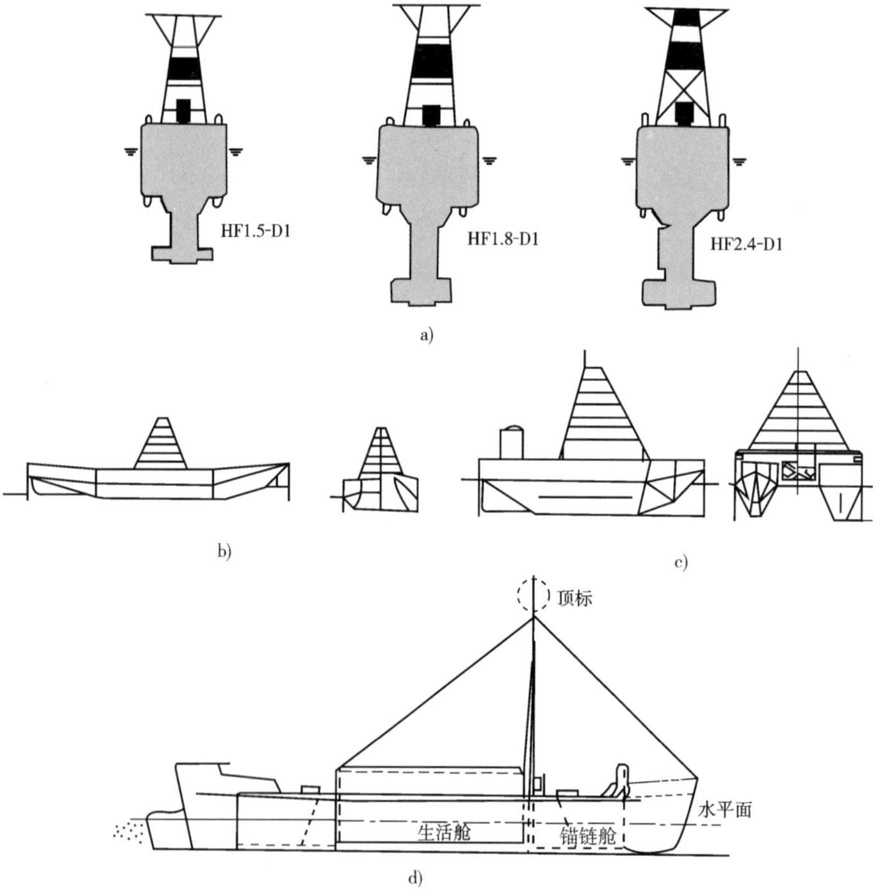


图7-29　各类浮标结构

a)深水电浮标;b)单船形浮标;c)双船形浮标;d)内河灯船

③双船形浮标为钢质双体船形浮体,舱面封盖严密,多设于浅水区。

④灯船是一种较大的船形浮动助航标志,常用于桥区航道的最上游或最下游第一座浮标,

或设在通航建筑物引航道入口处、分汊河段或港口口门等重要转向点或特定水域，以最显著的目标，供航行船舶定位或确定航向。

⑤大型助航浮标(又称兰比)，是标示港口口门、河口重要转向点等特定水域，供船舶测定船位，确定航向或为专用目的而设置的浮动助航标志。浮体通常是盘形的大形浮标。

(3)浮标系泊。

浮标系泊分为沉锤系泊和桩系泊两种。

①沉锤系泊是最普遍的浮标设标方法，按照沉锤和浮具的连接方式不同又可分为沉锤直接系泊法和沉锤间接系泊法。在河面宽阔、水流平稳的河段，用标缆将浮标和沉锤直接连接，再按照一定方法抛设系泊，这种方法称为沉锤直接系泊法；在流速较大、航道狭窄的河段，沉锤不直接系在浮标上，而是通过标缆系在定位浮棒上，浮标通过另一根标缆也系在定位浮棒上，这种方法称为沉锤间接系泊法。

②桩系泊法是用打入河底的木桩或铁桩代替沉锤而系泊浮标的一种方法，特别是在水深较小但流速较大、河床为石质的河段，使用沉锤不易抓住河底，浮标常因沉锤的移动而离位，宜采用桩系泊法。

## (二)航标的配布基本原则和要求

### 1. 一般规定

(1)航标工程设计的资料收集除应满足《航道工程设计规范》(JTS 181—2016)第 3.2 节的要求外，尚应补充最大连续阴雨天数、年平均日照时间、平均大潮高潮面以及工程河段已有航标配布情况等资料。

(2)航标配布设计应使用近期测绘的海图或航道图，比例尺一般不小于 1∶10000，重要部位或地形复杂时可根据需要适当加大。

(3)航标配布设计应标示出航道、碍航物、涉水建筑物、锚地和其他特定水域等。

(4)航标结构设计和设备选型应符合《内河航标技术规范》(JTS/T 181-1—2020)的规定，并应充分考虑维护的便利性以及人员的安全。

(5)浮标和航标的索具、锚具、电源和灯器、无线电装置等器材应配备一定数量的备品。

(6)航标维护管理的设施应根据航标的种类和数量合理配置，并适当留有余地。

(7)高等级航道以及运输繁忙、地处偏远或维护不便的航道，宜在航标上配置遥测遥控终端。

### 2. 内河航标工程

(1)内河航标配布和航标维护的类别应根据河段的自然状况和航行条件，结合航道等级、航道布置及航运需求确定。

(2)内河航标的配布设计应符合下列规定：

①航标配布应满足《内河航标技术规范》(JTS/T 181-1—2020)和《内河航道维护技术规范》(JTJ 287—2005)的有关规定。

②航标配布应按航道内船舶主要航线和航行条件，以标示上行或下行船舶航线为主的方法确定。在实施船舶定线制的河段，应按照船舶定线制的特点配布航标。

③航标的种类、形状、颜色和灯质应符合《内河航标技术规范》(JTS/T 181-1—2020)和《内河助航标志的主要外形尺寸》(GB 5864—1993)的有关规定。

(3)航标视距、同侧设标间距、航标配布宽度、设标水深、最小安全距离等航标配布主要技术参数的确定应符合下列规定。

①航标视距应根据当地通航环境、自然条件和航标外形尺寸确定。连续配布的航标,白天应能从一座标处看到同一航向上相邻的下一座标;夜间至少能从一座标处看到同一航向上相邻的下一座灯标的灯光。同侧设标间距应取航标视距的 4/5 ~ 9/10。

②航标配布宽度应满足航道宽度要求。弯曲河段航标配布应根据航道设置适当放宽,优良河段在确保航道范围内有足够维护水深的前提下可放宽航标配布宽度。

③设标水深不应小于所标示航道的维护水深。

④船舶航行与航标的最小安全距离可根据设标河段的具体情况和船舶驾引要求确定。岸标的最小安全距离自标位处的水沫线起算;浮标和水中灯桩的最小安全距离自标位处起算。

(4)航标的设置应满足下列要求。

①航标应根据河床形状和河岸地形合理选择岸标或浮标,岸标与浮标之间应有效结合。

②灯桩应设置在岸坡稳定、背景和通视条件良好的岸边,且应尽量靠近水沫线设置。塔形岸标应尽量设置于航道变化小、岸线稳定、地质条件良好、通视条件良好的位置,并应考虑标位处周边环境和岸线规划的要求。

③岸标顶标高程和标灯焦点高程应满足助航要求。

④同侧航标连线宜平顺衔接,并可引导船舶避开不利流态水域。

⑤侧面浮标所标示的通航水域内,应保证在航道同一侧相邻的两座浮标或同一侧相邻的浮标与岸标规定的最小安全航行距离的相连直线内,不得有小于维护水深的碍航物存在。

⑥侧面浮标设置地点可根据维护水深的变化调整。

(5)典型河段航行标志配布应符合《内河航标技术规范》(JTS/T 181-1—2020)的有关规定,并符合下列规定。

①当深槽河段沿岸航道宽度小于 2 倍航道标准宽度时,除设置沿岸标外,应在远岸侧航道边界设置侧面浮标,标示航道界限。

②在年内水位变幅较大的河段,必要时应按洪水期和枯水期分别进行航标配布设计。洪水期应标示出淹没的河岸和其他碍航物,并及时开辟经济航道。枯水期应准确标示航道方向,标示出浅滩航道的轮廓,揭示浅滩航道的最小水深。

③对弯曲河段、浅滩河段及礁石碍航河段,航标配布宜适当加密。对孤立碍航物,可采用双浮标前后标示。

④山区航道航标配布应满足水位陡涨陡落时标位可及时调整的要求,岸标不得距水沫线过远、过高或被水淹没。设计时应设置不同水位的备用标位或采用岸标与浮标交替使用的方式。对落差大的特殊标位,可采用标志与航标灯分开设置的方式,将航标灯设置在临水岸边。

⑤桥区航道航标配布应符合下列规定:

a. 对双向多线通航的大跨度通航孔,桥涵标设在双向通航桥孔的上、下行航道迎船一面,桥上方的适当位置,并根据桥区航道位置可能的调整变化,预留桥涵标、桥柱灯的悬挂装置。

b. 桥区浮标的配布与桥梁助航标志及桥区上、下游航标的设置相协调。

c. 在桥区航道边界成对设置侧面浮标，桥梁上、下游各不少于 1 对；在弯曲河段、水流条件不良河段、航行环境复杂的城市河段等，增加侧面标配布。

d. 桥区航道配布的每对侧面标的连线，通常与桥轴线平行；同侧航标配布间距一般由桥梁处逐步向外增大。

e. 单孔双向通航桥梁的桥区航道，在边界设置侧面标志，并按《内河航标技术规范》(JTS/T 181-1—2020)的有关规定设置；双孔单向通航桥梁的桥区航道，在通航桥孔的外侧边界设置侧面标志，或在两个通航桥孔航道中央设置左右通航标；三孔或有主、辅通航桥梁的桥区航道，用侧面标标示主通航孔航道的边界，需标示辅通航孔时，在辅通航孔航道两侧设置少量侧面标志，当主通航孔航道与辅通航孔航道相邻时，允许在相邻航道中间设置左右通航标替代侧面标。

f. 将连续桥区视为整个桥区航道，统一配布桥区侧面标。

⑥在实施船舶分道航行或通航船闸引航道等河段，航道两侧的侧面标志宜成对配布。航行环境复杂河段的航标可加密设置。

⑦在航道分汊处、重要码头、停泊区、水上服务区、锚地以及分道航行起始点等处，宜设航道标牌。

(6)信号标志配布设计应符合下列规定：

①在上、下行船舶相互不能通视的急弯航道，航道宽度不能满足船舶对驶或并行追越需要的狭窄航道等通行控制河段，均应设置通行信号标以对船舶实行通行控制。

②通行控制河段应设置通行信号标、鸣笛标、界限标和通行信号台。通行信号台的位置和数量应根据控制范围和通视条件确定。

③通行控制河段可分为常年通行控制河段和季节性通行控制河段，信号标志的设置应符合下列规定：

a. 在弯曲河段，当上、下行船舶常年不能通视时，设立常年通行控制河段及相应的通行信号标。

b. 在弯曲河段，当上、下行船舶季节性不能通视时，设立季节性通行控制河段及相应的通行信号标。

c. 在其他河段，因通航条件需进行通行控制时，视具体情况设立常年或季节性通行控制河段及相应信号标。

④通行控制河段的通行控制时段或水位应按具体条件合理确定。

(7)对航道整治建筑物、码头、取水口等临河建筑物，应根据其对船舶航行影响程度及建筑物保护需要配布专设航标；对桥梁、管线等过河建筑物和水上锚地、施工区等特定水域，应根据通航需要和保护要求配布专设航标；对地质滑坡区等，可根据通航需要配布专设航标。

(8)专设航标配布应符合下列规定。

①专设航标的配布宜选用专用标志标示特定水域。在特定水域四周端点设置专用标志标示水域范围。必要时，可设置航道标牌标示特定水域性质。

②专设航标的配布应与主航道航标相协调。位于航道上的专设航标应采用侧面标等航道标志。

(9)各类航标的外形尺寸应符合《内河助航标志的主要外形尺寸》(GB 5864—1993)的有关规定,在大型河流上,可按照标准规定的尺寸按比例放大。对同一水系或同一水网地区相同等级的航道,航标种类和外形尺寸选择宜一致。

(10)航标结构设计应符合下列规定:

①航标结构设计宜使用标准图集或主管部门许可的通用图纸。

②钢质浮标的浮具材料应使用船用钢板,表面宜进行防滑设计并设置护栏,应采用耐腐蚀、抗褪色、少维护的涂料。

③灯塔、塔形岸标等大型岸标的结构应按照《高耸结构设计规范》(GB 50135—2019)的有关规定设计,并应根据《建筑物防雷设计规范》(GB 50057—2019)的有关规定,按第二类防雷建筑物进行防雷设计。

④大型岸标出入口的设置高程应考虑当地最高水位的淹没影响,塔顶应留有助航设备的安装空间。整体外形设计在符合航标颜色、图案、功能等标准要求的前提下,应美观大方,与周围环境相协调。

⑤岸标表面宜采用抗老化、抗褪色、免维护的材料。

⑥岸标应设置便于人员上下维护的安全通道,岸标标位处宜设置便于维护的标路。

(11)航标灯器、电源宜选用高效、节能、环保、经济和便于维护的设备,并应符合下列规定:

①各类航标的灯质应符合《内河航标技术规范》(JTS/T 181-1—2020)的有关规定。

②航标灯器选型应满足《航标灯通用技术条件》(JT/T 761—2009)的有关规定。

③航标电源的容量应根据航标灯器的工作电流、静态电流、工作时间、连续阴雨天正常工作的规定天数等进行综合测算,并留有一定的余地。

④航标电源应确保航标灯器的用电。其他辅助设施的用电不应影响规定的航标灯器在连续阴雨天下正常发光的天数。

(12)浮标系留方式应根据设标地点的水文、气象、地质情况,浮具形式等系留条件综合分析确定。锚链、沉石应符合《浮标通用技术条件》(JT/T 760—2009)和《浮标锚链》(JT/T 100—2005)的有关规定。

3. 海区航标工程

(1)海区航道应设置完善的视觉航标系统。视觉航标的种类、外形、颜色及灯质等应符合《中国海区水上助航标志》(GB 4696—2016)、《海区浮动助航标志配布导则》(GB/T 26781—2011)、《中国海区灯船和大型浮标制式》(GB 15359—1994)、《中国海区水中建(构)筑物标志的规定》(GB 17380—2020)(2020 年 11 月 17 日发布,2021 年 12 月正式实施)、《中国海区可航行水域桥梁助航标志》(GB 24418—2009)的有关规定。

(2)航道口门标志的设置应符合下列规定:

①有条件时航道口门应设置灯塔和灯桩等岸上固定标志,并与干线上的航标相衔接;无条件设置岸标时,可设置灯船或大型浮标等浮动标志。

②标示航道入口的浮标,宜设置在航道中轴线或边线的延长线上,并应与航道入口保持足够的距离,对 10 万吨级以下的航道不应小于 1 海里,对 10 万吨级及以上的航道不应小于 2 海里。

(3)在不同地理环境和航道条件下,航标设置应符合下列规定:

①在航道附近的山头、岬角、岛屿以及航道边线附近的凸嘴、礁石等危险物上应设置固定标志。对有碍航行的水下障碍物和浅水区,应设置浮标,标示出安全航道。

②对人工航槽或狭窄航道,应设置航道侧面标志标示航道界限,对通航条件较差的航道可设置导标。

③对需要标示的自然航道,可根据航道的实际需要采用对称、交错、单侧或中间设置等方式设置侧面标志或安全水域标志。

④对复式航道,应根据航行要求和设置条件布设标志。对中间大船航道、两侧小船航道的复式航道,可用航道侧面标标示小船航道外侧界限;对大船航道与小船航道分开设置的复式航道,可在两个航道外侧设置航道侧面标。

⑤对船舶定线制水域航道,当分隔带、分隔线分辨有困难时,可用安全水域标志或分道通航专用标志标示分隔带、分隔线位置。

⑥对桥区航道,当通航条件受限时,应设置桥区浮动助航标志。浮动助航标志应与桥梁助航标志的设置相配合,宜沿航道两侧成对设置,宜不少于两对,其中第一对距桥身的距离不应小于桥梁设计最大通航船舶船长的5倍。浮动助航标志根据桥梁通航孔形式,可按下列要求配置:

a. 在单孔双向通航桥梁桥区航道边界设置侧面标志。

b. 对双孔单向通航桥梁桥区航道,在通航桥孔的外侧边界设置侧面标志,或在两个通航桥孔航道中央设置分道通航专用标志,驶离通航孔后的外侧边界侧面标志允许少设或不设。

c. 三孔通航桥梁桥区航道,用侧面标志标示主通航孔航道的边界;需标示辅通航孔时,在两外侧航道的外边界设置侧面标志,并用推荐航道侧面标志标示主通航桥孔航道的两侧边界。

⑦在航道交叉处应设置推荐航道侧面标,当推荐的主航道难以明确时可在交叉处设置方位标志。

⑧航道侧面标志设置应符合下列规定:

a. 尽可能沿航道轴线左右对称、前后等距布置,潮流与航道夹角较大或狭窄航道沿航道轴线交错、单侧等距设置。

b. 同航向侧面标志间的布设间距根据当地通航环境确定,通常为1~2海里,特殊情况下适当缩小;对直线段的浮标间距,原则上保证在标准气象能见度条件下,白天至少能从一座标处看到同一航向上相邻的下一座标;夜间至少能从一座标处看到同一航向上相邻的下两座灯标的灯光。

c. 布设宽度根据航标的结构特性、船舶通航要求、航道尺度和工况条件确定,标志在水面的位置一般不侵占航道。

d. 连续设置的航道侧面标,灯质一般按单闪、双闪、三闪有规律地设置,转向点处通常选用快闪,在背景灯光较多的航道,通常采用同步闪光。

⑨在航道分岔汇合处应设置推荐航道侧面标,当推荐航道不明确或为避免与附近左右侧面标志相混淆时,可设置方位标志。

(4)在靠近航道的涉水建筑物上应设置标示建筑物位置的警示标志,并应符合下列规定:

①靠近航道的防波堤或导流堤的堤头、转折点和堤身处应设置灯桩,其灯光不得与水中标

志相混淆。口门处的灯桩标身颜色应分别为左侧红白相间、右侧绿白相间。

②靠近航道的潜堤堤头宜用灯桩标示,设置困难时可用灯浮标标示。

③当整治建筑物所处水域通航环境复杂时,可采取增加标志配布密度、设置电子警示牌等措施。

(5)无线电助航设施应根据船舶航行需要和航道条件设置。在航道口门、重要转向点、导堤堤头和其他重要部位,应设置雷达应答器、雷达指向标或 AIS(Automatic Identification System,船舶自动识别系统)航标。在条件受限的特殊水域或重要位置,可设置虚拟航标。无线电助航设施可与视觉航标同时设置,也可单独设置。

(6)音响航标可作为辅助性的助航设施,且宜与视觉航标共同设置。在灯塔或航道口门灯船上可设置雾号,在航道关键部位的浮标上可设置浪动音响装置。

(7)航标设备的选型与配置应符合下列规定:

①灯浮标、锚链应满足《浮标通用技术条件》(JT/T 760—2009)和《浮标锚链》(JT/T 100—2005)的有关要求。在风浪、流速较小,锚抓力较好的航道水域,浮标、锚链的长度宜取最大水深的 3 ~ 4 倍;当风浪、流速较大,锚抓力较差时,锚链长度应根据具体情况适当增加。

②灯塔、灯船或大型浮标应配有主灯、备用灯以及主灯与备用灯自动切换装置。主灯灯光射程应不低于 10 海里。

③灯塔、灯桩的灯光,可在其射向危险区或危险物的作用范围内设置色光弧;对非观测部位的灯光宜做遮光处理。

④灯塔、灯桩的灯光焦面高程应满足地理视距与设计灯光射程的要求。

⑤在冰情严重水域设置的航标应适应冰冻的影响。

(8)大型灯浮标、灯船等结构应进行专项设计。

(9)灯塔设计应符合《灯塔主体及附属设施设置要求》(JT/T 321—2020)的有关规定。

(10)对于孤立的灯塔、灯桩应根据《建筑物防雷设计规范》(GB 50057—2019)的有关规定,按第二类防雷建筑物进行防雷设计。

4. 导标工程

(1)在人工航槽、狭窄航道等通航条件较差的航道,宜根据地理环境条件以及船舶航行要求设置导标。

(2)导标轴线设计应符合下列原则。

①导标轴线通过陆域的地面高程,应满足导标地理视距和前后标标顶垂直张角的要求。

②沿导标轴线观察时应有比较明亮或深暗的背景,避开色彩杂乱的建筑群,并应通视良好,远离泊位、锚地和港口大型机械等。

③在导标轴线两侧容许偏离范围内的水深应符合要求,其边线应与附近障碍物保持一定安全距离。

(3)导标设计计算应按相关规定执行。

(4)导标位置及轴线方向的测定应符合《水运工程测量规范》(JTS 131—2012)的有关规定。

(5)导标前后标间距需调整时,可沿导标轴线适当调整后标位置,必要时可同时调整前标位置,调整后适用段各部位视觉偏离量不应大于设计偏离量。

(6)导标标身、标牌可采用实体的塔形或标架上置标牌,并应符合下列规定:

①标牌形状可选用矩形、三角形、正方形、梯形、圆形等,其外形轮廓应保证在沿导标轴线观察时具有明显的形状特征。

②标牌由纤细的板条构成或牌面部分镂空时,其镂空部分面积不得大于标牌面积的1/3,间隙或空孔应均匀分布。

③导标标身、标牌的表面色应根据背景明暗选用黑色、白色、红色或黄色。标身正对轴线方向或标牌中间可按下列方式涂与标身颜色不同的竖条,竖条宽度为标身、标牌宽度的1/4。

a. 黑色标身、标牌涂白色或黄色竖条;

b. 白色标身、标牌涂黑色或红色竖条;

c. 红色标身、标牌涂白色竖条;

d. 黄色标身、标牌涂黑色竖条。

④塔形标身表面应选用表面比较粗糙的材料。正对导标轴线的标身平面可向后倾斜5°~10°。

⑤白天使用灯光的导标可适当减小前后标标身、标牌的设计宽度,或视具体情况不安装标牌。

(7)前后导标的灯光射程均应满足导标的最远引航距离,且观察者在使用段观察到的前后标灯亮度应大致相同。导标灯质宜采用前后标同步闪光,也可视具体情况选择后标定光、前标闪光;导标灯光颜色可依背景情况选择白色、红色和绿色,前后标的灯光颜色必须一致。

## (三)航行标志配布

### 1. 山区河流航标配布

山区河流的特点一般是航道狭窄弯曲、多碍航礁石、陡比降、大流速、水位变幅大及流态较坏等。故山区河流航标配布须针对上述特点。

山区河流航道上的运输船舶航线的确定是以上行船舶航线为主的。由于航道狭窄,下行船舶以分心行驶居多,从一岸过渡到另一岸的现象不甚明显,而上行船舶由于需贪走缓流,就必须不断地过渡,故航标配布特别是过河标、沿岸标的设立,必须按照上行船舶航线配布。但同时也要考虑下行船舶“吊向”“抓点”的需要,配布必要的标志。

在充分发挥岸标的作用方面,较之平原河流,山区河流更为重要。考虑到流速急、流态坏、水位变幅大等因素,浮标往往更易于被航行船舶、流木、渣草等碰撞或挂翻失常,故凡可设立岸标的地方,尽量设置岸标。唯有在选定岸标标位时或在日常维护工作中,应尽量考虑水位变幅大的特点,注意岸标不得距水沫线过远、过高或被水淹没冲走。

此外,《内河通航标准》(GB 50139—2014)虽规定深槽河段沿岸航道的可航范围,一般为航道标准宽度的2倍,但山区河流除具有前述水文特点外,两岸时有凸嘴突出,或者由于深槽河段流速过急,上行船舶需在对岸缓流中行驶等原因,其可航范围,虽已达到标准宽度的2倍,但仍需在对岸凸嘴或砾石滩上设立相应的岸浮标志。

山区航道变化相对稳定,航标标位较少变化,为确保航标的设立、撤销变化及时,所设的岸标和浮标宜规定其维护水位和时间。

2. 平原河流航标配布

平原河流浅滩航道多出现于枯水期或中枯水期的分汊河段、汇流河口等处，从一岸到另一岸的过渡段尤易形成碍航浅滩，在沙质河床河段，由于冲淤活动频繁，浅滩航道位置、水深等经常处于变化之中，故航标配布应根据随时探测及测量结果予以调整，使航标能随时为船舶标示出或提供安全而经济的航行条件。

在过渡段浅滩航道上，一般是在过河航道的两端河岸上设置过河标或过渡导标，但当过河处的岸边滩较大或在岸上一时无法设标时，在不影响视距条件的前提下，过河标可改用浮标形式设置。

浅滩过河航道通往上、下深槽的两端出入口，应各设一对侧面浮标（图7-30）。如果该航道较长，可以在它中间适当加设侧面浮标；如果航道弯曲，应当在凸弯处加设侧面浮标，标示弯曲航道的界限（图7-31）。

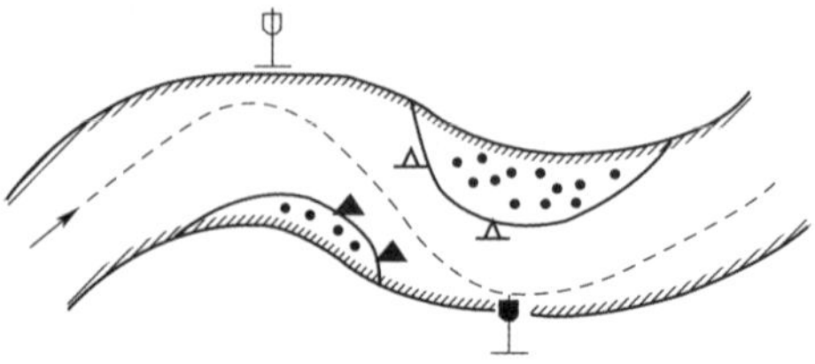

图7-30 浅滩过河航道航标配布

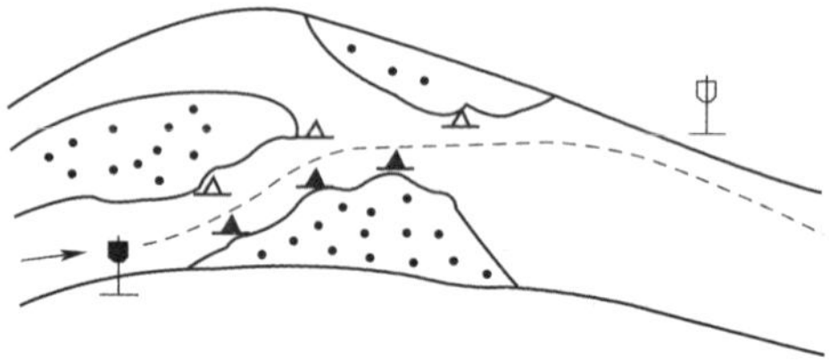

图7-31 弯曲浅滩过河航道航标配布

浅滩航道中设置侧面浮标时应设在浅滩、礁石伸向航道的一侧。每对侧面浮标的设置，应当尽量互相错开。任何碍航物，应根据它的形状、大小和碍航程度，用一座或几座侧面浮标标示（图7-32）。

浅滩航道的上、下深槽的出入口在同一岸时，应在上、下两端的河岸上分别设置沿岸标。平原河流深槽航道多位于优良河段的微弯河段、顺直河段的分心部分及弯曲河段的凹岸一侧，浅滩航道在中洪水期或洪水期由于水位抬高也可能成为深槽航道。

深槽过河航道的两端河岸上应设置过河标。如果过河航道为碍航物所束窄，可改设过渡导标，必要时在碍航物靠近航道一侧设置侧面浮标，标示船舶偏离导线的允许范围（图7-33）。

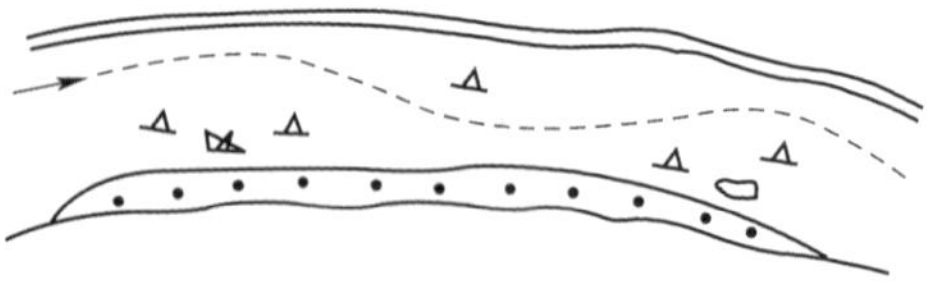

图7-32 用浮标标示碍航物

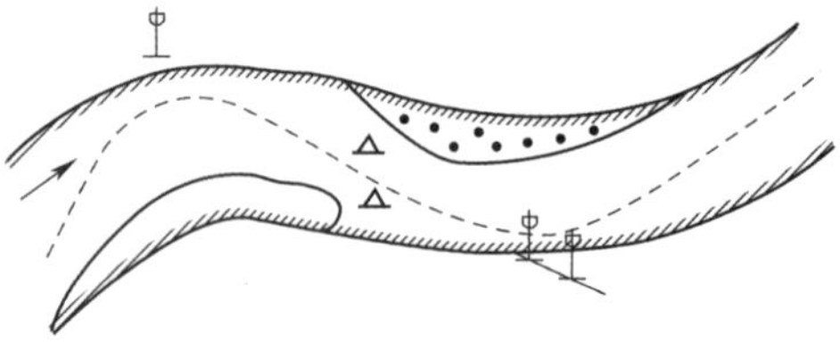

图7-33 窄深槽过河航道航标配布

如果同岸相邻两座过河标之间的沿岸航道距离过远或者为岸边突出部分所遮挡，不能从一座标志看到它同岸的另一座标志，应当在两标中间或在岸边突出处设置沿岸标（图7-34）。如因航道弯曲，同岸相邻两标间的连线超出航道界限，应在河岸凹入处加设沿岸标（图7-35）。

狭窄沿岸航道的陡岸河段，设置沿岸标有困难时，可以将锥（罐）形浮标改设在岸上，作为岸标形式设置，也可设在露出水面的孤立碍航物上（碍航物附近必须有足够水深）。

河心航道，主要用标示航道界限的侧面浮标标示（图7-36），如果航道狭窄，也可以用一系列导标标示航道方向(图 7-37)。

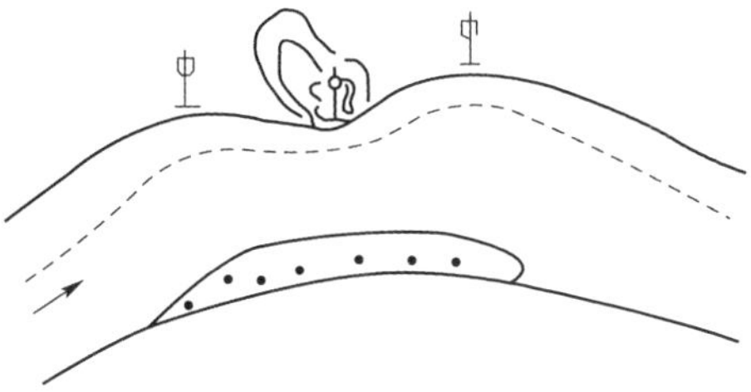

图 7-34　凸岸深槽沿岸航道航标配布

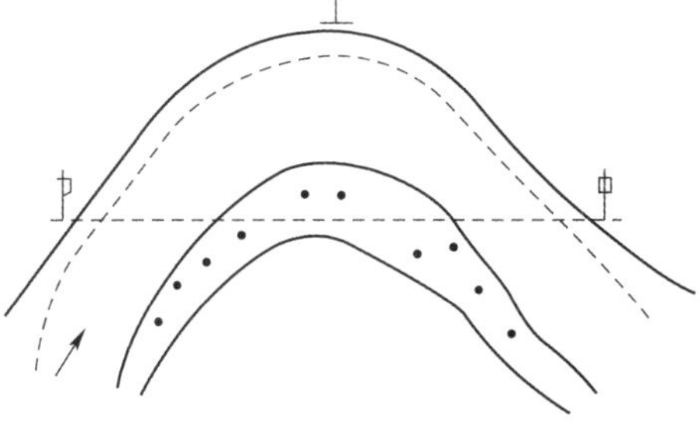

图 7-35　凹岸深槽沿岸航道航标配布

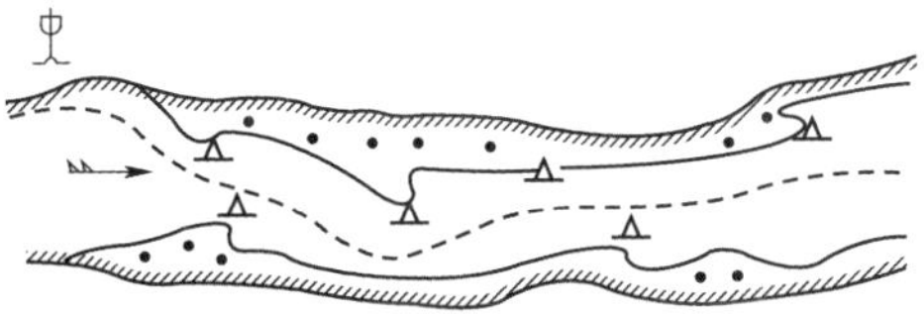

图 7-36　河心航道航标配布

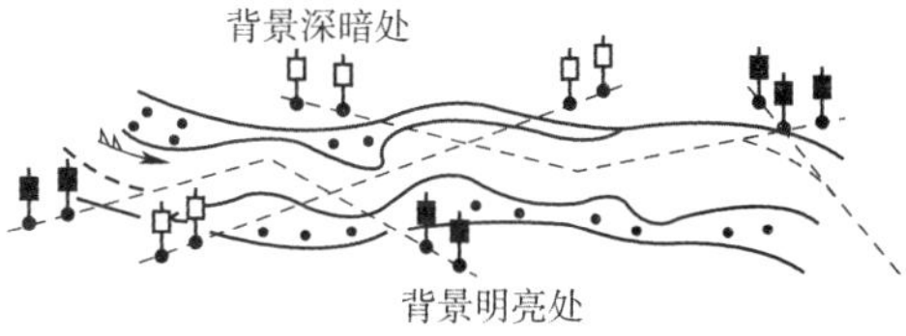


图 7-37　用导标标示河心航道

3. 湖泊水库航标配布

湖泊、水库水面比较宽阔,一般用侧面标标示捷径航道的界限和碍航物,用示位标标示岛屿、礁石、浅滩岸嘴的特定位置,供船舶确定航向。

从湖泊、水库或宽阔水域进入河口的航道,如较为宽阔和顺直,可在河口的一岸设置示位标,标示河口的位置。如果进口航道比较狭窄,还可设置导标标示航道方向。

风浪较大的湖泊、水库,根据需要和可行性在有足够水深的上风岸设置沿岸标,开辟沿岸副航道。

水库和湖泊的航标配布分别如图 7-38 和图 7-39 所示。

图 7-38　水库航标配布

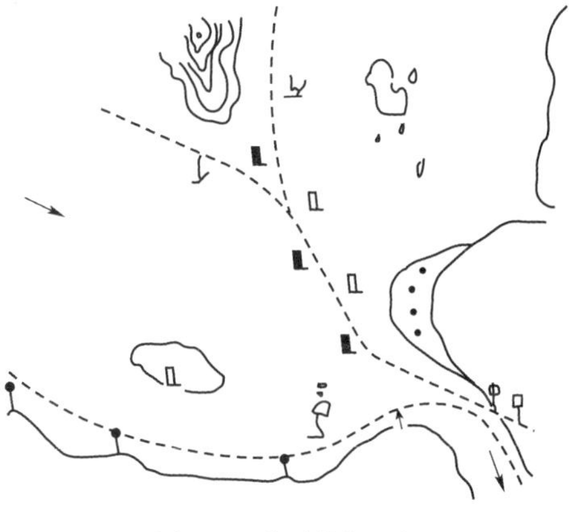

图 7-39　湖泊航标配布

4. 水网地区航标配布

水网地区船舶基本上沿河心航行。航标配布应着重标示通航河口、岸滩、突出的岸嘴和特别弯曲的岸形,以及防止船舶误入支河汊港的侧面标(图 7-40)。比较顺直的优良航道,可不配布航标。在有横流的节制闸附近,必要时应设置横流标。

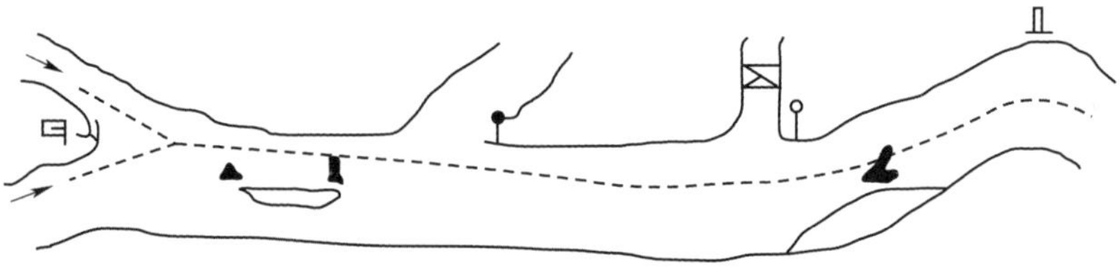

图 7-40　水网地区航标配布

水网地区的沙洲,应视具体情况在其上、下两端设置侧面浮标或左右通航标,用以指出单侧航道或两侧都能绕行的航道。

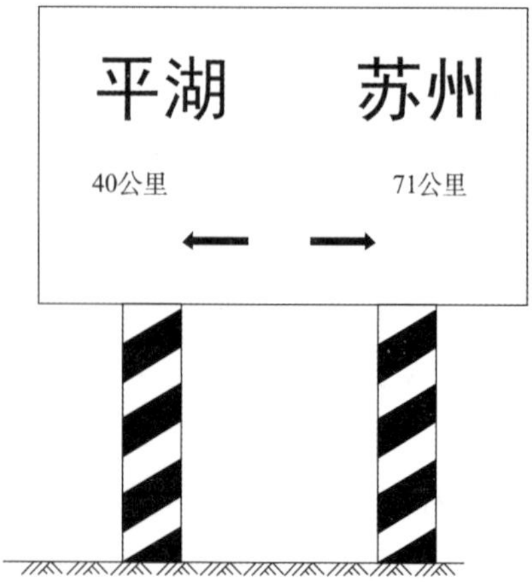


图 7-41　指路牌

在两条航道分汊处,可加设指路牌(图 7-41),指示通往的地名与里程。

5. 小河流简易航标配布(图 7-42)

航运不甚发达的小河流,可只在航行困难的河段重点配布航标。

白天通航的河段,主要配布一些指示狭窄航道边缘碍航物的侧面标。

一般情况下,侧面浮标可以不遵循同侧浮标之间连线上不得有小于维护水深碍航物的要求,只要求在相邻两标连线上有足够水深,指示船舶循标志顺序航行。夜航河段,除上述标志应发光外,在弯曲河段、河岸凸嘴处还应适当配布发光的侧面标标示岸线,使船舶能按照灯标所标示的岸形驶过弯曲河段,避免发生触岸的危险。

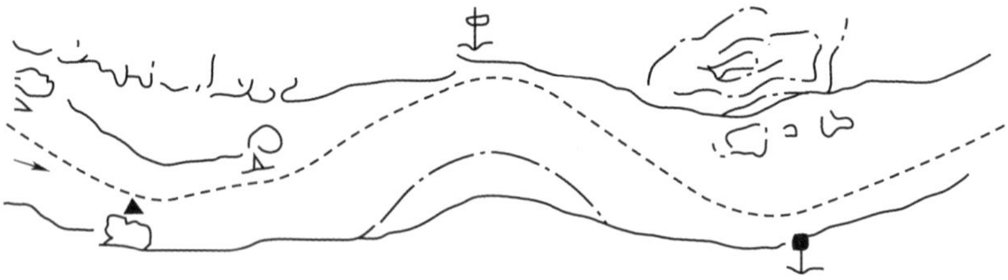

图 7-42　小河流简易航标配布

6. 桥区航标配布

桥区航道的航标配布由桥涵标及标示通航桥孔航道的侧面标组成。

双孔或多孔通航的桥梁,一般选择主流通过的桥孔,供下行船舶通航,并在该桥孔面向上游一面设置桥涵标;或选择流速较小的桥孔供上行船舶通航,并在该桥孔面向下游一面设置桥涵标。

单孔通航的桥梁,在桥孔的上、下游两面均设置桥涵标。必要时,可设置通行信号标,控制船舶单向顺序通航。

航行条件复杂的桥区航道,应在通航桥孔迎船一面两侧桥柱上加设桥柱灯。

桥区航道还应根据航道条件和航行需要在进入通航桥孔前的航道上配布侧面标(航行条件优良或小河流的桥区航道可不配布侧面浮标)。当桥梁位于顺直河段,水流流向与桥梁轴线大体垂直时,在由上游驶向桥孔的航道上,距桥梁100~300m处设置一对侧面标,两标的连线应与桥梁基本平行。

当桥梁位于弯曲河段或水流流向与桥梁轴线的垂线之间的角度超过10°时,在由上游驶向桥孔的航道上,设置两对侧面标:第一对侧面标距离桥梁100~300m;第二对侧面标距离桥梁400~800m,每对标的连线应与桥梁基本平行。必要时还可再增设侧面标,其与桥梁的距离可以根据具体条件适当增大,几对侧面标的中心线应与水流流向平行(图7-43)。

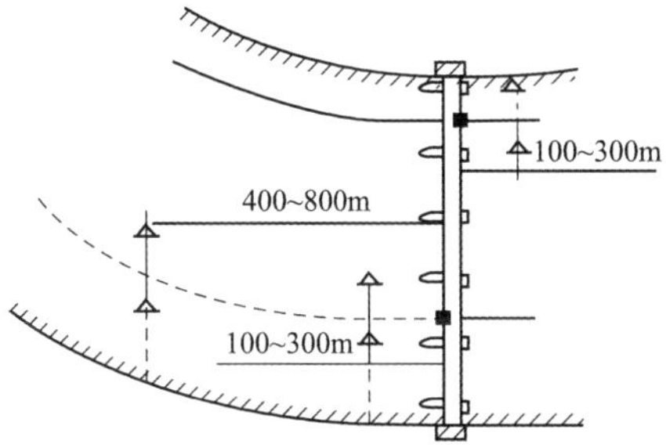


图7-43 桥区河段航标配布

上述各对侧面标之间的距离一般与桥孔的航道宽度相等。第二对侧面标的间距根据具体情况也可稍大于第一对侧面标的间距。

在受潮汐影响的桥区航道上,在桥梁的上、下游可分别配布相同的侧面标。

7. 船闸航道航标配布

在船闸引航道上、下导堤首端各设置目标明显的侧面岸标一座,标示引航道的进、出口。引航道较长的,可根据航道条件与航行需要,在引航道两岸适当配布侧面标标示岸形。如果引航道内出现浅滩、碍航物,应设置侧面浮标标示航道界限。

为了控制船舶按顺序进出船闸,在上、下闸门附近或引航道进、出口处设置通行信号标。

大型船闸需要进行远程控制的,可在船闸上引航道的上游和下引航道的下游,根据通航控制河段的航标配布原则,配布通行信号标与鸣笛标,控制船舶进入引航道。

船闸闸室有效长度两端界限处,应设置或在闸墙上镶绘界限标,标示闸室内允许船舶安全停靠的界限。

在上、下引航道供船舶等候进闸的停靠界限,也可设置界限标或用标牌标示船舶停靠的界限(图7-44)。

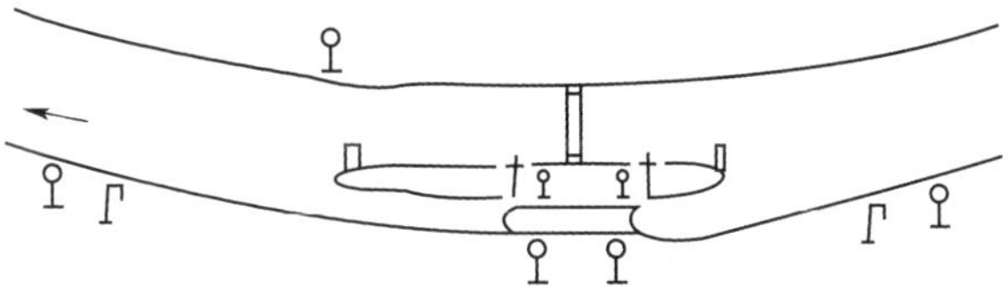

图7-44 船闸、节制闸航标配布

8. 潮汐河口航道航标配布

潮汐河口航道大多是内河与海区沿海港口航道相连接的过渡性航道,多与国际航运接轨,其助航标志的配布应符合《中国海区水上助航标志》(GB 4696—2016)的规定,其他航标也应符合有关规范的要求。

为指引船舶接近和进入港口,应选择有利地形设置灯塔、灯桩等岸上固定标志,并与沿海航线上的航标相衔接。无条件建设岸标时,可设置灯船、兰比等浮动标志。

在可供船舶航行利用的山头、岬角、岛屿以及航道附近的凸嘴、礁石等危险物上可设置岸标,对有碍航行的水下障碍物和浅水区应设置标志,标出安全航道。当可航水域宽阔、进出港船舶航行频繁,需要实行进出港分道航行时,应设置一系列标志,标示分隔线位置。

对狭窄航道或人工航槽应设置导标,并配以必要的浮标。当设置导标有困难时,应设置浮标标示航道界限。

对自然水深航道,当连续设置浮标时,应尽量取直航线、减少转弯并等距设置。

浮标间距应根据通航船舶的船型、船速和设标水域的水文气象等因素综合分析确定。对于直线段的浮标间距,原则上应满足以下条件:白天从一个标能见到同一航向上相邻的下一个标;夜间从一个灯标能见到同一航向上相邻的下两个灯标。连续设置侧面标的间距一般取1~2 海里;安全水域标的间距一般不大于3 海里。

锚地的位置和范围,如无其他标志可供船舶确认时,应设一个或几个标志予以标示,所设标志应尽量采用固定发光标志,以兼作锚泊船舶定位之用。

需要标示的回旋水域,应设置若干灯浮标或灯桩,标示出其范围和有碍安全的浅水区或危险物。对于调头点的具体位置,当需要特殊标志时,一般采用导标与单标相结合的办法加以标示。

接近航道的堤坝端部应设置灯桩,其灯光不得与水中标志相混淆。口门处的灯桩应按进口方向左侧红光、右侧绿光设置。当堤坝较长,其走向与航道走向平行并接近时,应在堤(坝)身适当间隔处设置固定标志。

白天及夜晚航标配布分别如图7-45、图7-46 所示。

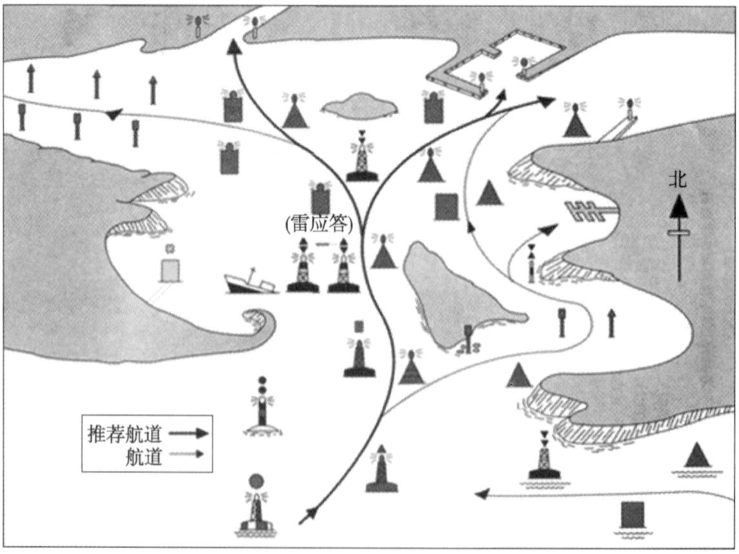


图7-45 航标配布示意(白天)

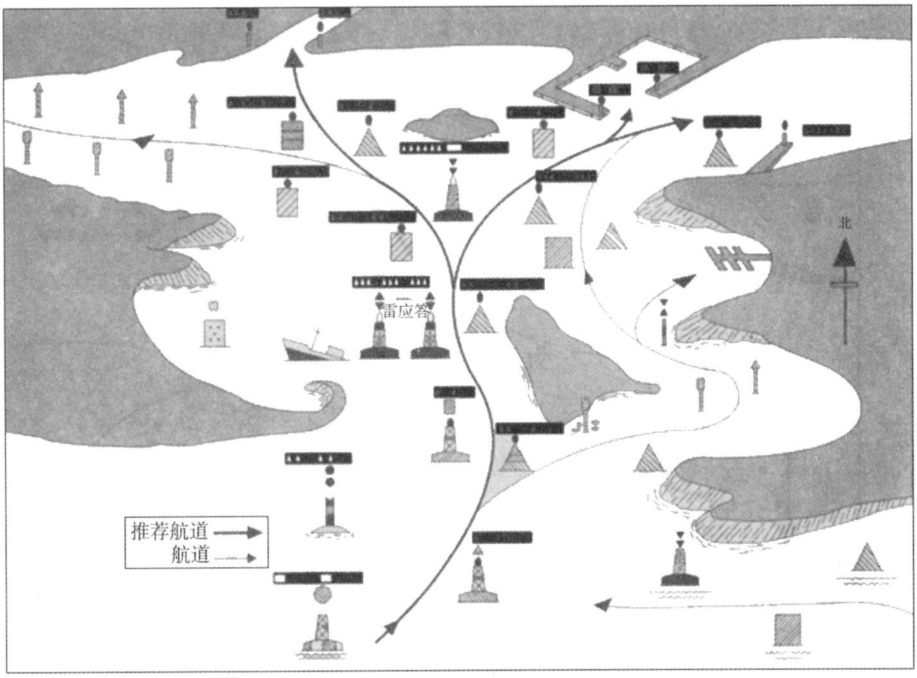


图 7-46　航标配布示意(夜晚)

小结

**一、航标的分类**

(1)按航标工作原理分类:视觉航标、音响航标、无线电助航设施。

(2)按航标设置水域分类:内河航标、海区航标。

**二、航标的结构**

(1)岸标结构:由标杆和顶标(或信号)组成。

(2)灯桩结构:常为钢结构、砖混结构。

(3)浮标结构:由浮体、上部标体、顶标组成。

**三、航标配布**

有效地综合应用各种助航设施,简单明了地指出安全、经济而又便于船舶航行的航道。

练习与思考

1. 什么是航标?其主要功能是什么?
2. 简述航标的发展史。
3. 航标是如何进行分类的?
4. 什么叫内河航标?其主要功能是什么?
5. 如何区分左、右岸的内河航标?
6. 常用的内河航标可分为哪三类?
7. 航行标志有哪些?

8. 信号标志有哪些?
9. 专用标志有哪些?
10. 简述每一种内河航标的功能、形状、颜色、灯质。
11. 什么是海区航标?
12. 海区航标 A、B 两区域系统有何不同? 我国采用何种区域系统?
13. 海区航标分为哪五类?
14. 简述每一种海区航标的功能、形状、颜色、灯质。
15. 什么叫视觉航标? 如何分类?
16. 什么叫音响航标? 如何分类?
17. 什么是无线电助航设施? 如何分类?
18. 岸标由哪几部分组成? 每部分有何作用?
19. 浮标由哪几部分组成?
20. 常见的浮标有哪几种? 各用于哪类航道?
21. 什么叫沉锤系泊? 什么叫桩系泊?
22. 航标配布图一般包含哪些内容?
23. 航标配布的总原则是什么?
24. 海区航标与内河航标配布的原则是什么?
25. 内河航标配布共分为哪四类? 每一类配布要求是什么?

本模块自测题

# 参考文献

[1] 程昌华,刘晓平,唐寿鑫.航道工程学[M].北京:人民交通出版社,2001.
[2] 周素真.港口航道工程学[M].北京:中国水利水电出版社,2000.
[3] 长江航道局.航道工程手册[M].北京:人民交通出版社,2004.
[4]《中国水利百科全书》编委会.中国水利百科全书[M].北京:中国水利水电出版社,2004.
[5] 黄伦超,陶桂兰.渠化工程学[M].2版.北京:人民交通出版社股份有限公司,2016.
[6] 李青云.疏浚工程[M].北京:人民交通出版社,2000.
[7] 吴丽华.航道知识[M].南京:河海大学出版社,2014.
[8] 赵苏政.内河航标[M].南京:河海大学出版社,2014.
[9] 吉顺莉.船闸知识[M].南京:河海大学出版社,2014.
[10] 胡旭跃.航道整治[M].2版.北京:人民交通出版社股份有限公司,2017.